고전문학 경험교육론
고전문학이 묻고, 경험이 답하다

저자 최홍원

부산에서 태어나 서울대 국어교육과를 졸업하고 동대학원에서 「시조의 성찰적 사고 교육 연구(2008)」로 박사학위를 받았다. 공군항공과학고등학교(2001~2004), 한국교육과정평가원(2008~2010), 전주대 국어교육과(2010~2012)를 거쳐 상명대 국어교육과(2012~현재까지)에서 국어교육, 문학교육을 가르치고 공부하고 있다.

국어교육, 문학교육, 고전문학 연구를 넘나들면서 여러 편의 글을 썼는데, 대체로 사고, 경험, 소통, 정체성 등의 문제로 수렴된다. 국어교육, 문학교육, 고전문학 연구가 인간을 중심에 두고 행복하게 만나기를 늘 꿈꾸고 소망한다.

저서로는 『성찰적 사고와 문학교육론－시조, 사고, 문학교육의 만남(지식산업사, 2012)』, 『사고와 표현(공저, 사회평론, 2014)』, 『고전문학과 정서교육(공저, 월인, 2014)』 등이 있고, 국어교육, 문학교육, 고전문학과 관련하여 다수의 논문이 있다.

고전문학 경험교육론
고전문학이 묻고, 경험이 답하다

초판 인쇄 2015년 9월 7일
초판 발행 2015년 9월 15일

지은이 최홍원
펴낸이 이대현
편 집 권분옥
펴낸곳 도서출판 역락
　　　　서울시 서초구 동광로 46길 6-6(반포4동 577-25) 문창빌딩 2층
　　　　전화 02-3409-2058(영업부), 2060(편집부)
　　　　팩시밀리 02-3409-2059
　　　　이메일 youkrack@hanmail.net
　　　　역락블로그 http://blog.naver.com/youkrack3888
　　　　등록 1999년 4월 19일 제303-2002-000014호

ISBN 979-11-5686-229-1 93370
정 가 27,000원

* 파본은 구입처에서 교환해 드립니다.

이 도서의 국립중앙도서관 출판예정도서목록(CIP)은 서지정보유통지원시스템 홈페이지(http://seoji.nl.go.kr)와 국가자료공동목록시스템(http://www.nl.go.kr/kolisnet)에서 이용하실 수 있습니다.(CIP제어번호: CIP2015022704)

고전문학 경험교육론

고전문학이 묻고, 경험이 답하다

최 홍 원

역락

머리말

두 번째 책,

개인적으로 두 번째 책이다.

첫 번째 책인 『성찰적 사고와 문학교육론(지식산업사, 2012)』은 박사학위 논문이 솔벗재단의 총서로 선정되면서 책으로 발간될 기회를 얻었다. '학위논문', '재단 총서'가 드러내듯 다분히 '제도적인' 기회 속에서 책이라는 형태를 갖추게 된 경우라 할 수 있다. 반면, 이 책은 처음부터 단행본으로 기획되지 않았고, 각각의 문제의식 속에서 논문으로 생산된 것을 나중에 하나로 엮게 되었다. 그로 인해 각각의 글 사이에는 시간의 간격 못지않게 문제의식에서도 적지 않은 차이가 존재한다. 체계의 완결성에서 결함을 가질 수밖에 없는 태생적인 한계를 갖고 있다.

하나이면서 열하나의 목소리,

그렇다고 해서 이 책이 소논문집에 그치는 것은 아니다. 국어교육 연구의 큰 줄기를 '사고'와 '경험'으로 잡은 이래로, 박사논문에서 사고의 문제를 다뤘고, 여러 편의 글을 통해 경험의 문제를 지속적으로 살폈다. 오랜 시간에 걸쳐 여러 자리에서 다양하게 논의하다보니 문제의식과 자료, 혹은 논문 체제에 따라 초점이 맞춰지는 부분에 차이가 있기는 해도, 경험의 개념, 의의에서부터 구체적인 작품론에 이르기까지 하나로 꿰뚫을 수 있는 일정한 체계와 논리를 찾을 수 있었다.

그래도 한 권의 책으로 엮어내기 위해 여러 생각을 더하기도 했고, 또한 덜어내기도 했다. 논리의 빈틈을 메우기 위해 서둘러 글을 써서 발표하기도 했다. 단행본의 체계에 맞게 표현에도 상당한 수정을 해야만 했다. 서론에서 결론에 이르기까지 제 나름의 체제를 갖추고 있는 글들을 한 권의 책으로 엮어내기 위해서 글의 내용과 표현을 고쳐야만 했고, 이것은 쉽지 않은 일이었다.

그럼에도 불구하고 여전히 글마다 생각이 겹치기도 하고 작지 않은 빈틈이 보이기도 한다. 11편의 글을 묶은 것이기는 하나, 단행본 체제 속에서 하나의 목소리를 내고자 욕심낸 결과가 이러하다.

불편한 현실과 위험한 도전,

경험의 문제를 꺼내는 데에는 오늘날 고전문학교육이 처한 위기 상황과 무관하지 않다. 학교 현장을 지켜보면, 시공간을 뛰어넘어 모범적인 작품으로서의 '고전(古典)'은 온데간데없고, 오로지 입시를 위한 '고전(苦戰)'만이 존재할 따름이다. 그런데 고전문학 교실의 이 같은 불편한 현실에 대해 끊임없는 지적과 비판이 있어왔음에도 불구하고, 그 처방은 언제나 선언적, 당위적인 목소리이거나, 아니면 지엽적인 방법론의 관심에 그치고 말았다. 인식과 접근의 '근본적 전환'이 요청된다면, '경험'은 이러한 변화를 이끌어내는 유용한 관점이 되리라는 기대가 이 책을 이끈다.

그런 만큼, 다루는 제재와 자료 역시 제대로 가르치기 힘든 것으로 하였다. 예컨대 '안빈낙도(安貧樂道)'의 가치나 '역군은(亦君恩)'의 표현은 천편일률적인데다가 오늘날과는 도무지 맞지 않아 보이는 내용들이다. 학생들이 고전문학의 작품 세계를 획일적이고 진부한 것으로 여기는 데 일등 공신인 셈이다. 이쯤 되면 이 책을 향한 의심과 걱정의 눈길도 느낄 수 있다.

이러한 문제 상황 앞에서 '경험'이라는 무기를 손에 쥐고 도전해 보려 한다. 경험의 관점에서 본다면, 고전문학은 더 이상 천편일률적인 것도 아니고 불필요한 것도 아니라는 생각에서 출발한다. 승리를 낙관할 수 없지만, 그렇다고 회피하거나 굴복할 수도, 혹은 타협할 수도 없는 지루한 싸움이 될 것이다. 위험해 보이는 도전이기는 하지만, 이러한 도전 속에서 고전문학교육의 변화도, 그 효용과 가치도 되찾아질 수 있지 않을까 한다. 성전에 동학의 참전을 촉구한다.

감사의 말씀,

수상자의 수상 소감만큼이나 책의 서문도 감사한 분들을 마음껏 얘기하는 게 보장된, 흔치 않은 공간이자 기회이다. 인문학을 공부하다보니 주변으로부터 받는 것은 많건만, 되돌려주는 것은 터무니없을 만큼 적고 기회조차 갖기 힘들기에 더욱 그러하다.

이 책에는 10년에 가까운 긴 시간이 담겨 있고, 그만큼 수많은 분들의 도움을 받았다. 먼저 경험의 문제에 관심을 갖게 된 것은 어디까지나 김대행 선생님 덕분이다. 국어교육, 문학교육에 대한 선생님의 혜안으로 이 책이 가능할 수 있었다. 그러나 선생님의 문제의식에 견주어 이 책은 민망할 만큼 부족하고 서툰 응답에 지나지 않는다. 학자로서의 엄정한 태도부터 연구의 치열함과 치밀함에 이르기까지 부족함이 채워지지 않아 늘 부끄럽기만 하다.

국어교육을 접하고 연구자로서 첫 발을 내딛게 해주신 서울대 국어교육과 선생님들께 감사의 말씀을 드린다. 첫 직장이었던 한국교육과정평가원은 교육의 실천적 국면에 대한 관심을 일깨워 주었다. 전주대 국어교육과, 상명대 국어교육과는 국어교육, 문학교육에 대한 고민을 실천으로 옮기는 좋은 기회가 되었다. 그곳 선생님들께도 감사의 말씀을 드린다. 그리고 책이라는 매체로 세상과 또 다른 만남의 기회를 주신 역락의 이대현 사장님과 편집부 권분옥 선생님께도 감사의 말씀을 전한다. 사랑이 대단한 힘을 만들어낸다는 사실을 일상으로 보여주는 아내 희진, 늘 힘이 되면서 때때로 날 긴장하게 만드는 두 아이 이건, 이은에게도 사랑의 마음을 전한다.

마지막으로 이 책은 서른의 삶을 마감하고 사십이라는 아직은 낯선 숫자에 들어서는 '나'에 대한 작은 위로와 격려의 선물이기도 하다. '이립(而立)'에는 충실하지 못한 삶이었으나, 부디 '불혹(不惑)'에는 조금이나마 가까이 다가가는 시간이 되기를.

감히 꿈꿔본다.

2015년 여름
최 홍 원

차례

제Ⅱ부 고전문학 경험의 기제와 특질

제3장 고전문학 텍스트의 경험적 자질
—고전문학 텍스트는 '경험'될 수 있는가? … 85

제4장 고전문학 경험의 유형과 특질
—고전문학은 어떻게 경험되는가? … 119

제5장 고전문학과 경험적 접근, 그리고 의미의 문제
—고전문학 텍스트의 의미는 어디에 있는가? … 147

제Ⅲ부 경험의 관점에 따른 고전문학교육론의 새로운 지평

제6장 가치의 경험과 문학교육론
─ 안빈낙도(安貧樂道)의 경험 내용과 문학교육의 변화 … 181

제7장 관념적 표현의 경험과 고전문학교육론
─ 역군은 의미 세계의 경험과 고전문학교육의 새로운 방향 모색 … 211

제IV부 고전문학 경험의 내용과 텍스트 세계

제8장 시간의 경험
— 시간성과 활성적 기억의 경험, 〈남정가(南征歌)〉 … 243

제9장 공간의 경험
— 공간 이동에 따른 인식 확장의 경험, 〈북찬가(北竄歌)〉 … 273

경험의 교육적 의미와 문학 경험의 구조

제1장 경험의 재개념화와 문학교육에서의 가능성

— 문학교육에서 경험에 주목하는 까닭은 무엇인가?

경험,

널리 사용되어 우리 주변에서 흔히 접하는 말이다. 그뿐 아니라 인간이 세계를 받아들이는
통로가 되어 여러 학문의 주제이자 방법론으로도 폭넓게 다뤄지고 있다.
그러나 경험이라는 말은 사용되는 맥락에 따라
다양하게 의미가 확장되고 변용되어 이를 포착하기란 쉽지 않다.
화이트헤드(Whitehead), 가다머(Gadamer) 모두 경험이 가장 자명한 것처럼 사용되고 있지만
가장 해명되지 않은 개념으로 지적하는 것도 이러한 이유에서일 것이다.
여기서 경험의 모든 의미를 탐색하는 것은 가능하지도, 필요하지도 않다. 경험의 의미를
살피되 교육적 경험으로의 재개념화를 시도하여 앞으로의 논의를 선명하게 드러내는 데
초점을 맞추기로 한다. 나아가 그 의의와 가능성에 대해 탐구하는 시간도 가지려 한다.

전체의 서장,

이 글은 이후의 논의를 이끌어내는 전체 서장의 기능을 담당하고 있다.
여기서 소략하게 언급되는 내용들은 뒤에서 보다 자세히 살펴질 예정이다.
필요에 의해 원래 글 내용의 일부가 덜어지기도 하고,
다른 글의 내용이 더해지기도 했음을 밝힌다.
이 글을 통해 앞으로의 논의에 대한 전체적인 밑그림을 그릴 수 있기를 희망한다.
끝으로, 이 글은 이 책의 맨 앞에 위치하면서 또한 전체 글 중에서도 비교적 일찍 기술되어
지금과 상당한 시간적 간격을 갖고 있다.
문학교육에 발을 내딛고선 무모하리만큼 도전하는 모습을 흔적으로 남기고 있다.
연구를 시작하는 한 젊은 연구자의 의욕과 당찬 포부가 이 글 곳곳에 담겨 있다.
설익은 논의에 대한 변명을 이것으로 대신하고자 한다.

1. 경험의 문제를 제기하는 까닭과 배경

경험과 교육은 인간 성장을 매개로 밀접한 관련을 가진다. 인간은 경험을 통해 성장하며, 교육 또한 인간의 성장을 꾀하는 활동이다. 교육의 결과는 지식, 기능의 습득과 더불어 경험의 획득으로 나타나기도 한다. 교육과 관계된 일체의 행위는 모두 학습자의 경험을 형성하는 바탕이 되기도 한다.

그러나 학습하는 행위 속에서 자연스럽게 체득되는 파편화된 몇몇의 경험만으로 가치 있는 경험이 제대로 교육되었다고 보기는 어렵다. 이러한 경험은 외적 자극의 단순한 수용이거나 산발적인 일회적 행위의 결과에 지나지 않는 경우가 대부분이다. 경험에 대한 교육적 기획과 관심이 결여된 채 개별 학습자의 몫으로만 여길 경우, 경험 형성 과정에 대한 교육적 통제가 이루어지지 못하고 잘못된 경험마저 낳을 수 있다. 게다가 비교육적(mis-educative) 경험[1]은 실체와 현상에 대한 왜곡된 인식을 가져올 수 있으며, 나아가 교육 전반에 대한 부정적 성향과 태도를 초래할 위험도 있다. 이 모두는 경험이 인간 성장의 측면에서 갖는 중요성에도 불구하고 그 위상에 맞는 교육적 관심과 논의가 부족한 데서 기인한다.

문학은 가치 있는 경험을 언어로 형상화한 것이라는 점에서 태생적으

---

1) 모든 경험이 교육적 가치와 의미를 담고 있는 것은 아니다. 듀이(Dewey)는 경험을 '교육적인 것(educational)', '무교육적인 것(non-educational)', 그리고 '비교육적인 것(mis-educational)'으로 구분하고 있다. 무교육적 경험의 경우, 개인에게 어떤 방향이든 영향을 주지 못하는 경험을 뜻한다면, 비교육적 경험은 이후의 경험 성장을 억제하는 부정적이고 해로운 경험을 가리킨다. 듀이식으로 이해한다면, 현재 문학교육의 문제는 무교육적인, 심지어 비교육적인 경험을 양상하는 것으로 모아질 수 있다.

로 경험과 밀접한 관련을 갖는다. 경험의 확대·심화를 통해서 개인의 정신적 성장을 도모하는 것은 문학교육의 중요한 목표이기도 하다.[2] 대상인 문학이 본질적으로 경험을 담고 있으며, 그 목표 또한 경험과 관련된다는 점은 문학교육에서 경험이 갖는 중요성을 한 눈에 보여준다.

　그럼에도 불구하고 문학교육에서 경험교육이 제대로 이루어지지 못하는 것은, 우선 경험의 주요 변인에 해당하는 텍스트와 독자의 가변성과 다양성에서 그 이유를 찾을 수 있다. 경험이 텍스트와 독자의 상호작용에 의해 구성된다고 할 때, 이 두 요소의 교직이 만들어내는 내용의 불확실성은 '기획성'이라는 교육의 속성과 충돌하기 때문이다. 수많은 문학 작품의 존재 사실은 텍스트가 문제 제기하여 구성하는 세계에 끝이 없음을 보여주는 것이며, 하나의 텍스트가 불러일으키는 경험 또한 독자마다 다양하기 때문에 하나로 규정하는 것 자체가 불가능하다. 게다가 개별 주체는 다양하면서도 유동적인 경험역(experiential field)을 갖고 있는 탓에 동일한 주체라 하더라도 텍스트를 만날 때마다 형성되는 경험도 변화를 거듭한다. 경험은 개인의 성향과 배경의 영향을 받는다는 점에서 계량화·통계화가 불가능하다는 근원적인 문제를 내포하고 있다. 덧붙여 경험의 결과는 지식과 달리 즉각적으로 확인하기 어렵고 점진적인 변화와 발전을 거듭한다는 특징마저 갖는다.

　이처럼 불확정적이고 불명료한 경험의 성격은 계획적인 설계와 체계적인 기획 자체를 무력화시킨다. 학교 교육에 부과되는 통일성, 규범성의 요구와 만나게 되면, 경험을 교육 내용으로 구성하는 것은 더욱 어려운 일이 된다. 어떤 궁극적인 목표에 도달하는 과정으로서 교육을 바라보기보다는, 주어진 수업 상황에서 당장의 실질적 효과나 결과 확인을 요구하고

---

2) 김대행 외, 『문학교육원론』, 서울대 출판부, 2000, 44~49면 참조.

재촉하는 사회 문화적 현실이 더해지면, 학교 교육에서 경험의 실천은 요원한 일이 되고 만다.

그런데 경험의 실천이 이루어지지 못하는 까닭을 경험의 본질적인 속성 탓으로만 돌릴 수는 없다. 최근에 이르러 경험의 중요성과 교육적 기획에 대한 일련의 제안3)이 이루어지고 있으나, '교육에서 경험이란 무엇이며 이를 위해서는 무엇을 어떻게 해야 하는가'에 대한 물음은 여전히 명확하게 규명되지 못한 채 남아 있기 때문이다. 경험적 접근에 대한 이론적 탐색 자체가 충분히 이루어지지 못했음을 문제 제기하는 것이다.

이러한 판단에 따라 문학교육의 경험적 접근을 본격적으로 탐색하기에 앞서, 경험적 접근이 무엇이며 그것이 교육에서 왜 요구되는가에 대한 물음에서 논의를 출발하기로 한다. 이를 통해 경험적 접근의 구체적 수행의 문제, 즉 '학습자에게 의미있는 경험을 형성하게 하려면 어떠한 내용들이 고려되어야 하는가'에 대한 탐색으로 나아가고자 한다. 이는 지식, 기능과 구별되는 경험 영역의 특성을 밝히고, 교육에서의 실천을 위해서 요구되는 내용들을 살펴보고 검토하는 것으로 구체화될 수 있다. 비록 이론적 담론 차원의 탐색이지만, 수행적 국면과 연결 지음으로써 교육적 실현을 앞당기는 데에 궁극적인 목적을 둔다. 실천을 전제로 한 교육의 문제를 위해서는 수행적, 처방적 이론이 요구된다는 브루너(Bruner)의 주장4)에서 이 같은 과제 설정과 접근 태도의 정당성을 제공해준다.

그런데 교육적 실천에 대한 고민이 곧 전략이나 기법과 같은 방법론 차원의 접근을 의미하는 것은 아니다. 구체적인 방법과 실천의 문제가 교육의 목적과 내용에 앞설 수 없음은 물론이다. '왜 가르쳐야 하는가'라는 질

---

3) 이 같은 선행 연구에 대해서는 이 책의 다음 장에서 자세히 다루기로 한다.
4) J. S. Bruner, *Toward a Theories of Instruction*, W. W. Norton & Co., Inc, 1966; 김종량, 『교육공학-수업 공학의 이론과 실제』, 문음사, 1995, 152-153면 참조.

문, 즉 대상의 교육적 가치에 대한 탐색이 선행되지 않은 채 가르칠 '무엇'이 구성될 없고, 교육의 목적과 내용이 마련되고서야 비로소 교육의 '방법'에 대한 결정이 이루어질 수 있다. 이런 점에서 보건대 교육의 연구는 '왜', '무엇을', '어떻게'라는 세 가지 질문에 대한 대답을 마련하는 것이라 할 수 있다.

교육에서의 경험 문제 또한 목적, 내용, 방법의 측면을 모두 포괄하고 있다. 이는 곧 '왜 경험해야 하고', '무엇을 경험해야 하며', '어떻게 경험해야 하는가'의 문제로 정리될 수 있다. 실제로 경험이라는 말 속에는 내용, 소재, 실제 대상 등 '경험되는 것(the-experienced)'과 그것이 경험되는 방식, 즉 '경험 과정(the experiencing)'이 함께 내포되어 있다.5) 따라서 경험의 의의 속에서 '왜'의 문제를 탐색하고 언어적 경험을 통해 '무엇'을 살피며 반성적 사고와 수행적 활동 속에서 '어떻게'의 문제를 밝혀보는 것은, 교육론적 방법론에 따라 경험의 실체를 규명하는 일련의 과정이 된다.

2. 경험 의미의 교육적 재개념화

여기서는 경험의 개념과 그 속에 내재된 요소를 교육의 시각에서 살펴보는 작업을 진행하기로 한다. 개념을 교육적으로 정립하고 재개념화하는 것은 교육적 수행을 견인하는 밑바탕에 해당한다.

(1) 경험의 외연과 내포

경험이라는 용어는 일상에서 다양하게 사용된다. 일반적으로 경험이라

---

5) 김병길 외, 「J. Dewey의 경험 개념」, 『교육철학』 13, 한국교육철학회, 1995, 40면.

는 말은 주체가 몸소 겪거나 해보는 행위, 혹은 그에 따른 결과 정도로 이해되어 직접적인 실천과 수행을 강조하는 맥락에서 빈번하게 등장한다. 예컨대 경험을 삶 속에서 얻은 교훈으로 규정하는 클로드 베르나르의 정의[6]도 직접 겪은 일로서의 의미를 강조하고 있다. 인간의 행위, 활동을 나타내거나 외적 세계를 인식하는 '과정'의 의미로 사용되는가 하면, 이러한 것의 '결과'로서 축적된 것을 가리키기도 한다.

일상 용어로서 경험이 갖는 폭넓은 의미역과는 별개로, 철학에서는 인식론의 차원에서 경험론이 대두되기도 하였다. 이성, 합리와 구분되는 앎의 또 다른 경로로 감각 기관을 통한 경험에 주목하면서, 이를 지식의 한 원천으로 간주하는 것을 말한다. 그러나 철학에서 '경험'의 개념 또한 역사적 추이에 따라 그 의미와 가치에 큰 차이를 보여 왔다.

우선 아리스토텔레스에게 경험이란 지각을 통하여 생겨나는 사실에 대한 지식이 축적된 결과에 해당하는 것으로, 인간은 유사한 종류의 반복적 경험을 통해서 보편적인 판단을 획득하게 된다고 설명하고 있다. 특히 경험론에서는 감각 기관을 통한 경험을 지식의 원천으로 간주함으로써 경험이 갖는 인식적 의의를 강조하였다. 반면, 게슈탈트 이론에서 경험은 단순히 구조의 원리가 적용될 계기를 제공하는 소재적 차원에 불과한 것이 된다.[7] 그밖에도 현상학에서는 '체험된 경험', '현전적 경험', '명증적 경험', '선술어적 경험' 등을 다루고 있으며, 해석학에서도 '해석학적 경험'

---

6) Elisabeth Clement, *Pratique de la philosophie de a á z*, 이정우 역,『철학사전 : 인물들과 개념들』, 동녘, 1996, 25면.

7) 함린(Hamlyn)의 경우 경험을 통한 이해의 성장이 어떻게 가능한가의 문제를 고찰하면서, 전통적 인식론의 이론을 '구조없는 발생', '발생없는 구조', '구조있는 발생'으로 구분한 바 있다. 이 견해에 따르면, 아리스토텔레스는 첫 번째의 경우에, 게슈탈트 이론은 두 번째의 경우에 해당한다. 이들은 경험이 갖는 인식론적 의의에 대해서 상반된 입장을 보인다. D.W. Hamlyn, *Experience and the Growth of Understanding*, 이홍우 외 역,『경험과 이해의 성장』, 교육과학사, 1990 참조.

이 철학적 관점과 입장을 드러내고 설명하는 중요한 키워드가 되고 있다.

이처럼 관점과 시각에 따라 경험의 개념과 의미가 달라지는 사실에서 보듯, '경험이라는 말은 철학에서 가장 불투명한 용어 가운데 하나'[8]로 규정되기에 이른다. 가다머(Gadamer) 역시 경험이라는 개념이 매우 자명한 것처럼 흔하게 사용되고 있지만 가장 해명되지 않은 개념들 중의 하나로 지목한 바 있다.[9] 철학에서 경험이라는 용어는 대체로 두 가지 차원에서 구별되어 사용된다고 볼 수 있다. 지각, 관찰, 서술 등의 형식으로 있는 소여(所與)를 구체적으로 만나는 것을 뜻하는가 하면, 일반적으로 '경험'이라 부르는 인식 자체에 대한 전체적인 과정을 나타내기도 한다.[10] 전자가 대상과 주체의 만남이라는 의미를 내포하고 있다면, 후자는 '이성'과 '경험'이라는 이원론적 사고에 기초하여, 이성의 상대적 개념으로서 물질적이고 감각적이며 상대적인 의미로 경험을 바라보는 차이가 있다. 이들은 경험에 대한 입장과 주목하는 부분에서 차이를 보이지만, 인간의 앎이 어떻게 이루어지는가라는 인식론적 관점에서 살펴본 결과라는 점에서는 공통점도 갖고 있다.

인식론의 차원에서 전개된 경험 논의가 교육의 장에서 본격적으로 다루어지게 된 것은 듀이(Dewey)에 의해서이다. 인식 주체와 인식 대상의 이원론적 분리라는 당대 철학적 논의에 반대하면서 이른바 '참여자적 지식론'을 내세웠는데, 이런 배경 속에서 경험의 문제는 바로 '지식의 획득자로서 개인'과 '지식의 원천으로서 세계'의 상호 관계를 설명하는 핵심적인 개념이 된다. 경험은 "유기체와 환경 간의 상호작용이 완전하게 수행

---

8) Alfred North Whitehead, *Symbolism, its Meaning and Effect*, 문창옥 역, 『상징 활동 그 의미와 효과』, 동과서, 2003, 31면.

9) Hans-Georg Gadamer, *Wahrheit und Methode*, Continuum, 1997, 346면.

10) A. Diemer, *Elemetakus Philosophie Hermeneutik*, 백승균 역, 『철학적 해석학』, 경문사, 1982, 188면.

될 때 상호작용을 참여와 소통으로 변형시키는, 유기체와 환경 간의 상호
작용에 대한 결과와 표식이며 선물"11)로 간주된다. 이에 따르면 경험은
한 개인과 환경 사이에서 이루어지는 교섭을 통하여 서로 무엇인가를 주
고받음으로써 형성되는 것으로, 여기서 환경이란 물리적 자연 환경뿐만
아니라 주체와 이야기를 나누는 사람들, 또는 이야기 주제 자체가 될 수
도 있고 장난감, 실험의 재료, 나아가 책이 될 수도 있다.12) 주체를 둘러
싼 세계 모두가 환경이 될 수 있음을 뜻한다.

(2) '체험'과의 비교

일반적으로 경험은 변화하기 쉽고 믿을 수 없는 특성으로 인해 보편적
이고 필연적인 법칙으로 설명하기 어려운 것으로 간주된다.13) 외적 자극
의 단순한 수용이나 혹은 개인 차원의 산발적인 행위에 그칠 위험성과 그
에 대한 비판에서 근본적으로 자유롭지 못한 것이다. 이러한 특질은 직접
겪은 일로서의 체험과 구분되는 변별 지점을 보다 명확히 하는 것으로 보
완될 필요가 있다.

우리말에서 경험과 체험은 서로 넘나들며 명료하게 구분되지 않는 데
반해, 독일어에서는 경험이 체험보다 일반적이고 포괄적인 용어로 규정되
는 차이를 확인할 수 있다.14) 일찍이 체험에 주목한 딜타이(Dilthey)에 따

---

11) John Dewey, *Art as Experience*, 이재언 역, 『경험으로서의 예술』, 책세상, 2003, 48면.
12) John Dewey, *Experience and Education*, 엄태동 편역, 『존 듀이의 경험과 교육』, 원미사, 2001, 59-60면.
13) 진정한 인식의 영역에서 경험을 제외하면서 저급한 인식의 한 유형으로 분류했던 합리주
   의적 전통으로 인해 경험의 이 같은 특성은 근본적인 한계로 더욱 부각되곤 한다.
   Elisabeth Clement, 이정우 역, 앞의 책, 26면 참조 예컨대 듀이의 경험론을 두고서 "아동
   의 일시적 기분이나 변덕을 방조하는 교육이론"으로 오해를 불러오는 지점이기도 하다.
   박철홍, 「듀이의 '하나의 경험'에 비추어 본 교육적 경험의 성격」, 『교육철학』 13, 한국교
   육철학회, 1995, 82면.

르면, 경험(Erfahrung)이 일반적인 뉘앙스를 갖는 데 반해 '체험(Erlebnis)'은
삶과 관련된 '개별적인' 또는 '개성적인' 경험으로 구분된다.15) 현상학적
해석학에서 주목하는 체험은 '우리가 겪고 인식하는 대로의 경험'을 가리
키는 것으로, 세계에 대한 '직접적', '전반성적인' 생활 의식이라는 점이
강조되고 있다.16) 여기서 체험은 주체의 흔들림을 가리키는 용어로 감정
적인 계기가 강조되는, 직접적인 접촉으로서의 의미를 갖고 있다. 이처럼
현상학적 해석학에서는 체험이 직접적이고 전반성적인 의식이기 때문에
체험을 회상해내는 과정을 통해서 의미를 부여할 수 있다고 보고, 체험을
회상해내는 해석적 작업을 주요한 과제로 삼고 있다. 이에 따라 가다머
(Gadamer)는 체험에 대해 "개인의 의식에 직접 주어진 바를 뜻하며", "의
식에 직접 부여되어 어떤 경우 객관적 거리감도 없고 설명도 필요치 않는
직관적 직접성의 형태로 대상을 드러내"17) 보이는 것으로 규정하기도 한
다. "특정 개인이 갖는 온갖 느낌이나 감정 혹은 정서"18) 등으로 설명하
는 것이다. 직접 겪은 일이 그대로 경험으로 형성될 수 없고, 경험의 형성
을 위해서는 인지적 측면의 특별한 작용이 뒤따라야 함을 확인하게 되는
지점이다.

---

14) 영어에서 경험과 체험은 대체로 'experience'로 구분되지 않고 사용되지만, 특별히 체험을
   구분할 때는 'lived'를 붙여 사용한다. 그런데 영어 표현 experience가 라틴어 experientia를
   어원으로 하여 시도, 증명, 실험 등의 의미를 함축하는 데 반해, 독일어 Erlebnis는 회상해
   내거나 무엇인가가 일어날 때 '여전히 생생하게 있다'는 의미가 내포되어 있다는 점에서
   차이가 있다. 고미숙, 「체험교육의 의미」, 『아시아교육연구』 제7권 1호, 서울대 교육연구
   소, 2006, 139면 참조.
15) Wilhelm Dilthey, *Der Aufbau der geschichtlichen Welt in den Geisteswissenschaften*, 이한우 역,
   『체험 표현 이해』, 책세상, 2002, 162면.
16) Max Van Manen, *Researching Lived Experience*, 신경림 외 역, 『체험 연구 : 해석학적 현상
   학의 인간과학 연구방법론』, 동녘, 1994, 228면.
17) Georgia Warnke, *Gadamer : Hermeneutics, Tradition and Reason*, 이한우 역, 『가다머 : 해석
   학, 전통 그리고 이성』, 민음사, 1999, 60면.
18) Georgia Warnke, 이한우 역, 앞의 책, 60면.

경험의 의미와 관련하여 '하나의 경험' 문제에 주목한 듀이(Dewey)를 통해서 논의의 단서를 제공받을 수 있다. 듀이는 경험의 문제를 개인이 느끼고 이해하는 직접적 차원과 구별하여 원인과 결과의 관계성을 파악하는 상호작용으로 파악하면서, 여기에 관여하는 반성적 사고 과정에 주목한 바 있다. 지식의 획득자로서의 개인과 지식의 원천으로서 세계의 상호관계가 바로 경험이며, 따라서 경험은 반성적인 사고 과정 속에서 비로소 의미를 가질 수 있다. 경험을 '일차적 경험의 단계', '반성적 경험의 단계', '완결된 경험의 단계'[19]로 구분하는 것도, 경험의 과정에 작용하는 사고와 관련된다. 덧붙여 미학에서 경험이 의식의 출발점으로서 객관성, 보편성의 요구를 함축한 것이라면, 체험은 인격적·개성적 주관성에 존립 근거를 갖는 것으로 서로 구분되는 데에도[20] 주체의 인지적 측면이 경험 형성에 관여하는 주요한 요인임을 확인할 수 있다.

이상에서 보건대, 체험이 특정 주체가 몸소 겪은 일체의 개별 행위를 가리키면서 직접성, 개별성이 강조되는 데 반해, 경험은 세계와의 상호작용 속에서 사고 과정이 전제되면서 객관성, 보편성의 요구가 함축되어 있는 것으로 구분될 수 있다. 해석학에서 경험을 체험뿐만 아니라 '체험에 관한 이해와 의식의 축적'으로 보는 사실도 이를 뒷받침한다. 여기서 산발적이거나 일회적인 것, 혹은 외적 자극의 단순한 수용을 경험의 논의에서 배제시킬 수 있는 이론적 장치를 확보하게 된다. 또한 체험을 자아 내부의 흔들림을 드러내는 용어로 보고 감정적인 계기가 강조된다는 점에 주목하거나,[21] 혹은 경험과 체험이 각각 인지적 영역과 정서적 영역에 대응된다고 설명하는 것[22]도, 체험과의 변별을 강조하면서 주체의 '의식'과

---

19) 박철홍, 앞의 글, 102-103면.
20) 백기수, 『미의 사색』, 서울대 출판부, 1981, 28면 참조.
21) 김남희, 「현대시 서정적 체험 교육 연구」, 서울대 박사학위논문, 2007, 4면.

'사고'가 관여하면서 형성되는 '의미'로서의 경험을 명확히 규정하는 데 기여한다.

(3) '교육적 경험'으로의 재개념화

철학 분야에서 이루어진 오랜 연구의 축적에도 불구하고 여전히 경험에 대한 명료한 개념 설정이 어려운 것은, 철학이 갖는 인식론적 측면에 대한 편향과 그에 따른 구체성, 실천성의 결여에서 이유를 찾을 수 있다. 흔히 이론의 유형은 서술적 이론, 수행적 이론, 표상적 이론으로 구별되는데,[23] 교육은 학습자를 대상으로 하는 실천의 문제라는 점에서 수행적 이론을 지향해야 한다는 점이 논의된 바 있다.[24] 여기서 수행적 이론이란 가치를 실현하고자 하는 실행적 과정을 수행하는 규칙이나 원리, 혹은 절차나 기준을 나타낸다. 이런 점에서 본다면, 기존 경험교육의 추상성은 철학에서 전개된 서술적 이론을 교육의 국면에 그대로 적용하려 한 데서 비롯된 결과로 설명할 수 있다.

경험교육에 대한 일련의 논의가 수행적 실천으로 이어지기 위해서는 당위적, 선언적 차원의 주장에 앞서 대상의 개념 규정부터 달라져야 한다. 이 글이 교육의 국면에서 다루어지는 경험의 문제로 초점화하여 살펴보려는 까닭도 여기에 있다. 연구 대상을 제한하는 것은 무엇보다 대상에 대한 관점과 태도를 분명히 할 수 있는 장점을 갖는다. 이러한 효과에 따라 경험의 철학적 의미에 대해서는 뒤에서 보다 자세히 다루기로 하고, 여기서는 우선 '교육적 경험'이라는 용어를 내세움으로써 교육의 시각에

---

22) 박소영, 「문학 교육과 정서적 체험」, 『국어교과교육연구』 21, 국어교과교육학회, 2012, 153면.
23) 이돈희, 『교육적 경험의 이해』, 교육과학사, 1993, 85-93면.
24) 김대행, 「수행적 이론의 연구를 위하여」, 『국어교육학연구』 22, 국어교육학회, 2005 참조.

서 경험의 문제에 접근하는 연구의 관점과 시각을 선명히 드러내는 데 초
점을 맞추기로 한다. 경험의 자질과 특성을 규명하고 그 실체를 설명하려
는 것이 아니라, 교육적 방법과 기준을 마련하는 데 궁극적인 목적을 두
는 것이다.

　교육적 경험은 교육적 기획과 처방 속에서 가치있는 의미가 형성되어
학습자를 변화, 성장하게 하는 경험으로 정의될 수 있다. 용어의 정의가
흔히 '기술적(記述的) 정의', '약정적(約定的) 정의', '강령적(綱領的) 정의'로
대별된다면, 교육적 경험에 대한 이 같은 규정은 약정적 정의의 형태를
지니지만 동시에 어떻게 해야 하고 어떻게 하는 것이 올바른 것인가라는
일련의 행동 강령과도 관련되는 만큼 강령적 정의의 성격마저 지닌다. 이
때 교육적 경험은 교육적 기획과 처방이라는 환경적 요소, 가치있는 의미
라는 내용적 요소, 그리고 학습자를 변화25)·성장하게 한다는 결과적 요
소로 구성된다.

　먼저, 교육적 경험은 학습자에 의해 형성되는 경험 일반의 속성을 갖지
만, 교육적 기획과 처방이 이루어진다는 점에서 차이가 있다. 교육적 통제
없이 일상에서 자연적으로 형성되는 경험의 경우, 그 내용의 가치와 수준
이 보장되지 않는다. 또한 의미있는 경험을 판단할 준거가 제공되지 않기
때문에, 개별 주체가 형성하는 모든 경험이 인정되는 분별없는 상대주의
로 귀착될 우려도 있다. 따라서 교육적 경험은 경험의 질적 고양을 위해
개별 주체의 경험 형성 과정에 인위적·의도적으로 개입하고 관여하는
교육적 통제를 조건으로 한다.

　둘째, 교육적 경험은 의미있는 경험의 문제로 제한된다. 이때 의미있는

---

25) 이홍우, 『교육의 개념』, 문음사, 1991, 17-25면 참조. 강령적 정의가 도덕적 실천적 문제
　　와 관련된다는 점은 Cornel M. Hamm, *Philosophical Issues in Education*; 김기수 외 역, 『교육
　　철학탐구』, 교육과학사, 1996, 38-42면을 참조할 수 있다.

경험은 주체의 일회적인 행위나 활동에 그치는 것이 아니라, 주체의 사고 작용에 의해 재구성되는 것을 필요로 한다. 막연한 상태로 덩어리째 있는 경험이 일차적 경험이고 이러한 경험이 다듬어진 상태가 이차적 경험이라면, 교육에서 목표로 하는 의미있는 경험은 이차적 경험임이 분명해진다. 일차적 경험의 차원에서 이루어지는 여러 활동을 경험교육의 전부로 인식하는 것이 현재 경험교육의 주된 문제점이기도 하다. 파편화되고 모순된 상태의 여러 자극이 주체에 의해서 재구성되어 가치있는 의미로 정향될 때 교육적 경험은 이루어질 수 있다.

끝으로, 교육적 경험은 주체의 성장을 도와주는 경험이라는 조건을 갖는다. 듀이(Dewey)에 따르면, '교육은 경험의 재구성 또는 재조직으로서, 경험의 의미를 더해주고 다음 경험의 방향을 결정할 능력을 증대시키는 것'[26)에 해당한다. 이처럼 교육은 경험의 질적 성장과 재구성을 도모하는 일체의 행위라 할 수 있다.

교육이 본질적으로 경험과 밀접한 관련을 맺고 있다면, '교육적 경험'이라는 용어 자체는 사실 의미가 중복된 잉여적 표현일 수도 있다. 경험의 재구성을 교육으로 정의하면서도 굳이 '교육적'이라는 말을 덧붙이는 데에는, 모든 경험이 주체의 성장으로 이어지는 것은 아니기 때문이다. 그동안 교육에서 주체성, 자율성이 강조되면서 경험의 문제에서도 학습자의 능동적 행위가 중요한 과제였다면, 그에 못지않게 교육이 가져오는 주체의 '변화'와 그 방향에도 관심을 가질 필요가 있다. 이는 외부 세계의 자극이 주체 내부의 '변화'를 가져오는 지점에 주목해야 한다는 의미이다. 이처럼 '교육적 경험'이라는 용어 속에는 학습자의 변화와 성장을 가져오는 경험으로 관심을 이끌어내기 위한 전략과 의도가 담겨 있다.

---

26) John Dewey, *Democracy and Education*, 이홍우 역, 『민주주의와 교육』, 교육과학사, 1987, 122-123면.

그런데 교육적 기획과 처방의 문제에 대한 지나친 관심은 경험의 개방성을 억압하고 통제하는 부정적 결과를 야기하여 자칫 경험해야 할 내용을 명제화된 지식의 차원으로 습득하게 만들 우려가 있다. 경험에 대한 교육적 기획과 처방은 어디까지나 경험이 무교육적, 혹은 비교육적인 것으로 전락하는 것을 막기 위한 조건이자 안전장치인 셈이다. 교육의 목적과 학습자의 성장에 부합하는 것을 교육의 내용으로 선정하고, 학습자의 일차적 경험을 가치있는 이차적 경험으로 끌어올리는 일련의 교육적 활동이 교육적 기획, 처방의 주요 내용에 해당한다.

(4) 문학교육에서 경험의 의의

경험의 개념을 밝히고 교육적 경험으로의 재개념화를 시도하였다. 교육적 실천을 위해서는 이러한 작업과 함께 '왜 경험해야 하는가'의 문제에 대한 해명이 뒤따라야 한다. 이는 경험해야 하는 이유가 무엇인지에 대한 근본적인 문제 제기이면서, 동시에 문학교육에서 경험이 갖는 의의와 가치의 문제이기도 하다. 지금까지 문학교육이 지식이나 수행의 차원에서 지속적으로 이루어져 왔음에도 불구하고, 굳이 경험적으로 접근해야 하는 이유를 묻고 있는 것이다. 문학교육의 측면에서, 그리고 경험교육의 측면에서 이러한 물음에 대한 답변을 마련해보기로 하자.

먼저 문학교육의 측면에서 본다면, 경험의 필요성과 정당성은 텍스트가 궁극적으로 인간에게 어떠한 의미를 갖는가와 같은 근원적인 문제를 일깨운다. 개별 작품의 현상적 실체를 가르치기에 앞서, 왜 텍스트를 읽는가 그리고 텍스트를 통해 무엇을 얻을 수 있는가의 근원적인 문제를 생각해볼 필요가 있다. 문학 텍스트는 단순히 '무엇에 관한 지식이 아니라, 인생을 살아내는 경험을 제공하는 것'이며, 따라서 '학생들은 문학을 통해서

부가적인 정보보다는 경험을 얻는다'[27])는 설명이 이에 대한 하나의 답이 될 수 있다. 문학이 삶의 인지적, 정서적 경험을 표현하는 유효한 수단이며 문학 작품을 읽음으로써 이러한 인지적, 정서적 경험을 확장[28])하게 된다는 점은, 문학의 본질이 경험과 맞닿아 있음을 보여준다. 이처럼 문학의 교육적 가치는 단편적인 정보의 저장이나 지식의 축적에 있는 것이 아니라 삶과 세계에 대한 의미있는 통찰을 제공해준다는 데 있다. 독자에게 문학 텍스트가 가치있는 이유 또한 있는 그대로의 것이 아니라 의미있는 세계로서 현실을 재구성하는 데에서 찾아질 수 있다.

문학 작품은 습관적인 사유 방식을 문제 삼아 이를 변모시키려고 시도한다. 이전에는 전혀 예상치 못했던 어떤 것을 어떻게 하면 생각할 수 있는지를 보여주면서, 세계를 바라보던 관점과 태도의 변화를 불러오는 것이 문학이다.[29]) 삶에 대한 이러한 통찰이 학습자에게 명제의 형태로 전달될 수 없음은 물론이다. 텍스트 세계와 학습자의 삶이 만나는 과정 속에서 비로소 삶과 세계에 대한 안목과 성찰이 이루어지고, 인식과 이해 지평의 변화도 겪게 된다. 이것이 곧 주체의 성장이다.

둘째, 경험교육의 측면에서 본다면 의미있는 경험을 위해서는 유아론적인 자기 경험을 넘어선 타자의 경험이 요청되는데, 문학 텍스트는 학습자의 경험을 확대·심화시키는 효과적인 매개가 될 수 있다. 타자가 단순히 현상적·표면적인 이질성을 내재한 존재가 아니라 궁극적으로 자신의 인식 한계를 뛰어넘어 새로운 이해 지평을 가져오는 존재를 가리킨다고 할 때, 문학 텍스트는 학습자 경험의 폐쇄성과 고립성을 극복하고 미처 발견하지 못하고 겪어보지 못한 경험의 세계를 제공하는 타자로 기능할 수 있

---

27) Louise M. Rosenblatt, *Literature as exploration*, 김혜리 외 역, 『탐구로서의 문학』, 한국문화사, 2006, 38면.
28) 김상욱, 『문학교육의 길찾기』, 나라말, 2003, 135면.
29) Jonathan D. Culler, *Literary Theory*, 이은경 외 역, 『문학이론』, 동문선, 1999, 99면.

다. 나아가 타자는 내가 어떤 존재인지를 나에게 가르쳐주는 존재, 곧 나와 나 자신을 연결해주는 필수불가결한 매개자라는 존재론적 지위[30]를 갖는데, 문학은 텍스트 세계를 통해서 나를 '바라보이게' 만들고 이로써 자기에 대한 이해의 계기를 제공한다. 텍스트 세계와 자기 자신을 조회하는 과정은 뒤얽히고 충돌하는 가치의 조정과 평가를 요구하는데, 이러한 과정 속에서 자기 발견과 자기 수정이 이루어지는 것이다.

이처럼 텍스트 세계와 학습자가 만나서 의미를 재구성하는 것, 그리고 이를 통해 주체가 변화하고 성장하는 것, 이 모두가 문학을 매개로 한 경험교육을 구성하는 본질적인 요소가 된다. 이렇게 본다면, 문학 작품을 가르치고 배우는 것은 곧 경험 그 자체를 확장하고 이를 새로운 관점으로 재구성함으로써 성장을 가져오는 행위라 할 수 있다. 이때 대상이자 매개로서 문학이 기능할 수 있는 것은, 문학이 가치있는 경험이면서 주체의 변화를 이끌어내는 효과적인 타자가 된다는 데에 있다.

3. 경험 질료로서 언어적 가능 세계

(1) 경험의 대상과 범위 설정

국어교육에서 경험의 대상은 분명 언어이다. 그런 만큼 경험 일반을 대상으로 하는 포괄적 논의는 자칫 국어교육의 정체성과 실천성을 떨어뜨릴 우려를 낳는다. 또한 철학의 인식론 차원에서 전개되는 경험의 논의와 언어 경험이 갖는 특수성 사이에 모순된 면도 적지 않게 발견된다. 이 같은 이유들은 교육적 경험 중에서도 특히 '언어적 경험'의 문제로 초점화

---

30) 변광배, 『장 폴 사르트르 시선과 타자』, 살림, 2004, 48-49면 참조.

할 것을 요청한다.

언어를 대상으로 하는 경험, 즉 언어적 경험은 언어를 접하고 그 규칙에 대해 이해하는 것에서부터 그 언어에 담긴 삶을 영위하는 것에 이르기까지 광범위한 영역을 갖는다. 범박하게 말하면 언어와 관계되는 모든 것이 경험의 대상이자 내용이 될 수 있다. 그런 만큼 언어가 갖는 포괄적인 면을 모두 다루게 되면, 경험의 특수성은 퇴색되고 기존 교육과 다를 바 없는 교육으로 회귀할 위험이 있다. 예를 들어 문학에서 경험할 요소로 언어의 형식, 작품의 내용(화자가 처한 상황, 사건, 플롯, 인물), 심상, 의미, 정서를 제시하거나, 혹은 사건(모티프/에피소드), 인물(성격, 정서), 사회적 의제와 같은 내용 요소와 수사적 자질과 같은 형식 요소로 이원화한 것[31]은 모두 문학 경험의 내용에 해당한다. 그러나 이들은 문학에서 경험할 수 있는 모든 것, 다시 말해 최대치를 목록화하는 결과를 나타냄으로써 경험 아닌 것과의 변별이 모호해지는 문제점을 낳기도 한다.

경험교육을 기획하고 그 실천을 모색하기 위해서는 우선 경험의 대상과 요소를 명료하게 탐색할 필요가 있다. 이는 언어의 '무엇을 경험할 수 있는가'라는 물음을 '반드시 경험해야 할 것은 무엇인가'로 바꾸는 일에 해당한다. 경험의 대상을 지나치게 확장하게 되면 지식, 수행, 태도의 영역에 근접한 내용까지도 모두 경험의 영역에 포함되어 오히려 경험적 접근의 본질이 흐려지고 그 특수성을 잃어버릴 수도 있기 때문이다. 교육 내용은 성격에 따라 경험 이외에도 지식, 수행, 태도에 해당하는 것도 있고, 여러 영역을 공통 분모로 하면서 걸쳐 존재하는 것도 있기 마련이다.

따라서 경험할 수 있는 각 요소는 경험 영역의 중핵부에 자리잡고 있는 것과 주변부에서 다른 영역과 교집합을 이루는 것으로 구별된다. 이런 점

---

31) 고광수, 앞의 글; 류수열, 앞의 글 참조

에서 본다면, 언어의 형식이나 기법은 인지적 작용이 두드러진다는 점에서 경험의 중핵적 요소로 보기 어렵다. 수사적 자질로서 운율, 비유, 상징, 은유, 환유, 이미지, 역설, 반어 등도 경험의 목록으로 제시될 수 있으나, 이는 지식이나 수행의 영역에 가까운 것이기도 하다. 다시 말해, 목표를 어디에 두고서 어떠한 시각과 태도로 접근하느냐에 따라 이들은 경험의 영역이 될 수도 있고, 지식이나 수행이 될 수도 있다. 따라서 경험의 목록은 '반드시 경험되어야 할 것'과 '경험될 수 있는 것'으로 구분하여 구성되어야 하고, 이 책에서는 논의를 선명하게 진행하기 위하여 전자에 초점을 맞추기로 한다. 즉 경험될 수 있는 모든 것을 다 경험적 접근으로 다루는 것이 아니라, 경험되어야 하는 것을 대상으로 하려는 것이다. 이것은 바로 텍스트 '의미'의 경험으로 구체화될 수 있다.

(2) 텍스트 세계를 통한 의미의 경험

언어는 기호 그 자체가 아닌 어떤 대상을 가리키는 것을 본질로 한다. 그런데 언어가 가리키는 세계란 있는 그대로의 실재가 아니라 가능한 세계이며, 그러한 세계는 논리적·인과적 법칙의 지배 속에 놓여 있는 것이 아니라 새롭게 살 수 있는 세계, 새로이 가질 수 있는 세계이다.[32] 언어에 의해 개시되는 이러한 언어적 가능 세계는 있는 그대로의 현실을 반영하는 것에서 벗어나 일상의 폭력 속에서 억압된 대상의 이면을 드러내고 부각시킨다. 언어가 사물을 표상하고 사고를 표현하려 하지만, 바로 그러한 원래의 목적에 실패했을 때 역설적으로 진정한 의미를 가질 수 있다는 것도[33] 인식으로서 언어의 기능과 관련된다.

---

32) 박이문, 『예술 철학』, 문학과지성사, 2006, 82면.
33) 박이문, 앞의 책, 93면.

이처럼 언어적 가능 세계란 새롭게 창조된 의미의 세계로, 이러한 세계 속에서 지금까지와는 다른 관점에서 새로운 의미를 관찰하고 그 경험을 구성하는 게 가능해진다. 언어는 거울과 같아서 사물을 그대로 본뜨는 것이 아니라 사물의 본질적이고 의미있는 측면을 드러내는 것이며, 이러한 대상을 통해 이해의 폭과 인식의 지평이 확장될 수 있다.

언어는 객관적 사실을 재현하는 데 그치는 것이 아니라 어떤 존재가 무엇인가를 '의미'하는 것이며, 모든 언어 속에는 현상들을 바라보는 각도와 그것들을 사상적으로 파악하는 방법과 정신적으로 지배하는 방법이 이미 주어져 있다.[34] 따라서 언어가 담고 있는 의미는 그 문제사태에 대한 주체의 끊임없는 참여와 판단을 요구하며, 이러한 과정에서 태도와 성향의 변화를 가져오게 된다. 그렇다면 경험교육에서 언어적 경험이란 바로 언어가 담고 있는 이 같은 '의미'를 경험하는 것이다. 리쾨르(Ricoeur)는 나의 경험이 너의 경험으로 온전히 바뀔 수 없다는 생각에서, 의식 속의 한 사건이 다른 의식 속으로 똑같이 옮겨질 수 없음을 주장하였다. 그럼에도 불구하고 나에게서 나온 무언가는 타인에게 전달되는 데, 이때 이 무언가는 바로 '경험된 것으로서의 경험'이 아니라 경험의 '의미(meaning)'라 할 수 있다.[35]

이런 관점에서 본다면, 하나의 텍스트는 예술 작품이기에 앞서 주체의 경험을 낳는 질료가 되고, 따라서 문학 작품을 읽는다는 것은 텍스트에 대한 이해에 그치는 아니라 그 속에 담긴 우리 자신의 삶과 이 세상에 관계된 우리 자신의 관계를 경험하는 일이 된다. 텍스트는 특정 내용을 담고 있는 하나의 고립된 기록물의 성격에서 벗어나 주체에게 끊임없이 말

---

34) 김원중, 『중국 문학 이론의 세계』, 을유문화사, 2000, 24면.
35) Paul Ricoeur, *Interpretation Theory*, 김윤성 · 조현범 역, 『해석이론』, 서광사, 1998, 45-46면 참조.

을 걸어오는 역동적인 것으로, 독자의 의식 속에 자리잡고 있는 기존 가
치에 대해 문제 제기하는 자극이 된다. 텍스트는 사물, 세계 그 자체가 아
니라 작자에 의해 가치있는 문제 사태로 재구성된 결과이기 때문이다. 이
러한 사실은 경험 형성을 위한 질료로서 텍스트의 가치를 입증한다.

　따라서 문학교육에서 언어적 경험이란 대상 자체에 대한 경험이 아니
라 그 언어가 담고 있는 의미의 경험이 될 수밖에 없다. 작자에 의해 구
성된 작품의 의미는 고정된 명제가 아니라 독자에 의해 채워져야 하는 빈
틈을 갖고 있는 것으로, 독자와의 만남에 의해 또 다른 경험을 형성한다.
이것이 바로 문학교육에서 지식과 구별되는 경험의 고유한 특질이라 할
수 있다. 이처럼 문학교육에서 경험이 강조되는 것은, 무엇보다도 문학이
갖는 개방성으로 인해서 감상의 결과가 독자의 특별한 경험 형성으로 이
어진다는 점에 있다.

> 　자기화의 상대자는 가다머가 말하는 <텍스트의 사물>, 내가 말하는
> <텍스트 세계>이다. 결국 내가 내 자신의 것으로 만드는 것은 세계의 명
> 제(제안된 세계)이다. 세계의 제안은, 텍스트가 은폐되어 있는 의도인 것과
> 같이 텍스트의 배후에 있는 것이 아니라, 작품이 전개하고, 발견하고, 나
> 타내는 것과 같이 텍스트 <앞>에 있다. 따라서 이해한다는 것은 <텍스트
> 앞에서 자기 자신을 이해하는 것>이다. 텍스트에 자기 자신의 유한한 이
> 해 능력을 부과하는 것이 아니라, 텍스트에 자신을 드러내고 텍스트로부
> 터 보다 넓은 자기 자신, 세계의 명제(제안된 세계)에 가장 적합한 방식으
> 로 응답하는 실존의 명제(제안된 실존)인 자기 자신을 받아들이는 것이다.
> (…중략…) 이런 관점에서 보면, <자기>는 텍스트의 <사물>에 의해서 구
> 성된다고 말하는 것이 좀 더 정확할 것이다.[36]

---

36) Paul Ricoeur, *Du texte à l'action*, 박병수·남기영 편역, 『텍스트에서 행동으로』, 아카넷,
　　2002, 132–133면.

리쾨르(Ricoeur)에 따르면 자기화의 대상은 바로 '텍스트 세계'이며, 여기서 '텍스트 세계'란 작품이 전개하고 드러내는 세계를 뜻한다. 텍스트가 우리 앞에 그리고 우리에게 펼치는 세계로서, 독자의 새로운 존재 가능성이 기획되고 시연되는 세계를 가리킨다. 텍스트가 열어주고 발견케 하는 세계로서, 조작 가능한 대상들의 총체로서가 아니라 한 작품의 의미를 넘어서 그 작품이 기획하는 세계 그리고 그 작품의 지평을 구성하는 세계, 나아가 우리 삶과 기획의 지평으로서의 세계 전체를 뜻하는 것이다.[37] 따라서 주체는 텍스트 세계를 경험하는 것이며, 주체와 텍스트가 만난다는 것은 텍스트가 다루고 있는 문제, 즉 텍스트 세계를 경험하고 그 의미를 재구성하는 일이 된다. 텍스트 세계는 작자에 의해 언어로 의미화된 문제 사태이지만, 독자는 이러한 문제 사태를 자신의 가치 판단에 따라 새롭게 인식하고 수용하여 재구성함으로써 세계와 자신에 대한 태도와 성향을 형성하게 된다.

그런데 경험 질료로서 텍스트 세계를 제안하는 것은 직접 경험을 중시하는 듀이(Dewey)의 견해와는 맞지 않아 보인다. 듀이에 따르면, 직접 경험이 직접 참여하여 얻는 경험인데 반해, 간접 경험은 기호나 상징 등을 통해서 얻는 경험으로서 매개된 경험에 해당한다.[38] 언어와 일체의 상징은 간접 경험의 도구가 되며, 이들 매체를 통해서 인간 경험의 범위가 확장되고 심화될 수 있음은 주지의 사실이다. 그러나 듀이는 상징 매체가 진정한 의미에서 사물을 대신하지 못한다는 점을 경계하고 '실감(realizing sense)'과 같은 생생한 경험을 갖도록 해야 한다고 주장한 바 있다.[39] 간접

---

37) 윤성우, 『폴 리쾨르의 철학』, 철학과현실사, 2004, 52면, 113-114면 참조.
38) John Dewey, 이홍우 역, 앞의 책, 359-360면.
39) 직접 경험의 한계성을 인식하고 간접 경험의 중요성도 인정했던 듀이가 이 같은 주장을 한 이면에는 그 당시의 교육 현실이 지나치게 간접 경험, 이론 교육에만 의존했던 역사적 맥락이 자리하고 있다.

경험은 상징과 기호를 초월하여 그것이 표상하는 바를 현재의 경험으로 이끌어내지 못하고 언어 매체 그 자체가 목적이 되어 버릴 수 있음을 지적한 것이다.

그러나 여기에는 언어가 단순히 대상을 지시하고 대신하는 도구라고 보는 편협한 언어관이 자리하고 있다. 언어적 가능 세계가 단순히 대상을 있는 그대로 재현하는 것이 아니라, 원래의 대상에 얽매이지 않고 그 전까지 은폐되어 있던 세계와 삶의 측면을 구성하고 드러내주는 적극적인 기능을 수행한다는 데 주목할 필요가 있다. 언어는 기호로서의 도구적 측면 이외에 세계를 구성하는 인식적 측면을 갖고 있는 만큼, 경험적 접근에서는 후자에 초점을 맞출 필요가 있다.

4. 반성적 사고를 통한 경험의 재구성

(1) 교육적 경험에서 반성적 사고의 문제

일반적으로 경험은 외현화된 행동의 표현으로 나타나는 데 비해 사고는 주체의 의식이 내면에서 작용한다는 점에서, 외견상 이 둘의 관련성을 찾기는 쉽지 않다. 특히 경험론과 관념론이 대립되어 전개된 철학사는 경험과 사고를 서로 상반된 것으로 이해하게 만들기도 한다. 그러나 교육적 경험에서 중요한 것은, 경험이 사고에 의해서 유의미한 경험으로 발전된다는 점이다.

경험이라는 것은 능동적 요소와 수동적 요소의 특수한 결합으로 이루어져 있다는 점에 착안하며 경험의 성격을 쉽게 이해할 수 있다. 능동적 측면에서 볼 때, 경험은 '해보는 것'을 말한다. 이것은 경험이라는 말과 연결된 '실험'이라는 말의 의미에서 당장 드러난다. 수동적 측면에서 볼 때, 경험은 '당하는 것'을 말한다. 우리가 어떤 것을 경험할 때, 우리는 그것에 작용을 가하고 그것에 무엇인가 일을 하며, 그 다음에 그 결과를 입든가 당하든가 한다. 우리는 그것에 무슨 일인가를 하며 그것이 다시 우리에게 무슨 일인가를 한다. 이것이 앞에서 말한 두 가지 요소의 특수한 결합이다. 경험의 이 두 측면이 어떤 방식으로 연결되어 있는가에 따라 경험의 성과 또는 가치가 달라진다.[40]

경험에 대한 일련의 오해는 '해보는 것(trying)', '행하는 것(doing)'과 '당하는 것(undergoing)'을 별개의 것으로 간주하고, 이들 중의 어느 하나를 경험의 전부로 받아들이는 것에서 비롯된다. 진정한 의미에서 경험은 어떤 외부적 자극이나 대상에 대해서 능동적인 행위를 하고, 그 행위로 인해 발생한 결과를 받아들이고 재구성함으로써 형성될 수 있다. 즉 '해보는 것'과 같은 '과정으로서의 경험'과 '당하는 것'으로 대표되는 '결과로서의 경험'이 결합하여 주체를 변화시키는 경험이 바로 교육적 경험이며, 이를 가능하게 하는 것이 주체의 사고 작용이다.

교육적 경험의 문제를 살피면서 '일차적 경험'과 '이차적 경험'을 구분한 바 있다. 감관을 통해 직접 지각되는 자연물이나 일상적 행위 차원의 활동들이 모두 정제되지 않고 가공되지 않은 일차적 경험에 해당된다면, 이차적 경험은 사고를 통해 이루어지는 관념이나 판단 등의 내적 경험을 일컫는 것으로서 흔히 '반성적 경험(reflective experience)'으로 이해되기도 한다. 따라서 경험교육이 제대로 이루어지기 위해서는, 무엇보다도 외부 환경에 의해 주어지는 측면이 강한 일차적 경험을 대상으로 이를 주체에게 의미있는 이차적 경험으로 전환할 수 있는 교육적 설계와 처방이 마련되어야 한다. 그런데 지금까지 이차적 경험을 형성하는 데 작용하는 조건과

---

40) John Dewey, 이홍우 역, 앞의 책, 219면.

방법에 대한 규명이 이루어지지 못한 결과, 그저 외부 환경에 의해 주어진 것이거나 혹은 주체의 단순한 행위를 경험의 전부로 이해하는 데 그친바 있다. 대상을 파악하기 위한 구체적인 활동의 차원, 즉 말하고 듣고 읽고 쓰는 행위나 활동들은 대상과의 만남을 가져오는 방법들로, 반성적 경험을 위한 도입 단계이며 출발점에 해당하는 것이지 결코 도달점이 될 수는 없다. 이들은 주체의 사고 작용을 불러일으키는 예비적 성격으로서 기능하고 작용할 뿐이다. 행위와 활동 자체에 국한된 피상적 경험이며, 다른 경험으로의 전이가 이루어지지 못한 단선적인 경험일 따름이다.

이차적 경험을 형성하는 데 결정적 작용을 하는 것은 주체의 반성적 사고이다. 문제는 반성적 사고를 어떤 것으로 보느냐에 있다. 듀이에 따르면, 이차적 경험은 원인과 결과, 또는 활동과 결과가 어떻게 연결되는가를 분석하여 그 관계를 파악함으로써 형성되는 경험이다. 일차적 경험에서 얻은 결과의 성격과 그 원인을 규명하기 위하여 예측, 조사, 정련, 검증하는 탐구 과정이 요청되는데, 듀이는 이것을 반성적 사고로 규정하고 있다. 반성적 사고는 우리가 하는 일과 그것에서 나오는 결과 사이의 관련을 구체적으로 파악함으로써 양자가 연속적인 것이 되도록 하려는 의도적 노력을 뜻한다.[41] 이러한 반성적 사고의 과정은 이후 '탐구'라는 말로 대치되면서 실증과 합리성의 확고한 기초 위에서 구체적 사실을 관찰하고 실험을 통해 가설을 검증하는 일련의 탐구 방법으로 정립되기도 한다. 문제의 인식, 잠정적 사설의 형성, 현 사태의 조사, 가설의 정련, 가설의 검증 단계로 요약되는 반성적 사고의 절차는 문제해결을 목적으로 하는 자연과학의 실험적 방법을 원용한 것으로, 과학적 사고 과정이면서 탐구 방법의 속성을 갖는다.

---

41) John Dewey, 이홍우 역, 앞의 책, 229면.

듀이의 반성적 사고가 자연과학적 방법론으로 편향됨에 따라, 이후 논자들은 이를 '과학적 사고'로 재규정하기도 하고 실험을 요하는 상황에서 과학자에게 요구되는 원리로 그 적용 범위와 의의를 한정하기도 하였다. 특히 피터즈(Peters)는 문학이 과학적 문제해결 방식을 추종하지 않는다는 사실을 들면서 인간관계와 정서적 측면의 교육을 소홀히 한 채 문제해결에만 초점을 맞춘 듀이의 견해를 전면적으로 비판한 바 있다.

> 내가 비판하려는 것은 듀이가 인간 상호 관계와 감정 교육에 소홀했다는 점이다. 이것은 듀이가 실제적으로 교육에 있어서 문학의 역할에 대해 아무런 언급도 하지 않았다는 것을 의미한다. 문학은 문제해결식의 학습 방법을 두드러지게 추종하지 않으며, 개인 자신의 문제보다는 모든 인간의 곤경에 대해서 빈번히 관심을 쏟는다.[42]

일차적 경험이 이차적 경험으로 발전되기 위해서는 반성적 사고 작용이 필요하다는 점에 대해서는 이견이 없다. 교육적으로 의미있는 경험은 주체와 대상의 만남이 가져오는 문제가 주체의 내부로 '되돌아갈 때' 비로소 이루어질 수 있다. 그런데 이는 듀이가 말한 반성적 사고의 탐구 방법보다는, 의식이 자기 자신에게 되돌아가는 것을 뜻하는 '반성(反省, reflection)'[43]의 의미에 가깝다. '다시 구부리다', '휘다'의 어원적 의미를

---

42) R. S. Peters, *John Dewey Reconsidered*, 박영환 역, 『존 듀이의 재고찰』, 성원사, 1986 참조. 듀이의 반성적 사고에 대한 문제점과 그 한계에 대해서는 졸고, 「성찰적 사고의 문학교육적 구도」, 『문학교육학』 21, 한국문학교육학회, 2006을 참조할 수 있다.

43) Frédéric Laupies, *Premieres lecons de philosophie*, 공나리 역, 『철학기초강의』, 동문선, 2003, 122면. 반성(反省, reflection)이란 본래 시각과 관련된 어휘에서 유래한 것으로 '굴곡되어 되돌아오는 것으로 빛나는 광선을 다시 그 원천으로 돌려 보낸다'는 의미를 갖고 있다. 임석진 감수, 『철학사전』, 이삭, 1983, 144면; Müller Max 외, *Kleins philosophisches Wörterbuch*, 강성위 역, 『철학소사전』, 이문출판사, 1994, 103면 참조. 반성의 개념에 대해서는 졸저, 『성찰적 사고와 문학교육론』, 지식산업사, 2012 참조.

토대로, 철학에서 반성은 '인식할 때 우리의 시선은 바깥을 향하지만 그 시선을 안으로 되구부려(re-flect) 인식하고 있는 자신에 대한 검토'[44]가 이루어지는 인간의 의식 작용을 뜻한다. 이러한 반성의 의미에 주목한다면, 반성적 사고는 대상의 의미 파악과 수용을 위한 대상 지향적인 의식을 자기 자신의 문제로 '되돌리는' 의식 작용으로 재개념화할 수 있다.

(2) 일인칭의 경험과 거리두기

언어적 형상화란 대상이 되는 실체를 언어적 약호로 대치하여 표현하는 행위 정도로 생각하기 쉬우나, 이러한 행위는 그 대상을 바라보는 특정한 시각이 개입하고 작용한 결과를 포함하기 마련이다. 이는 하나의 문제 사태에 대해서 작자 개인의 관점과 태도가 관여한 결과물이며, 따라서 가치평가의 대상이 된다는 것을 의미한다. 경험의 시각에서 바라본다면, 텍스트 세계를 있는 그대로 인식하고 수용하는 문제와는 차원을 달리하여, 이를 자신의 관점과 견주어 봄으로써 능동적으로 재구성하는 또 다른 의미 구성 방식이 요구되는 것이다.

텍스트 세계가 문제 삼고 있는 사태가 어떠한 것인지를 탐색하는 것과는 달리, 반성적 사고는 자기 자신과의 관련 속에서 텍스트 세계의 문제 사태를 재구성할 것을 요청한다. 이는 텍스트 이해를 목적으로 관찰자로서 바라보기를 수행하는 것이 아니라, 작자와 같은 위치에 서서 직접 문제 사태를 접해보는 것을 뜻한다. 전자가 텍스트의 의미를 객관적으로 파악하기 위해 텍스트 외부에서 관찰자의 역할을 수행하는 것이라면, 후자

---

44) 이정우, 『개념-뿌리들』, 철학 아카데미, 2004, 380면. 참고로 'Reflection'은 라틴어 'reflectio'에서 유래한 것으로 're+flectere', 즉 '다시 구부리다, 휘다(to bend)'의 의미를 갖는다. Dagobert D. Runes, *The Dictionary of Philosophy*, philosophical library, 1942, 267면 참조.

는 작품 속에 들어가서 '나라면 어떠했을까'를 겪어보는 '일인칭의 경험'[45]을 가리킨다. 이러한 경험의 과정에 주체가 갖고 있던 기존의 가치관과 경험이 개입하게 되는 것이다.

가령, 고전시가에서는 세계에 대한 자아의 태도 표명이 요구되는 지점에서 '엇디ᄒᆞ리'라는 종결 표현이 관습적으로 등장한다.[46] 자아를 둘러싼 세계(상황)가 제시되고 이러한 세계에 대해 자신의 태도를 드러낼 때, '이것이다'라고 단정을 내리지 않고 '어찌 할 것인가?' 하는 식으로 물음으로써 행위의 책임과 판단을 이양하고 유보하는 것을 말한다. '何如爲理古(엇디ᄒᆞ릿고, <處容歌>)', '當奈公何(어찌할꼬, <公無渡河歌>), '엇디ᄒᆞ리잇고', '엇디 ᄒᆞ리라<靑山別曲>)', '엇디ᄒᆞ리(<思美人曲>)', '景 긔 엇더ᄒᆞ니잇고<翰林別曲>)', '엇지ᄒᆞ리(<賞春曲>)', '어이(ᄒᆞ)리(시조)' 등의 양상으로 다양하게 실현되고 있다.[47] 텍스트에 기반하여 관찰자로서 바라보기를 수행한다면, 이들 의미는 현실적 대책의 부재에 따른 체념의 표현이거나 차별화에 따른 자부심과 우월감의 표현, 혹은 행위 합리화를 위한 설의적 표현 등으로 수렴될 수 있다.

그러나 '엇디ᄒᆞ리'라는 화자의 자조적 물음은 '너라면 어떻게 하겠는가'라는 문제를 독자들을 향해 던지는 발언이 된다. 즉 작품 외부에 있는 독자를 텍스트 공간 속으로 불러들임으로써 문제 사태에 대한 결정과 판단에 독자를 참여시키려는 것이다. 이로써 텍스트 속에 위치하게 된 독자에게 텍스트 세계의 의미는 주어진 것이 아니라 자신과의 관련성 속에서

---

45) 시 교육의 방법으로서 독자가 자신의 위치에서 벗어나 시인의 자리에 서보는 것을 '1인칭의 체험'으로 규정한 연구가 있다. 이 글에서는 의미있는 경험 형성을 위한 하나의 단계로서 이를 원용하여 '1인칭의 경험'을 제안한다. 김정우, 「시교육과 언어 능력의 향상」, 김은전 외, 『현대시 교육의 쟁점과 전망』, 월인, 2001, 58~60면 참조.

46) 이하 '엇디ᄒᆞ리' 표현과 그 의미의 경험에 대한 설명은 이 책 5장을 참조할 수 있다.

47) 정병욱, 「韓國詩歌文學史」, 『韓國文化史大系』 V, 고려대 민족문화연구소, 1967 참조.

자기의 문제로 전환된다. 그 의미가 독자에 따라 다양하게 구성되는 것도 이러한 이유에 의해서이다. 이처럼 '엇디ᄒᆞ리'라는 표현은 텍스트 외부에서 관망하고 있는 독자를 텍스트 세계 속의 상황으로 옮겨서 '일인칭의 경험'을 요구하는 하나의 표지에 해당한다.

그런데 텍스트 세계의 경험과 일인칭의 경험만으로 교육적 경험의 형성이 보장되는 것은 아니다. 이들 경험 역시 여전히 제한적이고 고립적인 성격을 갖고 있으며, 여기에 머무를 경우 무산(霧散)되어 버릴 가능성도 존재한다. 교육적 경험은 텍스트 세계의 경험과 일인칭 경험의 길항 관계 속에서 가치 판단과 전유의 적극적 행위에 의해 형성될 수 있다. 의미있는 경험은 텍스트가 담고 있는 경험과 자신이 주체가 된 새로운 경험을 나란히 마주 세우고, 여기에 그 가치와 의미를 판단하고 재구성하는 사고 작용이 뒤따를 때 비로소 가능해진다. 언어적 경험이 텍스트를 통해 의미를 구성하고 경험하는 것이라 한다면, 텍스트와 독자의 상호작용은 주체의 기존 경험(독자 변수)과 텍스트 세계(텍스트 변수)의 원근에 따라 다양한 양상으로 나타날 수 있다.48) 독자 변수의 지배적 영향을 받는 것을 '독자 주도형 공감', '주체 지향적인 읽기', '자기 정서 체험의 재현' 등으로, 텍스트 변수의 영향을 받는 유형을 '텍스트 주도형 공감', '텍스트 지향적인 읽기', '타자 지향적 정서 체험 생산의 재현' 등으로 명명하기도 한다. 텍스트 변수와 독자 변수가 함께 작용한 유형을 두고서는 '상호 주도형 공감', '상호 지향적인 읽기', '성찰적 조정' 등으로 설명하는 것도 마찬가지

---

48) 독자와 텍스트 세계의 상호작용 유형은 '공감의 유형', '상상 작용의 양상', '텍스트와 주체 사이의 가치 소통의 양상' 등의 연구에서 이루어진 결과를 참조할 수 있다. 김효정, 「문학 수용에서의 공감 교육 연구」, 서울대 석사학위논문, 2007; 구영산, 「시 감상에서 독자의 상상 작용 연구」, 서울대 석사학위논문, 2001; 김미혜, 「비판적 읽기 교육의 내용 연구」, 서울대 석사학위논문, 2000; 최지현, 『문학교육심리학』, 역락, 2014 참조. 이러한 상호작용의 양상에 대해서는 2장에서 보다 자세히 다룰 예정이다.

이다.

이러한 양상은 텍스트 세계로의 몰입과 함께 그에 대한 '거리두기'의 실체를 확인시켜 준다. 일인칭의 경험이 다분히 감정이입을 낳아서 텍스트 세계와 독자 사이의 거리를 무화시켜 '동화'를 지향한다면, 거리두기는 텍스트 세계와 독자 사이의 거리를 확보함으로써 가치평가와 판단을 요청한다. 이처럼 거리두기는 텍스트에 담겨있는 가치 문제를 객관적으로 조명하고 적극적으로 판단·평가하기 위하여 텍스트 세계를 대상화하는 것을 가리킨다. 거리두기를 통해서 텍스트 세계의 문제 사태를 비판적으로 바라보는 것이 가능해지고, 이로써 타당성과 적절성의 검토와 그에 대한 자신의 판단과 평가가 이루어질 수 있다. 이러한 과정 속에서 형성되는 의미는 일차적 경험의 내용과는 다른 것으로, 반성적인 이해와 깨달음은 이 같은 능동적인 의미화의 과정 속에서 획득될 수 있다. 이런 경험만이 주체의 이해와 인식의 지평 확장을 가능하게 하고, 인간과 세계에 대한 전체적인 통찰을 가져올 수 있음은 물론이다. 이로써 하나의 사태는 주체에 의해 의미있는 경험으로 재구성되는 것이다.

그런데, 듀이에 따르면 반성적 사고를 통한 이차적 경험은 다시 직접적이고 감각적인 일차적 경험에 의해 검증되는 종합적인 순환을 거쳐야 한다고 주장한다. 이 같은 주장의 이면에는 기존 관념론의 철학이 이차적 경험에만 매달림으로써 현실과 유리된 채 추상성과 독단성에 빠지게 되었다는 판단이 자리 잡고 있다.[49] 그러나 언어적 경험의 국면에서는 이를 인간 삶의 문제에 대한 적용과 전이 차원으로 바꿔서 생각할 수 있다. 문학 감상의 궁극적 목적은 인간과 세계에 대한 앎과 깨달음으로 나아가는 데 있으며, 여기서 경험적 접근의 의의와 만나게 된다. 텍스트 세계를 재

---

49) 김병길 외, 앞의 책, 33~34면 참조.

구성하고 의미화한 결과를 인간과 세계의 문제로 확장하고 그에 대한 깨달음으로 연결 지을 수 있을 때, 비로소 진정한 경험이 형성되었다고 할 수 있기 때문이다. 경험교육의 도달점은 타자에 대한 단순한 이해를 넘어서 인간과 세계 전반에 대한 깨달음과 성찰인 것이다.

5. 경험 형성 단계에 따른 수행적 활동의 조직과 그 가능성

텍스트에 내재된 고정된 의미를 설정하는 것은 불가능할 뿐만 아니라, 텍스트가 만들어내는 경험의 세계 또한 일방적으로 '전달'될 수 없다. 텍스트 세계는 경험 질료에 불과하며 경험 구성의 주체는 분명 개별 수용자이다. 그런데 경험적 접근이 교사보다는 학습자를 주체로 설정하고 학습자 위주로 진행된다는 사실이 곧 교사의 역할 약화를 의미하는 것은 아니다. 학습자의 의미있는 경험이 형성되기 위해서는 명제화된 지식을 직접 전달하는 것보다 더 많은 교육적 검토와 고려가 뒤따라야 한다. 경험의 속성에 부합하는 '특별한' 교육적 기획의 구안이 요청되는 것이다.

경험은 주체의 행위와 관련된다는 점에서 활동의 측면이 강조된다. 그런데 일차적 경험과 이차적 경험이 다르다는 점에서 활동 또한 그에 맞게 구분되어 기획되어야 할 것이다. 그동안 교육적 경험의 형성 과정을 살펴본 것은 경험이라는 실체를 규명하고 설명하려는 목적뿐만 아니라, 각각의 형성 과정에 맞는 활동을 조직하고 설계하기 위한 기준을 마련하는 데 있다. 활동은 그 자체가 목적이 될 수 없고 교육 내용을 체득하기 위한 수단적 행위이어야 하며, 따라서 교육 목표에 맞게 활동이 조직될 때 그 기능과 역할을 다할 수 있다. 활동에 대한 이 같은 관점은, 읽기와 관련된 각 활동들을 '이해', '적용', '분석', '종합', '평가'의 단계에 따라 분류하여 제시한 연구를 통해서 실제 모습을 엿볼 수 있다.[50] 각 단계별로 몇 가지 내용을 제시하면 다음과 같다.

[표 1] 단계에 따른 읽기 활동의 예

■ 이해의 단계(읽은 것을 이해하는 것)
　• 이 단락의 주요 내용을 지적하기
　• 이야기를 요약하기
　• 이야기의 주요 문제를 명확히 하기

■ 적용의 단계(조직, 해명, 결론)
　• 인물이 문제를 해결한 단계를 말하기
　• 이야기 동안 분위기가 어떻게 변화했는지를 설명하기

■ 분석의 단계(내용과 개인적인 경험을 비교하기)
　• 이야기 속 사건들이 네게 일어났던 것과 얼마나 유사한가?
　• 네가 알고 있는 인물과 이야기 속 인물을 비교해보기
　• 네 감정과 주인공의 감정은 얼마나 유사하거나 다른가?
　• 네가 주인공과 똑같이 행동할 것인지의 여부를 설명해보기

■ 종합의 단계(새로운 방식으로 내용을 조직하기)
　• 이야기의 인물에 대해 어떤 결론에 내릴 수 있는가?
　• 인물들의 관계를 설명해보기
　• 이 이야기의 종결부를 새롭게 쓰기

■ 평가의 단계(판단하기)
　• 문제와 해결책의 현실성 여부에 대해 결정하기
　• 이야기에서 주인공의 변화에 대한 너의 느낌은 어떠한가?
　• 네가 주인공이었다면, 이야기가 이와 같이 종결되는 것을 원했겠는가?
　• 작가의 어휘 선택은 얼마나 효과적이었는가?

---

50) Kristin Noelle Wolfgang, *102 Reading Response Lessons*, Corwin Press, 2006 참조. 여기서는 블룸의 단계 이외에도 세 유형의 장르(내러티브, 설명, 허구)에 따라 구분하고 있다.

이들은 블룸(Bloom)의 교육목표분류학 중에서 인지적 영역을 주요 기준으로 하고 있다. 인지 단계에 따라 활동을 구분하여 배치한 하나의 사례를 보여준다. 여기서 확인할 수 있는 사실은, 교육 활동은 각 단계의 특성과 목적에 맞게 기획되고 구성되어야 한다는 점이다. 교육적 경험의 형성 단계가 일차적 경험, 일인칭의 경험, 이차적 경험 등으로 이루어진다면, 경험을 위한 일련의 활동들도 이러한 단계에 맞게 구성되어야 할 것이다.

활동을 구분하고 배치한 준거가 인지적 영역에 있다는 점에서, 위의 분류를 그대로 원용할 수는 없지만, 적어도 '이해'와 '적용'의 부분은 텍스트 세계를 이해하고 파악하기 위한 내용과 활동으로 구성되어 있다는 점에서 일차적 경험의 단계와 유사한 성격을 드러낸다. 또한 '분석'의 영역은 자신의 경험과 비교하는 활동으로 구성되어 있는데, 이는 일인칭의 경험과 대응하여 살필 수 있다. 대상을 이해하고 파악하는 것을 목적으로 하는 대상 지향적인 활동에서, '나'가 중심이 되는 활동으로의 전환이 이루어지는 지점인 것이다. 가령, '작가의 메시지가 너 자신의 삶과 어떻게 관련되는지를 설명하기',[51] 혹은 '텍스트와 자기 자신을 관련짓기(Text-to-Self Connections)'[52] 등의 내용은 반성적 사고의 전형적인 활동에 해당한다. 대상이 제기하는 문제 사태를 자기 내부의 문제와 관련짓고자 자신의 삶으로 되돌아가는 활동을 요구한다는 점에서 그러하다. 이어 종합과 평가의 내용들은 대상의 가치를 판단하고 재구성하는 활동이라는 점에서 거리두기의 과정으로 볼 수 있다. 주어진 내용을 그대로 수용하는 것이 아니라, 그에 대한 자신의 판단과 평가를 요청하는 공통된 특질을 보인다. 이러한 과정을 거쳐 이차적 경험이 형성됨을 짐작할 수 있다.

---

51) Kristin Noelle Wolfgang, 앞의 책, 151면-153면 참조.
52) Stephanie Harvey 외, *Strategies That Work*, Stenhouse Publishers, 2000 참조.

[표 2]의 왼편은 문학 작품 읽기와 관련하여 여러 전략을 순차적으로 제시한 것이다.[53] 이들은 아래와 같이 경험 형성의 각 단계에 대응시킬 수 있다.

[표 2] 문학 작품 읽기 과정과 경험의 과정

문학 작품 읽기 과정		경험의 과정
허구의 요소 이해하기	⇒	일차적 경험
논픽션의 요소 이해하기		
텍스트와 관련되는 것 끌어내기	⇒	일인칭의 경험
예측하기		
인물들을 알아내기		
마음의 그림 그리기		
중심생각 명확히 하기	⇒	거리두기
북그룹(book groups)에 참여하기		

여기서 허구나 논픽션의 요소를 이해하는 활동은 텍스트의 장르적 지식과 관련되는 것으로, 내용을 제대로 파악하기 위한 예비적 검토에 해당한다. 이는 곧 일차적 경험의 활동에 해당하는 것으로 볼 수 있다. 다음의 과정으로 제시된 '텍스트와 관련되는 것 끌어내기', '예측하기', '인물들을 알아내기' 등은 독자 자신의 기존 경험, 지식 속에서 의미를 만들어가는 활동이라는 점에서 일인칭의 경험에 가깝다고 할 수 있다. 텍스트의 전개 과정을 수동적으로 뒤따라가는 것이 아니라, 각 순간 마주하게 된 문제 상황에서 어떻게 판단하고 행동할 것인지를 요구하고 있기 때문이다. 그리고 '마음의 그림 그리기'는 읽은 내용을 자신의 마음속에 그려내는 것

---

53) Nicole Outsen 외, *Teaching Comprehension Strategies All Readers Need*, Scholastic Professional Books, 2002 참조.

으로, 텍스트 세부 내용들을 새롭게 재구성하는 활동이다. '중심 생각 명확히 하기' 또한 중심 생각과 세부 내용을 구별하는 것에 그치지 않고, 정보를 종합하여 결론을 도출하는 것을 목표로 한다. 끝으로, '북그룹에 참여하기'라는 과정은 다른 이와의 의견 교환을 통해서 경험의 심화와 발전을 도모하는 단계이다. 이들은 모두 경험의 단계 중에서 가치 판단과 평가가 강조되는 거리두기에 해당하는 과정으로 볼 수 있다.

경험 형성 단계에 따라 하나의 질문이 어떻게 변화해 가는지를 살펴보는 것도 각 단계에 맞는 활동을 조직하는 데 도움이 될 수 있다. 단계에 따른 활동의 변모는 각각의 단계가 지향하는 목표를 보여주면서, 이후의 활동을 만들어내고 결정하는 준거가 된다. 하나의 예로서 다음과 같은 질문을 제시할 수 있다.[54)]

[표 3] 경험 단계별 질문의 예

- 일차적 경험 : (특정한 상황에서) '등장인물 A가 말한 것은 무엇인가?'
- 일인칭의 경험 : '네가 만약 A였다면 어떤 말을 하겠는가?'
- 거리두기 : 'A가 그렇게 말한 이유는 무엇이며, 이에 대해 평가해보자. 이를 통해 우리는 무엇을 깨달을 수 있는가? 다른 학생들은 이 문제에 대해 어떻게 생각하는지를 들어보아라. 과연 적절하고 타당한가? 자신의 생각과 어떤 점에서 차이가 있는가?'

---

54) 각 단계에 해당하는 구체적인 활동들은 다루는 문제와 목표에 의해 결정된다. 따라서 각 활동을 마련하기 위해서는 텍스트 세계를 유형화하고 각각의 텍스트를 통해 어떠한 목표에 도달할 수 있는지를 검토해야 한다. 이는 별도의 논의를 필요로 하므로, 여기서는 일단 비켜가기로 한다.

6. 앞으로의 과제

지금까지 경험이란 '무엇'이고 '왜' 경험해야 하며, '무엇을', '어떻게' 경험하게 할 것인가의 문제를 살펴보았다. 경험교육의 실천과 수행을 위해서는 무엇보다도 경험의 개념, 목적, 내용, 방법의 순차적 규명이 요구된다고 보았기 때문이다.

먼저, 경험 개념의 모호성과 추상성이 경험교육의 실천을 가로막고 있다는 판단 아래 교육적 수행을 위해서 '교육적 경험'으로의 재개념화를 시도하였다. 이어서 텍스트를 '경험'해야 하는 이유가 무엇인지를 문학과 경험의 차원에서 살펴보았다. 연구의 전제에 해당하는 내용을 두고서 장황하게 논의했던 까닭은 이에 대한 면밀한 고찰이 부족했다는 연구사적 반성과 함께 경험적 접근의 필요성과 목적에 대해 동의를 얻을 때 비로소 이 연구의 입론이 성립할 수 있다는 판단 때문이다. 또한 교육적 실천의 문제는 교육이 지향하는 바와 해당 교육 내용이 함의하는 것에 대한 철저한 탐구에서 시작되어야 한다는 생각도 관여하고 있다.

경험의 내용, 즉 '무엇을 경험할 것인가'의 문제는 언어적 가능 세계, 즉 텍스트 세계 차원에서 규명하였다. 그럼에도 불구하고, 구체적으로 경험할 내용의 목록은 여전히 비어 있다. 다루어야 할 문제사태는 어떠한 것이며, 이를 위해서 어떤 텍스트를 선정해야 하는지에 대한 의문은 계속 남는다. 발달과 수준에 따라 학습자에게 제공해야 할 경험 항목의 내용을 구성하는 연구가 뒤따라야 할 것이다. 물론 여기에는 학습자 개인의 실제적 발달 수준(actual developmental level)뿐만 아니라 교사나 동료와 같은 타자에 의해 성취될 수 있는 잠재적 발달 수준(potential developmental level)까지 고려되어야 할 것이다. 비고츠키(Vygotsky)의 근접발달영역(zone of proximal development : ZPD)은 이에 대한 유용한 이론적 도구가 될 수 있다. 의미있는 경험교육은 현재의 경험 수준에 부합하는 것만을 가리키는 것이 아니라 이후에 심화된 경험 형성에 도움이 될 수 있어야 하기 때문이다. 단지 자신이 경험한 내용을 이후의 경험에 적용·활용하는 차원을 넘어서서, 문제를 발견하고 그 속에서 유의미한 가치를 이끌어낼 수 있는 힘을 길러주는 데 초점이 맞춰져야 할 것이다.

경험 목록의 구성은 텍스트를 어떻게 조직하고 구성할 것인가의 문제도 제기한다. 경험의 성장이 기존의 경험과 새로운 경험이 만나서 인식과 안목의 변화를 가져오는 것이라면, 각각의 경험이 분리된 채 이루어지는 양적인 제공만으로는 학습자의 의미있는 성장을 기대하기 어렵다. 여기서 주목해야 할 점은 경험의 계속성이다. 이른바 경험의 계속성 원리란, 모든 경험은 그것보다 선행하는 경험들로부터 무엇인가를 받아들이면서 동시에 후속하는 경험들의 특질을 어떠한 방식으로 변경한다는 것[55]으로, 이는 학습자의 변화와 성장을 문제 삼는 교육의 국면에서 특히 중요하게 고려해야 할 요소이다. "우리가 실제로 만나는 것은 대상 자체가 아니라 대상물과의 경험이며, 우리의 개념을 통하여 구조화된 경험"[56]이라면, 교육적으로 가치있는 경험은 대상 자체에 국한된 경험이기보다는 이후에 형성될 경험에 개입하고 전이될 수 있는 것이어야 한다. 하나의 문제 사태에 국한된 고립된 일회적 경험에 그칠 것이 아니라, 의미화의 가능한 역을 다양하고 체계적으로 제공해야 할 필요성이 여기에 있다. 횡적 연계성뿐만 아니라 학습자의 성장을 고려한 종적 계열성에 대한 과제가 새롭게 제기되는 지점이다.

'어떻게'에 해당하는 방법상의 국면에서 경험 형성의 과정과 절차를 반

---

55) John Dewey, *Experience and Education*, 엄태동 편역, 『존 듀이의 경험과 교육』, 원미사, 2001, 47면.

56) George F. Kneller, *Movements of Thought in Modern Education*, John Wiley & Sons, 1984, 28면.

성적 사고를 중심으로 살펴보았다. 일련의 과정을 살펴본 것은 그 과정에 부합하는 경험 형성의 방법과 활동을 구안하기 위해서이다. 경험은 일차적 경험에서 이차적 경험에 이르기까지 긴 노정 속에서 형성된다는 점, 그리고 각 단계는 다른 것과 변별되는 고유한 특징과 기능을 갖는다는 점을 확인할 수 있었다.

덧붙여 제언할 것은 듀이 이론의 비판적 수용 문제이다. 인식론이나 심리학의 연구 주제였던 경험의 문제를 교육의 차원으로 가져왔다는 점에서, 듀이의 논의는 분명 경험교육에 시사하는 바가 크다. 듀이의 문제제기와 방법론은 지금도 국어교육에서 경험의 영역을 설정하고 그 내용을 구성하는 데 중요한 바탕이 되고 있다. 실제 많은 연구들의 입론이 여기에 근거를 두고 이루어져 왔다. 그런데 듀이가 제기하는 경험 문제에는 '직접적 경험'과 '과학적 사고'가 전제되어 있다는 점에 유의해야 할 것이다. 그동안 단순한 활동과 행위 차원의 직접적 경험, 혹은 실험이나 탐구와 같은 실증적인 관찰 등을 경험교육의 본질로 오인하게 된 것도 이러한 배경에서 연유한다.57) 이는 인문적 사고를 바탕으로 한 간접 경험인 '언어적 경험'의 문제를 다루는 국어교육과는 분명 맞지 않는 부분이다. 직접적 경험과 과학적 사고가 갖는 한계를 직시하고, 언어를 경험한다는 것이 함의하는 바에 대해 진정한 고민이 뒤따라야 할 것이다. 듀이의 경험론에 대한 비판적 이해와 적용이 필요한 대목이다.

지식, 수행, 태도와 더불어 경험이 국어교육의 내용 범주로서 설정되어야 한다는 전제에서 경험의 개념과 구조, 교육 내용과 방법의 가능성을 살펴보려 하였으나, 이 같은 과제에 얼마나 충실한 글이 되었는지에 대해

---

57) 아이즈너(Eisner)의 경우 교육과정을 검토하면서 현대 교육에 미친 과학의 영향과 부작용에 주목한 바 있다. 그 근원으로 듀이와 손다이크(Thorndike)를 지목하고 있음을 눈여겨볼 필요가 있다. Elliot W. Eisner, *The Educational Imagination*, 이해명 역, 『교육적 상상력』, 단국대 출판부, 1991, 1-26면 참조.

서는 짚고 넘어갈 필요가 있다. 밝혀내고 해명한 것보다 더 많은 과제를 남긴 것으로 생각된다. 경험이 과연 지식과 같은 층위에 놓일 수 있는가 라는 근본적인 문제부터 내용으로서의 경험과 방법으로서의 경험의 문제 에 이르기까지 해결해야 할 수많은 과제가 앞에 놓여 있다.

끝으로 바람직한 경험교육이 실현되기 위해서는 무엇보다도 교육 현장 에서의 실천이 이루어져야 한다. 교육 현장에서의 실제적 수행 속에서 나 온 결과가 이 책에 피드백되어 연구 내용을 수정하는 계기가 마련되기를 기대한다.

• 출처 : 「문학교육에서 경험의 재개념화와 교육적 실천을 위한 연구」
(『국어교육학연구』 29, 국어교육학회, 2007)

📋 더 찾아읽기

▶ 지식, 수행, 경험, 태도 그리고 수행적 이론

김대행, 「내용론을 위하여」, 『국어교육연구』 10, 서울대 국어교육연구소, 2002.
김대행, 「수행적 이론의 연구를 위하여」, 『국어교육학연구』 22, 국어교육학회, 2005.
김대행, 『통일 이후의 문학교육』, 서울대 출판부, 2008.
이돈희, 『교육적 경험의 이해』, 교육과학사, 1993.

▶ 경험 연구, 경험교육, 문학 감상과 경험

Dewey John, *Democracy and Education*, 이홍우 역, 『민주주의와 교육』, 교육과학사, 1987.
Dewey John, *Experience and Education*, 엄태동 편역, 『존 듀이의 경험과 교육』, 원미사, 2001.
Dewey John, *Art as Experience*, 이재언 역, 『경험으로서의 예술』, 책세상, 2003.
Dilthey Wilhelm, *Der Aufbau der geschichtlichen Welt in den Geisteswissenschaften*, 이한우 역, 『체험·표현·이해』, 책세상, 2002.
Ricoeur Paul, *Interpretation Theory*, 김윤성·조현범 역, 『해석이론』, 서광사, 1998,
Ricoeur Paul, *Du texte à l'action*, 박병수·남기영 편역, 『텍스트에서 행동으로』, 아카넷, 2002.
Rosenblatt Louise M., *Literature as Exploration*, 김혜리 외 역, 『탐구로서의 문학』, 한국문화사, 2006.
Rosenblatt Louise M., The reader, the Text, the Poem, 김혜리 외 역, 『독자 텍스트 시』, 한국문화사, 2008.

▶ 단계별 읽기 활동

Harvey Stephanie·Goudvis Anne, *Strategies That Work*, Stenhouse Publishers, 2000.
Outsen Nicole·Yulga Stephanie, *Teaching Comprehension Strategies All Readers Need*, Scholastic Professional Books, 2002.
Wolfgang Kristin Noelle, *102 Reading Response Lessons*, Corwin Press, 2006.

제2장 문학 경험의 구조와 기제
—문학은 어떻게 경험되는가?

문학 경험,

교육적 경험에 대한 앞 장의 논의를 바탕으로,
여기서는 본격적으로 문학 경험에 대해 탐구해보기로 한다.
'가치있는 경험의 형상화'라는 문학의 정의에서 보듯, 문학은 경험에서 출발한다. 작자와
독자의 경험이 만나고 더해지며 소통하는 가운데 또 다른 경험이 만들어지기도 한다. 이처럼
문학의 생산과 수용이 경험에 기반하고 있음에도 불구하고, 정작 문학 경험의 구조와 기제에
대해서는 명확하게 밝히지 못하고 있다는 반성에서 이 글은 시작된다.
문학 경험이 텍스트와 독자 사이의 만남에서 비롯되는 만큼, 텍스트에 견인되는 힘,
그리고 여기서 이탈하는 또 다른 힘의 방향에 주목하였다.
서로 다른 두 힘의 실체를 확인하고는,
이를 공감과 동일화, 거리두기와 가치평가로 설명하였다.
지극히 '일반론적인' 설명이지만, 그만큼 '원론적인' 설명이 되기를 희망하였다.

텍스트와 독자의 실종,

앞 글에서도, 이 글에서도 구체적인 작품이 다뤄지지 않는다.
그렇다고 독자가 등장하는 것도 아니다.
그 빈자리를 철저히 이론적인 탐색으로만 채워나가고 있다.
Ⅰ부에서는 경험, 문학 경험에 대한 이론적 탐색을 진행하는 만큼
보편적인 해명이 될 수 있기를 기획하였다.
실제 텍스트의 경험 내용이 궁금하시더라도, 조금만 더 기다려주시기를 바란다.
이 책의 Ⅱ부, Ⅲ부, Ⅳ부에서 지겨우리만큼 자세히 다뤄질 예정이다.

1. 문학 경험, 탐색의 이력과 문제의식

이 글의 목표는 문학 텍스트를 매개로 이루어지는 경험의 구조와 기제를 밝히는 데 있다. 구체적으로 문학 수용의 과정에서 이루어지는 경험의 특징과 양상에 대해 탐구하여, 이를 구조화·질서화하려는 것이다. 이러한 작업은 이후 교육적 방법론의 설계에 이론적 틀을 제공하고, 경험교육의 실제 구현 가능성을 제고하는 데 기여할 것으로 기대된다.

사실 이 연구가 제기하는 '경험'이라는 용어 자체는 새롭지 않다. 특히 문학교육의 국면에서 경험을 제언하는 것은 익숙하다 못해 진부하게 여겨질 수도 있다. '가치있는 경험의 형상화'로 규정되는 문학의 정의 자체가 경험에서 출발하고 있음은 물론이다. 작자의 '경험'이 작품 형성의 토대가 되고 독자가 이를 '경험'하는 과정이 문학 소통의 구조로 설명되기도 한다. 작자와 독자는 텍스트를 매개로 소통하게 되는데, 이러한 소통의 주된 내용과 그 과정에서 형성되는 의미가 경험에 해당한다.

문학의 생산과 수용의 과정이 이러하고 그 의의 또한 여기서 찾아진다고 할 때, 그동안의 문학교육이 과연 이 같은 본질에 얼마만큼 부합하여 왔는지에 대해 회의적인 입장을 취하게 되는 데서 이 글은 출발한다. 문학의 본질과 실제 문학교육 구현 사이의 거리, 간격이 존재하는 데 주목하는 것이다. 텍스트의 분석과 해부가 문학교육이 지향하는 바가 될 수 없음에도 불구하고, 지금의 문학교육이 분석과 해부에서 얼마나 자유로운가의 비판에 대해 주저하게 되는 게 사실이다. 낡고 뒤떨어진, 그래서 비판의 주된 대상이 되면서도, 정작 그 대안에 대한 탐색과 고민이 문학교육의 실질적인 변화를 추동하는 데에는 이르지 못하고 있는 것이다. 경험

적 관점은 이러한 상황 속에서 문학교육에 던지는 하나의 문제제기이자
새로운 방향성의 모색이다.

이 같은 입론의 바탕에는 언어교육에서 경험교육적 접근이 태동했던
역사적 맥락이 자리하고 있다. 이미 1935년 미국의 전국영어교사협의회
에서는 국어 수업에서 학생들의 경험을 강조하는 경험주의 교육과정을
소개한 바 있다.[1] 나아가 1966년 영국과 미국의 영어교사들이 모인 이른
바 다트머스 회의(Dartmouth Seminar)에서는 국어 수업이 학생들의 정신적
성장을 도와야 한다는 결론에 도달하면서, 문학 작품을 분석하는 당시의
교육 내용이 이러한 목표에 기여하지 못한다는 점이 지적되기도 하였다.[2]
이처럼 경험적 접근은 문학 작품의 분석으로 대표되는 기존 교육의 대안
차원에서 제안되었으며, 학습자의 성장을 주된 목표와 근거로 두고 있음
을 역사적 이력 속에서 확인할 수 있다.

문학교육의 목표를 개인적 성장에 두고 문학 능력의 향상을 통해 인간
다움을 성취해가는 것으로 설명하는 문학교육론[3]도 문학이 경험의 확대
와 그에 따른 개인의 성장에 기여한다는 점에 초점을 맞추고 있다. 문학
교육이 텍스트의 이해 차원을 넘어서서 개인의 정신적 성장을 도모할 수
있는 것은 타자를 통해 인간다움을 성찰하는 것을 주된 내용으로 한다는
데에 있으며, 경험은 이를 가능케 하는 매개이자 방법론이 되는 것이다.

이러한 방향성에 따라 문학교육의 새로운 관점 차원에서 경험적 접근
이 다수 이루어졌고, 다양한 장르와 작품을 대상으로 교육 내용을 새롭게
도출하는 성과를 가져오기도 하였다. 먼저 국어교육의 '내용'으로 '지식

---

1) Raymond J. Rodrigues & Dennis Badaczewski, *A Guidebook for Teaching Literature*, 박인기
   외 역, 『문학작품을 어떻게 가르칠 것인가』, 박이정, 2001, 21면 참조.
2) NCTE(National Council of Teachers of English), *The Dartmouth Seminar Papers*, University of
   Illinois Archives, 1966-1968 참조.
3) 김대행 외, 『문학교육원론』, 서울대 출판부, 2000.

(knowledge)', '경험(experience)', '수행(performance)', '태도(attitude)'의 영역을 설정하고, 그에 따라 경험이 국어교육의 '활동'이나 '방법' 차원이 아닌 '내용'의 위상으로 제안된 바 있다.4) 이것은 언어가 '사실(fact)', '의미(meaning)', '과제(task)', '정체성(identity)'의 속성을 지닌다고 보고, 이러한 속성에 따라 국어교육의 영역에 대한 새로운 범주화를 시도한 것이다. 이로써 경험의 문제가 '가르치는 방법'의 차원에서 '가르치는 내용'의 차원으로 전환되는 계기가 마련되었다. 이 같은 논의를 바탕으로 이후 경험의 개념을 언어 경험과 문학 경험 속에서 규명하고자 한 연구와 문학교육과정 속에서 경험 범주의 교육 내용을 어떻게 선정, 배열, 조직할 것인가를 탐색한 연구가 이루어졌다.5)

경험에 대한 문제의식은 독자에 대한 관심을 불러일으켜 현대소설이나 현대시를 대상으로 텍스트와 독자의 상호작용을 '체험'의 관점에서 밝힌 박사학위논문들이 제출되기도 하였다.6) 이러한 연구사적 흐름은 현대문학의 감상 방법 차원에서 현재까지도 지속적으로 탐색, 발전되고 있다.7) 또한 고전시가 장르와 작품을 대상으로 경험교육의 구체적인 내용을 살피는 연구가 다수 이루어지기도 하였고,8) 경험해야 할 내용과 주제를 중

---

4) 김대행, 「내용론을 위하여」, 『국어교육연구』 10, 서울대 국어교육연구소, 2002.

5) 고광수, 「문학 감상의 경험 교육적 성격에 대한 예비적 고찰」, 『문학교육학』 16, 한국문학교육학회, 2005; 류수열, 「문학교육과정의 경험 범주 내용 구성을 위한 시론」, 『문학교육학』 19, 한국문학교육학회, 2006; 졸고, 「문학교육에서 경험의 재개념화와 교육적 실천을 위한 연구」, 『국어교육학연구』 29, 국어교육학회, 2007.

6) 김중신, 「서사 텍스트의 심미적 체험의 구조와 유형에 관한 연구」, 서울대 박사학위논문, 1994; 최지현, 「한국 근대시 정서 체험의 텍스트 조건 연구」, 서울대 박사학위논문, 1997.

7) 김남희, 「현대시의 서정적 체험 교육 연구」, 서울대 박사학위논문, 2007; 서민정, 「가치 수용적 심미 체험을 위한 문학교육 연구」, 한국교원대 박사학위논문, 2011; 민재원, 「시 읽기 교육에서 정서 체험의 구조와 작용 연구」, 서울대 박사학위논문, 2013; 박수현, 「시 텍스트 정서 체험 교육 연구」, 이화여대 석사학위논문, 2014; 최지현, 『문학교육심리학』, 역락, 2014.

8) 조희정, 「고전시가의 서정적 체험 연구」, 『국어교육』 126, 한국어교육학회, 2008; 졸고,

심으로 한 교육적 접근이 시도되기도 하였다.[9]

그러나 이 같은 다양한 시도에도 불구하고 이들 논의는 대체로 특정 장르나 개별 텍스트의 특질을 도출하는 것으로 수렴될 뿐, 정작 경험의 구조와 기제에 대한 고찰에는 이르지 못하고 있다. 텍스트와 주체의 만남과 상호작용으로 대표되는 경험적 접근에서 개별 텍스트의 내용적 특질 혹은 특정 독자[10]의 반응 양상을 탐구하는 것은 논의의 결과를 일반화할 수 없는 한계를 노정한다. 교육적 수행과 실천을 모색한 기획적 논문들이 제시되었지만 교육적 구현 가능성과 설계의 탐색에 치중한 나머지, 정작 텍스트와 독자의 '만남'과 '상호작용'의 실체에 대한 규명은 비워진 채 미뤄지는 결과를 초래한 것이다. 텍스트와 주체의 만남, 상호작용의 문제가 이 글이 탐구해야 할 과제이면서, 주목하는 지점인 것이다.

텍스트와 독자의 만남과 상호작용이 곧 경험의 구조와 기제에 해당하는 만큼, 그 실체를 밝히고 이론적 틀을 기획하기 위해서는 방법론의 차원에서 경험론과 여러 문학이론들이 요청된다. 특히 이 연구가 개별 텍스트와 특정 독자를 배제한 채 이론적인 탐색을 시도하는 만큼, 적확한 이론의 선정과 도입은 연구 성과를 결정짓는 중요한 요인이 될 수 있다. 이에 따라 이 연구에서는 철학의 인식론으로서 경험론 이외에도 심리학

「신흠의 시조와 경험교육 연구」,『문학교육학』25, 한국문학교육학회, 2008.

9) 황혜진,「가치 경험을 위한 소설교육내용 연구」, 서울대 박사학위논문, 2006; 고영화,「忠節을 주제로 하는 시조의 경험 교육 내용 연구」,『문학교육학』24, 한국문학교육학회, 2007; 졸고,「역군은 표현과 경험의 세계」,『고전문학과 교육』16, 한국고전문학교육학회, 2008; 졸고,「안빈낙도의 경험 교육 내용 탐색」,『한국언어문학』80, 한국언어문학회, 2012; 송지언,「'어제런 듯하여라' 시조와 시간 경험의 교육」,『고전문학과 교육』24, 한국고전문학교육학회, 2012; 졸고,「활성적 기억으로서 <남정가>와 시간성의 경험」,『문학교육학』41, 한국문학교육학회, 2013 등

10) 독자의 반응을 살피고 범주화를 시도한 연구는 대체로 초등학생을 대상으로 진행되었다. 염창권,「초등학생 문학 수업의 문화기술적 연구」,『문학교육학』9, 한국문학교육학회, 2002; 진선희,『문학체험 연구』, 박이정, 2006; 김선희,「문학적 정서 함양을 위한 시조 교육 연구」, 한국교원대 박사학위논문, 2007 등 참조.

차원에서 진행된 셸러(Scheler)의 공감 연구, 독자에 주목한 로젠블렛 (Rosenblatt)의 독자반응비평 연구, 경험의 의미와 효용에 주목한 딜타이 (Dilthey), 가다머(Gadamer) 등의 현상학, 해석학의 연구들에 주목하기로 한다. 이들은 문학 경험의 구조와 기제에 대한 탐색을 이끌면서 이 글의 이론적 근거를 제공한다.

2. 경험 질료로서 문학의 가능성

교육의 국면에서 경험에 주목해야 하는 까닭은, 가다머(Gadamer)가 말한 바와 같이 경험이 주체에게 영향을 미쳐 주체를 변형시킬 수 있다는 사실에 있다. 개개인의 삶은 스스로를 형성하는 경험, 즉 한 개인의 자아관과 인생 방향을 결정짓는 본질적 경험이 될 수 있다.[11] 이 같은 본질에 따라 교육에서 경험은 피동적으로 부착되어 있는 것이 아니라 스스로를 변화시키면서 재조정하고, 외계로부터 영향을 받으면서 거기에 영향을 주는 역동적인 통합체로 설명된다.[12] 이처럼 경험이 주체의 삶에 영향을 미쳐 변화를 가져온다는 점은 주체의 성장을 과제로 하는 교육과 공통분모를 형성한다.

그런데 주체에게 미치는 영향력과 변화를 생각한다면, 주체가 몸소 겪는 직접적인 체험에 관심이 기울여질 수도 있다. 여기서 문학 경험이 어디까지나 간접적인 체험이라는 사실은 교육적 효용에 의구심을 더하게 된다. 직접 체험의 구체성과 실제성에 비춰본다면, 문학 경험의 추상성과 간접성의 한계는 보다 분명해진다. 주지하다시피 언어는 추상적인 것으

---

11) Georgia Warnke, 이한우 역, 앞의 책, 60-61면.
12) 이돈희, 『교육적 경험의 이해』, 교육과학사, 1993, 49-50면.

로, 언어화되는 순간 실제로부터 동떨어져 추상적인 것으로 만들어 버리기 때문이다.

그러나 역설적으로 문학은 세계에 대한 경험을 '구체화'시킬 수 있다. "실제 세계보다도 오히려 핵심을 찌르는 것이 글로써 표현하는 일"이라고 보면서, "실제 삶보다 훨씬 더 가슴에 와 닿고 감동적이며 피부에 와닿을 수 있다는 데서 이야기의 서술적인 힘"을 찾는 것에서도 문학의 이 같은 특성을 볼 수 있다.[13] 딜타이(Dilthey)가 "진실한 모든 문학의 기반은 살아 있는 혹은 생생한 체험이며", "문학의 기능은 근본적으로 이러한 우리의 삶의 감각을 보존하고, 강화시키고, 일깨우는 것"[14]으로 설명한 것도, 경험의 효과적인 통로와 장치로서 문학의 가능성에 따른 것이다. 문학의 경험을 두고서 복잡하고 많은 함축적인 의미를 가지고 있으며 강렬하다는 점[15]으로 설명하는 독자반응비평의 입장 또한 마찬가지이다.

세계와의 직접적이고 원초적인 접촉을 강조하는 현상학에서조차 문학이 간접 경험임에도 불구하고 인간 경험으로서 갖는 가치를 다음과 같이 설명하고 있다.

    (1) 이야기는 있을 수 있는 인간 경험들을 제공해준다.
    (2) 이야기는 우리가 정상적으로는 경험하지 못할 상황, 느낌, 감정, 사건 등을 경험할 수 있게 해준다.
    (3) 이야기는 가능 세계들을 창조함으로써 우리의 정상적인 실존적 경관(existential landscape)의 지평을 넓힐 수 있게 해준다.
    (4) 이야기는 우리의 마음을 잡아끄는 경향이 있고, 우리를 인간적인 방

---

13) Max Van Manen, 신경림 외 역, 앞의 책, 171면.
14) Wilhelm Dilthey, *Poetry and experience*, 김병욱 외 역, 『딜타이 시학 : 문학과 체험』, 예림 기획, 1998, 45면, 50면.
15) Louise M. Rosenblatt, *The Reader, the text, the poem*, 김혜리 외 역, 『독자 텍스트 시』, 한 국문화사, 2008, 61면.

식으로 끌어들인다.

  (5) 이야기는 우리를 허구적이든 현실적이든 간에 체험한 삶으로 되돌아
      가게 하는 예술적 장치이다.

  (6) 이야기는 나의 삶 혹은 당신의 삶일 수 있는 어떤 삶의 독특하고 특
      수한 측면들을 자세히 묘사하면서 생생한 느낌을 불러일으킨다.

  (7) 하지만 위대한 소설이나 이야기들은 플롯의 특수성을 그리고 주인공
      등의 특수성을 초월한다. 그렇기 때문에 플롯과 주인공 등은 주제
      분석과 비판의 대상이 된다.16)

    이 논의에 따르면, 문학은 "직접 행동하지 않으면서도 느낌과 행동을
체험"하게 한다는 점에서 간접적이며, 동시에 직접적인 경험을 가능케 하
는 특징을 갖고 있다. 동시에 "정상적으로는 경험하지 못할 상황, 사건,
감정 등을 체험"하게 한다는 점에서 직접 체험의 한계를 뛰어넘는 '안전
한 경험'을 제공해주기도 한다. 문학 경험이 간접적인 것임에도 불구하고
경험 질료로서 유용한 점은, (6)에서와 같이 실제 경험과 밀착되어 '자세
히 묘사하면서 생생한 느낌을 불러일으킨다'는 사실에서도 찾아볼 수 있
다. 실생활 속에서의 체험이 종종 습관화된 시선 속에서 대상의 본질을
꿰뚫지 못하는 데 반해, 문학 경험은 독특하고 특수한 이면을 관심의 대
상으로 불러들임으로써 본질에 대한 성찰을 가져오는 의의가 있다.

    문학이 독자에게 직접 경험을 뛰어넘는 가치있는 경험을 불러일으킨다
는 점을 보편적 타당성(universal validity)과 필연성(necessity)의 측면에서도 설
명할 수 있다. 보편적 타당성은 텍스트가 제기하는 문제가 삶에서 필수적
이고 본질적인 것이기 때문에, 독자의 적극적인 수용과 재창조를 가져오
는 기제로 작용하게 된다는 설명이다. 필연성은 텍스트와의 연계와 영향
이 작자뿐만 아니라 청중에게도 강력하게 작용함을 뜻한다.17) 문학을 두

---

16) Max Van Manen, 신경림 외 역, 앞의 책, 98면.

고서 "인간 조건의 특정한 측면들에 대한 통찰을 획득할 기회를 제공해주는 경험"[18]으로 평가하는 것도, 경험으로서 문학이 갖는 이 같은 특질에서 연유한 것이다.

　문학 경험의 교육적 가치와 효용은 교육이 주체의 자기 이해를 목표로 한다는 데서 보다 분명해진다. 교육의 궁극적인 목표가 자기 이해라고 할 때, 이때의 자기 이해가 자기 내면을 대상으로 진행될 경우 이른바 나르시시즘에 그칠 위험성을 갖는다.[19] 내성(內省) 혹은 내관으로 귀결되는 심리학적 접근이 갖는 한계는 이처럼 자기동일성의 반복과 회귀로 설명될 수 있다. 주체가 직접 겪는 개인적 체험의 한계 또한 여기서 벗어나지 못한다. 개인적이고 직접적인 체험은 근본적으로 자기 기만적인 측면에서 자유로울 수 없기 때문이다. 이는 자기 이해를 위해서 의미있는 타자가 요청된다는 사실을 불러일으킨다. 범위와 질의 제한성을 차치하고서라도, 인간 경험 전체의 맥락 속에서 자기를 더 깊이 이해하기 위해서는 "다른 사람들의 경험과 그에 관한 그들의 반성을 '빌리는' 것"[20]이 요청되는 것이다. 문학은 바로 이를 위한 효과적인 매개로서 기여할 수 있다.

　이러한 특성으로 인해 인간의 의미있는 경험의 형성은 언어가 있기 때문에 가능하며, 언어를 통해서 경험을 회상하고 반성할 수 있다는 주장이 해석학에서도, 또한 듀이[21]에게서도 다함께 제기될 수 있었던 것이다. 경

17) Wilhelm Dilthey, 김병욱 외 역, 앞의 책, 116면 참조.
18) Max Van Manen, 신경림 외 역, 앞의 책, 98면.
19) 스스로의 내면 의식을 탐색하는 것으로 자기 이해를 시도할 경우, 마치 주체가 거울에 비친 자신의 모습을 되돌아보듯 나르시시즘적인 자기 동일성의 반복에 그칠 우려가 있다. 서양 문화 전체의 나르시시즘과 자기 도취를 비판하는 근거를 여기서 찾기도 한다. 김상봉, 『나르시스의 꿈 : 서양 정신의 극복을 위한 연습』, 한길사, 2002 참조.
20) Max Van Manen, 신경림 외 역, 앞의 책, 88면.
21) John Dewey, *Experience and nature*, 신득렬 역, 『경험과 자연』, 계명대 출판부, 1982, 272면. 듀이는 '의미는 언어 없이 존재하지 않는다'고 피력한 바 있다.

험 자체가 언어적 구조를 갖는 것으로 설명되기도 하고, 모든 경험과 인간의 상호작용이 일종의 텍스트로 간주되기조차 한다.22) 이들이 공통적으로 추구하는 진정한 자기 이해란 결국 내가 아닌 너 안에서 나를 재발견하는 것이다.23) 여기서 문학은 다양한 삶의 양상을 간접 체험하는 차원을 넘어서서, 궁극적으로 새로운 세계가 열리고 확장되는 경험을 제공해주는 질료로 작용한다.

3. 문학 경험의 구조와 기제

문학 경험이 어떻게 이루어지는지를 살피는 것은 문학 경험을 교육적으로 구현하고 실천하기 위해 선행되어야 할 과제이다. 주체는 텍스트를 수용하는 과정에서 가상의 텍스트 세계24)와 '직접적인 연관'을 맺는 것이 아니기 때문에 그 질서 속에 포함되지도, 구속되지도 않는다. 이는 문학 경험이 일상의 직접적인 체험과 구별되는 본질적인 차이에 해당한다. 문학 경험은 분명 경험이되 상상력에 의해 체험될 수 있고, 비록 가상이지만 실재성을 지니는 특별한 구조를 갖고 있다.

문학이 가상의 공간인 만큼 현실 세계에 위치한 독자가 텍스트 세계를 직접 겪는 것은 불가능하고, 주체는 어디까지나 상상을 통해 가상의 관계를 형성할 따름이다. 이를 물리적 참여와 구별하여 '심리적 참여'25)로 규

---

22) Paul Ricoeur, *Du texte à l'action*, 박병수 외 역, 『텍스트에서 행동으로』, 아카넷, 2002.

23) Wilhelm Dilthey, *Der Aufbau der geschichtlichen Welt in den Geisteswissenschaften*, 이한우 역, 『체험 표현 이해』, 책세상, 2002, 17면.

24) 텍스트 세계에 대해서는 이 책 1장에서 자세히 살핀 바 있다. Paul Ricoeur, 박병수 외 역, 앞의 책, 132-133면; 윤성우, 『폴 리쾨르의 철학』, 철학과현실사, 2004, 52면, 113-114면을 참조할 수 있다.

25) Walton Kendall L., *Minesis as make believe : On foundation of the representational arts*,

정하기도 한다. 그렇다면 주체가 텍스트 세계를 경험하는 '심리적 참여'
가 어떤 과정과 기제로 일어나게 되는지를 보다 정치하게 탐구할 필요가
있다. 문학 경험의 과정과 그 기제에 대한 규명을 요청하는 것이다.

　문학 텍스트를 매개로 이루어지는 주체의 심리적 참여, 혹은 가상 경험
은 텍스트 세계와의 '특별한 관계 맺음' 속에서 가능해진다. 이러한 관계
맺음에 대해 일찍이 공감과 비판으로 미적 경험을 설정하면서 '감정이입'
과 '거리두기'의 두 작용으로 구체화한 연구26)는 문학 경험의 구조 설계
에 시사하는 바가 크다. 작중 인물과 수용자의 거리 조절에 따라 '동화'와
'거리두기'로 문학 체험을 설명한 논의27)도 참조할 만하다. 감상의 전략
으로 공감과 거리두기를 제시하면서 동일시, 감정이입, 투사, 대상화를 살
피는 것에서도 문학 경험의 구조와 기제를 설계하는 데 도움을 받을 수
있다.28) 이 논의에 따르면 동일시, 감정이입, 투사는 공감의 원리에, 대상
화는 거리두기의 원리에 따른 것임을 알 수 있다. 이 책 앞 장에서 작품
속에 들어가 '나라면 어떠했을까'를 겪어보는 참여자로서 '일인칭의 경험'
과 텍스트 세계와 독자 사이의 거리를 확보함으로써 객관적인 가치 판단
을 추구하는 '거리두기'로 구분하는 것도, 공감, 거리두기와의 구조적인
상동성을 갖고 있다.

　이처럼 이들이 '공감적 시 읽기'와 '비판적 시 읽기', '감정이입적 독서'

Harvard university press, 1993, 11면.

26) 최미숙, 「공감적 시 읽기와 비판적 시 읽기」, 김은전 외, 『현대시 교육의 쟁점과 전망』, 월
　　인, 2001, 241면 참조. 문학 독서 방법으로 '감정이입'과 '탈감정'의 두 회로를 모두 경험할
　　것을 제언하는 연구(박인기, 「문학 독서 방법의 上位的 이해」, 『국어교육연구』 1, 서울대
　　국어교육연구소, 1994, 259-260면)도 공감과 거리두기로 구조화하는 이 책의 설계를 뒷
　　받침한다.

27) 최인자, 「작중 인물의 의미화를 통한 소설교육 연구」, 서울대 석사학위논문, 1993, 80-82면.

28) 최지현, 「이중 청자와 감상의 논리」, 『국어교육연구』 6, 서울대 국어교육연구소, 1998 참
　　조. '작품세계', '상상'과 '체험', '역할 수용'과 '내면화'를 살핀 연구를 통해서 주요 개념과
　　의미에 대한 이해를 제공받을 수 있다. 최지현, 앞의 책, 163-177면 참조.

와 '비판적 독서' 등으로 수용의 과정을 풀어내는 데에는 공통적으로 공감, 거리두기로 대표되는 수용자의 상반된 심리 과정에 바탕을 두고 있다. 이러한 설명에서 보건대, 주체는 텍스트 수용 과정에서 텍스트 세계를 대상으로 '공감'과 '거리두기'의 상반된 과정을 진행하게 되고, 이 과정에서 자기와 세계에 대한 경험의 폭과 깊이가 확대되는 심리적 변화를 겪게 됨을 유추할 수 있다. 이들은 모두 문학 텍스트를 대상으로 한다는 점에서 직접적 체험과 구분되고, 자기와 세계에 대한 경험의 폭, 깊이의 확대에 목적을 두는 것에서 여타의 문학 이해 활동과 차이점을 갖는다.

문학 경험의 구조가 이와 같이 설계된다면, 공감과 거리두기의 구조와 기제, 동일화와 가치평가의 교육적 의의 등에 대해 보다 자세히 탐구할 필요가 있다.

(1) 공감을 통한 동일화

경험의 의미역이 '실제로 해 보거나 겪어 봄'에 바탕을 두고 있는 만큼, 문학 경험에서도 텍스트를 매개로 타자의 상황을 제대로 겪어보는 것이 중요한 과제가 된다. 진정한 타자 이해는 객관적인 인식에 의해서가 아니라, 다른 존재의 작용을 뒤따라가며 거기에 참여할 때 비로소 가능할 수 있다.[29] 타자의 경험, 태도, 마음의 상태를 탐구하는 활동으로 '공감', '감정이입', '상상적 투사' 등이 제안되는 것도 이러한 이유에서이다.[30] 이 같은 작용의 존재가 나타내듯, 의미있는 문학 경험이 이루어지기 위해서는 텍스트 세계 속 주체의 심리, 태도, 정서와 동일한 상태에 도달하고자 텍스트의 의미를 자기화하는 특별한 구조와 절차가 요구된다. 여기서 공

---

29) Max Scheler, *Wesen und formen der sympathie*, 조정옥 역, 『동감의 본질과 형태들』, 아카넷, 2006, 446면.

30) James Gribble, *Literary education*, 나병철 역, 『문학교육론』, 문예출판사, 1993, 198-227면.

감(共感, empathy)[31]은 타자의 삶으로 옮겨가 타자가 처한 문제 상황에 자기를 두어보는 상상적 작용을 통해 그 인물이 되어보는 새로운 관계 맺기의 동인이 된다. 문학 경험에서 공감은 주체가 인간과 세계의 제 문제에 대해 텍스트 세계와 동일한 태도를 지향함으로써 타자의 감정을 자기화하는 기제로 작동하는 것이다.

공감은 독일어 'ein(안에)'과 'fühlen(느끼다)'이 결합되어 만들어진 말로, '안으로 들어가 느끼다(to feel into)', '더불어 안에서 느끼다(to feel within)'와 같은 사전적 의미를 갖고 있다.[32] 어원 자체에 이미 '들어가서 느낀다' 혹은 '안에서 느끼는 고통이나 열정'이 내재되어 있는 것이다. 이때 '안'은 타자의 내면을 가리키는데, 공감은 곧 다른 사람의 내면에 들어가는 것 혹은 그렇게 들어가서 느끼는 감정을 지칭하는 것으로 알려져 있다.[33] 문학 경험이 현실계의 수용자가 현실과는 다른 가공의 텍스트 세계를 접하는 것에서 발생한다고 할 때, '안으로 들어가 느낀다'는 공감은 텍스트 세계 '안'으로 들어가 그 안의 현실을 경험하도록 이끄는 역할을 한다. 따라서 공감은 텍스트 세계 안으로 옮겨가서 타자의 모습과 상황을 함께 느끼는 것이고, 이를 자신의 것으로 여기고 모방하는 것을 가능하게 만든다.

이처럼 공감은 궁극적으로 텍스트 세계의 문제사태를 자신의 것으로 전이시켜 받아들이는 과정으로 실현된다. 가다머(Gadamer)에 따르면, 텍스트의 의미로부터 우리 자신을 분리시킬 수 없다는 점에서 독자는 필연적으로 자신이 읽고 있는 텍스트에 속하게 되어 있다.[34] 이는 문학 수용 행

---

31) 공감, 감정이입 등에 대해서는 문학 이외에도 역사, 인류학, 사회과학 등 다양한 분야에서 다각적인 접근이 이루어졌다. 주목할 만한 성과에 대해서는 James Gribble, 나병철 역, 앞의 책, 208면에 제시되어 있는 연구 목록을 참조할 수 있다.

32) Jeremy Rifkin, *The empathic civilization*, 이경남 역, 『공감의 시대』, 민음사, 2010, 19-20면; Alex Preminger & T. V. R. Brogan ed., *The New Princeton Encyclopedia of Poetics*, Princeton Uni. Press, 1992, 331면.

33) 염은열, 『공감의 미학, 고려속요를 말하다』, 역락, 2013, 17면.

위 자체에 이미 공감이 내재되어 관여함을 의미한다. 따라서 문학 경험은 텍스트 세계의 문제사태를 자신의 상황으로 받아들임으로써[공감] 정서적 감염을 겪게 되는데, 이 과정에서 텍스트 세계 속 주체와 정신적 상태를 공유하려는 심리적 과정[동일화]이 나타나는 것으로 설명할 수 있다. 이때의 '정신적 상태'라 함은 문제 발견, 문제 인식에서부터 문제해결에 이르기까지, 또한 정서적 반응, 태도에서부터 가치관, 세계관의 국면까지 모두 아우르는 다양한 차원을 포괄한다. 동일화(identification)가 "자동적으로 일어나는 무의식적 정신과정으로서 어떤 개인을 다른 사람과 한 가지 또는 여러 가지 측면에서 같이 되게 하는 것"[35])으로 정의될 때, "한 가지 또는 여러 가지 측면"이 문학 수용의 국면에서는 텍스트 세계 속 주체의 정신적 상태에 대응되는 것이다. 이 같은 공감과 동일화의 존재는 경험적 관점을 기존의 이해, 분석과 구별짓는 대표적인 지점이 될 수 있다.

> 옛날에 한 남자가 종로 담배 가게에서 어떤 사람이 패사(稗史) 읽는 것을 듣다가 영웅이 심히 실의에 빠져 있는 곳에 이르러 갑자기 눈을 부릅 뜨고 입에 거품을 품더니 가지고 있던 담배 써는 칼로 패사를 읽던 이를 쳐서 그 자리에서 숨지게 했다.[36])

위의 기록은 텍스트의 내용과 현실을 혼동한 특별한 사례에 해당한다. 그러나 이는 텍스트의 수용 과정에서 텍스트 속 내용과 현실간의 거리가

---

34) Hans-Georg Gadamer, *Wahrheit und Methode*, 임홍배 역, 『진리와 방법2 : 철학적 해석학의 기본 특징들』, 문학동네, 2012.

35) Burness E. Moore 외, *Psychoanalytic terms and concepts*, 이재훈 외 역, 『정신분석 용어사전』, 한국심리치료연구소, 2002, 96면.

36) "古有一男子 鍾街煙肆 聽人讀稗史 至英雄最失意處 忽裂眦噴沫 提裁煙刀 擊讀史人立斃之", 이덕무, <銀愛傳>, 「雅亭遺稿」 12, 『국역 청장관전서』 IV책, 8면. 이와 유사한 내용의 기사가 『正朝實錄』 14년 庚戌 8월 戊午條에도 있다.

무화되어 텍스트 세계 속 주체와 동일화되는 모습을 실제로 보여주는 장면이라 할 수 있다.

　문학 작품 읽기를 '창문'에서 '거울'로 변해가는 것으로 설명하는 것[37] 또한 문학 수용 과정에서의 공감 작용을 보여준다. 작품 읽기가 처음에는 창문을 통해 바깥세상을 바라보는 것처럼 타자의 삶을 들여다보는 데서 출발하지만, 그 인물에 대한 앎이 지속될수록 거울에 자신의 모습을 비춰 보는 것처럼 그 인물이 자신으로 변한다는 설명이다. 타자의 삶에 공감하고 타자와 동일화되는 현상을 달리 설명하는 것이라 할 수 있다.

　한편 동일화를 목표로 한다는 점에서 공감의 작동은 '동감(sympathy)' 혹은 '동정'과도 구별될 수 있다. 일반적으로 공감이 다른 사람'과 함께 (with)' 느끼는 것인데 반해, 동감 혹은 동정은 다른 사람의 상황'에 대해 (about)' 느끼는 것으로 구별된다.[38] 공감은 다른 사람의 입장에서 그의 감정을 경험하는 것으로, 자신의 입장에서 파악하는 동감과는 참여의 측면에서 뚜렷한 차이점을 갖고 있다.[39] '타자가 되어가는 과정', 곧 동일화를 목표로 하는 과정이 공감인 것이다. '참여'로서의 경험과 '관찰'로서의 이해, 분석이 갖는 차이가 이같이 설명될 수 있다.[40]

　이처럼 공감은 텍스트 세계로의 적극적인 참여를 통해 수용 주체의 위

---

37) Bernice E. Cullinan & Lee Galda, *Literature and The Child Forth Worth*, 1994, 서민정, 앞의 글, 2면 재인용.

38) Sally Planalp, *Communicating Emotion : Social, Moral, and Cultural Process*, Cambridge Uni Press, 1999, 66면.

39) 심리학에서는 공감과 동감을 각각 '자기지향적인 반응'과 '타자지향적인 반응'으로 구별한다. 후자는 공감하지 않으면서도 타자의 처지와 정서 상태를 이해하는 것을 말한다. 박성희, 『공감과 친사회행동』, 문음사, 1997, 85면. 경험 형성의 일차적 조건으로서 공감의 의미는 동감, 동정과의 차이를 통해 보다 명료해질 수 있다.

40) 함린(Hamlyn) 또한 어떤 대상(상황)을 파악하는 것(즉, '그것은 이런 것(경우)이다'라고 하는 것)과 사람이나 사물을 아는 것을 구분하면서, 후자는 친숙해지는 것에 가깝다고 설명한 바 있다. D. W. Hamlyn, *The theory of knowledge*, Macmillan, 1993, 104-106면. 관여하는 태도의 차이가 참여와 관찰을 구분짓는 것이다.

치와 태도의 변화를 이끌어내는 동력으로 기능한다. 공감이 배제된 수용에서 주체는 외부에서 텍스트를 들여다보거나 내용을 전해듣게 되는 관찰자의 위치에 머무르기 쉽다. 그러나 공감을 통해 주체는 텍스트 세계 '속으로 뛰어들어감으로써' 텍스트 세계 속 존재로 위치가 옮겨진다. 이같은 모습은 비평 행위조차 공감에서 출발해야 한다는 아래의 논의에서도 확인된다.

> **시의 단어들은 우리에게 무엇에 '관해서 생각하고' 판단을 내리기보다는 그 '속으로 들어가 느끼고' 그렇게 '되어 보라고'– 단어들로 주어진 복잡한 경험을 실감내라고–권한다.** 즉 그저 좀 더 다면적인 반응을 요구하는 정도가 아니라 한층 완전한 감응을 요구하는 것인데, 이는 웰렉 박사의 "모든 시인을 재는 당신의 규범"이라는 문구에서 시사되는 바 한 눈은 기준에 가 있는 그런 판관 같은 접근 태도와는 전혀 다른 것이다. 그러나 마치 비평가가 바깥에서 규범을 가지고 와서 대상을 들이대는 양 말하는 것은 이 가치평가 과정을 왜곡하는 처사이다. 비평가의 목표는 무엇보다도 자신의 주의를 끄는 이런저런 것들을 가능한 한 민감하게 완전히 실감하는 일이며, 이 실감 속에는 어느 정도 평가 작업이 포함되게 마련이다.[41] (밑줄 및 강조 : 연구자주)

이상에서 보건대 문학에서 공감의 과정은 자신을 텍스트 세계 내부로 투사함으로써 텍스트 세계 내의 존재와 동일화하는 것으로 설명될 수 있다. 이 경우 텍스트와 독자 사이의 거리는 무화되고, 텍스트 세계에 스스로를 투사하는 과정 속에서 정서, 심리, 태도, 사상 등을 상상적으로 체험하는 것이 가능해진다. 이로써 주체는 '구경꾼', '관찰자'가 아닌 '참여자'로서 "텍스트가 이끄는 대로 우리가 창조해낸 작품의 세계 안에서 살고

---

41) 김영희, 『비평의 객관성과 실천적 지평 : F. R. 리비스와 레이먼드 윌리엄즈 연구』, 창작과 비평사, 1993, 93~94면 재인용.

우리 자신의 본성 속에 내재하고 있는 새로운 잠재력을 발견"[42]하게 되는 것이다. 이 같은 공감의 과정을 거친 이후에야 비로소 텍스트 세계는 주체의 의미있는 경험으로 전환될 수 있다.

공감의 교육적 의의는 일차적으로 경험 형성의 전제조건이라는 점에서 찾아진다. 경험은 인간과 환경의 상호작용에서 비롯되는 만큼, 경험이 형성되기 위해서는 무엇보다도 환경과 상호작용하려는 적극적인 주체가 전제되어야 한다. 이처럼 능동적인 참여가 경험 형성의 중요한 조건에 해당한다면, 공감을 통한 동일화의 과정은 독자와 텍스트 세계 간의 적극적인 상호작용을 가능하게 하는 동인이라는 점에서 눈여겨 볼 필요가 있다. 이 같은 특질들은 텍스트의 고정된 의미를 일방적, 수동적으로 전달하는 현재의 교수·학습 상황에서는 의미있는 경험의 형성을 기대하기 어렵다는 반성과 비판을 가져다준다.

나아가 공감의 교육적 의의는 적극적인 참여가 이뤄질 때 진정한 앎의 형성을 기대할 수 있다는 사실과도 관련이 깊다. 폴라니(Polanyi)에 따르면, '당사자적인 참여'를 통해서만 주체는 정신세계를 자신의 앎으로 확보하게 되는데,[43] 문학교육에서 이 같은 당사자적인 참여를 가능하게 하는 효과적인 방법의 하나가 바로 공감을 지향한 읽기라 할 수 있다.

(2) 거리두기를 통한 가치평가

앞서 살핀 바와 같이 문학 경험은 텍스트 세계의 문제사태를 주체가 공유하는 것에서 출발하며, 이때 공감은 주체를 텍스트 세계 속에 참여하게 만드는 동인이 된다. 그런데 이 같은 과정으로 문학을 경험하는 일은 자

---

42) Louise M. Rosenblatt, *The Reader, the Text, the Poem*, 김혜리 외 역, 『독자, 텍스트, 시』, 한국문화사, 118면.
43) 엄태동, 『교육적 인식론 탐구 : 인식론의 딜레마와 교육』, 교육과학사, 1998, 289-299면.

첫 텍스트에 함몰되어 텍스트 세계를 있는 그대로 추체험(追體驗)하는 것으로 오해될 수 있다. 실제로 공감을 통한 동일화는 이 같은 목표를 위한 과정과 절차에 가까운 것이기도 하다.

기존 경험과의 접점이 클수록 공감의 가능성이 확대될 수 있음은 쉽게 짐작할 수 있다. 학습자에게 제공되는 텍스트의 요건으로 흔히 그들의 관심과 욕구를 반영한 것을 제안하는 근거도 여기에 있다. 그러나 공감을 통한 동일화는 주체의 수용을 텍스트가 요구하는 방향으로만 이끌어간다는 점에서, 주체가 사장된 채 텍스트에 함몰될 위험성을 내포하고 있다. 공감과 동일화의 과정에만 그칠 경우 텍스트가 의도한 읽기, 텍스트에 함몰된 읽기에 머무르게 됨을 지적하는 것이다. 텍스트 속으로 뛰어드는 읽기 행위와 태도의 적극성에도 불구하고, 정작 경험의 내용이 텍스트에서 벗어나지 못한 채 그에 한정되는 수동적인 결과가 초래되는 것이다.

이른바 갈등교육과 같은 관점들이 제안되는 맥락을 살펴보면, 주체의 기존 인식과 태도를 교란시키는 혼란의 경험도 성장을 가져오는 원동력이 될 수 있다. 즉 기존 경험의 반복과 재확인은 자기 동일성의 한계에 빠질 위험성을 내포하는 바, 주체의 관점과 차이를 내재하고 있는 텍스트 세계 또한 경험교육에서 유효한 제재로 활용될 수 있는 가능성을 발견하게 된다. 주체의 기존 경험을 뒤흔드는 동요와 혼란도 경험교육적 접근에서는 중요한 교육적 실천에 해당하기 때문이다. 이 과정에서 주체의 인식 지평의 확장을 기대할 수 있음은 물론이다.

문학 경험에서 공감 이외에 특별히 거리두기를 통한 가치평가의 과정을 추가로 제언하는 까닭이 여기에 있다. 다양한 사건을 접하고 그것에 동화되는 것만으로는 의미있는 경험의 형성과 심화를 기대하기 어렵기 때문이다. 정서적 체험을 강조하는 입장에서는 비판적 거리가 정서 체험을 가로막는 장애가 되는 것으로 보기도 한다.[44] 그러나 텍스트에 동화된 체험이 주체의 정신적 성장으로 발전되기 위해서는 공감 이후에 주체의 기존 인식과 태도를 뒤흔드는 자기화의 과정이 이루어져 하고, 이는 타인의 감정을 따라간 이후에 자신과 대상을 분리하는 인지적이고 지적인 태도 속에서 가능할 수 있다.[45] 이처럼 문학 경험은 공감을 통한 동일화에서 출발하지만 평가와 비판을 통해서 조정과 재구성을 거칠 때 주체의 의미있는 성장으로 이어지고 발전될 수 있다. 이 책의 탐구 주제인 경험적 접근과 직접 체험의 차이가 재차 확인되는 장면이다.[46]

따라서 텍스트 세계로의 몰입을 차단하고 자신의 관점과 입장에서 비판적으로 접근하기 위한 과정으로 거리두기를 제언한다. 거리두기는 텍스트 세계 속에 동화되는 것을 중지하고 그 정서를 대상화함으로써 객관화시키는 방법에 해당한다. 공감의 작용으로 인해 주체와 텍스트 세계 사이에 무화되었던 심리적 거리가 복원되면서, 객관적인 시각에서 대상화하여 판단하는 수용 태도를 가져다준다. 이로써 텍스트 세계가 아닌 자신의 가치 체계와 관점에서 새롭게 조정하고 재구성하는 행위가 가능해진다.

예컨대 <홍길동전>에서 홍길동이 겪어야 했던 적서차별에 대해 공감과 동일화의 과정을 거치지만 한편으론 문제해결 방식에 대해서 여러 이견이 제기될 수 있고, 텍스트 세계 속 의적 활동, 율도국의 건설 행위와는 다른 차원에서 새로운 해결을 모색할 수도 있다. 행위의 정당성과 근본적 해결 가능성의 측면에서 <홍길동전>의 문제해결 방식을 평가하고 비판

---

44) 박소영, 앞의 글, 160면.

45) 정재림, 「문학교과서에 나오는 문학 이론 및 개념의 문제점과 개선방안(2)」, 『한국학연구』 40, 고려대 한국학연구소, 2012, 265면.

46) 앞서 1장에서 경험과 체험의 차이를 밝힌 바 있는데, 경험이 '대상과 얼마간의 거리를 예상한 것'으로, 체험은 '직접적이고 전체적인 접촉'으로 구분하는 것에서도(김선희, 「학습자의 문학 체험과 문학능력, 문학 교육」, 『문학교육학』 28, 한국문학교육학회, 2009, 133-134면), 체험과 구분되는 경험의 의미역을 살필 수 있다. 이처럼 경험은 인지적 측면의 개입과 관여를 필요로 하며, 거리두기는 이 과정을 대표하는 단계라 할 수 있다.

하는 것도 가능하다. <심청전>에서 심청이 효를 위해서 공양미와 자신의 목숨을 맞바꾸는 행위 또한 마찬가지이다. <광장>에서 주인공 이명준의 자살 역시 공감을 넘어서 행위의 정당성에 대한 수용자의 가치평가가 요구되는 지점이라 할 수 있다. 이처럼 텍스트 세계를 객관화, 대상화하여 자신의 가치 체계 속에서 새롭게 평가하기 위한 과정이 바로 텍스트에 대한 거리두기인 것이다.

공감의 단계는 철저히 개인적인 상상의 체험이되 타자의 관점과 입지에 기반을 둔 경험(other-focused personal imagining)이기 때문에,[47] 텍스트 세계 속 타자에 의해 통어되는 측면이 강하다. 반면 거리두기의 단계는 비판적, 객관적 성찰을 수행하기 위해 텍스트 세계와의 거리와 간격을 확보하고 자신의 시각과 입장에 따라 수행한다는 점에서 공감과는 관점, 접근 태도면에서 분명한 차이점을 갖는다. 궁극적으로 문학의 경험을 통해 도달하는 이해가 나에 대한 이해 및 타자에 대한 이해를 동시에 동반할 수 있는 것도,[48] 이처럼 공감과 거리두기의 상반된 양 방향으로 문학의 수용이 이루어질 때 가능할 수 있다. 너의 입장에서 문제를 바라보고 그 타자가 어떤 상황에 놓여 있는지를 살펴보는 것에서 출발하되, 나아가 나의 관점에서 되돌아보고 그것이 갖는 의미를 성찰하는 과정을 거치는 것이다. 너와 나의 진정한 통합 속에서 인간에 대한 이해로 나아갈 수 있고, 이 과정에서 인식 지평의 확대와 안목의 형성도 기대할 수 있다. 공감, 동감 등의 문제에 주목한 셸러(Scheler) 역시, 타인의 존재와 타인 체험에 대

---

47) 염은열, 앞의 책, 31면.

48) 이처럼 나와 타자에 대한 이해는 '타자 중심의 관점 취하기(Other-Oriented Perspective-Taking)'와 '자아 중심의 관점 취하기(Self-Oriented Perspective-Taking)'의 작동으로 설명되기도 하는데, 이들은 '너의 입장에서 너가 어떠한지를 상상하는 것'과 '나의 입장에서 너의 상황에 처한 나를 상상하는 것'으로 구분된다. Amy Coplan, & Peter Goldie ed, *Empathy*, Oxford Uni., 2012, 9-18면.

한 이해가 반드시 감정이입을 통해서만 가능한 것이 아니고, 오히려 거리 유지를 통해서 타자 지향적인 이해가 가능함을 밝힌 바 있다.[49] 진정한 이해는 무조건적인 공감을 의미하는 것이 아니라, 공감과 거리두기의 길 항 속에서 가능하다는 사실을 확인시켜 준다.

진정한 이해를 위한 거리두기의 필요성은 참여 태도의 변화와 긴장이 주체의 기존 앎에 변화를 야기하면서 타자와 세계에 대한 새로운 이해를 가져온다는 점에서도 찾을 수 있다. 거리두기의 과정은 텍스트 세계와 주 체 사이의 간극과 불화로 대표되는, 공감과는 다른 정서적 긴장을 동반하 게 되는데, 이 같은 간극과 불화를 야기하는 가치에 대한 평가의 과정이 새로운 통찰과 안목을 가져다주는 계기로 작용하게 된다.

이처럼 문학 경험에서 가치평가란 텍스트 세계가 제공하는 문제사태에 대해 자신의 관점과 입장에서 판단과 평가를 수행하는 것을 말한다. 공감 의 과정에서 주체의 현실적 조건이 잠정적으로 유보된 채 텍스트 세계로 의 몰입이 이루어졌다면, 가치평가의 과정은 주체가 처해있는 현실적 조 건 속에서 자신의 정체성을 이해하고 형성하는 방향으로 텍스트의 의미 를 새롭게 재구성하고 조정하는 일이 된다. 가치평가 자체가 주체의 정체 성과 필연적으로 관련되는 만큼, 이러한 수행은 주체의 정체성에 변화를 야기하기도 한다. 문학 수용의 결과가 주체의 삶을 스스로 구성하는 본질 적인 경험으로 발전되는 것이다. 문학이 비록 언어로 구축된 허구의 세계 임에도 불구하고 삶과 세계에 대한 끊임없는 반성과 성찰을 가져오는 '의 미있는 타자'로 기여하는 것도, 이러한 과정에서 비롯된다고 할 수 있다.

가치평가의 과정은 텍스트 세계의 내용을 이해하고 평가하는 데서 나 아가 자신을 둘러싼 세계로 전환, 확장하는 과정을 포괄한다. 이때 자신의

---

49) Max Scheler, 조정옥 역, 앞의 책, 51-53면.

삶의 기준을 되돌아보고, 텍스트 세계의 내용을 통해 이를 조정하는 과정
도 함께 이루어진다. 따라서 가치평가에서 평가의 대상은 일차적으로는
텍스트 세계지만, 공감을 통해 텍스트 세계와 동일화된 자신의 체험, 나아
가 기존에 자신이 갖고 있는 이해와 인식까지도 포함한다. 이 장면에서
주체는 공감의 주체와 철저히 구분된다. 즉 문학 독서에서 주체를 텍스트
세계에 이입된 주체와 텍스트 바깥에 존재하는 현실적 주체50)로 구분한
다면, 전자가 공감의 주체에 가까운 데 반해 가치평가의 주체는 비판적,
메타적으로 텍스트 세계를 조망하고 평가하는 현실적 주체에 대응될 수
있다. 그렇다면 문학 경험의 수행에서 제안되는 '거리'는 텍스트 세계에
대한 비판적 거리 이외에도 공감을 통해 형성된 동일화의 체험, 나아가
기존의 앎에 대한 심리적 간격까지도 포함한다. 이 같은 간격이 주체적
평가를 가능하게 하는 조건이면서, 주체의 변화를 가져오는 또 하나의 동
력으로 작용하는 것이다.

　이런 점에서 보건대 공감이 주체와 텍스트 세계의 의미있는 관계 형성
에 초점을 맞춘 것이라면, 거리두기는 이 같은 관계 형성이 텍스트에 함
몰된 이해에 그치는 것을 막고 문제사태의 비판적, 확장적 접근을 통해
궁극적으로 주체의 이해 지평의 확대를 가져오는 데 목표를 두는 단계라
할 수 있다. 텍스트 세계와의 동일화를 통해 형성된 공감의 내용이 주체
의 성장에 기여하는 '의미있는 경험', 듀이(Dewey)의 표현을 빌린다면 '하
나의 경험'으로 발전되기 위해 요청되는 과정인 것이다. '경험된 것으로
서의 경험'이 아니라 '경험의 의미(meaning)'를 형성하고 이를 자기화하기
위한 과정에 해당한다.51) 거리두기를 통한 가치평가의 과정을 거칠 때 비
로소 텍스트 세계 속 내용과 텍스트를 매개로 형성되는 주체의 경험은 달

---

50) 문학과문학교육연구소, 『문학의 이해』, 삼지원, 1998, 27면.
51) Paul Ricoeur, *Interpretation theory*, 김윤성 외 역, 『해석이론』, 서광사, 1998, 45면.

라질 수 있다.

거리두기와 가치평가가 갖는 교육적 의의는 일차적으로 문학 수용의 중요 과정이라는 점에서 찾아진다. 공감에서 거리두기에 이르는 일련의 과정은 곧 문학 읽기의 과정을 이입된 텍스트 내의 세계에서 텍스트 바깥에 있는 현실적 자아로 냉정하게 회귀하는 과정으로 보는 것[52]과도 유사성을 갖고 있다. 문학 수용 또한 가치평가를 위한 비평적 거리두기의 과정을 전제로 한다는 점은 경험적 접근이 문학을 제대로 이해하고 감상하는 방법론으로 기여할 수 있음을 확인시켜 준다. 특히 아래와 같은 제언들은 비록 '공감'과 '거리두기'의 용어를 사용하고 있지는 않으나, 문학 수용이 이 같은 경험의 구조와 연결될 수 있음을 보여준다는 점에서 주목할 만하다. 여기서 '작품 속 화자가 되어 보라는 과정'이 곧 공감을 통한 동일화의 과정을 나타낸다면, '너라면 어떻게 하겠는가'는 거리두기를 통한 가치평가의 과정에서 제기될 수 있는 대표적인 질문이라 할 수 있다.

> 시 작품을 읽을 때 그 작품 속 화자가 되어 보라는 과정은 체험의 확대를 위해서 꼭 필요한 과정이 될 것이다. 그리고 나서 '너라면 어떻게 하겠는가?'라는 상상의 과정을 시 교육의 중요한 내용으로 삼을 수가 있을 것이다.[53]

거리두기와 가치평가의 과정을 거칠 때 문학 수용은 비로소 텍스트에 대한 평면적인 이해를 넘어서서 주체의 성장과 자기교육으로 발전되는 교육적 효용을 확보할 수 있다. 문학의 수용이 문학교육의 목표 차원에서 제안되는 '안목의 포괄성 확보', '개인적 관점의 수립'[54]으로 발전되기 위

---

52) 문학과문학교육연구소, 앞의 책, 29면.
53) 김대행, 「시교육의 내용」, 김은전 외, 『현대시교육론』, 시와시학사, 1996, 47면.
54) 김대행 외, 앞의 책, 47면.

해서는, 자신의 관점과 태도를 재확인하거나 텍스트에 함몰된 수용에서
벗어나 관점을 조정하고 태도의 변화를 이끌어내는 경험으로 재구성, 재
구조화될 필요가 있다. 성장을 '경험의 계속적인 재구성'[55]으로 정의하는
듀이(Dewey)의 견해는 성장에 기여할 수 있는 경험이 어떠한 것인지에 대
해 시사점을 제공해준다. 경험의 재구성, 재구조화의 과정에서 궁극적으
로 자신의 가치를 새롭게 정립하게 되는데, 이러한 지속적인 과정이 곧
성장인 것이다. 이처럼 문학의 수용이 주체의 의미있는 경험으로 발전되
고 이것이 주체의 성장으로 이어지기 위해서는, 텍스트 세계에 대한 자기
화된 감상과 비판적 가치평가 과정이 요청된다. 거리두기와 가치평가는
이 같은 목표를 실현하는 하나의 방법이라 할 수 있다.

4. 경험적 접근의 이론화를 위하여

일찍이 삶의 현상이 지적으로 명확해지거나 이론적으로 완전히 투명해
질 수 있다고 믿는 것은 소박한 합리주의라고 지적된 바 있다.[56] 인간의
삶은 설명될 수 있는 분석적인 것이라기보다는 반성을 통해 성찰되어야
하는 것이고, 어떤 면에서 경험의 작용은 인간 삶에 대한 이 같은 반성과
성찰을 이끌어내는 과정이라 할 수 있다. 경험적 접근의 목표와 방향성이
궁극적으로 인간교육에 있음을 확인시켜 주는 지점이다.

특히 경험의 진리가 항상 새로운 경험과의 관계를 내포하는 까닭에 더
많은 '개방성'을 가져온다는 사실[57]은 교육적으로 특별한 관심을 불러일

---

55) John Dewey, *Democracy and education*, 이홍우 역, 『민주주의와 교육』, 교육과학사, 2007;
    엄태동 편저, 『존 듀이의 경험과 교육』, 원미사, 2001.
56) Max Van Manen, 신경림 외 역, 앞의 책, 34면.
57) Hans-Georg Gadamer, *Erziehung ist sich erziehen*, 손승남 역, 『교육은 자기 교육이다』, 동

으킨다. 가다머(Gadamer)에 따르면, 경험이 많은 사람은 경험을 통해 경험을 갖게 될 뿐만 아니라 경험에 대해 열린 태도를 가질 수 있다. 즉 많은 경험을 가질수록 그 경험으로부터 많은 것을 얻었기 때문에 새로운 경험도 할 수 있고, 또한 그 경험들로부터 더 많이 배울 수도 있다는 설명이다. "개인보다 더 큰 것이 있다"는 것을 하나의 믿음으로 받아들이는 것 자체가 바로 교육을 통하여 개인이 깨달을 수 있는 최고의, 최종의 지혜라 한다면,58) 경험은 세계로부터의 끝없는 배움과 그에 따른 자기 변화를 가져다주는 개방적 원천으로서의 작용을 기대할 수 있다.

이에 따라 이 글에서는 주체 성장의 매개로서 문학 경험이 갖는 의의와 효용에 대한 탐색을 시도하였다. 직접적, 단편적 차원의 개별 체험이 갖는 한계를 뛰어넘어 주체의 인식에 영향과 변화를 가져다주는 타자로서 문학 텍스트의 가능성에 주목한 것이다. 동시에 문학 경험을 가능하게 하는 방법에 대한 탐색의 일환으로 문학 경험의 구조와 기제에 대해 규명하고자 하였다. '공감을 통한 동일화'와 '거리두기를 통한 가치평가'는 텍스트 세계로의 이입과 현실계로의 회귀라는 상반된 방향성 속에서 경험이 형성되는 과정에 초점을 맞춘 것들이다. 공감을 통해 텍스트 세계와 동일화되는 것은 문학 경험의 형성에 일차적 조건이 된다. 그러나 이 같은 공감은 텍스트가 의도한 읽기, 텍스트에 함몰된 읽기라는 한계를 가질 수밖에 없고, 따라서 자신과 인간 삶 전체를 조망하는 안목의 성장과 확대를 위해서는 거리두기를 통한 가치평가의 과정으로 나아가는 것이 요청된다. 경험의 과정이 주체의 동일화를 강조하는 공감으로만 설계될 경우, 자기 경험에의 함몰과 반복 재생산, 그리고 그에 따른 성찰 기회의 부재가 문

문선, 2000, 52면; Richard E Palmer, *Hermeneutics,* 이한우 역, 『해석학이란 무엇인가』, 문예출판사, 2001, 283-315면.

58) 이홍우, 『교육의 개념』, 문음사, 1991, 140-143면.

제점으로 제기될 수 있기 때문이다. 텍스트 세계에 대한 공감의 내용은 어디까지나 비판과 평가의 과정 속에서 자신의 삶으로 적용, 전이될 때 이해 지평의 확장에 기여할 수 있다. 이는 경험이 단순히 '대상 인식'에 그치는 것이 아니라 (나처럼 인식하고 있는 주체로서의) 너를 인간 전체로, 인격적으로 경험하는 일이 될 때 가능할 수 있다.[59] 주체의 의미있는 성장을 가져오는 교육적 경험의 계기가 되기 위해 문학 경험의 과정에 비판과 성찰의 과정을 추가로 설계하는 까닭이 여기에 있다.

그런데 경험이 주체와 텍스트의 만남에서 비롯된다면, 이 글에서 제안한 내용에 대해 실제 독자와 텍스트를 대상으로 확인하고 점검하는 질적 연구가 뒤따라야 할 것이다. 이러한 작업 속에서 공감을 통한 동일화나 거리두기를 통한 가치평가의 구체적인 양상이 밝혀질 수 있고, 학습자의 수행을 위한 방법적 지식의 탐색도 가능할 수 있다. 그러나 이 같은 결손과 공백에도 불구하고 이 글에서 실제 독자나 텍스트의 내용을 괄호로 비워둔 것은, 그간의 연구가 특정 독자와 개별 텍스트의 사례 연구에만 치중한 결과, 그 구조와 기제에 대한 정치한 탐색이 부족했다는 판단에 따른 것이다. 특정 독자와 텍스트의 개별 특질을 도출하는 사례 연구의 용이함이 결과적으로 경험적 접근의 이론화를 가로막은 또 하나의 장애가 되었던 셈이다.

그럼에도 불구하고 이 글의 작은 의의를 찾는다면, 그것은 텍스트에 '불러들여진 독자'와 '멀어진, 혹은 강요된 독자'의 차이, 그리고 그에 따른 방향성을 문학교육에 질문하고, 그 대답을 모색한 작은 시도로 대신할 수 있을 것이다.

●출처 : 「문학 경험의 구조와 기제 탐구 서설」
(『문학교육학』 45, 한국문학교육학회, 2014)

---

59) Hans-Georg Gadamer, 임홍배 역, 앞의 책 참조.

目더 찾아읽기

● 국어교육에서의 경험 그리고 문학 경험의 위상

김대행, 『통일 이후의 문학교육』, 서울대 출판부, 2008.

● 문학에서의 경험과 체험의 문제

Dilthey Wilhelm, *Poetry and Experience*, 김병욱 외 역, 『딜타이 시학 : 문학과 체험』, 예림기획, 1998.

Dilthey Wilhelm, *Der Aufbau der geschichtlichen Welt in den Geisteswissenschaften*, 이한우 역, 『체험 표현 이해』, 책세상, 2002.

Gadamer Hans-Georg, *Wahrheit und Methode*, 임홍배 역, 『진리와 방법 2 : 철학적 해석학의 기본 특징들』, 문학동네, 2012.

Rosenblatt Louise M., *Literature as Exploration*, 김혜리 외 역, 『탐구로서의 문학』, 한국문화사, 2006.

Rosenblatt Louise M., *The reader, the Text, the Poem*, 김혜리 외 역, 『독자 텍스트 시』, 한국문화사, 2008.

Warnke Georgia, *Gadamer : Hermeneutics, Tradition and Reason*, 이한우 역, 『가다머 : 해석학, 전통 그리고 이성』, 민음사, 1999.

Van Manen Max, *Researching Lived Experience*, 신경림 외 역, 『체험 연구 : 해석학적 현상학의 인간과학 연구방법론』, 동녘, 1994.

● 공감과 거리두기

염은열, 『공감의 미학, 고려속요를 말하다』, 역락, 2013.

최지현, 『문학교육심리학』, 역락, 2014.

Coplan Amy, & Goldie Peter ed, *Empathy*, Oxford Uni., 2012.

Gribble James, *Literary Education*, 나병철 역, 『문학교육론』, 문예출판사, 1993.

Rifkin Jeremy, *The empathic Civilization*, 이경남 역, 『공감의 시대』, 민음사, 2010.

Scheler Max, *Wesen und formen der Sympathie*, 조정옥 역, 『동감의 본질과 형태들』, 아카넷, 2006.

고전문학 경험의 기제와 특질

제3장 고전문학 텍스트의 경험적 자질
—고전문학 텍스트는 '경험'될 수 있는가?

고전문학 경험,

이 장에서 본격적으로 '고전문학'의 경험을 다루기로 한다.
고전문학 경험은 '문학' 경험의 일반적, 보편적 내용을 공유하면서도,
'고전'이 갖는 특수성을 동시에 갖고 있다.
문학 경험의 씨줄과 고전 경험의 날줄이 교직하는 가운데 만들어지는 경험이라 할 수 있다.
I부에서 이미 문학 경험의 일반론에 대해 다룬 만큼,
여기서는 고전문학 경험의 특수성과 고유성에 초점을 맞출 예정이다.
고전문학 경험을 해명하기 어려운 까닭은
근본적으로 '지금 여기'의 사람이 '그때 거기'의 문제를 접하는 구조에서 비롯된다.
이 같은 시공간의 차이는 물리적인 거리와 간격을 넘어서서
실체에 대한 의문에서부터 존재 의의에 이르기까지 수많은 회의를 불러오는 요인이 된다.
경험 논의의 이면에 자리잡고 있는 실용성을 조금 들춰내기만 해도,
그때 거기의 문제를 굳이 경험해야 하는지,
경험할 수 있는 것이기는 한지 의구심이 고개를 들게 된다.
여기서는 문학 일반의 경험과 구별되는 고전문학의 경험을 본격적으로 탐색하기로 하고,
이를 문학 일반과 구별되는 고전문학 텍스트의 특질 차원에서 해명하려 한다.
이러한 과정 속에서 고전문학은 문학으로서의 보편성과 고전문학으로서의 특수성을 갖고
있으며, 이들간의 긴장과 길항 속에 경험의 의의가 존재함을 보게 될 것이다.
다음 글은 이러한 문제에 대한 본격적인 고민에서 출발하며,
<청산별곡>은 고전문학 경험의 실체와 그 가능성을 입증하는 자료로 기능한다.

1. 고전문학 경험과 〈청산별곡〉

　경험이라는 용어가 학계에 새롭게 등장한 개념어도 아니고 특히 교육의 국면에서 이미 다양한 접근과 검토가 수차례 이루어졌다는 사실은, 논의의 출발부터가 진부하다는 생각마저 불러온다. 일찍이 철학 분야에서 인식론의 한 차원으로 제기되어 합리주의에 맞서는 하나의 흐름과 경향성을 차지한 이래, 여러 분야에서 경험에 대한 다각적인 접근이 이루어져 왔다. 교육학에서 듀이(Dewey)로 대표되는 경험주의 교육 철학이 수많은 가능성과 한계를 동시에 불러오면서 범교과적 차원에서 탐구되어 온 것을 예로 살필 수 있다.

　그런데 오늘날 문학교육에서 새롭게 '경험'이라는 말이 대두되고 여기에 관심이 모아지는 것은, 우리 시대 문학교육의 문제 상황과 위기를 증거하는 현상이라 할 수 있다. 경험이라는 용어를 끄집어내는 데에는, 교수·학습의 한 방법과 전략 차원의 제안을 넘어서서 현재 문학교육에 대한 비판과 나아갈 방향에 대한 고민과 성찰이 담겨져 있는 것이다. 그것은 지식과 분석, 이론과 암기가 강조되는 문학 수업에 대한 진지한 반성이면서, 그 진단과 해법을 모색하는 하나의 표지라 할 수 있다.

　문학교육이 문학 능력의 향상을 통하여 인간다움을 성취하는 교육 활동[1]이라고 할 때, 문학에 대한 경험적 접근은 텍스트 세계와의 만남을 통해 인간과 세계에 대한 이해가 이루어지고, 이를 바탕으로 기존의 앎과 인식에 변화를 가져옴으로써 궁극적으로 수용자의 정신적 성장을 도모할

---

1) 김대행 외, 『문학교육원론』, 서울대 출판부, 2000 참조.

수 있다는 데 주목한다. 기존의 이해, 분석과는 다른 차원에서 학습자가 텍스트를 '경험'하는 일이 중요하다는 인식은 문학교육의 새로운 관점으로 경험적 접근을 불러일으켰고, 그에 따라 문학 경험의 실체를 규명하고 가능성을 탐색하는 작업이 다양한 장르와 작품을 대상으로 진행되기도 하였다.[2]

그러나 인간 경험이 객관화될 수 있는 삶의 영역이 아니라는 사실은 경험적 접근의 이론화를 어렵게 만드는 근본적인 난점이 된다. 경험은 누군가에 의해서 인식될 수 있는 고정된 대상(객체), 즉 인식 대상이 될 수 없다는 주장에 이르면 경험을 대상으로 한 교육적 탐색의 논의 자체가 차단되고 만다. 특히 문학 경험의 경우 "일반 독자 또는 일반적인 문학 작품은 없"고, "잠재적인 수백만 개의 독특한 개별 문학 작품을 만나는 잠재적인 수백만의 독특한 개별 독자가 있을 따름"[3]이라는 특수성을 갖고 있다. "훌륭한 시편들은 모두 저마다의 방식으로 빛나고 있"고, "정상에 오르는 지름길은 작품마다 다를 수밖에 없다"[4]는 설명은 문학 작품의 개별성, 특수성을 단적으로 드러내는 언명이다. 이 같은 문학 텍스트의 특질에 더해 독자에 따라 텍스트가 서로 다른 지점에서 경험될 수 있고 동일한 독자라 하더라도 상황에 따라 다른 경험이 가능하다는 특징이 고려되면,[5] 이론적 탐색의 시도 자체가 어려워진다. 실제로 문학 경험은 개별 문학과 개별 독자가 만나는 과정에서 형성되는 승법적 작용인만큼, 텍스트 조건과 독자의 변인에 대한 제한된 분석만으로 교육적 기획을 설계하기란 사

---

2) 문학교육에서 경험의 관점에 주목하고, 이를 도입하게 된 배경에 대해서는 이 책 1장, 2장의 내용을 참조할 수 있다.

3) Louise M. Rosenblatt, *Literature as Exploration*, 김혜리·엄해영 역, 『탐구로서의 문학』, 한국문화사, 2006, 25면.

4) 유종호, 『시 읽기의 방법』, 삶과 꿈, 2005, 5-6면.

5) Louise M. Rosenblatt, *The Reader, the Text, the Poem*, 김혜리·엄해영 역, 『독자 텍스트 시』, 한국문화사, 2008, 63면.

실상 불가능한 일일 수 있다. 복잡하고 개별적이면서 예측 불가능한 만큼 유형화하기가 어려운데다가, 개별화된 경험으로 실현되어야 한다는 주장과 만날 경우 교육적 기획에 대한 제안 자체가 무력화될 수 있다. 이처럼 문학 경험에 대한 교육적 탐색은 근본적 한계가 노정되어 있다.

이 연구는 이 같은 근본적인 난점을 안고 출발하는 어려움이 있다. 그러나 경험적 접근이 제안되고 이를 바탕으로 한 연구가 다수 이루어졌음에도 불구하고, 여전히 문학 경험 질료로서 텍스트 자질이 어떠한가에 대해 제대로 규명하지 못하고 있다는 반성이 이 글을 이끈다. 특히 고전문학 텍스트에 내재된 시공간적 거리는 학습자와의 상호작용을 어렵게 만드는 탓에, 고전문학을 대상으로 한 경험적 접근에 대해 부정적인 선입견을 낳기도 한다. 이에 따라 이 글에서는 고전문학 텍스트의 경험적 자질을 살핌으로써 기존의 문학 수용과의 차이를 드러내고, 경험적 접근의 교육적 구현 가능성을 제고하는 데 목표를 둔다. 텍스트 자질의 차이에 주목함으로써 문학 일반과 구별되는 고전문학 경험의 실체를 밝히려는 것이다.

이를 위해서는 고전문학교육에서 널리 다뤄지고 있으면서도, 일반화될 수 있는 보편적인 경험 자질을 내포하고 있는 작품을 구체적인 자료로 선정할 필요가 있다. 이 글에서 <청산별곡>을 구체적인 연구 자료로 선정하는 배경과 근거가 여기에 있다. 주지하다시피 <청산별곡>은 고려시가의 백미일 뿐 아니라, 시가사를 통틀어 예술적 가치가 뛰어난 걸작으로 손꼽히고 있다.[6] 이 같은 평가로 인해 <청산별곡>은 제3차 교육과정 이래로 국어 교과서에 반복 수록되면서 고전시가의 대표적인 작품으로 자리 잡고 있다.

---

6) 성호경, 『고려시대 시가 연구』, 태학사, 2006, 357면.

더불어 <청산별곡>은 어석에서 주제에 이르기까지 수많은 이견을 낳고 있는 작품으로, 국문학 연구에서 다양한 탐색이 이루어진 특징 또한 갖고 있다.[7] 그런데 "지금까지 연구의 한 특성은 <청산별곡>이 생성되었다고 보는 시대에 너무 집착"하는 태도를 보여왔고, 따라서 "<청산별곡>은 고려후기 노래이면서 동시에 오늘날 우리도 즐기고 있는 시"[8]라는 측면에서 달리 접근할 필요가 있다. 그동안의 <청산별곡> 연구가 창작 당시의 시대 상황을 재구하는 방식으로 이뤄진 것을 비판하면서, "시대와 작가가 분명하지 않은 작품을 어느 한정된 시기, 어느 한정된 작가로 규정지음으로써 야기되는 문제점을 피해야"[9] 한다는 주장은 오늘날의 수용자와 <청산별곡>이 만나는 지점에 대한 관심을 불러일으킨다. 특히 <청산별곡>이 폭넓은 수용자층 속에서 조선 시대에 이르기까지 지속적으로 향유되었던 역사적 사실은 발생태뿐만 아니라 수용자의 시각에서 접근할 필요성을 낳는다. 이는 우리가 현재 즐기고 경험하는 문학으로서의 접근을 요청하는 것으로, 수용자의 경험에 주목하는 이 책의 시각과 맞아떨어지는 것이라 할 수 있다.

이 같은 연구 목적과 문제의식에 따라 <청산별곡>을 대상으로 텍스트 의미의 국면, 경험 질료의 국면, 경험 구조의 국면으로 나눠 그 경험적 자질을 살펴보기로 한다.

---

7) <청산별곡>에 대한 연구 업적은 양적으로, 질적으로 최고 수준을 나타내고 있음이 지적된 바 있다. 신동욱, 「<청산별곡>과 평민적 삶의식」, 『고려시대의 가요와 문학』, 새문사, 1982, 1-32면; 정병헌, 「<청산별곡>의 해석과 이미지」, 『한국고전문학의 교육적 성찰』, 숙명여대출판국, 2003, 141면.

8) 정재호, 「<청산별곡>에 대한 새로운 이해 모색」, 『국어국문학』 139, 국어국문학회, 2005, 150면.

9) 정병헌, 앞의 글, 146면.

2. 텍스트 의미의 국면 : 추상성과 다기성에 따른 경험적 접근의 환기

경험의 대상이자 질료인 <청산별곡>의 텍스트가 하나의 의미로 단정되기 어렵다는 사실에서 이 글은 출발한다. 텍스트의 추상성, 모호성이 문학 일반의 보편적 특질에 해당한다면, 상황 맥락의 부재와 그에 따른 다기성은 의미 수용의 역사성이 초래하는 고전문학의 개별적인 특질이라 할 수 있다.[10] 이때 추상성과 모호성은 경험해야 할 텍스트의 내용을 불명료하게 만든다는 점에서 경험적 접근을 어렵게 만드는 장애가 될 수 있고, 다기성은 독자의 기존 경험역을 넘어선 외적 사실의 관여와 개입을 요청한다는 점에서 경험적 접근을 무력화시키는 논거가 될 수 있다. 그럼에도 불구하고 오히려 이들이 문학 경험을 용이하게 하면서 한편으로 수용자의 경험역을 확장시키는 자질이 된다는 점을 밝히고자 한다. 문학 일반의 보편성과 고전문학의 특수성이 만들어내는 추상성, 다기성이 경험교육의 장애와 한계가 아닌, 장점이 될 수 있다는 사실이 새로운 관심을 불러일으킨다.

(1) 텍스트의 추상성과 상상적 체험의 활성화

<청산별곡>의 주된 특질 중의 하나는 그 의미를 명쾌하게 규명하기 어려운 시어들을 텍스트 내부에 다수 포함하고 있다는 점이다. 이는 어석 자체부터 명료하게 이루어지지 못하는 결과로 나타난다.[11] 그런데 어석의

---

10) 졸고, 「고전시가 모호성의 교육적 이해」, 『국어교육연구』 44, 국어교육학회, 2009.

11) 어학적 측면에서 <청산별곡>의 어석이 여러 차례 시도되기도 하였다. 대표적인 것으로 김완진, 「<청산별곡>에 대하여」, 김열규 외, 『고전문학을 찾아서』, 문학과지성사, 1976; 김완진, 『문학과 언어』, 탑출판사, 1979; 장윤희, 「국어사 지식과 고전문학교육의 상관성」, 『국어교육』 108, 한국어교육학회, 2002, 385면 등을 들 수 있다. 참고로 다양한 어석이 존재하는 까닭에, 대부분의 국어 교과서에서는 이들 중 일부를 취사선택하여 날개에 병렬

차원을 넘어서서 <청산별곡> 작품 전체가 모호하고 추상적으로 진술되어 있음을 눈여겨 볼 필요가 있다. "구체적인 사실을 노래하지 않고 무언지 모호하면서 절박한 상황에서 빚어지는 내심의 번민"[12]을 표현해내고 있는 것이다. 화자의 행동이 표면적으로 제시되는 데 그칠 뿐 정작 문제의 원인에 대해서는 빈 칸으로 비어져 있음으로 인해, 텍스트 해석의 상당 부분이 유추와 추정에 의존해야 하는 상황이 발생하고 있다. 행위의 원인과 내력에 대한 정보의 부재는 이 노래의 주제와 문제사태 전반을 모호하고 추상적으로 나타내면서 정서의 실체를 확정하는 것조차 어렵게 만드는 요인이 되고 있다.

<청산별곡> 1연에서는 청산에 살고 싶다는 화자의 바람이 거듭 제시되지만, 정작 살고 싶어하는 까닭에 대해서는 관련된 정보를 찾아보기 어렵다. 2연에서도 시름의 원인이 제시되어 있지 않음은 마찬가지이다. 3연에서도 '가던 새'를 바라보는 행위만 제시되어 있을 뿐, 가던 새를 바라보는 까닭이나 가던 새의 정체에 대한 자세한 설명은 여전히 빠져 있다. 4연에 나타나는 고독과 5연에 등장하는 돌에 대해서도 그러한 사태를 야기한 근본적인 원인과 배경은 제시되어 있지 않다. 6연의 경우에도 1연에서와 같이 바다에 살고 싶어하는 욕망만이 표출될 뿐 그 원인은 드러나 있지 않으며, 7연에서 '에정지'에 가는 이유 또한 마찬가지이다. 8연에서 술 마시는 행위의 의미에 대한 다양한 해석과 이견 역시 이같이 텍스트 전반의 추상성과 모호성에서 비롯된다.

이처럼 화자의 정서와 문제사태가 단편적으로 그려지고 있을 뿐 그 원인이 제시되지 않음으로 인해 <청산별곡> 작품 세계의 의미는 구체성, 구상성이 떨어진 채 막연하게 추상적으로 다가온다. 이 노래의 성격에 대

제시하는 방식을 취하고 있다.
12) 조동일, 『한국시가의 역사의식』, 문예출판사, 1993, 113면.

해 현실을 탈피하려는 도피의 문학으로 보는가 하면, 삶에의 의지가 투철히 나타나는 정반대의 성격으로 규정짓는 일마저 나타나는 것13)도 이 같은 모호성과 불명료성에서 기인한다고 볼 수 있다. 텍스트 의미에 대해 합의할 수 있는 해석역의 존재가 교과서 수록의 중요한 요건으로 작용함에도 불구하고, 교과서에 빈번하게 수록된 <청산별곡>이 이처럼 추상성과 모호성을 갖는다는 점은 매우 특징적인 현상이라 할 수 있다.

독자의 입장에서 본다면 <청산별곡>은 불친절한 동반자로, <청산별곡>의 감상은 곧 은폐와 감춤의 텍스트를 두고서 끊임없이 부재 요소를 의미화하는 과정의 연속에 해당한다. 수많은 연구자들이 다양한 관점과 방법론을 통해 이 같은 부재 요소에 대한 해석과 의미화를 시도했지만, 일찍부터 "이 노래 속에는 일언반구(一言半句)도 이런 것은 언급되지 않지 않았느냐"14)는 반문에서 자유롭지 못한 것도 사실이다. "이 노래 가운데에서 무엇을 가지고 그런 말을 하는지 아무리 보아도 찾을 수 없다"15)는 비판 또한 마찬가지이다. <청산별곡>이 "누구나 알고 있는 작품인 듯 하지만 실상은 누구도 모르고 있는 작품으로 남아 있"16)다는 지적도 근본적으로 텍스트 전반의 추상성과 모호성에서 비롯된다고 볼 수 있다.

텍스트의 추상성과 모호성은 수용자가 경험해야 할 정서와 내용 자체를 명확하게 제시하지 못하게 한다는 점에서, 분명 경험교육의 구현을 어렵게 만드는 요인이 될 수 있다. 문학 경험은 일종의 심리적 상황극으로 실재를 모방한 가상 체험이며, 문학 작품은 그러한 상황 체험을 가능하게

---

13) 정병욱, 『한국고전시가론』, 신구문화사, 1977, 112면; 김승찬, 「<청산별곡>론」, 『한국문학사상론』, 제일문화사, 1983, 242면; 성기옥 외, 『고전시가론』, 방송통신대학교 출판부, 2006.

14) 이명선, 『조선문학사』, 조선문학사, 1948, 84-85면.

15) 장지영, 「옛 노래 읽기(<청산별곡>)」, 『한글』 108, 한글학회, 1955, 12면.

16) 임주탁, 「<청산별곡>의 독법과 해석」, 『한국시가연구』 13, 한국시가학회, 2003, 75면.

하는 일종의 도구에 해당한다.[17] 이처럼 체험해야 할 내용과 상황 자체의
명료성은 수용자의 경험 활동을 위한 기본적 요건이라 할 수 있다. 특히
고려속요 작품 속 세계가 서정적 주체인 화자에 의해 초점화된 경험의 세
계이며, 화자의 정서를 체험하는 일이 중요한 과제가 된다[18]는 점을 염두
에 둔다면, <청산별곡> 화자의 정서 자체가 모호하다는 점은 경험 형성
을 어렵게 만드는 요인이 된다. 덧붙여 모방해야 할 행동과 내면의 감정
이 불명료한 채 언어화하기 어려운 정조, 분위기와 같은 질성이 강조되고
있다는 점도 경험 질료로 부적절하다는 판단을 가져오는 근거가 될 수 있
다. 이처럼 텍스트의 추상성, 모호성은 수용자가 경험해야 할 내용을 명확
하게 제공하지 못하게 만드는 부정적인 결과를 초래한다.

그러나 이러한 특질은 경험적 접근의 필요성을 일깨우면서, 기존의 문
학 수용과 변별되는 특징을 보다 명확히 드러내는 지점이 될 수 있다. 경
험이 텍스트와 수용자의 만남과 상호작용에서 발생한다고 할 때, 텍스트
의 빈틈은 수용자의 적극적인 채우기를 유도하고 견인하는 요인으로 작
용할 수 있기 때문이다. 여기에 관여하는 것이 수용자의 기존 경험이며,
기존 경험과의 조회 속에서 텍스트의 부재 요소가 의미화되는 과정을 거
치게 된다. 그런데 텍스트의 의미가 하나로 명확하게 규정되지 못하기 때
문에 오히려 수용자의 상상적 체험이 활성화될 수 있고, 이에 따라 적극
적인 의미 구성이 가능해질 수 있다. 한 예로 <청산별곡>의 주제를 '사
랑과 실연'의 차원에서 접근한 여러 연구는 이 같은 모습을 실제로 입증
하는 사례가 될 수 있다. 이들은 당대 현실의 거시적 맥락을 떠나 이 노
래가 갖는 효용과 영향력에 주목하여 텍스트의 의미를 구성하는 실제 모
습을 보여준다. 의미 수용의 역사성에 따른 그때 거기의 작자 의도와 생

---

17) 염은열, 『공감의 미학, 고려속요를 말하다』, 역락, 2013, 27면.
18) 염은열, 앞의 책, 29면.

성 맥락의 측면보다는 지금 여기의 독자와 수용 맥락이 강조될 때, 다른 차원의 의미 구성이 가능해질 수 있다.

이런 관점에서 본다면, 텍스트의 추상성과 모호성은 곧 불확실성, 불명료성을 넘어서 결과적으로 수용자가 채워야 하는 '빈 칸'을 남겨둔 것이 되고, 경험적 접근은 기존 경험과의 조회를 통해 빈 칸을 스스로 채워 나가는 과정에 주목하는 관점인 것이다. 다시 말해 추상성, 모호성으로 인한 빈 칸을 익숙하면서도 구체적인 자신의 삶으로 '채우고 바꾸는 것'이라 할 수 있다. 이 같은 상상적 체험의 활성화 속에서 <청산별곡>에 대한 자기화된 이해와 감상에 이르게 되는데, 그 과정과 결과가 수용자에 따라 차이가 있음은 물론이다.

(2) 텍스트의 다기성과 경험역의 확장

<청산별곡>을 둘러싼 수많은 연구물의 존재 또한 특징적인 지점이다. 이는 앞서 살핀 바와 같이 텍스트 자체의 추상성과 모호성에서 연유하지만, 텍스트를 설명해줄 수 있는 상황 맥락의 정보가 부재한 것과도 관련 깊다. 예컨대 여타의 고려속요와 달리 『고려사 악지(高麗史 樂志)』에서 그 명칭조차 찾아볼 수 없음은 고려시대 작품으로 단정짓는 것부터 주저하게 만든다. 이처럼 <청산별곡>은 생성 당시 상황의 맥락을 공유하면서 향유되어 왔던 것이 현재에 이르러 맥락 정보를 상실하게 됨으로써, 텍스트의 의미역이 무한히 확대되고 개방되는 현상을 보이고 있다. 텍스트 생성의 맥락 부재가 다양한 접근과 설명을 불러일으키는데, <청산별곡>에서 "연구사만 해도 하나의 과제가 될 만큼"[19] 다양한 논의가 제출되는 것은 이러한 측면을 단적으로 드러낸다.

---

19) 정재호, 앞의 글, 150면.

<청산별곡>의 작품 세계와 화자만 보더라도, 연구자의 시각과 방법론에 따라 짝사랑의 애상(哀想), 농노(農奴)의 노래, 유배자의 노래, 전란에 쫓겨다니는 서민의 노래, 망국의 노래, 샤먼의 접신여행, 취흥의 노래 등 다양한 의견이 제시된 바 있다. 이들은 이제 다양성을 넘어서 서로 상충하면서 통일된 설명 자체를 어렵게 만드는 결과에 이르고 있다. <청산별곡>의 주제가 다음과 같이 다양하게 분류되는 사실에서 이 작품에 대한 이해가 얼마나 상이한가를 볼 수 있다.

  1) 농토를 빼앗긴 농민의 노래, 2) 사랑을 노래한 것, 3) 현실도피, 4) 적극적인 생의 의욕, 5) 유배자의 정서, 6) 유랑인의 고뇌, 7) 나라가 망함, 8) 청산에서 현실로 귀환, 9) 현실의 고뇌, 10) 선적 깨달음을 주려는 노래, 11) 신화적 삶을 지향하는 노래, 12) 현실부정과 내세 염원, 13) 접신 여행, 14) 실의한 청년의 비애, 15) 술 예찬의 노래, 16) 민속과 관련된 노래, 17) 표면주제와 이면주제[20]

텍스트의 의미를 규정할 수 있는 외적 정보의 부재는 텍스트의 추상성, 모호성과 맞물리면서 다양한 해석을 이끌고 있다. 이러한 특질은 국문학 연구에서 다양한 논의를 불러오는 요인이 되지만, 중등학교 교육의 국면에서는 수렴되지 못하고 심지어 상충되기까지 하여 일관성을 갖춘 교육 내용으로 구성되는 것을 어렵게 만든다. 그 결과 연구 내용을 단순 나열하여 전달하는 데 급급한 불편한 장면이 초래되기도 한다. 텍스트를 매개로 한 소통 대신 교사에 의해 변형되고 재가공된 해설적 담론이 교육 내용을 차지하는 모습을 목격하게 된다.

그러나 경험적 측면에서 본다면, 이 같은 정설(定說)의 부재와 그에 따른 텍스트의 다기성은 학습자의 경험과 판단을 이끌어내는 동력으로 작용할

---

20) 정재호, 앞의 글, 151-157면.

수 있다.21) 정설의 존재는 합의된 지식 체계를 안정적으로 전수하게 하지만, 한편으론 학계의 결과적 산물이 암기의 형식으로 전환, 변질되면서 무비판적으로 전달되는 부작용을 낳기도 한다. 특히 <청산별곡>의 다양한 연구 결과들은 평면적으로 나열될 수 있는 차원을 넘어서서 매우 이질적일 뿐만 아니라 심지어 상호충돌하는 경우마저 발생하는 탓에 학습자에게 '당혹스럽고 혼란스러운' 상황을 야기하는 게 사실이다. 그러나 이 같은 혼란은 학습자의 적극적인 개입과 판단에 따라 조정되고 질서화될 수 있으며, 이 과정을 거칠 때 <청산별곡>의 텍스트 세계는 수용자의 의미 있는 경험으로 자리잡을 수 있다는 데 유의할 필요가 있다. 텍스트의 다기성은 기존의 이해나 관점을 지속적으로 뒤흔들면서 수용자의 개입과 판단을 요청하게 되는데, 여기서 자기화된 이해뿐만 아니라 기존의 지식 자체를 조정하고 재구조화하는 효과도 거둘 수 있다.

특히 <청산별곡> 의미의 다기성은 현대시에서 논리적으로 규정, 설명되기 어려운 아포리아를 작가가 의도적으로 설정하는 데서 비롯되는 것과는 성격을 달리하는 만큼, 그것이 갖는 교육적 의미에도 주목할 필요가 있다.22) 이른바 생산과 수용 사이에 놓인 시공간적 거리는 생성 당시의 의미를 끊임없이 재구할 과제를 남기지만, 한편으로는 이와는 다른 방향으로 오늘날의 관점에서 텍스트의 의미를 새롭게 재구성하고 확장된 의미역의 구성을 견인하는 요소가 될 수 있다.

덧붙여 기존 연구 결과에 따라 도출된 주제군의 경우, 텍스트 내부에서 확인되기 어려운 당대 역사적 현실이나 특정 방법론에서 유추된 것이 다

---

21) <청산별곡>을 대상으로 시교육적 관점에서 비평 작업을 시도한 연구에서는 이 같은 정설의 부재를 '교육적으로 다행한 일'로 보면서, 학습자 자신의 비평을 가능하게 하는 요인으로 보고 있다. 정재찬, 「<청산별곡>에 대한 문학교육적 독해」, 『문학교육의 현상과 인식』, 역락, 2004, 291면.

22) 졸고, 앞의 글, 263면.

수를 차지한다. 묘청의 무신란 이후 여러 민란에 가담한 하층민들이 산과 바다로 쫓겨나면서 부르게 된 노래로 해석하는 것이 대표적이다.[23] 『고려사』 최충헌조에 명시되어 있는 '遣使諸道 徙民山城海島'의 기록에 주목하여, 고려 후기 역사적 사실과 관련지어 해석되기도 하였다.[24] 작품 의미에 대한 해석의 차이에도 불구하고 이들이 공통적으로 내포하고 있는 사실은, 주장과 비판의 논거 모두에 텍스트 외부의 사실이 자리하고 있다는 점이다. 이들은 <청산별곡> 작품 세계의 다기성에 대해 텍스트 외적 근거로서 응답하려 한 것이다.

그런데 경험적 접근이 수용자의 경험 조회와 상호작용을 강조하는 것이라면, 외적 사실의 관여와 개입은 현대 수용자의 경험 범위와 영역을 넘어선다는 점에서 경험적 접근의 한계를 단적으로 드러내는 장면이 될 수 있다. 그러나 경험적 접근은 수용자의 기존 경험역을 뛰어넘어 새로운 이해를 가져다주는 것을 목표로 하며, 궁극적으로 새로운 안목의 형성과 이해 지평의 확대를 도모한다는 본질로 다시 되돌아갈 필요가 있다. 이러한 목표와 본질에 비춰본다면, 경험적 접근으로서 <청산별곡>은 현대 수용자가 경험하기 어려운, 새로운 가능성과 시야를 제공하는 텍스트가 될 수 있다. 즉 문학 경험이 수용자의 성장에 기여할 수 있는 의미있는 경험으로 발전되기 위해서는, 기존 경험의 반복된 조회에 머무르는 것을 경계하고 이를 뛰어넘는 새로운 경험역을 형성할 수 있어야 한다.

이런 점에서 보건대, 기존 경험과의 조회 속에서 텍스트의 빈 칸이 채워지고 경험할 내용이 탐색되지만, 이를 뛰어넘는 새로운 의미 정보가 추가로 제공될 때 기존의 이해와 충돌하는 지점이 발생하면서 인간과 세계

---

23) 김학성, 『한국고전시가의 연구』, 원광대 출판부, 1980, 137면.
24) 박노준, 『고려가요의 연구』, 새문사, 1990, 98면. 그러나 군사 요새인 산성과 해도로 피난시켜 전쟁에 임하고자 시행된 제도와 관련지은 이 같은 해석은, 이주 장소와 목적 면에서 <청산별곡>의 세계와 충돌한다는 비판을 받기도 한다.

에 대한 확장된 이해로 도약하는 것이 가능할 수 있다. 수용자가 구성할 수 있는 의미와는 다른 차원의 정보와 근거가 추가로 제공되고, 그에 따른 새로운 해석의 가능성이 열릴 때 자신의 이해 혹은 기존의 해석을 조정하고 재구성하는 적극적인 의미화 과정이 이루어질 수 있기 때문이다. 오늘날과 다른 차원의 경험 내용을 제공할 수 있는 고전문학 텍스트의 효용을 여기서 찾을 수 있다.

따라서 <청산별곡>의 화자가 방황하는 원인을 역사적 사료를 통해 규명하고자 한 일련의 연구 결과는 학습자의 경험역을 넘어서서 텍스트에 대한 확장된 이해를 제공하는 교육적 계기라는 점에서 접근할 필요가 있다. 텍스트 외적 자료와 그에 따른 해석의 다기성이 경험의 질을 제고하는 중요한 장치로 기능할 수 있다는 점이다. 이는 경험적 접근이 인간과 세계에 대한 이해의 지평을 확장하는 일이라는 본질에 부합하는 것이기도 하다. '문학에 대한' 경험적 접근의 차원과 '문학교육으로서' 경험적 접근의 차이가 바로 여기에 있다. 이들은 수용자의 참여를 강조하는 공통분모를 갖고 있다. 그러나 교육은 인간의 성장을 주된 과제로 하며, 따라서 문학 경험이 수용자의 성장에 기여할 수 있는 의미있는 교육적 경험이 되기 위해서는 수용자의 기존 이해를 뛰어넘는 새로운 경험역을 필요로 한다. 이러한 기획과 설계가 문학교육적 처방과 조치에 해당한다.

(3) 텍스트 의미의 중층성과 경험적 접근의 의의

일반적으로 문학 작품은 '의도적 의미(intentional meaning)', '실제적 의미(actual meaning)', '해석된 의의(signification)' 등과 같이 다양한 차원의 중층적 의미를 갖는 것으로 알려져 있다.[25] <청산별곡>의 추상성, 모호성과

---

25) 류수열, 「고전시가의 교육적 구도와 성층」, 『고전시가 교육의 구도』, 역락, 2008, 27면.

의미의 다기성은 의도적 의미, 실제적 의미, 해석된 의의 등 다양한 의미 역을 만들어내면서 텍스트의 의미가 얼마나 다양하고 중층적일 수 있는 지를 실제로 보여주고 있다. 이때 텍스트 의미 국면이 중층적이라는 사실 은 경험적 접근이 이들 다양한 의미 양상에 대해 어떠한 입장을 취하고 이들과 맺는 관련성이 어떠한지에 대한 물음을 추가로 제기하게 된다.

표면적으로 본다면 수용 과정에서 이루어지는 경험은 수용자가 해석한 의의에 대응하는 것으로 이해할 수 있다. 문학의 수용 과정에서 형성되는 수용자의 경험이 텍스트에 제시되는 내용의 파악에 그친다거나, 혹은 표 현하고자 한 작자의 의도를 재구하는 것으로 귀결되지 않는다는 사실이 이를 확인시켜 준다. 그러나 수용자는 텍스트 세계와 다양한 접점을 갖는 만큼, 문학 수용의 과정 속에서 다양한 차원의 의미가 형성된다는 데 유 의할 필요가 있다.

먼저, 작품 속에 표현된 의미로서 실제적 의미는 문학 경험의 일차적 질료가 된다. 실제적 의미는 수용자의 기존 경험을 환기하고 자극하는 질 료로서, 자기화된 감상과 해석 작용을 견인하는 역할을 수행한다. 따라서 문학 경험의 관점에서 텍스트의 실제적 의미는 수용자의 흥미와 관심을 불러일으키고, 수용자 내부에 축적되어 있는 기존의 경험역을 효과적으로 환기할 수 있는지가 일차적인 관건이 된다.

그러나 실제적 의미를 질료로 하여 형성되는 수용자의 경험이 곧바로 경험적 접근이 목표로 하는 지점에 도달할 것으로 기대하기는 어렵다. 문 제사태에 대한 공감을 바탕으로 텍스트 의미에 대한 체험이 이루어지지 만, 텍스트 세계의 확인과 파악에 그치지 않고 수용자의 주체적 수용과 가치평가 활동이 뒤따를 때, 의미있는 경험으로 발전될 수 있기 때문이다. 이러한 과정 속에서 '해석된 의의'와 만나게 된다. 텍스트의 실제적 의미 와 구별되는 수용자의 경험 내용이 이로써 설명될 수 있다.

의도적 의미는 사실상 수용자의 경험 차원을 넘어서는 것으로, 시대적 배경이나 작가의 전기적 생애 등 외적 정보를 바탕으로 작품의 정보를 추리하고 의미를 도출하는 데서 비롯된다. 이 같은 의도적 의미는 실제적 의미, 해석된 의의 사이에서 불일치와 충돌을 야기하기도 하는데, 이는 해석과 수용 활동의 지향점과 목표에 대한 끊임없는 논쟁을 불러오는 지점이기도 하다.26) 흔히 수용자를 강조하는 입장에서는 '의도의 오류'를 지적하면서 해석된 의의를 강조하곤 한다. 그러나 문학 경험의 측면에서 실제적 의미, 해석된 의의와 구별되는 의도적 의미의 기능은, <청산별곡>의 사례에서 보듯 경험 질료로서 문제사태의 폭과 깊이를 더하면서 수용의 과정 속에서 의미있는 성장으로 고양시키는 데서 찾을 수 있다. 의도적 의미는 대체로 텍스트 내부의 정보나 수용자의 기존 경험으로는 구성되기 어려운 것이지만, 그렇기 때문에 한편으로 문학 경험이 수용자의 기존 경험의 재확인이나 텍스트 차원에 함몰될 위험에서 벗어나게 하는 장치가 될 수 있다.

3. 경험 질료의 국면
: 실존적 주제의 내재에 따른 인간의 근원적 경험의 제공

앞서 살핀 <청산별곡> 텍스트의 추상성과 다기성은 경험적 접근의 필요성을 확인시켜 주는 특질에 해당한다. 그러나 한편으로 이들은 각각 문학 일반, 고전문학 텍스트의 전형적인 특질에 해당하는 것으로, 비단 <청산별곡>에 국한된 자질로 보기는 어렵다. 특히 텍스트의 추상성, 다기성

---

26) '해석'과 '수용'의 의미 차이와 그에 따른 문학교육적 의의에 대해서는 졸고, 「해석과 수용의 거리와 접점」, 『개신어문학』 35, 개신어문학회, 2012를 참조할 수 있다.

은 자칫 난해성으로 작용하여 수용자의 참여를 떨어뜨릴 위험성마저 내포하고 있다. 이런 점에서 본다면 수용자의 적극적인 의미화를 가져오는 <청산별곡>의 또 다른 경험적 요인이 궁금해진다. 이는 <청산별곡>이 제기하는 경험의 내용에서 찾아질 수 있는데, 그런 만큼 <청산별곡>을 통해 수용자가 경험하게 될 내용을 살필 것이 요청된다. 추상적이고 다기적이면서도 수용자의 역동적 참여를 유도하는 텍스트 요인을 경험 질료의 측면에서 탐색하는 것으로, 주제의 보편성, 근원성은 이에 대한 해명의 단서를 마련해준다.

경험 질료로서 <청산별곡>의 효용과 특질은 무엇보다 다루고 있는 주제에서 찾아진다. 일찍이 인간 경험의 문제에 주목한 현상학에서는 모든 인간 생활 세계에 편재해 있는 네 개의 기본적인 실존적 주제를 설정하면서, 이를 인간 현상의 특수한 주제들과 구별하여 '실존체(extentials)'로 명명한 바 있다. '체험적 공간', '체험적 시간', '체험적 신체', '체험적 인간 관계'가 바로 그것으로, 공간성, 시간성, 신체성, 관계성의 기본적 실존체는 모든 인간 존재가 세계를 경험하는 실존적 근거에 해당하는 것이다.27) 이같은 실존적 주제의 네 범주는 인간 경험의 가장 근본적인 주제를 뜻한다는 점에서, 무엇을 경험해야 하는가라는 문학 경험의 문제에 대해 논의의 실마리를 제공해준다. 즉 <청산별곡>이 공간성, 신체성, 시간성, 관계성의 문제를 다루고 있다는 점은 <청산별곡>이 경험적 접근에서 갖는 장점이면서, 동시에 <청산별곡>을 대상으로 경험할 수 있는 내용과 실체에 해당한다.

---

27) Max Van Manen, *Researching lived experience*, 신경림 외 역, 『체험 연구 : 해석학적 현상학의 인간과학 연구방법론』, 동녘, 1994, 139면.

(1) 공간성, 시간성의 문제
: 비국지화된 대상에 대한 수용자 차원의 국지화

<청산별곡>의 공간은 '청산'과 '바다'로 대표된다. 청산과 바다는 이 노래의 전체 성격과 내용을 이해하는 데 핵심이 되는 내용소[28]로서, 이들 공간의 성격에 대한 탐색은 <청산별곡> 전체의 주제와 정서를 규정하는 일이 된다.

> 살어리살어리랏다청산靑山애살어리랏다
> 멀위랑ᄃᆞ래랑먹고청산靑山애살어리랏다
> 얄리얄리얄랑셩얄라리얄라
>
> 살어리살어리랏다바ᄅᆞ래살어리랏다
> ᄂᆞ뭊자기구조개랑먹고바ᄅᆞ래살어리랏다
> 얄리얄리얄라셩얄라리얄라

청산, 바다의 의미는 '살어리랏다'라는 서술어를 통해 추정해 볼 수 있다. '살고 싶구나' 혹은 '살았으면 좋았을 것을' 어느 쪽으로 해석하든, 청산과 바다는 일단 현실과 구별되는 공간으로서의 성격을 갖고 있다. 그러나 청산과 바다에 대한 의미 추론은 이상향의 공간 또는 현실도피처 그 이상으로 나아가기 어려운 측면이 있다. 앞서 살핀 바와 같이 어떠한 곳인지에 대한 세부적인 정보가 누락되어 있고, 화자가 처해 있는 상황에 대한

---

28) <청산별곡>에서 '청산'과 '바다'의 두 어휘가 이 노래의 핵심어에 해당하는 것으로 보고, 그 의미를 밝히기 위한 여러 논의가 이루어져 왔다. 연구 결과에 대해서는 이정선, 「<청산별곡>의 공간과 구조를 통해 본 현실인식」, 『한국언어문화』 48, 한국언어문화학회, 2004, 314면으로 대신한다. 이후에 상술하지만 이 글은 청산과 바다의 의미를 규명하는 데 목적을 두고 있지 않으며 오히려 한 가지로 규정될 수 없다는 점이 수용자의 경험을 활성화하는 자질이 된다는 데 주목한다. 기존 연구와 접근 시각, 태도면에서 분명한 차이가 있다.

설명도 충분치 않기 때문이다. 이로 인해 산과 바다는 온 세상을 뜻하는 것이고, 따라서 지금 자신이 처해 있는 곳을 제외한 어디든 가서 살고 싶다는 말로 설명되기도 한다.[29] 청산은 '풀과 나무가 무성한 푸른 산'으로서의 사전적 의미를 넘어 문제시되는 현실 상황에 따라 다양한 의미를 만들어내지만, 한편으론 텍스트 차원에서 '대타적이고 상대적인 의미에서의 지향 공간'[30] 이상의 구체적인 의미로 확정되기 어려운 특징 또한 갖고 있다.

시간의 문제 또한 마찬가지이다. 4연에서 고독의 시간으로 낮과 밤이 제시되고 있으나 이 역시 특정한 시간을 나타내는 것으로 보기는 어렵다.

> 이링공더링공호야나즈란디내와손뎌
> 오리도가리도업슨바므란쏘엇디호리라
> 얄리얄리얄라셩얄라리얄라

'이링공더링공호야'의 표현에서 일상적·습관적 차원에서 흘러가는 시간성을, 그리고 '쏘엇디호리라'에서 이 같은 상황이 반복, 누적됨을 확인할 수 있을 뿐, 일상성과 반복성을 넘어서서 구체적인 특정 시간으로 한정되지 않는다. 이 같은 시간의 추상적 설정은 텍스트 세계의 문제를 과거 특정한 시점에 기대거나 종속되는 것에서 벗어나 현재화하여 재현하는 것을 용이하게 만든다.

문학에서 시간과 장소의 구체성은 텍스트 세계의 사실성과 설득력을 확보·제고하는 중요한 요건으로 알려져 있다. 실제로 시간과 장소의 핍진한 기술은 텍스트 세계가 가공이 아닌 현실의 또 다른 국면일 수 있게 만든다. 경험의 국면에서 보더라도, 동일한 행위와 사태가 발생 시간, 장소에 따라 그 의미가 달라질 수 있음은 물론이다. 장소와 시간을 배제하

---

29) 김대행, 『시와 문학의 탐구』, 역락, 1999, 221-222면.
30) 정재찬, 앞의 책, 295면.

는 자연과학과 달리, 정신과학은 본질적으로 인간 행위가 일어난 장소와 시간에 주목할 수밖에 없다. 딜타이(Dilthey)에 따르면, 삶은 특정한 시공간적 질서에서 국지화(局地化, Lokalisierung)되어 나타나는 것으로 설명되기도 한다.[31] 이 같은 사실에 비춰볼 때 <청산별곡>에서 시간과 장소의 비구체성은 매우 특별한 현상이라 할 수 있다.

그러나 수용자의 공감 측면에서 살핀다면, <청산별곡>에서 시간과 장소의 비국지화는 당대성의 제약을 뛰어넘어 보편성과 전형성을 획득, 확보하는 장치가 된다. 주체가 처한 시간, 공간과는 다른 텍스트의 이질적인 시공간에 '뛰어들어가' 이를 자신의 것으로 받아들이기 위해서는 '특별한 노력'이 요구된다는 사실과 비교할 때 더욱 그러하다. 현재 시공간과의 차이로 인해 발생되는 이질감과 거리감은 공감을 떨어뜨리면서 자신의 것으로 수용하는 데 장애로 작용하기 때문이다. 그런데 청산과 바다, 낮과 밤으로 대표되는 <청산별곡>의 시공간은 특수성, 구체성이 사장되어 비국지화됨으로써, 자신이 처해있는 시공간으로의 자연스러운 전환과 치환을 가져다주는 기능을 한다.

이처럼 <청산별곡>의 비국지화는 텍스트 외부의 특정 사실과 연결고리가 약한 데서 비롯되는 특징을 갖고 있는 만큼, 생성 당시와 오늘날 향유 시점 사이에 놓인 시공간의 차이를 넘어서서 수용자가 현재의 상황으로 연결짓는 데 용이한 구조로 작용한다. 특히 이 같은 비국지화가 진술 및 표현 차원의 추상성, 다루는 문제 사태의 보편성과 결합됨으로써 수용자 자신의 문제로 전환되고 채워지며 구체화되는 효과를 낳는다.

이러한 측면에서 본다면, 예컨대 '청산'을 두고서 연구자에 따라 다양하게 해석하는 것도 비국지화에 따라 개인에게 환기하는 의미가 다양함

---

31) Wilhelm Dilthey, *Der Aufbau der geschichtlichen Welt in den Geisteswissenschaften*, 이한우 역, 『체험 표현 이해』, 책세상, 2002, 79면, 164면.

을 일깨워주는 지점이다. 나아가 현재 수용자에게 청산은 과거에 존재했던 특정한 역사적 공간이 아니라 자신의 문제로 치환되어 구체화할 수 있는 현재적 공간이 된다.

(2) 신체성의 문제 : 머무름과 떠남의 끝없는 방황

청산, 바다와 같은 공간이 중요할 수 있는 것은, <청산별곡>이 이들 공간으로의 떠남과 머무름의 문제를 다루는 것과 관계된다. <청산별곡>은 다른 고려속요에 비해 동사의 사용이 두드러지며, 특히 '살다', '가다'와 같은 동사의 출현 빈도가 높다는 지적[32]을 눈여겨볼 필요가 있다. 정착, 머무름을 나타내는 '살다'와 떠남, 방황을 함의하는 '가다'가 함께 사용되고 있음은, <청산별곡>이 제기하는 문제가 무엇인지를 보여주는 표지가 된다. <청산별곡>은 정착과 이동의 문제를 전면에 내세우고 그에 대한 고민을 담고 있는 작품인 것이다.[33]

먼저 정착과 관계되는 '살다'의 동사는 후렴구 표현을 제외하고 가장 빈번하게 등장하는 어휘이다. 실제로 작품의 서두부터 구체적인 설명이나 맥락 없이 '살어리랏다'와 같은 강렬한 호소와 표출이 반복되어 나타난다. 살고 싶다는 욕망의 표출이 청산에 그치지 않고, 그 장소가 바다로 옮겨져서도 반복되는 구조를 갖고 있다. 일찍이 '산다'는 말 속에는 수식 없어도 시적인 감동, 생명의 공감성을 불러일으키는 원초적인 충동이 내재되어 있음이 지적된 바 있다.[34] 그밖에도 정착과 관련된 동사로 '먹다'(1연, 6

---

32) 염은열, 앞의 책, 99면.

33) 최미정, 『고려속요의 전승 연구』, 계명대 출판부, 1999, 87면.

34) 이어령, 『노래여 천년의 노래여』, 문학사상사, 2003, 290면. 여기서는 <청산별곡>이 여요 가운데서 가장 공감을 받으면서 애송되는 이유 중의 하나로 '산다'는 말이 불러일으키는 충동을 꼽고 있다.

연), '지내다'(4연)가 등장하고 있는데, 이에 따라 1연에서 6연까지는 어딘
가(청산, 바다)에 정착하려는 삶을 노래하고 있음을 보게 된다. 정착의 삶에
대한 강한 회구를 나타내고 있는 것이다.

반면, 7연, 8연의 경우에는 '가다'의 동사로 시적 상황이 전개되는 차이
가 발견된다.

> 가다가가다가드로라에정지가다가드로라
> 사스미짒대예올아셔희금(奚琴)을혀거를드로라
> 얄리얄리얄라셩얄라리얄라
>
> 가다니비브른도긔설진강수를비조라
> 조롱곳누로기미와잡스와니내엇디ᄒ리잇고
> 얄리얄리얄라셩얄라리얄라

1, 6연에서 '살다'가 반복해서 등장하는 것과 마찬가지로, 7연에서는
'가다'의 표현이 수차례 반복되어 사용되고 있다. 8연의 '가다' 역시 정착
하지 못한 채 끊임없이 방황해야 하는 상황을 함의하고 있다. 이처럼 7연
과 8연에서는 1-6연에서 표출한 정착의 욕망이 실현되지 못하고 방황하
는 삶이 그려지고 있다.

이런 점에서 본다면 <청산별곡>은 정착하고자 하지만 머무르지 못하
고 끝없이 떠돌아야만 하는 인간의 근원적인 삶을 보여주는 작품이라 할
수 있다. '살다', '가다'의 반복과 대조를 통해 머무를 수 있는 공간은 결
국 특정한 장소가 아닌, 길 위일 수밖에 없음을 역설적으로 보여주고 있
다. 이는 인간의 삶이 결국 유목민과 다르지 않음[35]을 일깨워주는 것으로,
한 곳에 정착하지 못한 채 끝없이 방황하는 모습을 경험하게 한다. 인간

---

35) 이진경, 『철학의 외부』, 그린비, 2002, 229-241면.

의 근원적인 삶의 구조를 이와 같이 '살다'와 '가다'의 반복과 그에 따른
방황으로 규정할 수 있다면, <청산별곡>은 바로 이 같은 문제를 다룬다
는 점에서 인간의 보편적 삶의 모습에 맞닿아 있다. 여기서 <청산별곡>
이 제기하는 인간의 근원적 경험을 재차 확인하게 된다.

(3) 관계성의 문제 : 인간관계의 부재와 근원적인 고독의 표출

1연에서 6연까지의 문제사태를 크게 두 가지로 구분한다면, 앞서 살핀
정착과 이동의 방황, 그리고 외로움, 소외감의 정서가 이에 해당한다.36)
실제로 작품 세계에 화자를 제외한 다른 인물의 등장을 찾아보기 어렵다
는 사실은 이 같은 외로움과 소외감의 정서를 뒷받침한다. 각 연에서 사
람 대신 새(2연), 새(3연), 돌(5연), 사슴(7연), 누룩(8연) 등의 존재가 등장하는
바탕에도 근원적 고독이 자리하고 있음을 엿볼 수 있다.

> 가던새가던새본다믈아래가던새본다
> 잉무든장글란가지고믈아래가던새본다
> 얄리얄리얄라셩얄라리얄라

2연, 3연의 새를 화자 자신의 치환 상징물 혹은 유일한 위로 대상으로
보든 간에,37) 다른 인간과의 관계를 맺지 못하는 근원적 고독을 드러내고
형상화한 것임에 틀림없다. 세계와의 단절과 그 거리감을 그려내고 있는
것이다.

4연과 5연 또한 이러한 근원적인 고독과 외로움의 고통을 토로하고 있
다. 4연에서는 몇 번의 밤을 고독 속에서 몸부림쳤고, 앞으로 밤을 보낼

---

36) 최미정, 앞의 책, 87면.
37) 강명혜, 『고려속요, 사설시조의 새로운 이해』, 북스힐, 2002, 192-193면.

일에 대해 전전긍긍하고 있음을 보여주고 있다.[38] 끊임없이 누군가를 갈
구하지만, 타자가 없는 고립된 삶은 이조차 허용치 않고 있다.

> 어듸라더디던돌코누리라마치던돌코
> 믜리도괴리도업시마자셔우니노라
> 얄리얄리얄라셩얄라리얄라

5연에서 미워할 이도 사랑할 이도 없다는 말이 나타내듯, 애증(愛憎)에
기인하는 은원(恩怨)의 관계조차 맺지 못하는 고립된 인간관계가 더해진다.
여기서 돌은 시름과 외로움을 결국 울음으로 표출하게 만드는 촉매로 해
석될 수 있다.[39] 이처럼 <청산별곡>에서 관계성은 진정한 인간관계를
맺지 못한 고독의 존재로 형상화되고 있다. 어찌해야 할지도 모르고(4연),
결국 울어버리고 마는 것(2연, 5연)은 이 같은 근원적인 고독과 그에 따른
고통을 보여준다.

다른 사람과 관계 맺지 못하는 데서 비롯되는 고독과 고통은 <청산별
곡>이 제기하는 중요한 경험의 문제이다. 어딘가로 옮겨갈 것을 꿈꾸지
만 그렇게 정착한 곳이 다시 다른 공간을 꿈꾸게 만드는 고통의 장소가
된다고 할 때, 그 고통은 바로 근원적인 고독에서 비롯되는 것임을 일깨
운다. 고통이 인간의 연약함과 한계를 절실하게 인식시키는 경험이자 '인
간의 가장 기본적인 경험'[40]이라고 할 때, <청산별곡>은 인간 존재의 유
한성을 이해하고 깨닫게 만드는 효과적인 자료가 될 수 있다.

---

38) 성호경, 앞의 책, 366면.
39) 서철원, 「<청산별곡>의 구성 방식과 향가와 속요의 전통」, 『비평문학』 38, 한국비평문학
  회, 2010, 15면.
40) 손봉호, 『고통받는 인간』, 서울대 출판부, 1995, 39면, 45면; 강영옥, 「고통」, 우리사상연
  구소 편, 『우리말철학사전』 5, 지식산업사, 2007, 62면. 이들 논의에 따르면 고통은 인간
  의 연약함과 유한성을 죽음보다 더 절실하게 인식시키는 경험이 된다.

4. 경험 구조의 국면
: 보편성과 이질성에 따른 공감과 비판적 거리의 형성

<청산별곡>은 텍스트 세계의 질료적 측면 이외에, 경험의 구조 측면에서도 특별한 자질을 내재하고 있다. 수용자의 경험 작용을 불러일으키는 구조의 측면에서 보더라도, <청산별곡>이 관찰자, 관조자의 위치에 머무르기 쉬운 수용자를 텍스트 세계의 참여자로 불러들이고 전환시키는 데 용이한 자질을 갖고 있음을 말한다. 따라서 여기서는 <청산별곡>의 경험적 자질을 경험의 구조 측면에서 살펴보기로 한다.41) 이러한 작업은 시공간을 넘어서 현재까지도 <청산별곡>이 널리 읽히는 이유를 해명하는 일이 될 수 있다.

(1) 보편화된 고통과 욕망, 그에 따른 공감의 형성

텍스트를 둘러싼 역사적 사실을 고려하지 않더라도 <청산별곡>에 대한 이해와 수용이 가능한 것은, <청산별곡>이 인간 보편의 고통과 욕망을 담고 있는 노래라는 점과 관련 깊다. 그런데 고통은 인간의 문제를 '문제거리'로 만드는 기본 조건으로 작용하지만, 한편으론 철저히 사적(私的)인 탓에 근본적으로 다른 사람과 공유할 수 없다는 특질 또한 갖고 있다.42) 이런 점에서 본다면 타인의 고통에 대한 공감 자체는 원천적으로 불가능할 일일 수 있다.

그러나 문학에서 고통에 대한 공감이 가능한 것은, 텍스트 세계의 타자와 동일시되어 그를 따라감으로써 정서적 상태를 모방하게 된다는 사실

---

41) 경험의 구조에 대해서는 이 책 1장, 2장에서 자세히 다룬 바 있다.
42) 손봉호, 앞의 책, 47면, 57면.

로 설명될 수 있다. 타자 되기를 통해 자신이 아닌 타자의 삶과 정서를 따라가는 과정을 거치게 되는데, 문학은 이 같은 가상 경험을 가능하게 하는 언어적 실재(simulator)를 구축하여 제공해준다. 따라서 문학을 읽는다는 것은 곧 '어떤 사람으로 하여금 그렇게 느끼고 그렇게 말할 수밖에 없는 어떤 상황을 고려하는 것'[43]이 되고, 이 같은 정서적 연루(連累)의 과정 속에서 수용자는 타자의 상황을 자신의 것으로 경험하는 일이 가능해진다. 이처럼 언어적 실재로서 텍스트 세계가 구축됨으로 인해 텍스트 세계 속 주체의 고통은 수용자 자신의 '문제거리'로 전환된다. 결국 문학 작품 읽기는 언어적 실재로서의 작품 세계를 경험하는 일이 되고, 이 같은 경험은 실제 경험은 아니지만 심리적, 상징적 경험으로서의 실재성을 갖게 된다.[44] 이런 점에서 보편적 고통에 대한 공감은 텍스트 세계로의 참여를 이끄는 하나의 구심력이 될 수 있다.

  <청산별곡>은 공간의 이동을 통해 자신의 어려운 삶에서 벗어나고자 하는 보편화된 욕망을 노래하고 있다. <청산별곡>을 처음 읽을 때 누구나 공감하는 것을 두고서, 푸른 청산에 들어가 머루나 다래를 따먹으면서 세속을 잊고 편안하게 살고 싶어하는 보편화된 정서[45]에서 찾는 것도 이러한 이유에서이다. 현실의 공간에서 벗어나려는 화자의 의지와 바람이 수직적 공간으로서 '청산'과 수평적 공간으로서 '바다'를 이끌어내고 있으며, '피안지향성(彼岸指向性)'은 이러한 인간의 보편적 욕망에 주목한 견해라 할 수 있다.[46] 피안지향성은 <청산별곡>이 시공간을 넘어서 널리 공감을 얻는 까닭을 설명해주며, 특히 김소월의 <엄마야 누나야>, 예이

---

43) Chaviva Hosek 외, *Lyric Poetry : Beyond new Criticism*, 윤호병 역, 『서정시의 이론과 비평 : 신비평을 넘어서』, 현대미학사, 2003, 68면.

44) 염은열 앞의 책, 26-27면.

45) 정재호, 앞의 글, 179면.

46) 김대행, 앞의 책, 222면.

츠(W. B. Yeats)의 <이니스프리 湖島> 등에서도 확인된다는 점에서 전세계적 보편성을 갖는 것으로 이해되고 있다. <청산별곡> 각각의 연들이 다양한 주제를 나타내고 있으나, 대체로 '세상 살이의 어려움'(2연, 4연, 5연), 이상 세계의 희구(1연, 6연), '가다가 겪은 경험'(7연, 8연), 생산과 생업(2연, 7연)으로 수렴되며, 이는 '우리 삶과 모두 직결된 것'[47]으로 보편성, 전형성을 갖는다는 설명 또한 마찬가지이다.

이처럼 <청산별곡>이 누구나 공감할 수 있는 보편적 고통과 욕망을 노래한다는 사실은 공감의 특별한 힘을 설명해준다. <청산별곡>이 제기하는 문제사태 자체가 특정한 역사적 시기에 국한된 것이 아니라, 인간 삶의 근본적인 고통과 존재적 한계를 다루는 데서 공감의 힘이 발생하는 것이다. <청산별곡>을 두고서 '고려 때의 삶이 특별히 괴로웠던가 하고 생각하는 것은 적절치 않다'는 의견이 제기되는 것도 이러한 맥락에서 이해할 수 있다. '시름이 많은 인생, 고독을 느끼는 삶, 그리고 우연의 희롱으로 불행을 겪는 일이 무신란이 일어나고 외국군이 침입하여 유린당한 시대만 일어나는 일'[48]은 아닌 것이다. 삶이란 언제 어디서든 건너편을 동경하면서 살게 마련이고, <청산별곡>은 그러한 인간의 보편적 마음을 담고 있는 노래인 것이다.[49] 현재 삶에 대한 부정적 인식과 정서는 언제 어느 곳이든 누구나 공감하는 상황이 되고, 여기에 더해 건너편 세계를 바라보고 꿈꾸는 행위는 시공간을 넘어서 인간 존재의 보편적 욕망이 될 수 있다. 이처럼 <청산별곡>의 보편적 욕망은 시가 독자 내부에 촉발하

---

47) 정재호, 앞의 글, 177면.
48) 정재호, 앞의 글, 180면.
49) 김대행, 『한국의 고전시가』, 이화여대 출판부, 2009, 54면. "오늘을 살고 있는 우리도 청산에 살고 싶은 심정을 느끼며, 새와 더불어 울고 싶기도 하고, 정말 미워하는 이도 사랑하는 이도 없으며 당하는 불행이 얼마든지 있을 것이다."(허남춘, 「<청산별곡>의 당대성과 현재성」, 『한국언어문화』 28, 한국언어문화학회, 2005, 510면)는 언급 또한 <청산별곡>의 보편성과 공감의 힘을 설명해주고 있다.

는, 바슐라르가 말한 '역동적 유도'[50)]로서 기능하면서 수용자는 여기에 자신을 내맡기게 된다.

(2) 이질적인 문제해결 방식과 비판적 거리의 확보

텍스트 세계의 보편화된 욕망이 공감의 힘을 설명해준다면, 텍스트 세계에 대한 비판적 거리는 이러한 공감을 수용자의 의미있는 경험으로 발전시키는 데 중요한 역할을 한다. 공감은 수용자와 텍스트 세계 사이의 거리를 무화시키고 타자와의 동일화를 가져옴으로써 적극적인 수용과 감상을 가져다준다. 그러나 이는 자칫 타자의 목소리에 일방적으로 이끌리면서 텍스트 세계에 함몰될 위험도 동시에 내포하고 있다.

이런 점에서 텍스트 세계와 수용자 사이의 '거리'는 새로운 인식과 통찰을 가져다주는 교육적 요인이 될 수 있다. 텍스트 세계가 수용자의 기존 가치와 충돌할 경우 비판적 거리가 발생하게 되는데, 여기서 텍스트 세계와 자신의 기존 가치관에 대한 적극적인 가치평가가 이루어질 수 있기 때문이다. 공감의 과정이 자칫 타자의 목소리를 통해 기존의 자신을 재확인하고 위무받는 데 그칠 수 있다면, 거리두기를 통해 비동일화 상태를 전경화하는 방향으로 나아가는 것은 정서적 공명과는 다른 차원의 인식적 통찰을 유도하는 과정이 될 수 있다.[51)] 이러한 관점에서 보건대 <청산별곡>은 문제사태의 보편성 이외에도 문제해결 방식의 특수성을 동시에 내재하고 있으며, 따라서 텍스트 세계에 대한 공감과 비판적 거리가 동시에 이루어지는 특징을 갖는 데 주목할 필요가 있다.

오늘날의 수용자와 구별되는 특징적인 문제해결 방식은 경험의 폭을

---

50) 곽광수, 『가스통 바슐라르』, 민음사, 1995.
51) 김남희, 「현대시의 서정적 체험 교육 연구」, 서울대 박사학위논문, 2007, 98면.

더하면서 자신을 변화시키는 적극적인 경험으로 작용할 수 있다. 이해가 항상 공감을 통한 동일화의 과정 속에서 이루어지는 것은 아니며, '다름'의 폭이 클수록 공감의 가능성은 적어지지만 이해에 요구되는 동정적 자세, 즉 타자의 마음에 동행하는 자세(Sym(with)-pathy)는 더 긴요해질 수 있다.[52] 이해가 자신의 현실적인 삶의 결정 속에 놓여 있지 않은 새로운 가능성의 영역을 열어주는 일이라고 한다면,[53] <청산별곡>에서 술로 귀결되면서 어찌할 것인가를 토로하는 것은 지금 이곳의 인식역에 갇혀있는 주체에게 새로운 삶의 모습과 시야를 제공해주는 일이 될 수 있다.

나아가 이질적인 문제해결 방식은 텍스트 세계에 대한 비판적 가치평가를 불러온다. 욕망과 고통을 노래하면서도 결국 술에 취하는 것을 <청산별곡>의 문제해결 방식과 태도로 본다면,[54] 이 같은 인식과 태도의 적절성에 대해서는 다양한 비판과 이견이 제기될 수도 있다. 텍스트 세계 속 갈등을 무엇으로 보든지 간에, 술에 취하는 것이 근본적인 문제해결이 될 수 없음은 물론이다. 술에 취하면 일시적으로는 잊을 수 있으나 깨면 다시 현실로 돌아올 수밖에 없고, 술과 허무가 친화관계에 있다고 보는 것[55]도 이러한 평가와 비판의 실제 가능성을 보여준다. 경험적 관점에서 본다면, 8연에 이르러 도달하게 되는 자아의 상실, 체념[56] 역시 수용자의 비판적 평가를 불러오는 지점이 될 수 있다.

8연의 '내 엇디 ᄒ리잇고'가 내포하는 의미와 정서 또한 비판적 탐색을 요청한다. 체념, 순수한 호방, 비애 등으로 다양하게 의미화되는 만큼, 의미의 선택과 구성을 위해서는 이 같은 정서와 태도를 평면적으로 파악하

---

52) 김남희, 앞의 글, 69면.
53) Wilhelm Dilthey, 이한우 역, 앞의 책, 57면.
54) 술의 등장에 주목하여 이 노래를 '술노래'로 규정하기도 한다. 정병욱, 앞의 책, 112면.
55) 정재호, 앞의 글, 176면; 정재찬, 앞의 책, 309면.
56) 박노준, 앞의 책, 115면.

고 이해하는 데 그칠 것이 아니라, 이러한 귀결에 대한 적극적인 가치 판단 속에서 그 의미를 스스로 구성하고 평가할 필요가 있다. 이를 통해 삶에 대한 기존의 이해를 조정하고 재구성하는 효과도 기대할 수 있다.

가치평가의 과정을 고려한다면, 정서적 공감을 확보하고 있는 텍스트 이외에도 주체의 인식 지평을 확장시켜 주는 텍스트, 즉 수용자의 기존 경험의 한계를 뛰어넘는 인식을 제공해 주는 텍스트도 수용자의 경험을 활성화시키는 데 효과적인 자료가 된다. 수용자와 텍스트 세계의 간극과 거리는 텍스트에 대한 거부감이나 수용의 어려움으로 작용하기도 하지만, 한편으론 또 다른 세계의 존재를 깨우쳐주는 교육적 충격으로 기능할 수 있기 때문이다. 이 같은 거리는 경험적 접근에서 수용자의 발견과 구성, 그리고 조정과 평가의 활동을 견인하는 요소로 작용하게 된다. 여기서 생성과 수용 사이에 시공간적 거리가 존재하는 고전문학 텍스트의 특질과 효용이 찾아진다. <청산별곡>과 같은 고전문학은 텍스트 세계에 대한 공감과 비판적 거리의 상반된 작용을 이끌어 낸다는 점에서 경험적 접근의 효과적인 제재가 될 수 있다. 이러한 구조는 고전문학 텍스트에 내재된 중요한 경험적 자질에 해당한다.

5. 고전문학 경험의 교육적 의의와 특질

경험의 관점에서 문학을 살피는 것은 문학 읽기를 탐험의 기회로서 접근하는 일에 빗댈 수 있다. 경험으로서 문학은 이해와 분석을 넘어서서 탐험 즉, 과거나 미래를 살피거나 현재의 다른 삶의 모습을 탐험하는 기회[57]로서 의의를 갖는다는 설명이다. 여기서 텍스트 세계는 고정된 것으로 주어지지 않고, 발견되어야 할 대상으로 전환된다. 텍스트 세계는 수용자에 의해 탐색되고 발견되는 것이기에 수용자에 따라 다양할 수밖에 없고, 수용자에 의해 재구성될 때 비로소 의미있는 경험이 형성될 수 있다. 문학을 통해 자신과 타자를 이해함은 물론, 도덕적 가치관이나 인간 행위의 동기를 깨닫게 되는 것도 이러한 경험 형성에 의해서 가능하다.

바슐라르에 따르면, 시의 주된 기능은 바로 우리를 변화시키는 데 있다. 시적 교감은 어디까지나 존재의 전환을 전제하는 것으로, 시적 교감을 통해 '함께 태어남(co-naissance)으로서의 앎(connaissance)'이 가능할 수 있다.58) 이처럼 문학 읽기 자체는 궁극적으로 교감을 바탕으로 존재론적 전환을 가져오는 데 목표를 두고 있다. 고전문학 경험의 의의 또한 문학의 이 같은 보편적 가치를 공유함은 물론이다. 그런데 고전문학의 경험은 지금 여기와는 분명한 차이가 있는 만큼 존재론적 전환을 가져오기 위해서는 추가적인 설명이 요청되고, 이것은 곧 고전문학의 교육적 의의에 대한 탐색을 불러온다.

고전문학 경험의 의의는 낯선 타자 속에서 자기를 발견함으로써 궁극적으로 수용자에게 새로운 세계를 열어준다는 데에 있다. 고전문학 텍스트는 수용자의 인식 지평을 확장하는 '중요한 타자'로서 기능하며, 텍스트 세계가 수용자에게 끼치는 영향은 보편성과 특수성의 양 측면에서 설명될 수 있다.

보편성은 텍스트가 생성된 역사적 맥락과 수용되는 현재의 시점 사이에 존재하는 시공간적 거리에도 불구하고, 인간 삶의 공통성에 기반한 공감을 바탕으로 문제사태의 공유가 가능하다는 데서 출발한다. 현대문학과의 표면적인 차이를 거둬낸다면 고전문학 또한 인간의 본질적, 근원적인

---

57) Raymond J. Rodrigues & Dennis Badaczewski, *A Guidebook for Teaching Literature,* 박인기·최병우·김창원 역, 『문학작품을 어떻게 가르칠 것인가』, 박이정, 2001, 145면.

58) 곽광수, 앞의 책, 136면.

문제를 제기하면서 인간과 세계에 대한 보편적 이해를 추구하는 것으로 볼 수 있다. 이 글에서 추상성, 비국지화, 공감 등의 문제는 바로 이러한 보편성의 측면을 설명하고 다루기 위해 제기한 것이라 할 수 있다. 반면, 특수성은 보편성과는 구분되는 것으로, 지금 여기에서 경험하기 어려운 타자의 삶과 세계관을 제공해주는 것으로 설명된다. 현재와는 다른 낯선 타자를 통해 이질적인 경험을 가져다주는 고전문학 텍스트의 또 다른 효용을 가리킨다. 다기성, 비판적 거리 등은 이 같은 특수성을 겨냥하여 제기한 개념, 내용에 해당하는 것들이다.

그런데 보편성이 표면적으로 확인되는 과거와 현재의 공통된 특질을 추출하고 그 연속성을 입증하는 차원에만 그치지 않는다는 점을 강조하고자 한다. 과거와 현재의 관계를 지속-단절, 수용-거부 등의 양자택일적 논법에 따라 파악하려는 접근법을 경계하고 역동적인 전위 과정으로 접근할 필요가 있다. '문제적 연속성'은 이러한 관점에 따른 것으로, 고전문학의 경험적 가치를 탐색하는 데 중요한 시사점을 제공해준다. 고전문학이 보편적 경험을 제공할 수 있는 까닭은 표면상의 일치나 유사성 여부와 관계없이 혹은 외관상의 뚜렷한 대립·차이에도 불구하고, 사태의 심층 속에서 역사적 삶의 문제들이 형성하는 연속성을 갖는 데 있다. 따라서 주목해야 할 것은 과거의 기억과 현재의 상황을 통합하여 미래의 계기로 나아가게 하는 '문제의 연속성'이다.[59] 고전문학의 특수성 역시 마찬가지이다. 문학 텍스트가 자신과 시공간적으로 떨어져 있는 타자의 문제, 요구를 만나게 해 줌으로써 기존의 이해나 인식과는 다른 차원의 확장을 가져온다. 현재의 수용자가 처한 시공간의 실존적 조건에서 접하기 어려운 문제이지만, 현재의 상황과 충돌하면서 새로운 삶의 지평이 열리는 계기로

---

59) 김흥규, 『한국문학의 이해』, 민음사, 1998, 201-202면.

서 기능하게 된다.

고전문학의 교육적 자질을 '타자성'으로 규정한다면, 이는 지금 여기와 '같으면서도 동시에 다른' 양가적 자질을 내재하는 것으로 이해할 필요가 있다. '공존성(conpresence)', '공동성(togetherness)'이라는 주체와 객체의 관계60)는 타자성 속에서 새로운 인식 지평을 가져다주는 동인이 될 수 있다. 여기서 인식 지평의 확장은 물론, 기존의 인식 한계를 뛰어넘는 새로운 지평의 개척이 가능해진다. 고전문학의 교육적 효용은 이처럼 수용자의 성장을 견인하는 의미있는 경험을 제공하는 교육적 계기에서 마련될 수 있다.

이상에서 보건대 고전문학의 교육적 가치는 지금과는 다른 시공간 속에서 만들어져 향유되었으나, 오늘날에도 가치있는 문제를 제기함으로써 인간의 삶과 세계에 대해 끊임없는 모색과 조회를 가져오는 '의미있는 타자'가 된다는 점에서 찾아진다. 경험적 관점이 문학과 수용자의 의미 연관 속에서 수용자의 성장을 도모한다면, 시공간적 거리가 내재되어 있는 고전문학의 근본적 특질은 이 같은 경험적 접근을 통해서 교육적 가치로 발전될 수 있고 실질적인 구현도 가능할 수 있다. 이러한 인식을 통해 고전문학의 경험을 두고서 자칫 텍스트 외적 정보의 확인이나 생성 당시의 의미를 재구하는 일과 같이 '특별한 일'로 오해되는 것을 차단할 수 있기를 희망한다. 더불어 문학 경험이 수용자에게 '밀접하게' 연결되어야 하는 것으로 이해되면서 고전문학의 세계는 수용자와 맞지 않는 것인 만큼 경험의 내용으로 적절치 않다는 선입견도 거둘 수 있기를 기원한다.

• 출처 : 「고전문학 텍스트의 경험적 자질 탐색」
(『국어교육』 147, 한국어교육학회, 2014)

60) 김준오, 『시론』, 삼지원, 2002, 20면.

📖 더 찾아읽기

▶ 〈청산별곡〉 작품론

김대행, 「<청산별곡>과 국어교과학」, 『고전문학과 교육』 7, 한국고전문학교육학회,
    2004, 5-35면.
박노준, 『고려가요의 연구』, 새문사, 1990.
정병헌, 「<청산별곡>의 해석과 이미지」, 『한국고전문학의 교육적 성찰』, 숙명여대출판
    국, 2003.
정재찬, 『문학교육의 현상과 인식』, 역락, 2004.
정재호, 「<청산별곡>에 대한 새로운 이해 모색」, 『국어국문학』 139, 국어국문학회,
    2005, 149-188면.

제4장 고전문학 경험의 유형과 특질
—고전문학은 어떻게 경험되는가?

고전문학 경험의 두 양상,

지금까지 살핀 바에 따르면, 고전문학 경험은 문학으로서의 보편성과 고전문학으로서의
특수성을 갖고 있으며, 이들간의 길항이 현대문학과 구별되는
고전문학 경험의 의의와 가치를 가져다준다.
그렇다면 고전문학 경험의 구체적인 양상을 살펴봐야 하는데,
'지금 여기'의 시각과 '그때 거기'의 시각은 이를 대표하는 유형이라 할 수 있다.
도무지 해결될 것 같지 않던 고전문학 경험의 양상이
비로소 그 실체와 모습을 드러내는 순간이다.

고전문학 경험과 신흠 시조의 만남,

고전문학의 경험 양상을 살피기 위해서는
수용자가 텍스트를 만나 형성하는 경험을 조사, 탐색할 것이 요청된다.
그러나 수용자마다 다양한 경험역을 갖고 있는 만큼,
형성되는 경험은 자칫 산발적이고 개인적인 것에 그칠 우려도 있다.
그런 만큼 어떤 수용자에 주목하느냐는
경험의 양상을 살피고 그 결과를 입증하는 데 매우 중요한 과제가 된다.
이러한 고민 속에서 신흠의 시조를 만났다.
신흠의 시조는 후대 가집에 수록되는 과정에서 수많은 의미 변용이 이루어진 특징이 있다.
동일한 작품을 두고서도 편찬자의 시각에 따라 전혀 다른 맥락의 의미로 다뤄진 것이다.
이처럼 신흠 시조의 수용태는 고전문학 경험의 양상을 살피는 데
효과적인 자료와 방법론을 제공해주었다.
신흠은 물론, 여러 가집 편찬자들에게 감사의 말씀을 전한다.

1. 고전문학 경험의 실체에 대한 의문

문학은 가치있는 경험을 언어로 형상화한 것이라 할 수 있다. 가치있는 경험을 주된 내용으로 한다는 점은 생성의 과정에서 작자의 경험과 관계될 수밖에 없음을 나타낸다. 그런데 이를 직접 기술하지 않고 형상으로 나타내기 때문에, 수용과 향유의 과정에 수용자의 경험 또한 관여하게 된다. 이처럼 문학은 본질적으로 경험과 불가분의 관계에 있다. 문학은 인간의 경험을 대상으로 만들어지고, 한편으로 향유의 과정을 통해 수용자의 경험을 형성한다. 특히 문학교육에서 경험의 문제가 중요한 까닭은 감상 주체로서 학습자의 위상과 주체 성장이라는 목표에서 찾을 수 있다. 교사 중심에서 학습자 중심으로 변화하는 교육 일반의 흐름을 제쳐두고라도, 감상의 주체가 학습 독자이며 문학 경험을 통해 이들의 성장을 도모하는 것은 문학교육의 주된 과제인 것이다.

이 같은 문제의식에 따라 문학교육에서 경험의 문제에 주목한 연구가 다수 이루어졌다. 앞서 1장에서도 문학 경험을 문학과 관련된 행위의 직접적 체험을 뜻하는 광범위한 의미에서 작품을 통해 타자와 자기 자신을 이해하게 되는 교육적 경험으로 재개념화하였고, 이에 따라 문학교육에서 경험의 문제는 어디까지나 의미의 경험에 있음을 분명히 하였다. 이러한 시각은 텍스트의 의미가 객관적으로 존재하는 고정된 대상이 아니라, 수용자와의 상호작용 속에서 새롭게 구성된다는 본질에 바탕을 두고 있다.

그러나 경험적 접근의 의의와 필요성에 대한 공감대가 형성되고 있음에도 불구하고, 경험의 실체와 실상은 여전히 추상적이고 모호한 채로 남아 있다. 텍스트가 담고 있는 경험 자체가 다양하고, 감상의 과정에 개입하는 수용자의 경험 또한 개별적인 까닭에 불명료할 수밖에 없다. 이처럼 대상과 주체의 경험 자체가 다양하기 때문에, 이들의 상호작용으로 형성되는 문학 경험은 그 실체가 명확하게 구명되기 어려운 난점을 갖는다. 따라서 텍스트를 경험한다는 것이 무엇이며 어떠한 것인지를 밝히기 위해서는 구체적인 텍스트를 대상으로 형성되는 경험의 실체를 살펴보고 그 내용을 입증하는 것이 요구된다.

실제로 고전문학 텍스트를 대상으로 경험교육의 내용 도출을 시도한 연구가 이루어지기도 하였다. 그러나 이들 연구는 텍스트 내용에 견인된 나머지, 무엇을 '경험'해야 하고 그 양상이 어떠한지를 경험의 속성과 구조 속에서 명확하게 해명해내지는 못하고 있다. 현대문학과 구별되는 고전문학의 특질 속에서 경험의 내용을 밝히지 못하고, 텍스트의 주제 차원으로 환원되는 공통된 한계를 나타내고 있다.

따라서 이 글은 실제 텍스트를 자료로 고전문학 감상의 경험적 성격을 살펴보고 경험교육의 실체를 명확하게 구명하는 데 목표를 둔다. 특히 고전문학의 시공간적 거리감이 경험의 형성에 어떻게 작용하는지를 주의깊게 살피고자 한다. 이를 위해 여러 가집에 수록되는 과정에서 의미의 변용을 보이는 신흠의 시조를 연구 자료로 선정하기로 한다. 경험교육이라는 새로운 패러다임을 제시한다는 점에서, 가집의 수록 양상을 실증적·통시적으로 분석하여 본래의 의미를 재구하는 국문학 연구와는 출발점에서부터 분명한 차이를 갖는다. 문학과 경험의 접점을 확인하고 그 교직을 입증하는 데에 연구의 주안점을 두는 것이다. 이 글에서 신흠의 시조는 고전문학이 형성하는 경험의 실체를 보여주는 효과적인 자료로서 의미를 갖는다.

2. 신흠 시조에 대한 '경험'과 '교육'적 접근

신흠의 시조 30수는 몇 세기에 걸쳐 후대의 여러 가집에 널리 수록되었으며,1) 오늘날에도 여러 시기 중·고등학교 국어교과서에 실릴 만큼 중요한 작품으로 다루어져왔다.2) 그런데 후대 가집에 수록되는 과정에서 수록 작품과 그 순서에 차이가 있음은 물론, 작품의 의미 또한 광범위하게 변용되었다는 특징을 갖고 있다. 이 같은 사실은 역사적으로 신흠의 시조가 수용자에 따라 다양한 의미로 널리 수용되었음을 보여준다.

신흠 시조에 대한 기존의 연구는 크게 두 방향에서 이루어졌다. 먼저 조선 후기 문학사에서 17세기가 갖는 위상과 의미를 밝히는 차원에서, 16세기·18세기와 구별되는 17세기의 새로움을 읽어내고자 한 것이다. 이 같은 새로움은 신흠 시조의 탈재도적(脫載道的) 성격, 유흥적(遊興的) 성격, 도가적(道家的) 성격과 맞물리면서 17세기 자연시조 전체의 독자성과 고유성을 입증하려 한 것이다. 자연을 성리학적 이념의 함수로 보는 기존의 강호 인식에서 벗어나 즉물적인 자연 몰입의 관점을 읽어내기도 하고, 빈번하게 등장하는 술이라는 제재에 주목하여 유흥적 성격을 발견하기도 하였다. 나아가 유가적 자연 인식과는 구별되는 노장적 자연 취향의 세계관을 보여주는 작품으로 해석되기도 했다. 이처럼 신흠 시조에 대한 관심은 주로 17세기 자연시조의 성격과 관련한 거시적 차원에 맞춰졌다.

그런데 신흠 시조는 개인 문집이 아닌 여러 가집에 개별적으로 수록되

---

1) 신흠의 시조가 수록된 가집은 44종의 이본(개인 가첩 제외) 가운데 38종에 이른다. 성기옥, 「申欽 時調의 해석 기반-<放翁詩餘>의 연작가능성」, 『진단학보』 81, 진단학회, 1996, 222 면 참조. 이는 18, 19세기에 신흠의 시조가 얼마나 널리 향유되었는가를 보여주는 하나의 지표가 된다.

2) '山村에 눈이 오니'의 경우 제3차, 제4차 교육과정 고등학교 국어교과서에 수록된 바 있으며, 제7차 교육과정에서는 중학교 3학년 국어교과서에 실려 있다. 그밖에도 '냇가에 해오랍아'는 제1차, 제2차 교육과정 고등학교 국어교과서에 수록되었다.

어 전해지는데, 가집과 이본에 따라 작품의 수록 편수는 물론 배열 순서에도 큰 차이가 발견된다. 자료의 원전 확정 문제가 제기되는 것이다. 이같은 상황에서 신흠의 시조 30수가 개별 작품의 무질서한 집적이 아니라 특정 시기에 특별한 감회를 읊은 연작시로서의 가능성이 제안되었다. 가집 수록 양상에서 발견되는 공통점을 찾아 몇 가지 가설을 설정하고, 창작 상황에 대한 역사적 재구를 통해 입증하려는 시도도 여러 차례 이루어졌다.3) 이들 연구에 따르면, 신흠 시조 30수는 상촌(象村)에서 지낸 몇 년간의 심회를 '방옹시여(放翁詩餘)'라는 이름으로 담아낸 연작(連作)에 해당하며, 따라서 30수에 대한 개별적 해석을 경계하면서 연작적 질서 속에서 그 의미를 파악할 것을 요청한다. 이와 같은 관점의 차이는 신흠 시조의 해석과 의미화에도 영향을 미치는 바, 우선 다음 작품을 살펴보자.

> 山村에 눈이 오니 돌길이 무쳐셰라
> 柴扉롤 여지마라 날 츠즈리 뉘 이시리
> 밤 즁만 一片明月이 긔 벗인가 ᄒ노라 (#1-116 靑丘永言 珍本)4)

표면적으로 이 작품은 순수 자연을 대상으로 그 감흥을 노래하고 있다. 그런데 이를 두고서 '강호한적(江湖閑寂)'의 세계관 이외에 '고독과 소외감' 혹은 '연루자의 고통과 훼손된 강호지락' 등을 읽어내기도 한다. '자연에

---

3) 텍스트의 내적 질서 혹은 창작 상황을 보여주는 여러 자료를 기반으로 신흠 시조에서 연작적 질서를 발견하려는 연구가 다수 이루어졌다. 대표적인 것으로 다음을 들 수 있다. 김석회, 「상촌시조 30수의 짜임에 대한 고찰」, 『고전문학연구』 19, 한국고전문학회, 2001; 김석회, 「상촌 신흠 시조 연구」, 『국어교육』 109, 한국어교육학회, 2002; 정소연, 「申欽 시조의 連作性 考究」, 『한국시가연구』 17, 한국시가학회, 2005. 이들 연구는 대체로 신흠의 시조가 김포 방축기 동안 창작된 것으로 재구한다.

4) 인용되는 신흠의 시조는 '(#숫자–숫자 가집명)'으로 표기하여, 첫 숫자는 연작을 전제로 한 시조의 순서를, 뒤의 것은 각 가집에 수록된 번호를 함께 나타낸다. 예컨대 (#1-116 靑丘永言 珍本)은 신흠 시조의 첫 수이면서, 『청구영언 진본(珍本)』 116번에 수록되어 있음을 나타낸다. 신흠 이외 타 작가의 시조는 가집과 해당 번호만을 제시하여 구별하기로 한다.

의 순수한 감흥'과 '세계와의 대립과 긴장'이라는 인식 사이에는 분명 큰 간격이 존재한다. 이는 신흠 시조에 대한 시각과 접근 태도의 차이에서 비롯된다. 작품의 텍스트성을 강조하는 텍스트 이론, 독자의 반응을 중시하는 수용이론, 창작 당시의 원래 의미를 재구하는 역사주의적 접근 등이 빚어낸 결과인 것이다. 여기서 국문학 연구의 관심은 주로 어떠한 해석이 사실에 부합하는 것인가에 맞춰진다.

그런데 학습자와 성장의 문제를 다루는 문학교육과 경험적 접근에서 본다면, 이러한 상황은 보다 특별한 의미를 갖는다. 감상 주체에 따라 텍스트의 의미가 다양하게 '구성'되고 '변용'되어 수용될 수 있음을 보여주는 것으로, 텍스트의 의미를 재구하거나 문학사적 위치를 규정하고 평가하는 것과는 다른 차원의 접근을 가능하게 한다. 작품이 산출되어 나온 상황에 대한 전기사적·작가론적 관심에 따라 텍스트가 산출된 생성 맥락을 살펴보고 원래 의미를 복원하는 연구와는 달리, 텍스트와 수용자의 상호작용과 그에 따른 의미의 재구성 측면에 주목하는 것을 말한다. 이처럼 텍스트 속에 재현된 타자와 세계를 만나고 자기 자신과 조회하는 과정을 통해 경험이 심화되고 확장된다는 점은 자연스럽게 문학교육에서의 경험적 관점과 만나게 된다.5)

문학은 삶과 세계의 근본적인 문제를 담아내고 있으며, 이러한 문학과의 만남을 통해 주체는 자기 자신을 되돌아보고 삶과 세계에 대한 이해와 깨달음을 갖게 된다. 문학이 삶과 세계에 대한 근본적 문제를 경험의 형식 속에 담아내고 있다면, 문학교육은 이 같은 경험의 내용을 발견하고 이를 통해 의미있는 경험을 형성하는 데 맞춰져야 할 것이다. 문학을 감상한다는 것은 곧 텍스트에 대한 이해에 그치는 것이 아니라 그 속에 담

---

5) 문학교육에서 경험의 개념과 그 의의에 대해서는 이 책 Ⅰ부를 참조할 수 있다.

긴 인간의 삶과 세계상을 경험하는 것이어야 한다. 이러한 관점에서는 해석의 진리치보다는 어떠한 해석이 학습자의 성장에 이바지할 수 있는가가 중요한 과제가 된다.

이때 제기되는 문제는 텍스트의 무엇을, 어떻게 경험할 것인가이며, 이를 논의하기 위한 예비적 단계로 우선 다음 시조를 살펴보기로 하자.

> 어제밤 눈온 後에 둘이 조차 비최엿다
> 눈 後 둘빗치 물그미 그지업다
> 엇더라 天末浮雲은 오락가락 ᄒᆞᄂᆞ뇨 (#6-121 靑丘永言 珍本)

텍스트에 기반하여 의미를 탐색할 때, 강호의 아름다움과 그 속의 여유로움을 노래한 작품으로 해석할 수 있다. 이러한 의미 구성은 19세기 『가곡원류(歌曲源流)』의 수록 맥락에서도 확인할 수 있다. 소박하고 한가로운 전원 생활을 노래한 작품들과 함께 묶어져 수록되어 있는 사실이 이를 방증한다. 이때 구름은 눈, 달과 마찬가지로 '한가로움'의 표상으로 기능한다. 텍스트 내적 세계에 충실한 의미 구성이다.

그런데 이 작품이 생성된 배경, 즉 신흠이 대북 일당의 핍박으로 김포로 방축되어 끊임없이 불안과 근심의 나날을 보내야 했고 3년여 만에 춘천으로 유배를 가게 된 역사적 사실에 주목하게 되면, 이와는 다른 의미 구성이 가능해진다. 자연의 공간과 외부 현실의 대척적 관계 속에서 나타나는 의구심(疑懼心)이 작품 세계의 주된 내용으로 부각될 수 있다. 이 경우 오락가락하는 구름의 형상은 눈과 달의 맑고 환한 이미지와 대비되는 것으로, 그것이 내포하는 상징적 의미는 곧 간신에 해당한다.

구름이 내포하는 상징적 함의의 차이-'한가로움'과 '간신'의 거리는 텍스트를 통해 형성되는 경험의 두 양상을 보여주는 것이라 할 수 있다. 구름을 한가로움의 표상으로 구성해내는 것은 텍스트 세계에 기반을 두고 있으며, 여기에 수용자의 현재 경험이 더해진 결과로 볼 수 있다. 텍스트 세계와 주체에 견인된 경험 구성의 한 모습을 나타낸다. 반면, 구름을 간신으로 읽어내고 그 의미를 경험하는 것은 텍스트의 생성 맥락에 대한 이해와 더불어 이 같은 표상이 갖는 문화적 의미6)에 기반을 두고 있다. 이는 텍스트의 생성 맥락과 상황에 견인된 또 다른 의미 형성에 해당한다.

여기서 작품을 대상으로 한 경험의 형성 문제에 대해 '지금 여기'가 상대적으로 강조되는 경험과 '그때 거기'가 강조되는 경험으로 구분하여 유형화하는 게 가능해진다. 문학 경험은 텍스트의 생성 맥락이 강조되는 '그때 거기'의 문제와 수용자의 수용 맥락이 강조되는 '지금 여기' 사이의 긴장과 길항으로 구성되며, 이때 어느 것이 상대적으로 강조되는가에 따라 두 유형으로 구분될 수 있다. 각각의 유형을 설정하고 그에 따른 경험 질료와 교육적 의미를 자세히 탐색하는 과제가 부과된다.

이처럼 신흠의 시조가 후대 가집에 수록되는 과정에서 수많은 의미 변용이 이루어졌다는 사실은 문학 경험의 양상과 유형을 설명해주는 효과적인 자료를 제공해준다. 동일 작품이 편찬자의 시각과 관점에 따라 전혀 다른 맥락의 의미로 다뤄지고 있기 때문이다. 특히 신흠 시조의 생성 맥락을 비교적 충실하게 반영한 18세기 가집에 비해 19세기 가집에서는 편찬자에 따른 수용적 굴절이 두드러진다는 점은, 텍스트의 수용과 경험 형성의 문제에 흥미로운 사실을 던져준다. 고전문학의 경우 텍스트가 생성된 역사적 시공간과 수용자가 처한 현재의 시공간 사이에 이른바 시공간적 거리가 존재하는데, 17세기의 신흠 시조가 18세기, 19세기 가집에 각각 다르게 수록되는 양상은 시공간적 거리와 그에 따라 형성되는 수용자

---

6) 구름이 간신의 표상이 되는 것은 고전의 보편적 표현 관습으로, 예컨대 '구름이 무심톤 말이', '백설이 ᄌᆞ자진 골에' 등의 시조에서 이 같은 모습을 확인할 수 있다.

의 경험이 어떠한지를 보여주는 실제 자료가 될 수 있다. 18세기 가집의 경우 텍스트가 생성된 맥락에 충실하려는 경향을 보인다는 점에서 '그때 거기'의 문제와 관련이 깊고, 19세기 이후의 가집에서 의미가 크게 변용되는 사실은 '지금 여기'의 문제를 제기하는 것으로 볼 수 있다.

그런데 18세기 가집의 경우 문학 지향성이, 19세기 가집의 경우 음악 지향성이 두드러진다는 사실은 노래말과 더불어 악곡에 대한 고려를 요청한다. 특히 19세기 가집의 경우 악곡 중심으로 편찬되는 성향에 의해 동일 작자의 작품일지라도 악곡의 종류에 따라 여러 군데로 분산 수록되는 양상마저 보이기 때문이다. '작가보다 곡조를 배려한 것'[7]이라는 설명은 가집의 이 같은 특징을 적시한다. 그러나 가집은 비록 개인의 창작집은 아니지만 편찬자의 시가에 대한 인식을 바탕으로 비교적 오랜 기간을 거쳐 완성되었다는 점에서 당대 시가관을 보여주는 자료로 평가받는다.[8] 작품 선정과 재배열의 과정에 편찬자의 수용 의식이 필연적으로 개입할 수밖에 없기 때문이다. 이처럼 가집에는 문학 작품의 향유 의식과 편찬 의식이 풍부하게 담겨 있다는 점에서, 편찬자 혹은 수용자에 의해 작품이 어떻게 이해되고 경험되는지를 보여주는 유용한 연구 자료가 될 수 있다.

이 같은 점을 전제로, 19세기 가집을 중심으로 지금 여기의 시각과 그에 따른 경험의 문제를 살펴보기로 한다. 이어 18세기 가집인 『청구영언(珍本)』을 대상으로 그때 거기의 시각과 경험의 문제를 논의하여, 경험 형성의 두 양상과 그 의의를 밝히기로 한다. 가집에 따라 신흠의 시조가 수

---

7) 심재완, 『시조의 문헌적 연구』, 세종문화사, 1972, 36면 참조. 18세기 가집이 편자, 연대가 분명하고 반드시 서문을 갖추고 있으며 작자 표기 의식이 분명한 데 반해, 19세기는 극히 일부 가집을 제외하고는 서문도 없으며, 작자 표기 의식도 희박하다는 점이 이를 뒷받침한다. 신경숙, 『19세기 가집의 전개』, 계명문화사, 12-13면 참조
8) 조해숙, 「시조에 나타난 시간의식과 시적 자아의 관련 양상 연구」, 서울대 박사학위논문, 1999, 2-3면 참조

록되는 양상에 큰 차이가 발견되지만, 일반적으로 『청구영언 (珍本)』에 수록된 것이 초고 상태에 가장 가까운 것으로 평가받는다. 또한 신흠 시조의 수록과 관련하여, 18세기 가집들이 모두 『청구영언 (珍本)』의 전승 계열에 속한다는 기존 연구의 결과에 따라 이를 연구 자료로 선정한다. 그런데 신흠의 시조를 15수 이상 수록한 가집은 총 10종이지만, 이중에서 19세기의 것은 『청구영언 (六堂本)』이 유일하다.9) 따라서 19세기 가집으로는 이것 이외에 『흥비부(興比賦)』, 『가곡원류(歌曲源流)』, 『남훈태평가(南薰太平歌)』 등도 함께 살펴보기로 한다.

3. '지금 여기'의 시각과 인간 이해의 심화

(1) 텍스트 세계의 경험 질료화

'지금 여기'의 시각이란 작자 및 생성 배경보다는 수용의 측면이 강조되는 경험 형성의 관점을 가리킨다. 텍스트가 생성된 역사적 맥락을 떠나 수용자의 시점과 맥락에 의해 의미화가 이루어지는 것으로, 그만큼 현재적 가치의 개입과 관여가 두드러지게 나타난다. 신흠의 시조도 마찬가지로 19세기 이후의 가집에 수록되는 과정에서 편찬자에 따른 의미의 변용이 크게 나타나는데, 여기서 '지금 여기'의 시각을 살펴볼 수 있다.

---

9) 가집에 따른 수록 편수와 작품은 성기옥, 앞의 글, 222-228면; 김석회, 앞의 글을 참조할 수 있다. 가집의 편찬과 가집 사이의 계열 관계는 이 책의 연구 범위를 넘어서는 것으로, 이에 대해서는 조윤제 이래 이루어진 국문학 연구의 성과로 미루기로 한다. 조윤제, 「역대 가집의 편찬 의식에 관하여」, 『조선시가사강』, 박문출판사, 1937; 심재완, 앞의 책; 양희찬, 「시조집의 편찬계열 연구」, 고려대 박사학위논문, 1993; 신경숙, 『19세기 가집의 전개』, 계명문화사, 1994; 김용찬, 『18세기의 시조 문학과 예술사적 위상』, 월인, 1999 등.

어젯밤 비온 後에 石榴곳이 다 픠엿다
芙蓉塘畔에 水晶簾을 거두고
눌 向훈 기픈 시름을 못내 프러 흐느뇨 (#18-133, 靑丘永言 珍本)

이 시조는『홍비부』여창 우조 205번에 수록되어 있는데, 그 주변은 모두 상사 연정(相思 戀情)을 노래한 작품들로 구성되어 있다.[10] 이 같은 사실은 이 시조가 임과 헤어져 외롭게 지내는 여인의 심정에 대한 경험으로 수용되고 향유되었음을 보여준다.『가곡원류』에서도 이 작품은 여창 전용 가사로서 이별의 괴로움과 그리움 등을 노래한 작품들과 함께 구성되어 있다.(#18-682, 歌曲源流)

19세기『청구영언 (六堂本)』에서도 이들과 유사한 수용 양상을 보인다. 먼저, 이 작품은 신흠의 다른 시조들과는 달리, 여창 전용 사설로 따로 편재되어 있다.(#18-899, 靑丘永言 六堂本) 이 시조를 여성의 목소리를 통해 그리움과 고독의 심정을 하소연하는 노래로 규정하고 있음을 보여준다. 둘째, 이 시조 인근의 주변 작품들 모두가『홍비부』,『가곡원류』와 마찬가지로 상사 연정의 노래라는 사실에서, 이 작품이 편찬자에게 어떠한 경험을 형성하였는지를 짐작하게 한다. 그 노래들은 다음과 같다.

간밤에 우던 여흘 슬피 우러 지너거다
이제 와 싱각ㅎ니 님이 우러 보너도다
져 물이 거스리 흐르고져 나도 우러 보너리라 (898, 靑丘永言 六堂本)

珠簾에 빗쵠 달과 멀니 오는 玉笛 소리

---

10)『홍비부』에 게재되어 있는 이 시조 인근 작품들은 다음과 같다. "靑鳥야 오도구야 반갑도다 님의 소식 弱水 三千里를 네 어이 건너온다 우리의 萬端愁懷를 녜나 알가 흐노라"(204, 홍비부) "寂無人 掩中門ㅎ니 滿庭花落月明時라 獨倚紗窓ㅎ여 長歎息만 흐든츠에 遠村에 一鷄鳴ㅎ니 잇긋난 듯 하여라" (206, 홍비부)

千愁萬恨을 네 어이 도도는다
千里에 님 離別ᄒ고 잠못 드러 ᄒ노라 (900, 靑丘永言 六堂本)

특히 『청구영언 (六堂本)』 898번 시조에 주목할 필요가 있다. 이는 본래 단종의 유배라는 역사적 사실을 배경으로 하는 원호(元昊)의 연군가(戀君歌)이지만, 여기서는 이러한 역사성이 배제되면서 임금과 신하의 관계가 탈색되어 임에 대한 그리움을 노래한 애정시 차원에서 경험되는 모습을 보인다. 이후에 재론되지만, 위의 신흠 시조 또한 이와 유사한 경우로 본래 임금을 향한 연군시,11) 혹은 선조를 향한 추모시12)로서의 성격이 편찬자에 의해 새로운 질서를 획득하여 애정시로 변모된 사실과 맞아떨어진다. 본래 신하가 임금을 그리워하는 것을, 임을 향한 여성 화자의 사랑과 그리움으로 빗대어 표현한 것이었지만, 생성 배경에 대한 고려가 약해지면서 텍스트가 환기하는 애정의 내용으로 수용됨을 보여준다.

여기서 문학이 단일한 의미로 고정되는 것이 아니라 다층성과 구성성을 본질로 한다는 점을 재차 확인하는 데 만족할 수 없다. 이 같은 경험을 형성하는 데 관여한 요소가 무엇인가에 관심이 모아져야 할 것이다. 경험이 대상과 주체의 상호작용으로 규정될 수 있다면, 이는 주체의 수용 측면이 강조되는 하나의 경험 양상에 해당한다. 텍스트가 제시하는 세계를 질료로 하여 지금 여기의 수용자와 만나 이루어내는 경험의 한 유형인 것이다. 따라서 지금 여기의 시각에 따른 경험의 형성이란, 작자 혹은 원텍스트의 의미보다는 텍스트가 제시하는 세계 속에 수용자가 참여하여

---

11) 이러한 해석은 박을수, 「신흠론」, 한국시조학회 편, 『고시조 작가론』, 백산출판사, 1986에서부터 성기옥, 앞의 글에 이르기까지 다수의 연구에서 확인되는 일관된 모습이다.

12) 김석회는 신흠 시조에 표백된 모든 그리움이 죽은 선조 임금을 향한 것으로 설명하고 있다. 김석회, 앞의 글, 325-326면 참조. 이와 같은 입장을 견지할 경우, 죽은 이를 그리는 추모시가 후대 수록되는 과정에서 애정시로 변모한 것이 된다.

새로운 의미를 구성하는 것으로, '텍스트 세계'의 질료화와 더불어 수용
자가 강조되는 경험으로 규정할 수 있다. 텍스트 속에서 펼쳐지는 세계가
수용자의 지평과 만나고 충돌(collision)하는 독서 행위 과정 속에서 주체의
의미있는 경험이 형성되는 것이다. 예컨대, 위 시조의 텍스트 세계는 '부
용 당반(芙蓉塘畔)', '수정렴(水晶簾)'과 같은 여성 관련 소재들을 등장시킴으
로써 '눌 向흔 기픈 시름'과 같은 시적 화자의 상황과 정서를 직접적으로
드러내고 있다. 이로 인해 수용자는 임과 이별한 외로움과 그리움의 정서
를 환기하게 되고, 텍스트의 의미는 이와 관련된 것으로 수렴되고 만다.

(2) 주체의 조응에 의한 초점화와 재구성

텍스트가 그리고 있는 세계 전체가 수용자에게 그대로 전달되는 것은
아니다. 텍스트 세계에 대한 주체의 조응이 뒤따를 때 비로소 의미있는
경험이 형성될 수 있다. 이 과정에서 텍스트 세계의 선택적 초점화와 재
구성이 일어나게 된다. 다음 신흠 시조를 살펴보자.

> 술 먹고 노는 일을 나도 왼 줄 알건마는
> 信陵君 무덤 우희 밧 가는 줄 못 보신가
> 百年이 亦草草ᄒ니 아니 놀고 엇지ᄒ리 (#10-125, 靑丘永言 珍本)

취흥을 노래하고 있는 작품으로 권주가(勸酒歌)의 성격을 갖고 있다. 인
간 존재는 모두 죽을 수밖에 없다는 숙명적 운명의 인식에서 지금 즐겁게
술 마시는 행위의 정당성을 찾게 되고, 급시당락(及時當樂)이 설득력을 갖
추게 된다. 이러한 텍스트 세계를 기반으로 수용자는 인간 유한성과 그에
따른 권주의 의미를 경험할 수 있다.

그러나 텍스트 세계가 자명한 경우에도 수용자에게 형성되는 경험역은

무한할 수 있다. 『남훈태평가』는 신흠의 시조 중에서 위 시조만을 유일하게 수록하고 있는데, 인생 무상 혹은 강호한적을 노래한 것들과 함께 묶어내고 있다. 술이 갖는 유흥의 성격이 인생의 무상감과 맞물리면서, 권주의 성격보다는 취락의 측면에 초점을 맞춘 수용을 보여준다. 그런데 『가곡원류(河合本)』에서는 권주(勸酒)와는 전혀 다른 맥락의 경험을 만들어내고 있다는 점에 유의할 필요가 있다(#10-226, 歌曲源流 河合本). 우선 그 주변의 작품부터 살펴보면 다음과 같다.

> 놉푸나 놉푼 남게 날 勸ㅎ야 올녀두고
> 여보오 번님네야 흔드지나 말념우나
> 나려져 죽기는 셔러지 아니ㅎ되 님 못 볼가 ㅎ노라 (225, 歌曲源流 河合本)

> 엇그제 부던 바람 눈셔리 치단 말가
> 落落長松이 다 기우러 가노미라
> ㅎ물며 못다 픤 꼿시야 일너 무슴 ㅎ리오 (227, 歌曲源流 河合本)

이들 시조는 모두 정치 현실의 문제를 제기하고 있다. 이것은 '술 먹고 노는 일을'의 시조가 권주와 인생 무상의 내용에서 정치 현실의 문제로 변모되어 수용되고 있음을 보여준다. 이 같은 의미 변화에 대한 설명의 단서는 '신릉군(信陵君) 무덤'에서 찾을 수 있다. 본래 '신릉군 무덤'은 인생 무상에 따른 권주의 정당화를 위해 사용된 소재에 지나지 않는다. 그러나 후대 가집 편찬자들에게 그것은 정치 현실의 비정함을 불러일으키는 결과를 가져온 것이다. 이처럼 경험 형성은 텍스트 세계를 질료로 하면서도 수용자의 관심, 경험이 개입하여 조응하는 과정을 거치는 까닭에, 텍스트 세계에서 초점화되는 지점은 다양할 수밖에 없다. 그에 따라 경험 내용의 방향 또한 달라지기 마련이다. 애초에 신릉군 무덤과 같이 소재와 배경에 불과했던 대상이 전체의 의미를 규정짓는 결정적 기능을 하게 된 것은, 어디까지나 수용자의 조응에 따른 초점화에서 비롯된 결과라 할 수 있다.

앞서 살펴보았던 '山村에 눈이 오니'가 후대『가곡원류 (河合本)』에 수록되는 양상에서도 이 같은 모습을 확인할 수 있다.(#1-158, 歌曲源流 河合本) 전후 작품들을 살펴보면 다음과 같다.

> 山上의 밧가는 百姓아 네 身勢 閑暇ᄒ다
> 鑿飮耕食이 帝力인줄 모르더냐
> ᄒ믈며 肉食者도 모르거든 무삼ᄒ리요 (157, 歌曲源流 河合本)

> 山外에 有山ᄒ니 넘도록 山이로다
> 路中의 多路하니 녤사록 길히로다
> 山不盡 路無窮ᄒ니 님 ᄀ᷃는 딕 몰닉라 (159, 歌曲源流 河合本)

'山村에 눈이 오니'의 시조가 형성하는 경험역을 아무리 확장해도 157, 159번의 시조들과 공통점을 찾기가 쉽지 않다. 157번 시조가 육식자(肉食者)로 대표되는 지도층을 비판하는 내용을 담고 있다면, 159번 시조는 임에 대한 그리움과 절망감을 탄식하는 내용으로 이루어져 있다. 그럼에도 불구하고 이들이 함께 묶여서 수록될 수 있었던 까닭은 편찬자의 관심이 산이라는 소재에 맞춰진 데에 있다. 주제와 세계관의 문제를 제쳐두고 소재 차원의 관심이 이 같은 구성 결과를 낳은 것이다.[13] 이는 동일한 텍스트를 대상으로 하더라도 수용자의 관심에 따라 초점화되는 지점이 얼마나 달라질 수 있는지를 보여준다.

---

13) 19세기 초·중반의『청구영언 (六堂本)』에서도 이 같은 모습을 확인할 수 있다.『청구영언 (珍本)』에 수록된 신흠 시조의 순서와 상관없이 독자적인 질서로 재편하여 이 시조를 "南山 깁흔 골에"(#23-154 靑丘永言 六堂本)와 함께 수록하고 있다. 이들 또한 산이라는 소재상의 공통점에 초점을 맞춰 산 노래로 묶고 있는 것이다. 김석회, 앞의 글 참조.

이처럼 경험 형성의 과정에는 텍스트 세계뿐만 아니라 수용자의 변인이 개입하기 때문에, 그 교직이 만들어내는 양상은 다양할 수밖에 없다. 텍스트 세계의 내용이 곧바로 수용자의 경험으로 이어지는 것이 아니라, 과거의 언어적 경험과 인생의 경험에서 끌어내어진 특정한 개념들, 이미지들과 연결하고 작품에 자신의 개성, 과거의 기억, 현재의 욕구, 순간의 분위기와 상태가 이끌려져서 조합이 만들어진다.14) 이러한 과정이 곧 수용자에 의한 초점화와 재구성에 해당하며, 이를 위해서는 텍스트 세계에 공감하는 특별한 활동이 뒤따라야 한다. 텍스트의 숨겨진 의미를 찾거나 작자의 심리적 의도를 탐구하는 것이 아니라, 텍스트가 드러내는 세계를 자신의 입장에서 겪어보고 체험해보는 것을 말한다. 이처럼 수용자는 관찰자의 위치가 아닌 작자와 동일한 위치에서 문제 사태에 뛰어들어 공감하는 과정을 거치게 될 때, 텍스트 세계는 경험의 대상이 될 수 있다. 이때 관심을 갖고서 뛰어드는 지점은 수용자마다 다양하기 마련이며, 그 결과 형성되는 경험의 내용 또한 제한을 둘 수 없음은 물론이다. 텍스트 세계와는 다른 차원의 경험 형성이 가능한 것은 이처럼 수용자의 개입과 참여의 결과에서 비롯된다.

(3) 보편성에 따른 인간 이해의 심화

지금 여기의 시각에 따라 텍스트 세계가 질료화되고 수용자의 의미 구성이 강조되는 경험의 경우, 인간 삶의 보편성·공통성에 기반한 공감이 경험 형성의 중요한 동인이 된다. 문학 작품이 보여주는 세계상의 다양함에도 불구하고, 이들 모두는 인간의 본질적 문제를 공통적으로 다루고 있

---

14) Louise M. Rosenblatt, *Literature as Exploration*, 김혜리 외 역, 『탐구로서의 문학』, 한국문화사, 2006, 31면.

으며 시공간의 거리와 상관없이 인간 삶과 세계의 관계에 대한 근원적인 문제를 제기한다. 아래 신흠의 시조 한 수를 살펴보자.

寒食 비온 밤의 봄 빗치 다 퍼졋다
無情혼 花柳도 째를 아라 피엿거든
엇더타 우리의 님은 가고 아니 오논고 (#17-132, 靑丘永言 珍本)

19세기 『가곡원류 (河合本)』에서 이 작품은 애정가요로 감상되고 향유되었음을 추정할 수 있다. 750번(여창 가변 93)으로 편재되어 있는데 인근의 작품들 또한 다음과 같이 남녀간의 사랑을 노래한 것으로, 여기서 이 시조가 편찬자에게 애정의 문제를 제기하는 것으로 수용되었음을 확인할 수 있다. 참고로 751번 작품은 다음과 같다.

世上에 藥도 만코 드는 칼이 있건마는
情 버힐 칼이 업고 님 니즐 藥이 업닉
두어라 닛고 버히기는 後天에나 헐는지 (751, 歌曲源流 河合本)

위의 신흠 시조(#17-750, 歌曲源流 河合本)가 편찬자에게 남녀간의 애정이라는 문제를 경험하게 만든 것도 텍스트 세계를 질료로 수용자 자신의 기존 경험, 관심이 개입하고 작용한 결과로 설명할 수 있다. 이 같은 경험 형성은 다음과 같은 읽기의 과정으로 추론할 수 있다. 먼저 초장에 제시되는 봄빛이 시적 화자가 처한 현실과 극명한 대비를 이룬다는 사실에 주목하게 된다. 자연의 순환 구조가 인간의 비가역성을 두드러지게 하는 장치가 된다는 점을 파악하는 것이다. 텍스트에 제시된 자연의 순환과 임의 부재라는 모순된 상황은 멀리 떠나간 임을 그리워하는 고독한 여인의 정서를 불러일으킨다. 여기서 수용자는 외로움, 그리움이라는 인간 본연의 감정을 깨닫게 된다. 이처럼 위 시조에 대해 적절한 시기에 적당함을 보이는 자연과 그렇지 못한 인간사 사이의 격리감과 그에 따른 인생 무상[15]과 같은 인간 존재의 본질적 문제를 제기하는 것으로 이해하는 것은, 원텍스트가 생성된 맥락과는 분명 거리가 있다. 이는 어디까지나 인간에 대한 보편적 이해로서의 성격을 지향한다.

이처럼 지금 여기의 시각에 따른 경험의 형성은 특정 시대에 있었던 역사적 사실을 인지하고 학습하는 차원에서 벗어나, 그 속에서 인간 존재의 보편적 모습을 읽어내고 자신을 되비추어 봄으로써 인간과 세계에 대한 앎의 확장으로 이루어진다. 역사적 과거를 복원하고 본래의 의미를 탐색하는 것과는 구별되는 것으로, 현재적 의미를 발견하고 재구성하는 작업에 가깝다고 할 수 있다. 경험교육이 텍스트에 대한 사실적·실체적 접근에서 벗어나 텍스트와 학습자가 만나서 의미를 재구성해내는 것, 그리고 이를 통한 주체의 변화와 성장에 초점을 맞춘다는 것을 함의한다면, 지금 여기의 시각에 따라 텍스트의 의미를 재구성하고 경험을 형성하는 것은 경험 내용의 대표적 유형이면서 이해, 분석과 구별되는 경험적 접근의 본질적인 지점을 가리키는 것이라 할 수 있다.

---

15) 김창원, 「申欽 시조의 특질과 그 의미」, 『古典文學硏究』 16, 한국고전문학회, 1999, 88면 참조. 이 연구에서는 '연군(戀君)'으로 해석하는 연구 경향에서 벗어나 풍아(風雅) 취향의 표현 형식에 주목하여 보통의 애정시로 살펴보고 있다.

4. '그때 거기'의 시각과 인식 지평의 확장

(1) 텍스트 상황의 경험 질료화

경험의 주체가 현재의 수용자이며 교육이 주체의 성장을 목표로 한다는 점은, 자칫 문학 경험의 문제를 현재성과 보편성만을 준거로 다룰 위험성을 갖는다. 지금 여기의 입장에 따라 현재적 가치와 의미만이 절대적 준거가 될 때, 고전이 갖는 당대적 의미와 가치는 사장될 수 있다. 과거의 이질성과 특수성보다는 현재적 효용과 의의에 부합하는 것만이 경험 내용으로 선택될 수 있고, 이 경우 자칫 당대적 가치에 기반한 경험의 내용은 의미있는 것으로 인식되기 어렵게 된다. 이 같은 시각을 견지할 경우 고전문학의 상대적 독자성은 약화되면서 고전문학의 몰이해를 초래할 수도 있다. 이 모두는 고전문학 교육이 그때 거기의 문학 작품을 자료로 하면서, 지금 여기의 학습자를 대상으로 하는 근원적인 구조에서 연유한다.

'고전문학'의 경험에서 '문학' 못지않게 중요하게 고려되어야 할 점은 바로 '고전'이며, 과거성에 대한 이질적 경험이다. 이 같은 점에 주목한 것이 '그때 거기'의 시각과 그에 따른 경험의 문제이다. '그때 거기'의 시각이라 함은 작품이 산출되어 나온 상황에 대한 이해를 바탕으로 작품이 놓였던 역사적 자리에서 의미있는 경험을 형성하려는 시도를 말한다. 문학 경험의 일차적 질료는 분명 텍스트가 제시하는 세계이지만, 고전의 경우 텍스트 못지않게 텍스트 상황 또한 경험의 중요한 질료가 될 수 있기 때문이다. 여기서 '텍스트 상황'이란 작품 창작을 둘러싼 모든 정보를 뜻하는 것으로, 고전시와 현대시의 생성·향유 메커니즘의 차이를 설명하기 위해 개념화된 바 있다.16) 텍스트 상황은 텍스트가 보여주지 못하는 세계

---

16) 성기옥 외, 『한국시의 미학적 패러다임과 시학적 전통』, 소명출판, 2004, 79면.

인식과 인간 이해의 국면까지도 담고 있다는 점에서, 문학 경험의 또 다른 대상이 될 수 있다.

가령, 신흠의 시조 '어젯밤 비온 後에'(#18-133, 靑丘永言 珍本)의 경우, 텍스트가 제시하는 세계만을 질료로 할 때 임을 그리는 여인의 정서를 읽어내게 되고 이를 바탕으로 이별로 인한 고독과 그리움이라는 인간 본연의 문제를 경험하게 된다. 그러나 신흠이 계축옥사(癸丑獄事)로 쫓겨나 김포에 은거하면서 노래한 것이라는 역사적 맥락이 고려될 때, 이와는 다른 차원의 경험 형성이 가능해진다. 즉 텍스트 세계의 임과 나의 관계는 임금과 신하의 관계로 옮겨지면서, 전통적인 충신연주지사(忠臣戀主之辭)에 대한 이해가 이루어지는 것이다. 이 같은 내용은 분명 텍스트 세계를 질료로 한 지금 여기의 경험과는 차이가 있다.

'山村에 눈이 오니'의 경우, 『홍비부』에서는 이를 절의시조의 시각에서 분류, 수록하고 있다(#1-62, 홍비부). 이러한 수용의 모습은 국화와 대나무를 대상으로 '오상고절(傲霜孤節)'과 '세한고절(歲寒高節)'을 노래하는 작품들이 이 작품 선후에 위치하고 있는 사실로 뒷받침된다.

> 菊花야 너는 어이 三月東風 다 보내고
> 落木寒天에 혼ᄌ 퓌엿나니
> 아마도 傲霜孤節은 너쑨인가 ᄒ노라 (61, 興比賦)

> 눈마ᄌ 휘여진 딕를 뉘러셔 굽다든고
> 굽을 節이면 눈 속에 풀을소냐
> 아마도 歲寒高節은 너 쑨인가 ᄒ노라 (63, 興比賦)

이들 작품은 수용자에게 연군과 절의의 내용을 경험하게 만든다. 그런데 61, 63의 작품과 달리 '산촌에 눈이 오니'의 경우 텍스트 세계만으로는 연군과 절의에 대한 경험을 형성하기 어렵다. 이를 위해서는 신흠이라는 실제 작가와 김포방축기라는 창작 배경에 대한 이해가 필요하다. 이처럼 텍스트와 현재에만 얽매인 경험의 폭을 의미있게 확장하기 위해서는 텍스트 상황이 경험 질료로 제공되는 교육적 설계가 요구된다.

텍스트 상황을 질료로 한 경험의 문제는 텍스트의 역사적 맥락을 바탕으로 단일한 의미를 찾아 해석하는 것과는 분명 차이가 있다. 노래가 산출된 텍스트 상황의 복원을 통해 작품을 실증적으로 구명하는 것과는 목표 지점부터 다르기 때문이다. 경험적 접근에서는 감상의 과정에서 텍스트 상황의 빈 공간을 채우는 학습자의 상상력과 사고 활동에 주안점을 두고 있다. 이것이 경험교육의 중요한 목표이면서, 한편으로 경험의 문제를 제기하는 이유가 된다.

예컨대 '어젯밤 비온 後에'의 작품에서 임금이 임으로 치환된 것이라면, 자신을 알아주고 중용했던 선조에 대한 추모시가 될 수도 있고,[17] 광해군을 대상으로 자신의 억울한 심정을 노래한 것으로도 볼 수 있다. 다음과 같은 기록은 선조에 대한 추모의 경험을 가능케 하는 텍스트 상황이 될 수 있다.

> "穆陵(穆陵-宣祖)으로부터 인정을 받아 외람되게도 분에 넘치게 영광된 자리를 차지하게 되었는데, (…중략…) 그런데 그 뒤 목릉이 승하(昇遐)하자 조정의 권력 구조가 하루아침에 뒤바뀌면서 큰 화가 갑자기 일어났는데, 나 역시 사람들과 친하게 지내지 못한 그동안의 결과로 인해 마침내는 이렇게까지 해를 당하게 되었던 것이다."[18]

---

17) 이 시조의 해석과 관련, 신흠에 대한 전기사적 연구를 바탕으로 선조에 대한 절절한 그리움을 사시가(四時歌)의 틀 속에 담은 것으로 보기도 한다. 김석회, 앞의 글 참조.

18) 申欽, 『山中獨言』, 『象村稿』 卷53 (『韓國文集刊行』 72권, 352면) "荷穆陵知遇 忝竊分外之榮 (…중략…) 及穆陵昇遐 朝貴一新 而大禍遄作 寡合之害 遂至於此"

이러한 내용은 임을 그리는 여인의 심정과는 사뭇 다른 경험을 가능하게 한다. 텍스트 상황을 질료로 한 경험 형성은 단순히 텍스트가 가질 수 있는 의미의 하나를 덧붙이는 데 그치는 것이 아니라, '현재와는 다른' 특별한 의미의 경험을 가능하게 한다는 점에 유념할 필요가 있다. 군신(君臣)의 관계와 그 의미를 생각해보는 계기가 되기도 하고, 군신의 관계가 남녀의 관계로 치환되는 표현의 전통과 관습을 체험하는 일이 될 수도 있다. 연군(戀君)이 연정(戀情)으로 표현될 수 있는 근거와 그것이 갖는 문화적 함의의 문제를 주체에게 던지는 것이다.

'山村에 눈이 오니'의 경우에도 텍스트 상황의 제공이 곧 연군과 절의라는 단일한 가치의 경험을 낳는 것은 아니다. 예컨대 "세상이 본디 나를 버리고 내가 또 세상에 지쳤기 때문이다(世固棄我而我且倦於世故矣)"라는 「방옹시여서(放翁詩餘序)」의 기록에 주목한다면, 상실과 위안의 공간으로서 자연을 경험할 수도 있다. 이는 계축옥사로 대표되는 부정적 정치 현실에 대한 문학적 대응이라는 점에서 그러하다. 이처럼 텍스트 상황을 매개로 할 경우 외부 세계와 주체 사이의 갈등, 그로 인한 내면 심정의 표출에 대한 경험이 가능해진다.

(2) 이질성에 따른 인식 지평의 확장

고전문학의 본질을 보편성과 더불어 타자의 삶과 세계관이 주는 이질성, 특수성에서 찾을 수 있다면, 경험의 문제 또한 이 같은 점이 중요하게 고려될 필요가 있다. 주체는 새로운 세계와의 만남을 통해 자신을 발전시킨다는 사실19)에 비춰본다면, 당대 텍스트 상황은 현재와는 다른 새로운

---

19) Otto Friedrich Bollllnow, *Pädagogik in anthropologischer Sicht*, 오인탁·정혜영 공역, 『교육의 인간학』, 문음사, 1990, 28면.

세계를 제공해주는 질료로서 의미를 가질 수 있다. 고전문학을 가르치고 배우는 목적이 무엇보다 현재와는 다른 낯선 타자로부터 보다 본질적인 인간 삶의 모습을 경험하고 깨닫는 데에 있다면, 현재와는 다른 이질적인 세계의 경험 또한 중요하게 다루어질 필요가 있다. 다음 시조 한 수를 살펴보자.

> ᄇᆞᄅᆞᆷ에 휘엿노라 구븐 솔 웃지 마라
> 春風에 피온 곳지 미양에 고와시랴
> 風飄飄 雪紛紛홀 제 네야 날을 부르리라 (390, 靑丘永言 珍本)

위 시조가 불러일으키는 경험의 양상은 다양할 수 있다. 텍스트 세계를 기반으로 지금 여기의 시각에서 접근하면, 소나무와 꽃의 대비라는 텍스트 내적 질서에 주목하여 현실을 풍자하고 비판하는 내용을 경험할 수 있다. 그런데 가집 중에서 『청구영언 (吳氏本)』, 『고금가곡집 (南滄本)』, 『근화악부』 등은 시조별로 주제어를 병기하고 있는데, 이 시조에 각각 '松', '慨世', '戀君'이라는 주제어를 덧붙이고 있다. 이것은 이 시조가 형성하는 다양한 경험역을 확인시켜 준다. 바람에 굽은 소나무에 주목한 것이 '松'이라면, 자연의 질서에 반하는 인간의 덧없는 욕심을 탓한 것이 '慨世'라 할 수 있다. 특히 주목해야 할 것은 버림받은 신하의 입장에서 의미가 구성된 '戀君'의 내용이다. 이는 분명 지금 여기의 시각과는 거리가 있는 것으로, 텍스트만을 질료로 할 때는 경험하기 힘든 내용이다.

고전문학의 교육적 가치가 여기에 있다. 바람에 휘어진 소나무를 통해서 군신의 관계와 연군의 정서를 경험하는 것은 현재 학습 독자의 지평을 넘어서는 일이 될 수 있다. 이 같은 경험은 소나무와 연군이라는 문제 사태를 통해서 이해 지평의 확장을 가져오게 한다. 특별한 과거의 경험을 공유함으로써 현재와는 다른 차원의 경험이 가능해지는 것이다. 문학이 이전에 전혀 예상치 못했던 어떤 것을 어떻게 하면 생각할 수 있는지를 보여주면서 무심하게 세계를 바라보던 그런 범주들에 관심을 갖게 만드는 것[20]이라고 한다면, 고전문학의 이질적인 경험은 현재에 매몰된 습관적인 사유 방식을 반성하게 만들고 이에 대한 성찰과 변화를 가져오는 동인이 될 수 있다. 이것은 곧 주체의 성장으로 이어진다.

이처럼 고전문학과 역사적 맥락이 갖는 이질성과 특수성의 경험은 학습자의 성장을 가져오는 의미있는 타자로 작용한다는 데 주목할 필요가 있다. 이때의 타자는 단순히 나와는 다른 이질적인 존재를 넘어서서, 자신의 인식 한계를 뛰어 넘어 새로운 지평을 열어주는 가능성으로서 의미를 갖는다. 고전문학의 교육적 자질이 타자성에 있다는 사실에서 '지금 여기'에 못지않게 '그때 거기'의 경험이 중요한 과제가 된다는 점을 재차 확인하게 된다. 따라서 고전문학의 경험은 지금 여기의 학습자가 발견하지 못하고 겪어보지 못한 인식의 세계까지 포괄하는 것이라 할 수 있다. 물론 교육적 기획과 설계가 마련되지 않은 채 산발적으로 제시되는 이질적인 텍스트 상황은 주체의 바깥에서 '부딪히는' 일회적인 낯선 정보에 지나지 않는다. 교육적 의의와 가치에 대한 탐색과 이에 기반한 교육적 설계가 뒤따를 때, 이질성과 특수성은 주체를 변화시키고 이해 지평의 확장을 가져오는 자질이 될 수 있다.

이상과 같이 고전문학의 경험은 지금 여기의 시각과 그때 거기의 시각을 모두 포괄하며, 이들의 긴장과 길항 속에서 인간과 세계에 대한 폭넓은 통찰을 가져온다는 특징을 갖는다. 이러한 두 경험이 바로 고전문학의 교육적 가치에 해당하는 것으로, 보편성과 특수성에 대한 이해를 바탕으

---

20) Jonathan D. Culler, *Literary Theory*, 이은경 외 역, 『문학이론』, 동문선, 1999, 99면.

로 통시적·공시적 앎을 확장하는 것, 여기서 고전문학교육의 의의를 찾을 수 있다.

5. 고전문학 경험의 실체에 대한 해명

문학은 수용자에 의해 의미가 구성되고 재창조된다는 사실에서 보듯, 수용자에 따른 다양한 경험의 형성은 문학의 본질이며 문학 감상의 필연적 결과이다. 그러나 교육은 임의적이고 자의적 행위가 아니라 계획적이고 의도적인 기획이라는 점에서 학습자가 형성하는 경험의 영역을 무한히 개방하고 허용할 수는 없다. 교육의 국면에서 경험은 어디까지나 교육적 기획과 처방 속에서 의미가 재구성되어 학습자를 변화, 성장시킬 때 가치를 가질 수 있다. 따라서 교육적 경험의 내용은 교육적 이념의 지향, 즉 사회가 추구하는 가치에 부합해야 하고 삶과 세계에 대한 의미있는 성찰을 가져오는 조건을 충족해야 한다. 이를 위해서는 경험에 대한 일정한 규제가 불가피하다. 이때 요구되는 것은 경험의 규제를 위한 준거를 설정하는 일이 될 것이며, 보다 구체적으로는 텍스트를 통해 형성되어야 할 의미있는 교육적 경험역을 밝히는 일이라 할 수 있다.

교육적 경험이 학습자의 성장에 이바지하는 경험이라는 규정에서, 학습 독자가 형성하는 경험을 판정하고 평가하는 중요한 준거를 마련할 수 있다. 텍스트 세계나 텍스트 상황을 대상으로 학습 독자가 형성하는 경험은 자신의 삶과 조응하는 과정 속에서 내부 '변화'를 이끌어내는 것이어야 한다. 텍스트 세계, 텍스트 상황과 자기 자신의 조응은 뒤얽히고 충돌하는 가치의 조정과 평가의 과정을 거치게 되는데, 이때 자기 발견과 자기 수정이 이루어질 수 있다. 이것이 보편성에 따른 인간 이해의 심화와 이질성에 따른 인식 지평의 확장에 해당한다. 고전문학의 경험은 현재의 것에 비해 분명 낯설고 때로는 맞지 않아 보이기도 하지만, 자기 발견과 자기 수정을 위한 경험의 효과적 질료가 된다는 점은 고전문학 경험의 의의를 확인시켜 주는 지점이다. '교육'에서 '고전문학'을 '경험'해야 하는 까닭이 여기에 있다.

앞의 글에서 고전문학 텍스트의 경험적 자질을 탐색하였다면, 이 글에서는 구체적으로 경험되는 내용을 살펴보고자 하였다. 이를 위해 신흠의 시조라는 구체적인 텍스트를 대상으로 고전문학 경험의 실체를 구명하려 하였다. 신흠의 시조가 보이는 수용의 다양성이 텍스트가 형성하는 경험역의 구체적인 사례가 될 수 있다는 데 주목한 결과이다. 신흠의 시조는 역사적으로 감상되고 경험된 다양한 양상을 보여주기에, 지금 여기의 시각과 그때 거기의 시각으로 경험의 관점을 유형화하는 데 효과적인 자료가 될 수 있었다. 지금 여기와 그때 거기의 두 시각은 고전문학 경험의 주요 특질을 이끌어내는 방법론이 되었으며, 여기서 현대문학과 구별되는 고전문학 경험의 특질은 물론, 교육적 경험으로서의 가치 또한 찾을 수 있었다.

● 출처 : 「신흠의 시조와 경험교육 연구」
(『문학교육학』 25, 한국문학교육학회, 2008)

📖 더 찾아읽기

▶ 신흠 및 작품론

고정희, 「申欽 시조의 사상적 기반에 관한 연구」, 『고전문학과 교육』 1, 청관고전문학회, 1999.

김석회, 「상촌 시조 30수의 짜임에 관한 고찰」, 『고전문학연구』 19, 한국고전문학회, 2001.

김석회, 「상촌 신흠 시조 연구」, 『국어교육』 109, 한국어교육학회, 2002.

김창원, 「신흠 시조의 특질과 그 의미」, 『고전문학연구』 16, 한국고전문학회, 1999.

박상영, 「신흠 시조의 이중 구조와 그 의미 지향」, 『한국시가연구』 22, 한국시가학회, 2002.

박을수, 『한국시조대사전』, 아세아문화사, 1992.

▶ 고전 & 경험

Dilthey Wilhelm, *Poetry and Experience*, 김병욱 외 역, 『딜타이 시학 : 문학과 체험』, 예림기획, 1998.

Dilthey Wilhelm, *Der Aufbau der geschichtlichen Welt in den Geisteswissenschaften*, 이한우 역, 『체험 표현 이해』, 책세상, 2002.

Gadamer Hans-Georg, *Wahrheit und Methode*, 임홍배 역, 『진리와 방법 2 : 철학적 해석학의 기본 특징들』, 문학동네, 2012.

Rosenblatt Louise M., *Literature as Exploration*, 김혜리 외 역, 『탐구로서의 문학』, 한국문화사, 2006.

Rosenblatt Louise M., *The Reader, the Text, the Poem*, 김혜리 외 역, 『독자 텍스트 시』, 한국문화사, 2008.

Warnke Georgia, *Gadamer : Hermeneutics, Tradition and Reason*, 이한우 역, 『가다머 : 해석학, 전통 그리고 이성』, 민음사, 1999.

Van Manen Max, *Researching lived Experience*, 신경림 외 역, 『체험 연구 : 해석학적 현상학의 인간과학 연구방법론』, 동녘, 1994.

제5장 고전문학과 경험적 접근, 그리고 의미의 문제
—고전문학 텍스트의 의미는 어디에 있는가?

고전문학교육에서 의미의 문제란,

고전문학 연구는 텍스트 확정과 의미 재구가 중요한 과제인 만큼,

교육의 국면에서도 작자, 사회문화적 배경에 따라 정해진 의미의 전달에 초점이 맞춰진다.

그런 만큼 작자에서 수용자로 관심을 전환하는 일은

문학교육의 당연한 명제임에도 불구하고 생각만큼 쉽지 않다.

여기서 수용자의 경험은 텍스트의 의미를 새롭게 생각하는 계기를 마련해준다.

작자나 사회문화적 배경의 뒤를 쫓아가기보다는,

기존 경험과의 조회 속에서 수용자가 그 의미를 재구성하는 일로 대표된다.

'경험', '대화', '수용자'는 이러한 일을 나타내고 구별짓는 중요한 키워드가 된다.

다음 글은 이러한 배경 속에서 고전문학교육의 관점 전환을 가져오려는 의도로 기획되었다.

'엇디ᄒ리'에 주목하게 된 까닭도,

이러한 의도를 구현하는 데 효과적인 자료가 된다는 판단에 있다.

그러다보니 '엇디ᄒ리'의 의미 양상에 대해 힘들게 탐색한 결과를 스스로 전복시키고는

의미망을 무한히 확장시켜 버리기도 한다.

궁극적으로 의미는 텍스트가 아닌 수용자에게 있음을

효과적으로 드러내려 한 의도로 읽어주길 바란다.

섣부른 주장, 단정적인 언술은 지금도 눈에 거슬리지만

이 글이 아니라면 이러한 주장과 진술을 드러낼 용기를 다시 얻기 힘들터,

관점을 세우고 주장을 명료히 한다는 변명을 내세워 수정의 폭을 최소화하였다.

지금으로부터 약 10년 전, 고전문학교육론을 시작하는 한 연구자의

충만한 의욕과 용기가 곳곳에 가득 담겨 있다.

1. 고전문학과 경험의 어색한 만남

고전문학 연구는 텍스트 확정과 의미의 해독에서 시작된다. 특히 구비 전승이 강한 고전시가의 경우 어구의 정확한 의미 확정은 작품 구조, 작자 문제, 나아가 문학사적 영향 관계 등에 이르는 일련의 작업을 위해 반드시 선행되어야 할 과제이다. 그러나 이 글에서는 문학 텍스트의 의미가 텍스트와 수용자의 상호작용 속에서 그것이 담고 있는 내용 그 이상으로 '경험'된다는 점에 주목하려 한다. 경험의 시각에서 본다면, 텍스트는 의미의 잠재적 가능성을 담보한 것이며, 그 발현은 어디까지나 수용자에 의해 이루어진다. 수용자는 텍스트가 말하지 않는 의미까지도 구성해낼 뿐만 아니라, 심지어 왜곡하기까지 한다. 동일한 텍스트를 두고서도 읽을 때마다 서로 다른 의미를 경험하게 된다는 일상의 사례가 이를 뒷받침한다.

수용자에 대한 이러한 관심과 강조는 단순히 텍스트와 수용자의 관계에 주목한 수용미학, 독자반응비평의 시각을 불러오는 것으로 생각하기 쉽다. 그러나 수용자의 의미 구성과 경험에 주목하는 것은, 문학교육에서 학습자가 단순한 피교육자가 아니라 텍스트를 주체적으로 감상하는 적극적인 주체라는 사실을 일깨우기 위함이다. 특히 현재와의 시간적 거리로 의해 텍스트 확정이라는 문제가 제기될 수밖에 없는 고전문학의 특성은, 상대적으로 텍스트와 수용자의 관계에 대한 연구를 소홀하게 한 원인으로 작용하기도 했다. 그러나 문학에서 수용자는 구성 요소의 한 축을 이루며, 특히 문학교육에서는 교육의 가장 중요한 주체이면서 변화시키고자 하는 대상으로서의 의미를 갖는다. 따라서 수용자에 의한 의미의 구성과 경험은 문학교육이 주목해야 할 지점이며, 여기서 문학교육의 한 가능태를 살필 수 있으리라 기대할 수 있다.

고전문학과 관련하여 특히 주목하려는 것은 문학이 수용자와의 대면을 통해 다시 살아나는 존재라는 점, 따라서 고전문학이 문학일 수 있고, 또 고전일 수 있는 까닭도 결국 수용자와의 대면에 의하여 결정[1]된다는 점이다. 이 글의 문제의식은 바로 여기에 있다. 고전문학교육이라는 현상은 존재하되 고전문학교육론이 부재한 현실에서, 수용자의 의미 경험을 중심으로 고전문학교육의 가능성과 그 지향점을 탐색, 제안하는 데 목적이 있다. 이를 위해서는 무엇보다도 텍스트의 의미가 수용자에 따라 달리 경험될 수 있다는 점을 전제로 할 필요가 있다. 당대 문학사적 의미망의 토대 속에서 텍스트의 의미를 확정하는 문학 연구와 변별되는 지점으로, 여기서 문학교육론이 출발할 수 있다.

'엇디ᄒ리'라는 표현은 이러한 목적을 위해 선택된 자료이다. 자료로서의 적합성은 이후에 밝히기로 하고, 다만 여기서는 고전문학교육의 가치와 방향 탐색을 위한 하나의 단서로서 선택했다는 점을 밝힌다.

2. '엇디ᄒ리' 표현의 편재(遍在)와 의미의 자장

(1) '엇디ᄒ리' 표현의 의미 양상

'엇디ᄒ리'란 대체로 세계에 대한 자아의 태도 표명이 요구되는 지점에서, 관습적으로 등장하는 고전시가의 종결 표현이다. 자아를 둘러싼 세계(상황)가 제시되고 이러한 세계에 대한 자신의 태도를 드러낼 때, '이것이다'라고 단정하지 않고 '어찌 할 것인가?' 하는 식으로 물음으로써, 행위

---

1) 정병헌, 『한국고전문학의 교육적 성찰』, 숙명여대 출판국, 2003, 16면.

의 책임과 판단을 이양하고 유보하는 것을 말한다. 따라서 '엇디ᄒ리'는 자아를 둘러싼 세계(상황)에 대한 태도와 정서가 요구되는 부분, 대체로 작품 종결부에서 서정성을 집약적으로 표출하는 기능을 갖는다. 표현의 형태에는 약간의 편차가 존재하여 '何如爲理古'(엇디ᄒ릿고)<處容歌>, '當奈公何'(어찌할꼬)<公無渡河歌>, '엇디ᄒ리잇고', '엇디호리라'<靑山別曲>, '엇디ᄒ리'<思美人曲>, '景 긔 엇더ᄒ니잇고'<翰林別曲>, '엇지ᄒ리'<賞春曲>, '어이(ᄒ)리'(시조) 등으로 구현2)되며, 이들을 묶어 '엇디ᄒ리' 표현으로 명명하기로 한다. '엇디ᄒ리' 표현은 언표상의 유사성만으로 유형화한 것으로, 각각이 내포하는 의미와 기능에는 차이가 있다.

문법적으로 '어떠하-'와 '어찌하-'는 구분되는 것으로, 동사의 의미범주인 동작성 여부에 따라 다르게 선택된다는 점에서 통사·의미론적 기능에 차이가 있다. 그러나 "중세어의 경우 '엇더ᄒ-', '엇데ᄒ-', '엇디하-' 등으로 요약될 수 있는 거의 유사한 형태들이 오늘날의 '어떠하-'와 '어찌하-'의 두 영역을 오가며 혼동되고 있다"3)고 보는 것이 어학 연구의 입장이다. 따라서 이 글에서는 '엇디ᄒ리'로 총칭되는 표현의 의미가 상황과 문맥, 그리고 수용자에 따라 전혀 다른 의미를 지향한다고 보고, 그 의미를 탐색하기로 한다.

먼저, 텍스트에 기반하여 그 의미를 확정하고자 한다면, 다음과 같은 논의가 가능하다.

---

2) 정병욱은 <公無渡河歌>의 '當奈公何'가 감탄과 애상과 諦觀과 회의가 한데 엉긴 것으로, <處容歌>, <靑山別曲>, 시조 종장의 '어떠리'를 거쳐 일련의 전통적 표현 양식의 하나로 관습화되었다고 설명한 바 있다. 정병욱, 「韓國詩歌文學史」, 『韓國文化史大系』 Ⅴ, 고려대 민족문화연구소, 1967, 785면.

3) 김광해, 『어휘연구의 실제와 응용』, 집문당, 1995, 162면. 고대에서 개화기의 국어 문헌에 이르기까지 '어찌하-'와 '어떠하-'의 쓰임과 용례를 분석한 것으로는 김충효, 『국어의 의문사와 부정사 연구』, 박이정, 2000을 참조할 수 있다. 여기서는 동작성 여부에 따라 두 경우를 구분하여 살펴보고 있다.

① 현실적 대책의 부재에 따른 체념과 비애의 표현

'엇디ᄒ리'는 현실 상황에 대한 체념의 태도가 비애와 결합하여 등장하는 게 일반적이다. 자신이 처한 부정적 상황을 극복하기 위한 어떠한 현실적 대안도 마련할 수 없기에, 시적 화자는 현실 앞에 무기력할 수밖에 없으며 그가 할 수 있는 일이라곤 체념하고 현실을 받아들이는 일뿐이다.

> 이링공뎌링공공ᄒ야나즈란디내와손뎌
> 오리도가리도업슨바므란쏘**엇디호리라** (이하 밑줄 및 강조는 연구자)
> ―〈靑山別曲〉

절대적 고독이라는 현실 상황에서 할 수 있는 일이라곤 아무 것도 없다는 인식이 절망과 비애의 정서를 낳는다. 이처럼 '엇디ᄒ리'는 세계에 대한 나의 일방적 패배가 전제된 상황에서 비애의 정서가 체념의 태도와 결합되어 빈번하게 등장한다. 세계에 대한 자아의 일방적 패배가 전제된 상황, 현실적인 해결책의 부재로 철저하게 무기력할 수밖에 없는 처지, 이러한 상황에서 행위 주체의 판단과 책임을 유보하고 이양하는 것, 이 세 가지의 조건이 주어질 때 '엇디ᄒ리'의 표현은 비애와 체념이 결합된 정서를 드러내는 관습적 장치로 활용된다.

> 가다니빈브른도긔설진강수를비조라
> 조롱곳누로기미와잡ᄉ와니내**엇디ᄒ리잇고**
> ―〈靑山別曲〉

이럴 수도 저럴 수도 없는 상황에서의 괴로움을 술로 달랠 수밖에 없다는 인식에서 체념과 비애가 강하게 묻어난다. 여기서의 '엇디ᄒ리잇고' 역시 체념과 비애의 의미를 담고 있는 대표적인 경우라 할 수 있다.

② 차별화에 따른 자부심과 우월감의 표현

앞서 살펴본 바와 같이, '엇디흐리'가 세계에 대한 좌절이나 패배로 인한 비애의 정서와 체념의 태도만을 함의하는 것은 아니다. 이와 달리 우호적인 세계 속에서의 긍정적인 정서와 태도를 드러내기 위해 사용되기도 한다.

> 아모타 百年行樂이 이만훈돌 **엇지흐리**
>
> ─ 〈賞春曲〉

부귀와 공명으로부터 자유로워진 화자가 안빈낙도의 삶에 대한 자부심과 우월감을 드러내고 있다. 표면적으로는 상대방에게 답을 구하는 의문의 형식을 취하고 있으나, 물음 속에 이미 정해진 답이 전제되어 있다. 즉 자신의 삶의 태도가 우월하고 바람직하다는 가치 판단 속에서 차별화하고 과시하려는 심리가 '엇디흐리'라는 표현을 만들어 낸 것으로 해석할 수 있다. 단순히 자신의 삶을 그려내기보다는, 홍진(紅塵)에 묻혀 사는 사람들을 겨냥하여 그에 대한 심리적 우월감을 드러내려 한 것이다. 이처럼 단지 자신의 삶에 대한 태도를 보이는 데 만족하는 것이 아니라 인정받기를 원하는 심리가 '엇디흐리'라는 표현에 투영되어 있다.

> 元淳文 仁老詩 公老四六
> 李正言 陳翰林 雙韻走筆
> 冲基對策 光鈞經義 良鏡詩賦
> 위 試場ㅅ 景 긔 **엇더흐니잇고**
> 葉 琴學士의 玉笋門生 琴學士의 玉笋門生
> 위 날조차 몃 부니잇고
>
> ─ 〈翰林別曲〉

<한림별곡>의 '景 긔 엇더ᄒᆞ니잇고' 또한 득의만면한 과시의 표현이라는 점에서 체념이나 비애의 정서와는 거리가 멀다. 신진 사류의 구성원으로서의 자부심은 그렇지 못한 존재들과 자신을 구별짓고, 자부심과 기개를 마음껏 드러내고 있는 것이다. 특히 '위 날조차 몃 부니잇고'와의 결합은 상대방과의 차별화와 그에 따른 자부심을 더욱 강화하는 기능을 한다.

③ 행위 합리화를 위한 설의적 표현

앞서 살펴본 것들과는 달리 시조에서 '엇디ᄒᆞ리'는 대체로 일정한 형태로 고정되어 관습적으로 등장하는 모습을 보인다. 초·중장에서 특정한 행위를 유발하게 만드는 외적인 상황이 나열·제시되고, 종장에 이르러 이러한 세계와 상황이 요구하는 것('먹다', '놀다', '녜다', 'ᄭᅵ다')을 '아니-고 어이(ᄒᆞ)리' 하여 그 행위를 합리화하는 표현으로 널리 사용되고 있다. 이는 주체의 행위 결정과 판단을 잠시 유보하고, 그것을 상대방에게 이양함으로써 상대방의 공감을 이끌어내어 합리화하려는 의도에 따른 것이다. 다음 시조를 보자.

> 대쵸 볼 불근 골에 밤은 어이 뜻드르며
> 벼 뷘 그르헤 게는 어이 ᄂᆞ리는고
> 술 닉쟈 체 쟝ᄉᆞ 도라가니 아니 먹고 **어이리**

술을 마실 수밖에 없는 상황을 나열하면서, 결국 술 마시는 행위가 주체의 의지와 결정이 아닌, 외적 세계에 의한 것임을 강조한다. 그러나 실제로는 술을 마시고 싶은 욕망이 선행하고, 이것을 외적 세계의 탓으로 돌리고자 그 상황을 인위적으로 조작하여 제시한 것으로 볼 수 있다. 초·중장에서는 시적 화자가 등장하지 않고 대상(세계)을 언급하면서 전개

해나가다가, 종장에 이르러서야 비로소 자신의 욕망을 '아니 먹고 어이ᄒ
리'라고 제시하면서 끝을 맺는다. 이는 술을 먹는다는 행위에 대한 결정
과 판단을 단정적으로 제시하지 않고 잠시 유보하여 상대방에게 넘김으
로써 스스로 판단하게 만드는 것이다. 이로써 자신의 풍류와 홍취에 대한
상대방의 동의를 유도하고 공감을 도출해낸다. 다음 시조들 또한 이와 다
르지 않다.

> 술 먹고 노는 일은 나도 ᄡᅵᆫ 줄 알건마는
> 信陵君 무덤 우희 밧 ᄀᆞ는 줄 못 보신가
> 百年이 亦草草ᄒ니 아니 놀고 **어이ᄒ리**
>
> 長生術 거즛말이 不死藥을 긔 뉘 본고
> 秦皇塚 漢武陵도 暮煙 秋草 ᄲᅵᆫ이로다
> 人生이 一場春夢이니 아니 놀고 **어이리**
>
> 古人도 날 못 보고 나도 古人 못 뵈오니
> 古人을 못 뵈와도 녜던 길 압희 잇ᄂᆡ
> 녜던 길 압희 잇거든 아니 녜고 **어이ᄒ리**
>
> 가로 지나 셰 지나ᄃ 中에 죽은 後면 뉘 알넌가
> 죽은 무덤 우희 밧츨 갈찌 논을 풀찌
> 酒不到 劉伶墳上土ㅣ니 아니 놀고 **어이리**
>
> 三萬 六千日을 每樣만 넉이지 마소
> 夢裏 靑春이 어슨듯 지나ᄂ니
> 이 됴흔 太平烟月인 제 아니 놀고 **어이리**
>
> 空手來 空手去ᄒ니 世上事ㅣ 如浮雲을

成墳人盡歸면 月黃昏이요 山寂寂이로다
져마다 이러헐 人生이 아니 놀고 **어이리**

술이 몃 ㄱ지오 濁酒와 淸酒ㅣ로다
먹고 醉헐쎈졍 淸濁이 關係ㅎ랴
月明코 風淸헌 밤이여니 아니 씬들 **엇더리**

희여 검울디라도 희는 덧시 셜우려든
희여 못 검는 쥴 긔 아니 셜울소냐
희여셔 못 검울 人生이 아니 놀고 **어이리**

壽夭 長短 뉘 아던가 듁은 後면 거줏 거시
天皇氏 一萬 八千歲라도 듁어진 後면 거줏 거시
世上에 이러훈 人生이 아니 놀고 **어이리**

　화자가 스스로 그러하다고 이미 판단 내린 내용에 대해 단언하는 형식을 취하지 않고 청자에게 질문하는 형식으로 표현하는 공통된 모습을 보이고 있다. 이는 자신의 태도를 직접 표명하는 것이 아니라 상대방을 염두에 두고 자신의 행위에 대한 판단을 넘김으로써, '네가 생각해도 그러하지 않느냐'하고 동의를 구하는 것이다.[4] 일차적으로는 청자의 주의를 끌어들이고 판단을 촉구하면서, 동시에 청자의 동의를 얻어 자신이 하고

---

[4] '결정 이양 원리'는 이러한 표현 전략과 효과에 대한 설명을 제공해준다. 결정 이양 원리는 판단이나 결정의 최종적인 권한을 화자가 청자에게 넘겨주는 원리를 말한다. 화자가 자기 나름으로 판단한 내용에 대해 결정을 지은 채로 제시하지 않고, 최종적인 판단 혹은 결정을 청자 스스로 내리게 하는 것으로 실현된다. 이성영, 「국어 표현 방식 연구」, 『선청어문』 27, 서울대 국어교육과, 1999, 821~822면. 시조에서 등장하는 '이시랴', '어떠리', '-하리' 등의 상투적 표현이 청자지향적 표현 중에서 특히 '일체감을 지향하여 질문던지기'로 보고, 그 의미를 살핀 연구도 참조할 수 있다. 조하연, 「시조에 나타난 청자지향적 표현의 문화적 의미 연구」, 서울대 석사학위논문, 2000 참조.

자 하는 행위를 보다 합리화하는 표현 전략인 것이다.

(2) '엇디ᄒ리' 의미망의 확장

'엇디ᄒ리'는 체념과 비애의 정서를 드러내기도 하고, 자부심과 우월감을 표현하기도 한다. 또한 행위의 합리화를 위해 상대방의 동의를 유도하는 것으로도 사용된다. 그러나 이것만으로 '엇디ᄒ리'의 의미 폭이 완전히 확정되는 것은 아니다. <處容歌>에 이르면, '엇디ᄒ리'의 의미망은 무한히 확장된다. 향가 <處容歌> 7-8구의 해석에 대해 여러 이견이 존재하는데, 그 이견의 중심에 '엇디ᄒ릿고'가 놓여 있다.[5]

시볼 불긔 ᄃ래	東京明期月良
밤 드리 노니다가	夜入伊遊行如何
드러ᅀᅡ 자리 보곤	入良沙寢矣見昆
가ᄅ리 네히어라	脚烏伊四是良羅
둘흔 내해엇고	二肹隱吾下於叱古
둘흔 뉘해언고	二肹隱誰支下焉古
본ᄃᆞ 내해다마론	本矣吾下是如馬於隱
아ᅀᅡ놀 **엇디ᄒ릿고**	奪叱良乙何如爲理古

양주동의 『고가 연구』 이후 대부분의 해석은 '빼앗긴 것을 어찌하리오'라는 현실적 체념·상심의 차원에서 접근하고 있다. 그런데 이를 의문으로 보아 '빼앗음을 어찌 하릿고'라 하여 진노의 표백으로 제기한 견해에 이어, '빼앗은들 어떠하리오', '빼앗긴 것을 어찌 할 것인가', '빼앗음을

---

5) <처용가> 제8구 해석을 둘러싼 여러 논의는 김진영, 「처용의 정체」, 장덕순 외, 『한국문학사의 쟁점』, 1986, 최재남, 「처용가의 성격」, 백영정병욱선생10주기추모논문집간행위원회, 『한국고전시가작품론』 1, 집문당, 1992에 정리된 것을 참조할 수 있다.

어떻게 하여야 할 것인가', '앗긴 것을 어떻게 하겠는가', '어찌 (감히) 빼앗음을 하릿고' 등 다양한 해석도 제시되고 있다. 이러한 차이는 아내가 이미 다른 사람의 여인이 되어버린 상황에서 처용의 태도를 어떻게 보느냐의 문제로 모아진다. 무능에 따른 현실의 수용과 체념에서 적극적인 항거와 위협·질책, 나아가 자신의 아내까지도 바치는 관용에 이르기까지, 세계와의 관계에서 일방적인 패배에도 불구하고 그 심층의 의미역은 하나로 고정·확정되지 않고 무한히 개방된다. 이를 <陋巷詞> 한 부분과 비교하여 살펴보자.

> 이시면 粥이요 업시면 굴물망정 남의집 남의거슨 전혀부터 말렸노라 닉 貧賤 슬희너겨 손을혜다 믈너가며 눔의富貴 불리너겨 손을치다 나아오랴 인간 어닉일이 命밧긔 삼겨시리 가난타 이제 죽으며 가으며다 百年살냐 原憲이눈 몃날살고 石崇이눈 몃힉산고 貧而無怨을 어렵다 흐건마눈 **닉生 涯 이러흐디 설온뜻은 업노왜라**
>
> ― <陋巷詞>

시적 화자를 둘러싼 세계가 결코 우호적이지 않으며, 제시된 외적 상황은 한없이 어렵기만 하다. 그런데 이러한 외적 현실에 대한 태도가 요구되는 지점에서 시적 화자는 '닉生涯 이러흐디 설온 뜻은 업노왜라'라는 단정적인 입장과 의지를 표명한다. '簞食瓢飮을 이도됸히 너기로다 평생 혼뜻이 溫飽애눈 업노왜라'는 이에 대한 설명을 부연하고 있어, 그 의미를 더욱 고정시킨다. 이처럼 <陋巷詞>에서 시적 화자는 상황에 대한 수동적, 체념적 인식에서 벗어나 주체로서 결정하고 선택하는 태도를 분명하게 드러낸다. 그 의미는 '빈이무원(貧而無怨)'을 추구하는 삶이라는 문제로 비교적 선명하게 파악될 수 있다.

이와 비교할 때 '엇디흐리'의 경우는 결정을 미뤄두고 비워둠으로써 그

것이 내포하는 의미가 무한히 확장될 수 있으며, 특정한 하나의 의미로 규정하기 어려운 경우마저 낳고 있음을 확인케 된다. 이어 상술하겠지만, 이 지점이야말로 경험의 관점을 요청하면서 문학교육의 가능성을 찾을 수 있는 표지가 된다.

3. 텍스트 의미에 대한 경험적 접근

(1) '엇디ᄒ리'에 대한 시각의 전환

'엇디ᄒ리'의 표현 구조와 의미역은 다음과 같이 정리될 수 있다. 우선, '엇디ᄒ리'라는 표현은 체념과 비애, 자부심과 우월감, 그리고 행위의 합리화 등으로 의미화 할 수 있다. 그러나 이는 텍스트 자체에서 드러나는 표면적인 의미만을 탐구한 결과에 그친다. <處容歌>에서 보듯, '엇디ᄒ리' 표현이 내포하는 의미는 이러한 것 중의 하나에 대응되어, 선택·고정되는 것은 아니다. 표현의 의미는 수용자와의 상호작용 속에서 결정되는 까닭에 그것이 함의하는 바는 수용자에 따라 얼마든지 다양할 수 있다. 특히 '엇디ᄒ리'에서 이러한 의미의 다양성이 두드러지는 것은 다음과 같은 두 가지 이유에서이다.

먼저, '엇디ᄒ리'는 최종적인 판단의 유보와 결정의 이양을 담고 있는 언표이다. 이러한 '결정의 이양 곧 넘겨주기는 남겨 두기',[6] 다시 말해 미확정성을 통해 실현된다. 모든 내용을 확정하여 선명하게 드러내는 것이 아니라 구체적인 판단과 결정을 감춰두고 남겨둠으로써, 상대방으로 하여금 그 의미를 채워 넣게 만드는 역할을 한다. 세계에 대한 시적 화자의

---

6) 이성영, 앞의 글, 822면.

태도가 바로 이것이다라고 분명하게 단정하지 않고, '어떻게 하겠는가'라는 물음을 통해 결정되지 않은 채 남겨둠으로써, 그 의미는 텍스트에 의해 전적으로 결정·확정되지 않고 무한히 개방된다.

둘째, '엇디ᄒᆞ리'라는 자조적 물음은 곧바로 수용자들에게 '너라면 어떻게 하겠는가'라는 문제를 제기한다. 이는 의미를 지연·유보함과 동시에, 작품 외부에 존재하는 수용자를 텍스트 공간 속으로 불러들임으로써 그 결정과 판단에 수용자를 참여시키는 것을 말한다. '엇디ᄒᆞ리'라는 불러들임에 의해, 수용자는 더 이상 텍스트 외부에서 관망하는 존재가 아니라, 시적 화자와 마찬가지로 동일한 시적 상황에 함께 놓이게 된다. 이처럼, '엇디ᄒᆞ리'라는 표현 자체가 외부의 수용자를 텍스트 세계로 끌어들이는 구조를 갖고 있다.

<公無渡河歌>에 등장하는 '當奈公何'의 의미는 이를 보여주는 대표적인 사례에 해당한다.[7] 작품 전체는 외적 상황의 제시와 그에 대한 서정적 자아의 감정 표출이라는 이원적인 구조로 이루어져 있다.

公無渡河	임이여, 물을 건너지 마오
公竟渡河	임은 그예 물을 건너시네
墮河而死	물에 휩쓸려 돌아가시니
當奈公何	가신 임을 **어이할꼬**

　　　　　　　　　　　　　　　　　　　　　— <公無渡河歌>

건너지마라[無渡]는 나의 바람·욕망이 제시되지만(1행), 이러한 바람에 역행하여 기어코 건너는[竟渡] 임의 행위로 인해(2행), 휩쓸려 죽게 되는[墮死] 과정과 결과(3행)가 객관적으로 서술되고 있다. 드디어 '가신 임을 어

---

7) <公無渡河歌>의 해석과 의미에 대해서는 김성기, 「公無渡河歌의 해석」, 장덕순 외, 앞의 책을 참조

이할꼬'[當奈公何](4행)에 이르러서야, 이러한 외적 상황에 대한 시적 화자의 감정이 분출되면서 그 서정성이 집약적으로 드러나게 된다. 임의 죽음이라는 상황에서 탄식과 원망의 애절한 울부짖음을 보여준다.

그러나 탄식과 원망은 어디까지나 텍스트 표면적인 의미로, 그것만으로 '當奈公何'가 담고 있는 정서의 폭을 규정·한정할 수 없다. '當奈公何'가 갖는 정서의 자장은 슬픔에서 원망, 체념, 나아가 초극에까지 이를 수 있다. 시적 화자의 '어이할꼬'라는 자조적 탄식은 수용자로 하여금 너라면 어떻겠는가라는 물음을 제기한다. 여기서, 수용자가 임의 죽음이라는 상황에다 초점을 맞출 경우 무엇보다도 슬픔의 정서를 강하게 내뱉게 되지만, 물을 건너지 마라는 나의 바람에 역행하면서까지 자신을 남겨두고 먼저 죽은 임의 행위에 대해 주목한다면 원망의 정서도 담아낼 수 있다. 또한 죽음의 의미에 대한 소극적·수동적 인식에 머무른다면 주어진 상황의 수용이라는 체념의 정서를 불러오지만, 배경설화와의 관련 속에서 해명하고자 한다면 사랑과 죽음의 결합을 통한 초극의 정서 또한 충분히 읽어낼 수 있다.

고전문학에서 경험적 접근의 가능성을 논의하기 위한 자료로 '엇디ᄒ리'가 선택된 이유가 바로 여기에 있다. '엇디ᄒ리'가 지닌 의미역은 개인에 따라 상황에 따라 다르게 다가오기 마련이며, 이는 결코 동일한 의미로 존재하지 않는다. 앞서 '엇디ᄒ리'의 의미역을 몇 가지로 분류하였으나 이것은 텍스트 자체에 기반을 두고서 도출한 것으로, 단지 가능한 의미 목록의 제시일 뿐이지 결코 하나로 수렴·확정되어야 함을 주장하는 것은 아니다. 오히려, '엇디ᄒ리'의 의미 양상은 그것이 내포하는 의미가 하나로 규정될 수 있는 것이 아니라, 수용자의 판단에 따라 의미의 폭이 이처럼 다양할 수 있음을 반증하는 것이 된다. '엇디ᄒ리'가 갖는 미확정성은 수용자를 의미 구성 작업에 끊임없이 불러들이고 참여하게 만든다는 점에서, 문학교육에서 텍스트와 수용자 사이에 이루어지는 경험의 문제를 살피게 만든다.

여기서 텍스트의 유일한 의미는 존재하지 않는다8)는 명제가 자연스럽게 떠오른다. 텍스트나 예술 작품 혹은 역사적 사건의 의미는 자신의 상황 속에서 이해될 수 있으며, 자신의 관심사와 동떨어져 이해될 수 없음은 물론이다. 즉, 이해란 일차적으로 예술 작품이 우리에게 부과하는 요구에 대한 이해이며, 우리가 예술 작품을 우리의 상황과 관련지어야 함9)을 뜻한다. 그렇다면 '엇디ᄒ리'의 경우에서 보듯, 텍스트 의미의 미확정성과 그에 따른 수용자의 의미 구성은 문학의 본질이면서, 한편으로 경험이 형성되는 바탕으로 볼 수 있다. 문학 연구와 경험적 관점의 관계 설정의 단초가 여기서 마련될 수 있다.

문학 연구자에 의한 고전문학 연구가 의미의 확정이라는 목표에 도달하고자 했다면, 수용자를 주체로 상정하는 경험적 관점은 고정·확정된 의미를 바탕으로 다시 그 의미를 개방하는 일에서 출발한다. 미확정성의 텍스트를 수용자 스스로가 구체화하고 자기화하는 데서 오는 유희가 곧 문학 감상의 즐거움이며, 이것이 문학교육의 내용이 될 수 있다. 작자의 창작 의도를 수용자가 받아들여야 할 의미로 곧바로 연결 짓고 이를 교육 내용으로 구성·실행하는 것으로 문학교육이 제 역할을 다했다고 보기는 어렵다. 문학 연구의 결과로 밝혀진 작자의 의도와 의미를 향해, 교사의 뒤를 따라 안전하게 목적지로 가는 것이 진정한 문학 감상일 수 없음도 자명하다. 이런 점에서 본다면, '엇디ᄒ리'는 제시된 상황 맥락과 수용자의 경험에 따라 다양한 의미의 스펙트럼을 갖는다는 점에서, 경험적 관점

---

8) 차봉희 편저, 『독자반응비평』, 고려원, 1993, 118-119면. 가다머도 '하나의 올바른 해석은 존재하지 않는다'고 주장한 바 있다. Hans-Georg Gadamer, *Truth and Method(2th)*, Continuum, 1999, 참조.

9) Georgia Warnke, *Hans-Georg Gadamer*, 이한우 역, 『가다머』, 민음사, 1999, 126면.

의 필요성을 입증하는 효과적인 자료가 된다.

이상의 논의를 종합하건대, 문학 연구가 '엇디ᄒ리'의 의미를 규명하는 데 초점을 맞추어왔다면, 경험의 관점은 이들 텍스트를 통해 학습자에게 어떤 일이 일어나는가에 초점을 맞춘다. 이를 위해서는 텍스트가 의미를 밝혀내야만 하는 자료·대상과 같은 고정된 실체가 아니라, 수용자에게 항상 무언가 특정한 것을 야기하고 싶어하는 존재로 보는 시각의 전환이 요구된다. 굳이 독서 행위가 작품을 완성한다는 수용미학의 대전제에 비추어보지 않더라도[10] 독서는 결코 수동적·관조적 행위일 수 없고 텍스트가 지닌 의미는 결국 나의 구체적인 경험과 상황들 속에서 나에 대해 갖는 의미[11]이며, 궁극적인 경지는 그것이 나에게 무엇인가[12]에 있다. 의미가 텍스트에 고정되지 않으며, 수용자에 의해 발현된다는 점은 경험적 관점의 방향과 가능성을 보여주는 중요한 표지이다. 문학 감상 과정에서 경험의 능동성과 적극성, 그리고 문학적 소통의 즐거움이 바로 여기에서 나온다.

(2) 대화를 통한 의미의 발견

문학 연구에서 '대화'에 주목하는 것은 그다지 새로울 바 없다. 텍스트를 둘러싼 세계(현실)나, 생산자로서 작자에 대한 관심을 넘어서 텍스트와 수용자의 관계에 대한 연구 또한 이미 상당한 성과를 거두었고, 여기에는

---

10) 수용미학에서 작품은 텍스트가 수용자의 의식 속에서 재정비되어 새로이 구성되는 것으로 본다. 차봉희 편저, 앞의 책, 19면. 이처럼 문학 작품이 작자의 의도에 의해 확정되는 것이 아니라 수용자의 의식에 의해 확정되는 것이라고 보고, 수용자를 작품 인식의 주체로 간주하는 것은 수용미학뿐만 아니라 현상학, 해석학 등 여러 문학 이론의 전제이자 관점에 해당한다.

11) Georgia Warnke, 이한우 역, 앞의 책, 172면.

12) Luc Ferry, *Homo Aestheticus*, 방미경 역, 『미학적 인간』, 고려원, 1994, 18면.

텍스트와 수용자의 대화를 이미 그 중심에 두고 있다. 텍스트를 하나의
완성된 결과가 아닌, 작자와 수용자간의 의사소통의 과정으로 보는 시각
이 대표적이다. 한 예로 가다머(Gadamer)의 경우, 텍스트 해석, 특히 문학
해석의 경우 원칙적으로 작자의 의도와 그 시대가 저자를 어떻게 이해했
는가에 제한할 수 없다고 주장한 바 있다. 텍스트는 저자의 주관적 표현
이 아니며, 해석자와 텍스트의 대화에서 비로소 진정으로 존재하게[13] 된
다고 보는 것이다.

　그러나 기존 연구에서 텍스트와 수용자의 대화는 수용자가 질문하고
텍스트가 대답하는 차원의 것(그림 1)이었다면, 이 글에서는 텍스트가 수용
자에게 질문을 던지고 수용자가 이에 대답하는 것(그림 2)으로 바라보는
차이가 있다. 그동안 의미를 밝히고 규정하려는 목적으로 '이것은 무슨 뜻
인가'라는 질문을 수용자가 텍스트에 던졌다면, 이제는 '너라면 어떻게 했
을까'라는 질문을 텍스트가 수용자에게 제기하는 것으로 시각을 전환할
필요가 있다. 이는 텍스트에 수용자를 불러들여서 그 세계 속에 존재하고
참여할 것을 요구하는 일이 된다.

[그림 1] 텍스트와 수용자의 대화　　　　　[그림 2] 텍스트와 수용자의 대화
　　　"이것은 무슨 뜻인가?"　　　　　　　　　　"너라면 어떻게 했을까?"

텍스트가 질문을 던지고 수용자가 대답하는 구조에 주목하는 데에는,
텍스트가 의미하는 것보다 그것이 수용자에게 어떻게 작용하고 어떠한
영향을 미치는지가 중요하다는 점이 자리하고 있다.[14] '엇디ᄒ리'의 경우

---

13) Hans-Georg Gadamer, 앞의 책, David Couzens Hoy, *The Critical Circle*, 이경순 역, 『해석
　　학과 문학비평』, 문학과지성사, 1988, 73면.

에서 보듯, 경험적 접근에서는 텍스트의 고정된 의미뿐만 아니라, 그것이 수용자에게 어떤 의미로 어떻게 다가가는지의 문제가 중요한 과제가 된다. 텍스트가 물음을 던지고 수용자가 이에 답하는 대화의 운동을 통해서, 텍스트는 더 이상 고정된 형태로 소외되어 있는 것이 아니라 수용자에게 영향을 미칠 수 있는 존재로 바뀌게 되고, 이로써 수용자와의 의미있는 소통이 가능해진다.

'엇디ᄒ리'의 경우를 살펴보면, 어떤 상황에 대한 판단과 결정을 세계에 미뤄두고 맡겨버린다는 점에서 그것이 담고 있는 의미는 상당 부분 미확정적이고 불명확한 형태로 존재한다. 그러나 바로 이러한 텍스트 의미의 미확정성과 불명확성, 그리고 불러들임은 곧바로 '너라면 어떻게 했을까'라는 질문을 통해 수용자의 판단과 결정을 자극한다는 점에서, 대화의 구조를 보여주는 대표적인 장면이 된다.

<處容歌>에서 '엇디ᄒ리잇고'의 의미는 무엇인가라는 질문을 던지고 그 의미를 확정짓기보다는, 네가 처용이라면 그 상황에서 어떤 반응을 보였겠는가라는 질문에 대해 그 대답을 탐색하는 것이 구체적인 사례가 될 수 있다. 이는 텍스트 세계에 자신을 투사하여 자신이 시적 화자(여기서는 처용)가 되어 볼 때 가능하다. 이로써 자신이 내뱉은 '엇디ᄒ리'의 내포 의미와 기존 문학 연구를 통해 밝혀진 의미역과의 비교도 이루어질 수 있다. 이처럼, '엇디ᄒ리'에 대한 문학 연구는 교육 내용으로 구성하는 것을 가능하게 하는 기반이 되면서, 학습자가 발견할 수 없는 의미역을 제공하여 경험의 폭과 깊이를 심화시키는 역할을 담당한다.

그런데 자칫 텍스트와의 대화는 자기 자신과의 대화로, 타당성에 대한 타자의 외적 견제가 없는 자기 내부의 독백으로 바뀌는 상대주의적 결과

---

14) 차봉희 편저, 앞의 책, 16면.

를 초래할 수도 있다.[15] 인간은 자신의 개념 체계나 지식 체계가 포착하여 보여주는 것만이 진리이며, 객관세계 그 자체라고 인식할 위험성을 갖고 있다. 자신이 인식할 수 있고 접할 수 있는 것 이외에 그것과는 다른 진리나 객관세계란 사실상 존재하지 않는 것[16]으로 생각할 우려가 있다. 각자는 자신의 수준, 인식세계에서 합리적이고 정합적인 방식으로 세계를 이해하여 그것을 진리로 받아들이게 된다. 따라서 작자 자신의 의미 구성에만 매달릴 경우, 자신이 파악한 의미 밖으로 한 걸음도 나아갈 수 없고 그것에 매몰되어 버릴 결과를 초래할 수 있다. 텍스트와 수용자의 대화를 벗어나 교육의 장에서 수용자와 수용자간의 대화가 요구되는 것은 바로 이 지점이다.[17] 텍스트의 의미는 텍스트와 수용자의 대화를 통해 발견되지만, 다른 수용자에 의해 발견된 의미와 소통함으로써 다시 한 번 그 의미는 열려지고 확장된다.

이때, 자신의 것과 타인의 것 중 어떤 것이 보다 더 진리에 가까운 것이냐, 혹은 의미있는 해석이냐에 대한 판별은 '배움을 통한 진리의 확인(자증)'과 '가르침을 통한 진리의 입증(타증)'이라는 교육활동의 인식론적 차원에서 해결의 단서를 찾을 수 있다. '교육을 통한 진리의 확인과 입증의 원리'란, 수용자와 또 다른 수용자가 서로 가르치고 배움으로써 견해

---

15) David Couzens Hoy, 이경순 역, 앞의 책, 89면.

16) 엄태동, 『교육적 인식론 탐구』, 교육과학사, 1998, 55~56면.

17) 이와 관련, 번스타인(Bernstein)과 브라운(Brown)의 경우 대화를 통한 합의에 의해 진리에 이를 수 있으며, 대화의 과정에서 나타나는 합리성에 근거하여 상대주의를 피할 수 있다고 주장한 바 있다. 물론 이는 이론의 경합과 발전에 대한 논의에서 나온 것이기는 하나, 수용자에 따라 다양한 텍스트 의미가 난무하는 상황에서 진리에 보다 가까운 것을 판별하는 데 시사하는 바가 크다. "다원성을 인정한다고 해서 우리가 곧장 환원될 수 없는 주관적 흥미를 지닌 채, 고립되어 있는 개인들이 된다는 뜻은 아니다. 오히려 그것은 논쟁이나 대담, 또는 대화를 통하여 차이를 해소시킬 수 있는 어떠한 공통의 토대를 발견하기 위하여 노력해야 된다는 사실을 의미한다." Bernstein, R.J, Beyond *Objectivism and Relativism : Science, Hermeneutics, and Praxis*, University of Pensylvania Press, 1983, 223면, 엄태동, 앞의 책, 123면 재인용.

의 객관성과 타당성을 검증하여 진리에 보다 근접하게 되는 것을 말한다. 이로써 자신의 인식 지평을 뛰어넘는 견해의 체득이 가능해진다. 인간은 배움을 통하여 위대한 세계와 접하고 그것이 자신의 세계보다 위대하고 진리로운 것임을 인식하게 되며, 가르침이라는 활동을 통하여 자신의 세계가 상대의 것보다 더 위대하고 진리에 가까운 것임을 입증함으로써 상이한 개념 체계와 세계 인식의 수준을 식별할 줄 아는 존재[18]이기 때문이다.

현대의 인식론이 불가공약성 테제에서 비롯하는 '진리로운 이론 선택의 근거와 방법적 원리의 부재'라는 딜레마를 안고 있다면, 교육은 그러한 이론 선택의 장면에 적용되어 경합관계에 놓여 있는 이론 체계나 패러다임들간의 상대적인 진리성의 확인과 검증의 원리로 작용할 수 있는 것이다. 왜냐하면 특정 지식 체계를 내용으로 하여 배움의 이름에 걸맞는 방식으로 이를 습득할 수 있다는 것은 그 지식 체계가 적어도 배우는 자의 기존 지식 체계보다는 진리롭다는 증거가 되며, 반대로 자신의 지식 체계를 내용으로 삼아 상대방을 가르칠 수 있다면 이는 적어도 그의 지식 체계가 상대의 것보다 진리롭다는 뜻이 되기 때문이다.[19]

수용자에 의한 의미의 발견이 곧 모든 것을 수용자에게 내맡겨두자는 주장으로 연결되는 것은 아니다. 교육은 어디까지나 인위적·기획적인 활동이라는 점에서 진리에 대한 수렴과 접근이 이루어져야 하며, 여기에는 수용자와 수용자간의 대화 외에도 교사와 학습자간의 대화가 요구된다. 교사는 학습자의 인식 수준 한계로 인해 미처 발견하지 못한 의미를 환기하고 보여줄 수 있을 뿐만 아니라, 학습자가 발견한 의미의 정당성과 타

---

18) 엄태동, 앞의 책, 54-55면. 교육적 인식론에 대해서는 장상호의 논의를 참조할 수도 있다. 장상호, 『학문과 교육』(하), 서울대 출판부, 2000 참조.
19) 엄태동, 앞의 책, 81면.

당성에 대해서 조율할 수 있기 때문이다.[20] 이 역시 일방적인 교수·학습의 차원이 아닌, 상호간의 설득과 논증의 과정을 통해서 진행되어야 함은 물론이다. 결국, 문학교육에서 대화는 텍스트와 수용자, 수용자와 타 수용자, 수용자(학습자)와 교사 간에 중층적으로 이루어지며, 이는 수용자가 발견한 의미를 더 높은 수준의 것으로 고양시키는 기능을 수행한다. 그림으로 나타내면 다음과 같다.

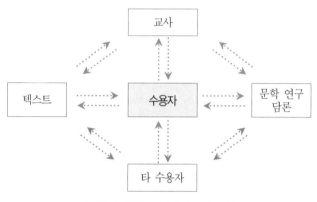

[그림 3] 문학교육에서의 대화 양상

(3) 경험으로서의 텍스트 의미

텍스트 의미 발현의 기저에는 텍스트, 작자의 의도, 수용자, 그리고 이를 둘러싼 여러 외적 요인 등이 자리잡고 있다. 기존의 연구가 텍스트에 초점을 맞춰 그 의미의 해명에 주력해 왔다면, 이 책에서는 수용자에 따라 그 의미가 달라진다는 점에 주목하고 있다. 미확정적인 구조로서 존재하는 텍스트의 의미는 수용자의 기존 경험과의 조회를 통해서 구체화될

20) 아래의 그림에서 보듯, 교사는 텍스트, 수용자뿐만 아니라 그와 관련된 문학 연구 담론과도 대화한다는 점에서 역할의 변화와 그 중요성이 강조된다.

수 있다.

그런데 텍스트는 물론 하나의 뜻(Sinn) 또는 어떤 의미(Bedeutung)를 지니고 있지만, 무엇보다도 '하나의 경험(Erfahrung)'이라는 점을 강조[21]한 이저(Wolfgang Iser)의 견해는 이 책에 시사하는 바가 크다. 이때의 경험이란 텍스트를 파악하는 데 관여하는, 수용자가 지닌 결과물로서의 성격보다는 문학 감상 그 자체를 하나의 경험으로 보는 것이라 할 수 있다. 따라서 이 책에서는 수용자와 텍스트의 만남, 수용자의 의식 속에서 이루어지는 의미 파악, 그 의미의 내면화, 이를 통한 수용자의 성장과 변화의 전 과정을 문학 경험으로 보기로 한다. 수용자 외부에 존재하는 대상으로서의 텍스트가 감각기관을 통해 직접 받아들이는 감각 작용(sensation), 주체 내부에서 관련짓고 조직하며 구별하는 반성(reflection) 작용 모두를 의미하는 것이다.

이러한 개념 설정은 문학 감상의 과정에서 일어나는 활동과 변화의 제 양상을 포괄하여 다룰 수 있다는 장점을 갖는다. 경험의 관점은 텍스트가 아닌 수용자를 중심에 두고 주체 내면의 변화 곧 수용자의 성장에 대한 논의를 가능하게 할 뿐만 아니라, 문학을 수용자와의 관련 속에서 해명하고 살펴본다는 점에서 문학교육을 바라보는 관점의 전환을 불러온다.

듀이(Dewey)는 이와 관련하여 막연한 덩어리째 있는 경험을 '일차적 경험', 반성적 사고의 개입을 통해 다듬어진 경험을 '이차적 경험'이라 하였는데, 이들은 모두 텍스트의 의미 구성과 수용자의 성장을 설명하는 방법론을 제공해준다. 수용자의 의식 속에서 그 의미가 재정비되어 새롭게 구성되기 전까지, 텍스트와 그 표면에 드러나는 의미는 막연히 덩어리째 존재하는 일차적 경험에 지나지 않는다. 그러나 텍스트와 수용자의 능동적

---

21) 차봉희 편저, 앞의 책, 35면.

인 만남이 이루어지면서 텍스트는 수용자 자신과의 대화 속에서 의미의 선택, 배제, 왜곡, 변형을 겪게 되고, 일정한 지향에 따라 조정과 재구성의 과정을 거치게 된다. 이러한 과정의 결과로 구성된 의미는 수용자에 의해 자기화된 것이며, 이와 같이 자기화된 의미는 수용자의 기존 경험 체계 속에서 기존의 것을 변화시키기도 하고, 재구성하기도 한다. 문학을 통한 주체의 성장은 이러한 과정 속에서 이루어진다.

'엇디ᄒ리' 표현을 대상으로 텍스트 의미가 수용자에게 경험되는 모습을 예증하기로 하자. 텍스트에 등장한 모든 '엇디ᄒ리'가 곧바로 수용자에게 유의미한 경험으로 연결되는 것은 아니다. <靑山別曲>의 '엇디ᄒ리잇고'나 황희의 시조에서 '엇디ᄒ리'를 단순히 현대어로 '어찌하리'로 해석하는 데 그친다거나, 또는 '술을 먹고 말았다'는 식으로 그 의미를 평면적으로 받아들이는 것은 유의미한 경험이 되기 어렵다. <處容歌>에서의 '엇디ᄒ릿고'에 대한 의미를 체념, 진노, 관용 등의 의미로 그대로 제시하고 기계적으로 수용하는 것 또한 마찬가지이다. 이들은 모두 총체적인 체제 속에 자리잡지 못한 단편적인 '고립된 경험'이며, 구체적인 삶의 과정에 침투할 수 없는 '비활성적 경험'에 불과하기 때문이다.

'엇디ᄒ리'가 함의하는 의미가 무엇인지를 이해하고자, 자신을 텍스트 세계에 투사해보기도 하고 파악된 의미를 관련짓고 조직하며 구별하는 과정을 거칠 때, 비로소 수용자만의 의미 전유가 가능해진다. 여기서 인간과 세계에 대한 이해의 확장, 즉 하나의 경험이 형성될 수 있다. <公無渡河歌>의 시적 화자와 수용자 자신을 동일시할 때, '엇디ᄒ리'의 의미는 슬픔이 될 수도 있고 원망과 체념이 되기도 하며, 수용자에 따라서는 초극의 정서에 이를 수도 있다. '편작이 열히 오나 이 병을 엇디ᄒ리'(<思美人曲>) 또한 이와 마찬가지로, 단순히 임에 대한 그리움과 임의 부재라는 갈등 그리고 그에 대한 체념으로 도식화하여 받아들이기에 앞서, 누군가를 그리워했던 자신의 경험과 <思美人曲>의 직접적인 만남이 선행될 필요가 있다. 이처럼 '엇디ᄒ리'의 의미를 하나로 고정하여 습득하기보다는, 텍스트를 자신의 경험과의 조회, 상호작용을 통해 경험함으로써 그것이 함의하는 의미를 구성해내는 일이 요청되며, 이러한 일이 문학교육의 중요한 과제가 되어야 한다.

텍스트는 본래의 뜻, 또는 하나의 의도된 의미를 지닐 수 있으나 수용자에게 그 이상의 의미로 발현될 수 있는 것은 어디까지나 주체의 반성적 사고에 의해서이다. 그리고 이러한 자기화된 의미 구성의 과정은 수용자에게 유의미한 경험 형성을 가능하게 하는데, 이로써 하나의 완전한 경험[22]인 이차적 경험이 만들어질 수 있다. 요컨대, '엇디ᄒ리' 의미가 수용자에 따라 다양하게 의미화된다는 점에서 텍스트 의미의 자기화 문제, 그리고 능동적이고 적극적인 주체로서 수용자의 문제를 생각하게 만든다. 이는 곧 문학을 경험의 관점에서 바라볼 것을 제안하는 바탕이 된다.

4. 고전문학의 경험적 가치와 지향

텍스트 세계와 수용자와의 대화 속에서 '엇디ᄒ리'의 의미를 발견하고 경험하는 과정은 의미의 확정, 습득과는 다른 고전문학교육의 한 가능태를 보여준다. 의미가 텍스트에서 수용자에게로, 정확성에서 다양성으로 무게 중심이 옮겨가는 것으로 그 내용을 요약할 수 있다. 그러나 텍스트의 의미가 수용자에 의해 재구성된다고 하더라도, 텍스트를 통해 어떤 내용이 제공되어야 하는가는 문학교육에서 결코 간과될 수 없는 문제이다.

---

22) 이돈희, 앞의 책, 55면.

소통과 수용자가 중요하지만, 의도적이고 기획적인 교육의 속성상 텍스트
와 수용자 사이에 이루어지는 소통의 내용이 무엇이며, 어떤 것이 제공되
어야 하는가에 대한 가치 판단의 문제 또한 중요하게 다루어져야 한다.
텍스트를 통해 학습자가 무엇을 경험해야 하는가의 문제, 즉 학습자에게
제공되어야 할 경험의 문제는, 학습자뿐만 아니라 텍스트 세계가 제기하
는 문제사태의 측면 또한 중요하게 고려되어야 한다. 문학 경험을 구성하
는 두 축이 작품을 경험하는 '수용자'의 측면과 더불어 '텍스트 세계'라는
질료 측면에서 함께 다루어져야 함을 의미한다.[23]

　이같이 경험의 관점에서 접근한다면, 시공간적 거리를 전제로 하는 고
전문학이 얼마나 유효한 대상이 될 수 있는가에 대해 회의적인 시선을 거
두기 어렵다. 표면적으로 현재와는 상이한 모습을 보이며 사회문화적 맥
락을 달리하는 고전문학의 내용은 학습자가 직면한 문제해결에 직접적으
로 기여한다고 보기 어렵기 때문이다. 이에 대해 우선, 문학 경험은 일상
적 차원에서 쉽게 접할 수 없는 유의미한 경험이 되어야 하고, 그 경험은
삶의 전반적인 문제와 관련을 맺어야 한다는 관점에서 살펴볼 필요가 있
다.[24] 사상이나 감정의 구체적인 체험에서 문학은 비롯되는 것이지만, 그
구체적이고 부분적인 내용이 궁극적으로는 인간 삶과 정서라는 일반적이
고 보편적인 문제를 지향하여 인간에게 의미있는 문제를 던져준다는 점

---

23) 이는 궁극적으로 예술을 바라보는 시각의 문제와도 맞닿아있다. 헤겔로 대표되는 고전미
　　학의 경우 예술 작품은 하나의 고정된 의미를 전달하는 진리의 현현 양식으로 존재한다고
　　보는 데 비해, 수용미학에서는 작품 경험을 통해 그 내용(또는 진리)이 비로소 활성화되고
　　구체화된다는 점을 강조한다. 즉 예술 작품은 더 이상 진리의 현현 양식이 아니라 경험을
　　전달하는 매개라는 것이며, 따라서 작자의 의도 또는 작품의 감추어진 의미를 찾을 것이
　　아니라, 텍스트와 수용자 사이에 이루어지는 소통 과정에서 생겨나는 내용의 구체화가 중
　　요한 과제가 된다.
24) 문학 경험은 실제 삶의 구체적, 개별적 상황에서 해방된 경험으로서, 문학 감상을 통해서
　　수용자는 자신을 둘러싼 실제적 상황의 맥락에 직접적으로 얽매이지 않고 유기적이고 정
　　제된 삶의 전체성을 경험할 수 있다. 고광수, 앞의 글, 100면 참조.

에서 존재 의의를 찾을 수 있다. 문학이 인간다운 삶에 관한 것이고, 교육은 인간을 인간답게 기르는 일이라면, 문학교육의 궁극적인 문제는 인간에 귀착되어야 할 것이다.[25] 이런 점에서 본다면, 텍스트를 통해 제공되어야 할 경험은 인간과 세계의 본질적인 갈등 속에서 인간의 삶, 그리고 그 정서와 태도, 가치관의 문제이어야 하고, 이는 곧 삶과 세계의 근원적 문제에 대한 통찰로 수렴되어야 한다. 경험의 내용은 실제적 삶 그 자체가 아니라 삶의 방식이며, 구체적으로 당면하는 세계가 아니라 그 세계의 어떤 경향이어야 한다는 주장 또한 이러한 생각을 뒷받침한다.[26]

'엇디ᄒ리'가 등장하는 텍스트가 바로 이러한 경험 내용을 다루고 있음을 보게 된다. 절망적 고독 속에서 내뱉는 <靑山別曲>의 '엇디호리라'는 절망과 비애의 현실에 대한 공감적 이해를 불러오고, <處容歌>의 '엇디ᄒ릿고'가 보여주는 관용은 수용자의 기존 경험을 뛰어넘는 반응과 태도라는 점에서 인간과 삶에 대한 인식의 변화를 기대하게 한다. 특히 '엇디ᄒ리'가 표방하는 세계와 자아의 문제는 현재 학습자의 기존 경험으로서는 상당히 낯선 것일 수밖에 없고, 과거 텍스트와 현재 수용자 사이의 시공간적 거리는 텍스트 세계의 의미를 재구성하는 수용자의 경험을 자극하는 동력이 될 수 있다. 텍스트 세계가 학습자의 기존 경험과 유사하다면, 자칫 기존 경험의 구조만을 더욱 강화시키는 데 그칠 우려가 있다. 반면, 텍스트 세계가 학습자에게 습관화된 것과 모순을 일으키고 충돌하게 된다면, 그 간격을 메우고 충돌을 조정하기 위한 변형과 조작의 재구성이 활발하게 일어나게 된다. <處容歌>의 '엇디ᄒ리잇고'가 만들어내는 의미의 다양성은 바로 고전문학의 시공간적 거리와 낯설음에서 나오는 것이

---

25) 김대행 외, 『문학교육원론』, 62면. 인간화 교육과 관련지어 문학의 역할을 논의하는 것은 김대행, 『문학교육틀짜기』, 역락, 2000, 107-120면 등을 참조할 수 있다.
26) 이돈희, 앞의 책, 59면 참조.

며, 이것이 수용자로 하여금 보다 더 능동적이고 다양한 소통의 유희를 가능하게 한다. 이처럼 텍스트의 지평과 해석자 지평 사이의 차이와 긴장 이야말로 고전문학의 본질적 속성이며 존재의 의미이며, 또한 수용자의 능동적인 참여를 자극하는 힘이 될 수 있다.

'엇디ᄒ리'는 세계와의 맞섬 그리고 패배, 좌절이라는 인간 본연의 문제를 다루면서, 비애와 체념에서 관용과 초극에 이르기까지 현재와는 사뭇 다른 다양한 의미망을 펼친다는 점은 인간과 삶에 대한 근원적인 통찰을 불러온다. 고전문학의 가치가 바로 여기서 찾아질 수 있다. 시공간을 초월한 인간 근원적 문제를 다루면서 현재와 다름없는 인간의 모습을, 그리고 때로는 타자로서의 반응과 태도를 제공해준다는 점이다. 이렇게 본다면 고전문학의 교육 목표는 민족과 전통에서 배태된 문화 계승과 창조 능력과 더불어서, 개인의 정신적 성장이나 전인적 인간성의 함양이라는 부분도 강조될 필요가 있다.[27]

5. 고전문학교육의 새로운 방향 탐색을 위하여

이 글은 고전문학에 널리 등장하는 '엇디ᄒ리'라는 표현이 행위의 책임과 판단을 유보하고 이양하는 관습적 표현임을 확인하고 그 의미의 자장을 밝혔지만, 이러한 논의가 글의 주된 목적은 아니었음을 다시 한 번 분명히 할 필요가 있다. 오히려 의미가 수용자에 따라 다양하게 재구성될 수 있다는 점에 초점을 맞추고 있으며, 이를 통해 문학교육의 한 가능태

---

27) 문학교육의 목표는 김대행 외, 『문학교육원론』, 서울대 출판부, 2000, 38~67면의 논의에 따른다. 여기서는 문학교육의 목표로 '언어 능력의 증진', '개인의 정신적 성장', '개인의 주체성 확립', '문화 계승과 창조 능력 증진', '전인적 인간성 함양'을 제시하고 있다.

를 찾을 수 있을 것이라는 기대가 입론의 바탕이 되었다. 따라서 '엇디ᄒ리'의 의미는 텍스트에 고정되지 않고 수용자에 의해 발현된다는 시각을 확보하고, 수용자의 의미 구성 과정을 경험의 관점을 통해 논의하였다. 이어 고전문학의 경험적 가치를 '엇디ᄒ리'가 갖는 인간 문제의 보편성과 타자로서의 이질성 측면에서 탐색하고자 하였다.

이처럼 이 글의 논의는 고전문학의 교육적 가치라는 하나의 문제로 수렴되며, '엇디ᄒ리'는 경험의 관점을 통해 고전문학교육의 한 가능성을 입증하기 위한 자료의 성격을 갖는다. 고전문학의 본질적 속성인 시공간적 거리는 작품에 대한 심리적 거리감을 낳기도 하지만, 수용자의 의미 구성을 자극하는 동력이 되기도 한다. 또한 고전문학이 다루는 인간 본연의 문제는 시공간을 초월하여 수용자에게 인간과 세계에 대한 성찰을 가져다 줄 수 있다. 이런 점에서 본다면, 수용자의 경험 형성은 고전문학의 교육적 의의와 지향을 설명하고 입증하는 중요한 지점에 해당한다.

이 글이 갖는 한계는 자료적 실상과 역사사회적인 존재 양태에 충실하지 못한 점을 지적할 수 있다. 고전문학의 속성을 '심미성'과 '사실성'으로 규정하고 이것이 고전문학교육의 핵심적 내용이 된다고 할 때,[28] 이 글은 끊임없이 향유되고 재해석되어 현재에도 일정한 정서적 영향을 갖는다는 심미성에 경도되어 있음을 부정하기 어렵다. 이는 무엇보다도 문학교육의 가능성을 수용자의 역할과 경험의 작용에서 찾으려는 데서 비롯된다. 당대의 문학사적 의미망의 토대 속에서 텍스트의 정확한 의미를 밝히려는 연구와는 분명 다른 지향을 갖고 있다. 그 작품이 놓였던 역사적인 자리를 가능한 한 충실하게 복원해가면서 작품을 이해하는 것[29]은

---

28) 단적으로 말해 '심미성(審美性)'이 오늘날에도 유효한 정서적 감응력을 발휘하는 현재적 실체의 관점으로 접근하는 것이라면, '사실성(史實性)'은 과거 사실에 대한 정확한 규명을 요하는 역사적 실체로 접근하는 것을 의미한다. 김중신, 앞의 책, 247-250면 참조

29) 김석회, 「고전시가 연구와 국어교육」, 『국어교육』 107, 한국국어교육연구회, 2002, 23면.

문학 연구나 문학교육 연구에서 반드시 요구되는 일이지만, 학습자를 대상으로 실현되는 문학교육의 국면에서는 수용자의 의미 구성 문제 또한 중요하게 다루어져야 한다는 문제의식이 이 글을 이끌고 있다.[30] 고전문학을 그 시대의 역사성으로부터 떼어내어 초시간적 객체로 본다든가 역사적 원근법 없이 현재화하는 것은 온당하지 못하지만,[31] 그렇다고 해서 과거의 문학적 사실에 관한 지식의 전달로만 이루어지는 것 또한 올바르다고 보기는 어렵다. 이는 고전문학교육이 학습자의 주관적 상상력과 선이해의 과정을 인정하지 않았고, 이것이 고전문학의 위기로 이어졌다는 진단과 관점을 같이 한다. 고전문학교육에서 가장 경계하여야 할 것이 해석의 지평을 닫는 것이라면, 고전문학교육의 과제는 고전문학의 세계와 학습자의 세계가 서로 자유롭게 만날 수 있는 환경을 조성하는 데 맞춰져야 할 것이다. '지평 융합(fusion of horizons)'은 고전문학의 세계를 넓힘과 동시에 학습자의 세계를 넓히는 장면을 설명해준다.

둘째, 고전문학의 교육적 가치와 지향에 대한 강조는 자칫 기존 고전문학 연구 성과를 부정하고 고전문학교육의 특수성만을 내세우는 것으로 비춰질 우려가 있다. 그러나 현대문학과 달리 특히 고전문학 작품을 이해하기 위해서는 '<1> 텍스트에 관한 서지적 이해·판단, <2> 텍스트 언어의 해독, <3> 갈래적 관습·장치·특성의 이해, <4> 작품과 관련된 사회적·문화적 요인, 환경 및 작자에 관한 이해'[32] 등과 같은 과정을 거

---

30) 이는 문학사적 배경에 토대를 두고 정확한 의미를 밝히려는 문학 연구의 무용성을 주장하는 것이 결코 아니다. 앞서 살펴본 바와 같이 교육에서는 학습자에게 제공되어야 할 내용을 선정하는 일이 중요하고, 문학 연구 또한 교육 내용을 탐색하고 구성하는 일에 중요한 역할을 담당함은 물론이다. 고전문학교육이 어느 한 방향으로 지나치게 경도되어 왔음을 비판하면서, 균형 있는 접근을 위한 또 다른 시각의 필요성을 제기하는 데 이 책의 궁극적인 목적이 있다.

31) 김흥규, 「고전문학 교육과 역사적 이해의 원근법」, 『한국 고전문학과 비평의 성찰』, 고려대 출판부, 2002, 301면.

쳐야만 하고, 이러한 이해에 고전문학 연구가 크게 기여해 온 것은 사실이다. 그런데 고전문학교육의 국면에서 본다면 고전문학 연구가 특정 교육 내용을 마련하는 차원뿐만 아니라, 학습자가 구성한 의미를 조정하고 판단하는 근거를 제공하면서 인식 지평을 제고하는 기능을 담당할 때 더 큰 교육적 의의와 효용을 확보할 수 있다.

민족 공동체의 삶의 방식과 가치관에 동참하고 전통을 계승·창조하는 것 이외에도, 세계와 자신의 삶에 대한 이해는 물론, 인간다움을 추구하는 인간을 길러내는 것도 고전문학교육이 지향해야 할 바이다. 이를 위해서 문학교육은 텍스트의 의미를 문학 연구의 의미 영역으로 수렴시키는 일이 아니라 자신의 삶 속에서 새로운 지평으로 열어놓는 일로 전환할 필요가 있다. 경험의 관점을 통해 고전문학교육의 가치와 방향을 탐색하려는 이유가 바로 여기에 있다.

●출처 : 「'엇디흐리' 표현을 통해 본 고전문학교육의 가능성」
(『고전문학과 교육』 11, 한국고전문학교육학회, 2006)

---

32) 김흥규, 앞의 글, 309면.

目더 찾아읽기

▶ 고전문학 연구와 고전문학교육 연구의 상관성

김석회, 「고전시가 연구와 국어교육」, 『국어교육』 107, 한국국어교육연구회, 2002, 13-30면.

김흥규, 「고전문학교육과 역사적 이해의 원근법」, 『한국고전문학과 비평의 성찰』, 고려대 출판부, 2002.

박경주, 「고전문학 교육의 연구 현황과 전망」, 『고전문학과 교육』 1, 한국고전문학교육학회, 1999, 25-45면.

염은열, 「고전시가 연구 및 고전시가 교육 연구에 대한 비판적 고찰」, 『고전문학과 교육』 18, 한국고전문학교육학회, 2009, 5-40면.

▶ 교육적 인식론

엄태동, 『교육적 인식론 탐구』, 교육과학사, 1998.

장상호, 『학문과 교육』(하), 서울대 출판부, 2000.

경험의 관점에 따른
고전문학교육론의 새로운 지평

제6장 가치의 경험과 문학교육론
—안빈낙도(安貧樂道)의 경험 내용과 문학교육의 변화

경험의 관점과 문학교육론의 변화,

경험의 의미에서부터 문학 경험, 고전문학 경험에 이르기까지,
개념과 의미, 구조와 특질을 살펴보고 이들을 명료하게 밝히는 작업을 진행하였다.
이러한 경험의 관점이 문학교육에 가져다 줄 변화가 궁금해진다.
교육의 오랜 역사에서 보듯 문학교육에서 완전한 새로움이란 존재하지도, 가능하지도 않다.
여기서는 경험의 관점을 도입하여 '고전문학교육을 경험의 관점에서 살피는 것'을
분명하게 재확인하고, 구체적인 연구물로 입증하는 데에 목표를 둘 따름이다.
다음 글들은 '고전문학교육론의 경험적 패러다임' 아래 수행된 연구에 해당하는 만큼,
문학교육론이 어떻게 달라질 수 있는지를 살피는 기회가 되기를 희망한다.

안빈낙도, 경험될 수 있는가?

고전문학이 어렵고 재미없는 까닭은
오늘날과 맞지 않아 보이는 것을 무조건 받아들여야 하는 데에 있다.
게다가 그러한 것들이 천편일률적이라고 여겨지면 그 거부감은 훨씬 커진다.
이러한 사례로 딱 맞아떨어지는 것이 '안빈낙도(安貧樂道)'가 아닐까 한다.
오늘날의 경제논리와도 맞지 않은데다가, 상투적인 표현이 끊임없이 등장하기 때문이다.
고전문학 작품 세계를 진부한 것으로 만드는 데 크게 공헌하고 있는 내용인 셈이다.
그러나 경험의 관점에서 본다면, 안빈낙도는 더 이상 천편일률적인 것도 아니고,
오늘날과 맞지 않아 불필요한 것도 아니다.
안빈낙도의 새로운 의미를 발견하고 이러한 가치가 문학을 통해 경험되어야 한다는 사실을
밝힐 수 있기를 기원한다.

1. 안빈낙도를 살피는 까닭

이 글은 고전시가 작품이 표방하는 안빈낙도(安貧樂道)의 가치를 대상으로 경험교육의 내용을 탐색하고 그 가능성을 입증하려는 목적에서 기획되었다. 오늘날 경제 논리는 삶을 변화시키는 결정적인 변수로 작용하며, 이는 점차 심화되어 어느덧 부정할 수 없는 진리로까지 인식되고 있다. "어떤 의미에서 소비는 현대 사회의 도덕적 근거가 된다"는 쟝 보드리야르(J. Baudrillard)의 말은 소비로 대표되는 경제 논리가 합리성의 차원을 넘어 도덕성의 잣대로까지 기능하는 현실을 일깨워주고 있다. 인간 삶과 본질 전체가 상품화폐의 기준에 따라 송두리째 교환가치로 대체되고 있는 현실을 목도하기에 이른 것이다. 문제는 이러한 경제 논리가 모든 가치 판단 행위에서 가장 결정적인 준거와 잣대로 인식되어 작용하고 있을 뿐만 아니라, 이러한 현상이 날로 증가하고 있다는 점이다. 안빈낙도(安貧樂道)와 청빈(淸貧)의 가치관 또한 그에 못지않게 중요한 것임에도 불구하고, 이들은 현재와는 다른 과거의 낡은 것으로만 인식되면서 오늘날 학습자에게 의미있는 가치로 여겨지지 못하는 게 사실이다.

안빈낙도란 공자가 곤궁한 처지에서도 편안한 마음으로 도(道)를 즐기는 안회(顔回)의 삶을 극찬한 이래로,[1] 유가적 신념과 지향점을 대표하는 표지로 자리잡았다. 특히 고려 말에서 조선 초에 이르는 기간에 유가적 이념과 생활 윤리가 확립되어 사대부의 정신 영역이 새롭게 부각되면서, 정치적 현실에서 물러나 안빈낙도하는 것이 사대부적 삶의 이상형으로 정

---

1) 『論語』「雍也」, "飯疏食飲水, 曲肱而枕之, 樂亦在其中矣. 不義而富且貴, 於我如浮雲." 論語 述而. "賢哉, 回也! 一簞食, 一瓢飮, 在陋巷. 人不堪其憂, 回也不改其樂. 賢哉, 回也!"

립되기에 이른 것이다.[2] 실제로 안빈낙도는 "성리학을 기반으로 하는 유교문명권에서 가장 빈번하게 논의되거나 창작되는 주제"[3]로서, 많은 고전시가 작품에 직접 등장할 뿐만 아니라 작품 생성을 견인하는 주요 동력으로 작용하고 있다. 실제로 안빈낙도 관련 어휘가 직접 등장하지 않더라도[4] 내용상 관련성이 깊다고 인정되는 작품까지 모두 포괄한다면 그 수와 범위는 매우 확대될 수 있다.

그런데 이러한 안빈낙도는 사대부로서의 지위 유지를 가능케 하는 최소한의 경제적, 사회적 기반을 확보한 상황에서 배태되었던 맥락과 배경으로 인해 "다분히 자족적이며 세계 질서의 근원적 조화에 대한 긍정의 성격"[5]을 내재하고 있다. 모든 것이 충족된 상태에서의 세계에 대한 인식과 자기 긍정적인 태도가 안빈낙도의 표현에 함축되었던 것이다. 사회 경제적 여유와 그에 따른 정신적 자긍심을 바탕으로 세계와 자아에 대한 인식과 태도를 문학으로 형상화하게 되는데, 이것이 안빈낙도 세계의 보편성과 관습성으로 이어지게 된 것이다.

경험교육의 차원에서 안빈낙도의 문제에 새삼 주목하게 된 까닭은, 안빈낙도의 표명이 갖는 전형성과 보편성에만 함몰된 나머지 이를 단순히 소재나 주제 차원에서 획일적인 것으로 규정하여 일반화해버리는 오늘날 학습자의 인식과 수용 태도에 있다. 현대 사회의 물질문명과 경제 논리의 중시로 인하여 '안빈낙도의 표명=과거의 가치관=오늘날에 맞지 않는 것'이라는 도식이 만들어지면서, 이러한 경도에 따라 고전문학 작품 세계의

---

2) 우응순, 「박인로의 안빈낙도 의식과 자연」, 신영명 외, 『조선중기 시가와 자연』, 태학사, 2002, 65면.
3) 박현숙, 「박인로의 누항사 연구」, 『국어국문학』 157, 국어국문학회, 2011, 109면.
4) '安貧樂道', '安貧', '貧而無怨', '貧賤', '富貴', '簞食瓢飮', '陋巷', '顔淵', '顔回', '顔曾' 등이 대표적이다. 이들 어휘가 등장하는 작품만 하더라도 상당수에 이른다.
5) 우응순, 앞의 글, 65면.

인식과 태도는 오늘날 상황에 기여하는 바가 없다는 잘못된 편견과 선입견을 낳고 있는 것이다. 안빈낙도라는 것이 어디까지나 당시의 현실 긍정적 세계관을 바탕으로 자족적인 정신적 자긍의 이념이었던 만큼, 오늘날의 현실 상황과는 맞지 않는 것으로 여기는 것이다. 이는 고전문학의 작품 세계를 획일적이고 진부한 것으로 규정하면서, 오늘날과는 확연히 다른 '그때 거기'의 문제를 다루는 과거의 것으로만 인식, 수용하게 되는 대표적인 장면을 가리킨다.

이 같은 문제 인식이 고전시가를 '지식'이나 '이해'가 아닌 '경험'의 대상으로 설정하고 새로운 관점에서 접근하는 배경으로 작용한다. 이 글에서 안빈낙도는 고전문학의 경험교육 가능성을 밝히려는 기획에서 선택된 하나의 대상으로, 여기에는 고전문학에서의 보편성에도 불구하고 오늘날의 가치와 충돌하는 접점 또한 크다는 점이 고려되었다. 따라서 안빈낙도에 대한 경험적 접근은 천편일률적 이해를 넘어서서 안빈낙도의 가치가 갖는 다양한 의미역을 탐색하게 하고, 나아가 학습자 삶으로의 적용과 전이, 내면화를 위한 경험교육의 필요성을 입증하는 일이 될 것이다.

2. 안빈낙도에 대한 경험교육적 접근의 의미

교육의 국면에서 '경험' 문제를 중시하는 관점의 바탕에는 대상과 학습자의 '만남', '교섭' 등으로 대표되는 상호작용, 그리고 그에 따른 주체의 의미있는 변화가 자리하고 있다. 교육이 의미있는 방향으로의 변화를 도모하는 실천적 행위라는 점에서 대상과의 상호작용은 이러한 변화를 이끌어내는 효과적인 동인이 되며, 교육이 수행해야 할 중요한 과제에 해당한다. 문학교육에서 텍스트의 이해 차원을 넘어서서 학습자 자신과의 관련 속에서 자아와 세계의 관계를 이해하고 깨달아 궁극적으로 안목의 포괄성과 개인적 관점의 수립으로 나아가야 한다는 주장의 밑바탕에도 이처럼 문학을 통한 경험의 확대와 심화가 내포되어 있다.6) 문학교육에서 이 같은 관심은 현재까지도 문학 감상의 방법 차원에서 수많은 방안들이 제안되는 성과로 구체화되고 있다.7)

국어교육의 내용으로 '지식', '수행', '태도'와 더불어 '경험' 영역의 설정은 국어교육의 '활동'이나 '방법' 차원이 아닌 '교육 내용'의 위상에서 경험에 대한 논의의 장을 마련하는 성과를 가져오기도 하였다.8) 이는 가르치는 '방법'에서 가르치는 '내용' 차원으로 경험에 대한 관심의 전환을 가져온 것으로 평가된다. 이러한 관점에서 다양한 장르와 작품을 대상으로 교육 내용을 살펴보는 일련의 연구가 수행되었고, 이 글 역시 이 같은 연구사의 전체 흐름 속에 위치하고 있다.

그러나 이러한 연구 성과에도 불구하고 교육 현장에서 경험적 접근과 그 실제를 찾아보기는 쉽지 않다. 특히 고전시가의 경우 표기와 표현의 이질성으로 인해 일차적인 해독과 이해가 강조됨에 따라 이른바 고증학과 지식 위주의 수업이 압도하는 결과를 낳고 있다. 이 글의 대상이자 자료가 되는 안빈낙도의 경우도 이러한 상황에서 자유롭지 못하다. 특히 안빈낙도와 같은 가치의 경험은 학습자의 변화와 성장을 가져오는 중요한 내용이 될 수 있음에도 불구하고, 천편일률적인 해석과 지식의 답습으로 인하여 의미있는 경험을 이루어내지 못하고 있다. 이와 관련하여 가드너 (J. Gardner)의 다음과 같은 말은 안빈낙도와 같은 가치를 교육하는 현재의

---

6) 김대행 외, 『문학교육원론』, 서울대 출판부, 2000; 우한용, 『문학교육과 문화론』, 서울대 출판부, 1997.

7) 이와 관련된 대표적인 선행 연구에 대해서는 이 책 Ⅰ부를 참조할 수 있다.

8) 김대행, 「내용론을 위하여」, 『국어교육연구』 10, 서울대 국어교육연구소, 2002; 김대행, 『통일 이후의 문학교육』, 서울대 출판부, 2008 등 참조

모습에 반성과 성찰을 불러일으킨다.

"우리는 젊은이들에게 그들이 케케묵은 가치들을 따분하게 바라보고 있어야 한다는 느낌을 주는 대신, 그들이 해야 할 일은 그들 시대에 그들의 가치를 끊임없이 재창조해야 한다는, 냉혹하지만 신선한 진리를 말해주어야 한다."9)

이 같은 측면에서 본다면, 안빈낙도의 문제는 고전시가 작품에 매우 빈번하게 등장하는 가치라는 '보편성' 이외에도 오늘날의 경제 논리와 정면으로 상충하는 '차별성'을 동시에 갖고 있다는 데 주목할 필요가 있다. 이 같은 차별성과 특수성은 고전시가에 내재되어 있는 가치가 오늘날에도 유효할 수 있다는 명제를 보편성과 공감성의 측면으로만 전달하기보다는, 오히려 이질적 경험 질료로서 고전문학이 가져다주는 새로운 통찰과 안목에 주목할 것을 요청한다. 이것이 곧 오늘날과 '연결되어 있는 타자'10)로서 고전문학이 갖는 진정한 의미와 가치가 될 것이며, 안빈낙도를 경험의 관점에서 다루려는 이 글의 의의를 정당화하는 일이 될 수 있다.

덧붙여 경험교육의 관점에서 논의되기 위해서는 학습자의 다양한 판단과 태도를 불러일으킬 수 있어야 하는데, 안빈낙도 자체가 시대의 변화에 따라 다양한 의미역 속에서 인식되고 받아들여진 역사적 수용태를 갖고 있다. 안빈낙도의 의미와 기능이 획일적이거나 단선적이지 않음은, 안빈낙도를 표방한 작품의 세계가 시대와 배경에 따라 다양한 모습을 나타내는 것에서 확인된다. 조선 전기 안빈낙도의 표명이 성리학적 관념의 세계 속에서 정신적 자긍심으로 이루어진 데 반해, 조선 후기에 이르러서는 가

---

9) L. E. Raths 외, *Values and teaching working with values in the classroom*, 조성민 외 역, 『가치를 어떻게 가르칠 것인가』, 철학과현실사, 1994, 24면.

10) 김흥규, 「고전문학 교육과 역사적 이해의 원근법」, 『현대비평과 이론』 Vol 3., 1992, 46면.

난과 궁핍의 현실 세계에서 재지사족 혹은 향반의 계층 의식 발현으로 그 의미를 풀어내는 것이 대표적이다. 이처럼 안빈낙도의 세계는 분명 성리 학을 기반으로 하면서도, 성리학적 이념을 실천하는 과정과 맥락에 따라 다양한 의미역을 갖고 있음을 일깨워준다. 성리학적 세계관의 고수나 이 에 대한 답습이라는 일반적인 선입견과 달리, 실제 작품 세계는 성리학의 이념으로부터 탈피하려 하거나, 심지어 성리학이 현실 문제의 해결에 더 이상 유효한 것이 되지 못함을 인식하는 징후마저 보여주기도 한다.

경험교육의 관점에서 본다면, 문학 텍스트는 '무엇에 관한 지식이 아니 라, 인생을 살아내는 경험을 제공하는 것'이며, 학생들은 문학을 통해서 부가적인 정보보다는 경험을 형성한다는 점에 초점이 맞춰진다.[11] 교육이 학습자의 성장을 목표로 하고, 문학이 가치있는 체험을 본질로 한다는 점 을 고려한다면, 문학교육은 다양한 텍스트 세계에 대한 의미있는 경험을 통해 성장을 이끌어내는 방향으로 전개되어야 한다는 주장으로 수렴될 수 있다. 이 글의 과제는 이 같은 명제를 구체적인 자료를 통해 입증해내 는 것이라 할 수 있다.

3. 안빈낙도 경험교육의 내용

이 장에서는 안빈낙도의 역사적 수용태를 통해 어떠한 경험의 형성이 가능할 수 있는지를 살펴보기로 한다. 아래에 제안되는 '보편적', '이질 적', '공감적' 경험은 텍스트 세계에 내재되어 있는 일반적인 경험 내용을 뜻하는 것으로, 수용자와의 대화적 구조 속에서 공감과 거리두기 등을 통

---

11) L. M. *Rosenblatt, Literature as exploration*, 김혜리 외 역, 『탐구로서의 문학』, 한국문화사, 2006, 38면.

해 다양한 경험의 양태를 생성하는 질료에 해당한다. 주지하다시피 경험의 내용은 대상에 의해서만 결정되는 것이 아니며, 경험자의 인식 태도와 반응에 따라 형성되는 경험에는 차이가 있기 마련이다. 예컨대 문학 작품은 작품에서 자기를 발견해서 몰입하게 만들기도 하고, 작품에 부딪쳐서 자기를 되돌아보게 하는 작용도 한다는 설명12)은 텍스트를 통해 형성되는 다양한 경험의 동인을 설명하는 것이라 할 수 있다.

(1) 안빈낙도 가치 표명에 대한 보편적 경험
: 공동체의 추구 가치로서의 안빈낙도

조선 전기 안빈낙도의 세계는 일상적 삶 속에서 도를 즐기는 생활을 표현하는 상징적 표지로서의 의미를 갖고 있다. 사대부의 지위가 유지·보장되는 최소한의 경제적, 사회적 기반이 확보된 가운데 가질 수 있는, 세계에 대한 조화로운 인식의 결정체였던 것이다. 대표적인 가사 작품 몇몇을 살펴보면 다음과 같다.

> 功名도 날 끠우고, 富貴도 날 끠우니,
> 淸風明月 外예 엇던 벗이 잇스올고
> 簞瓢陋巷에 훗튼 혜음 아니 ᄒ니
> 아모타, 百年行樂이 이만흔들 엇지ᄒ리
>
>   — 정극인, <賞春曲>

> 各得其志 ᄯᅳᆺ을 즐겨 不求聞達 좋을시고
> 陋巷簞瓢 자바다가 安貧이나 ᄒ여 보식
>
>   — 이서, <樂志歌>

---

12) 조동일, 『문학연구방법』, 지식산업사, 1980, 213면.

陋巷이 히 눔픈제 單瓢子도 잇고 업고

ᄂ믈먹고 믈 마시고 풀 볘고 누어셔도

이 마ᄋᆞᆷ 어든거시 이 ᄀᆞ온ᄃᆡ 줄거웨라

               — 조식, <勸善指路歌>

힘뼈 보시 힘뼈 보시 安貧工夫 힘뼈 보시

貧富貴賤 天定이라 人力으로 取捨홀가 (…중략…)

一簞食와 一瓢飮은 君子艱難 그러ᄒᆞ니

三月不違 陋巷속의 不改其樂 ᄒᆞ시도다

               — 이이, <自警別曲>

이처럼 안빈낙도와 청빈은 당시 사대부들의 이념적 지표로 기능하였으며, 그에 따라 재화의 축적에 대한 언명은 원천적으로 제한될 수밖에 없었다. 조선 후기 실학자나 북학파 등을 중심으로 경제에 대한 새로운 인식이 제기되기 전까지, 청렴과 청빈을 강조해 온 유교적 사유는 경제에 관한 직접적인 관심을 문학 전면에 가져오는 것 자체를 가로막아 왔다. 문학의 장에서 부에 대한 관심은 생활의 영위와 같은 실제적인 맥락과 달리, 윤리와 계도의 차원에서 청빈의 주장으로 다뤄진 것이 대부분이다. 여기서 부귀에 대한 선호와 빈천에 대한 회피가 인간 존재의 당연한 욕구와 태도임에도 불구하고, 안빈낙도가 중요한 가치가 될 수 있었던 까닭이 궁금해진다. 재화, 물질에 대한 대응 방식이나 태도의 차이는 다음과 같은 공자의 말에서 그 단서를 찾을 수 있다.

    공자께서 말씀하셨다. "부를 구해서 될 수 있다면, 내 말채찍을 잡는 자의 짓이라도 나 또한 그것을 하겠다. 그러나 만일 구하여 될 수 없는 것이라면 내가 좋아하는 바를 따르겠다."[13]

---

13) 『論語』 「述而第七」, "子曰 富而可求也 雖執鞭之士 吾亦爲之. 如不可求 從吾所好."

공자에 따르면, 부귀는 인간의 노력 바깥에 존재하는 영역으로 인간은 그것을 구할 방도가 없고 다만 하늘에 달려 있을 따름이다. 이른바 "성실한 것은 하늘이고, 성실하려고 노력하는 것이 인간"[14])이라는 인식이 대표하듯, 가난과 부귀는 인간이 결정하는 것이라기보다는 오히려 주어진 것이며 받아들여야 하는 대상인 것이다. 이러한 사유가 설득력을 가질 수 있는 데에는, 모든 사람은 다 성인이 될 수 있다[15])는 대전제가 자리잡고 있기 때문이다. 이 같은 인식에서 문제 사태를 되돌아본다면, 그 원인은 '내 마음의 누'이지 다른 것이 결코 아니며, 따라서 내가 바로 잡아야 할 것도 내 마음일 따름이다.[16]

안빈낙도의 의미가 보편적 경험 질료로 작용할 수 있는 것은, 안빈낙도의 전통이 현재까지 강요되는 규범으로서 자기 윤리의 근간과 가치 지향의 방향성을 제공해주는 데에 있다. 일찍이 유학 사상이 우리의 사상과 생활에 준 대표적인 영향과 공으로 '청렴절의(淸廉節義)의 존중'을 지적한 것[17]은 이를 보여주는 하나의 사례라 할 수 있다. 안빈낙도의 사상적 흐름이 오랜 역사적 과정 속에서 침윤되어 우리 민족 성격의 일면을 형성하게 되었다는 설명[18] 등도 마찬가지이다. 여기에는 인간의 욕망을 충족시키는 물적 존재로서 재화의 기능이 과도하게 확장되는 것에 대한 경계가 함축되어 있다. 예컨대 물질 만능주의, 무질서, 이기주의가 팽배한 가운데 전통 윤리가 급속히 붕괴되고 와해되면서 대두된 천민자본주의와 혈연주

---

14) 『中庸』, "誠者 天之道也, 誠之者 人之道也."

15) 풍우란, 『中國哲學史』, 박성규 역, 『중국철학사 하』, 까치, 1999, 151면.

16) 박현숙, 앞의 글, 108면.

17) 玄相允, 이형성 교주, 「朝鮮儒學의 朝鮮思想史에 及한 영향」, 『朝鮮思想史』, 심산, 2010. 한국 민족 성격의 일면을 나타내는 특징으로 '안빈낙도(安貧樂道), 과욕(寡慾), 대의명분(大義名分), 결백(潔白), 외면(外面)치레, 점잖음'을 들고 있는 것도 이러한 인식을 보여주는 대표적인 장면이다. 김태오, 『민족심리학』, 동방문화사, 1950, 349면.

18) 조재억, 앞의 글, 72면.

의, 지역주의 등에서 현대 사회의 가치관 혼란의 원인을 찾는 것[19])의 이면에도 안빈낙도의 가치관이 자리하고 있다. 천민자본주의적 사회에서는 돈이 곧 힘으로 인식되면서 인간 존재를 포함한 모든 것이 상품화되고 수단적 가치로 전락되고 만다는 점[20])이 주된 비판의 내용이 된다. 그 대척점에 안빈낙도의 가치관이 자리하고 있음은 물론이다.

(2) 안빈낙도 가치 표명에 대한 이질적 경험
: 현실 극복의 방편으로서의 안빈낙도

안빈낙도 가치가 지닌 경험교육적 의의는 다양한 문제 인식과 수용에 있으며, 그 균열과 변화의 첫 모습은 임란 이후 사회 문화적 측면에서의 여러 변화에 따른 재지사족의 달라진 세계 인식에서 찾아볼 수 있다.[21]) 가난과 궁핍의 기술이 겸양의 표현 차원을 넘어서서 자신을 둘러싼 현실 상황의 맥락 속에서 사실적으로 그려지는 것을 말한다. 17세기 시가사의 지형도에 대한 많은 연구 또한 이러한 변화에 착목하여 이루어졌던 것이고, 여기서 안빈낙도는 변화를 읽어내는 핵심어가 될 수 있다. 이들 작품 세계에서 그려지는 가난과 궁핍의 형상이 작자 자신의 실제 경험에서 연유한 것이든, 당시 특정 계층의 시각에서 바라본 사회적 현실을 그린 것으로 보든,[22]) 이 시기에 이르면 추상적, 관념적 이념 차원에서 노래하던

---

19) 함재봉, 『유교 자본주의 민주주의』, 전통과 현대, 2000, 21-22면.
20) 문성학, 『현대인의 삶과 윤리』, 형설출판사, 1998, 103면.
21) 임란 이후 재지사족에 의한 안빈낙도의 성격 변화에 대해서는 우응순, 앞의 글; 김홍규, 「16, 17세기 강호시조의 변모와 전가시조의 형성」, 『욕망과 형식의 시학』, 태학사, 1999 등을 참조할 수 있다.
22) 예컨대 <누항사>에 기술되는 가난과 궁핍이 박인로의 실제 경험을 뜻하는 것이 아닐 수 있다는 의견이 여러 차례 제기된 바 있다. 이동찬, 「<누항사>에 나타난 사족의 가난 체험과 의식의 변화」, 『한국민족문화』 14, 부산대학교 한국민족문화연구소, 1999, 61면; 최현재, 「재지사족으로서 박인로의 삶과 누항사」, 『국문학연구』 9, 국문학회, 2003, 194면.

조선 전기의 안빈낙도와는 의미있는 차이점을 보이고 있음은 분명하다.
박인로의 <누항사(陋巷詞)>, 정훈의 <탄궁가(嘆窮歌)>는 이를 대표하는 작
품군이다.

> 陋巷 깁푼 곳의 草幕을 지어 두고
> 風朝雨夕에 석은 딥히 셥히 되야
> 셔 홉 밥 닷 홉 粥에 煙氣도 하도 할샤
> 셜 데인 熟冷애 뷘 배 쇡일 뿐이로다
> 생애 이러ᄒ다 丈夫 ᄯᅳᆺ을 옴길넌가
> 安貧一念을 젹을망정 품고 이셔
> 隨宜로 살려 ᄒ니 날로 조차 齟齬ᄒ다 (…중략…)
> 無狀한 이 몸애 무슨 志趣 이스리마는
> 두세 이렁 밧논를 다 무겨 더뎌 두고
> 이시면 粥이오 업시면 굴물망정
> 남의 집 남의 거슨 전혀 부러 말렷스라
> 닉 貧賤 슬히 너겨 손을 헤다 물너가며
> 남의 富貴 불리 너겨 손을 치다 나아오랴
> 人間 어니 일이 命 밧긔 삼겨시리
> 貧而無怨을 어렵다 ᄒ건마는
> 너 生涯 이러ᄒ되 설온 ᄯᅳᆺ은 업노왜라
> 簞食瓢飮을 이도 足히 너기로라
> 平生 ᄒᆞᆫ ᄯᅳᆺ이 溫飽애는 업노왜라
>
> ― 박인로, <陋巷詞>

<누항사>, <탄궁가> 등은 안빈낙도에 대한 획일적인 이해와 태도를
경계하면서 새로운 영점 조정을 요구하는 대표적인 작품이라 할 수 있다.
무엇보다 이들 작품에는 작품 세계를 통해 묘사되는 현실과 안빈낙도를
표방하는 작자의 의식과 태도 사이에 상당한 거리와 간격이 내재되어 있

다. 텍스트에 표출된 현실과 이에 대한 관념적인 작자의 태도를 해명하는 데 그동안 많은 연구가 주력한 것도 이 같은 특징에서 연유한 것이라 할 수 있다. 안빈낙도의 표명을 어쩔 수 없는 현실에 대한 관념적 극복이나 도피 차원으로 평가하는 것도,[23] 심지어 전란과 기근으로 동요하는 민심을 교화하려는 의도에서 생성한 것으로 보는 것도,[24] 모두 이전과는 다른 맥락과 의미에서 그 해명을 시도한 것이라 볼 수 있다.

그런데 이들 작품 세계가 오늘날 의미있는 경험 질료로서 기능할 수 있는 것은, 갈등을 유발하는 요소가 '가난 그 자체'에 있는 것이 아니라, '가난을 문제로 인식하고 이를 해결하려는 태도' 그 자체를 문제 삼는 데 있다. 가난과 궁핍은 자신이 지향하는 가치의 여집합이 아니라 반드시 포함되어야 하는 것이고 오히려 추구해야 할 요소임에도 불구하고, 이것을 장애물로 인식하면서 극복의 대상으로 간주하는 데서 비롯되는 갈등인 것이다. 이는 가난과 궁핍의 문제를 상대적 인식에 따라 부정과 제거의 대상으로만 여기는 오늘날의 태도와는 분명한 차이점을 갖는다.

이 같은 입장과 인식의 차이는 해결 방식에서도 차이를 가져온다. 오늘날의 입장에서는 가난과 궁핍에서 완전히 벗어나 경제적으로 풍족한 삶을 영위할 때 비로소 갈등이 해소될 수 있다. 반면 <누항사> 등의 세계에서는 오히려 가난에 대한 적극적인 수용을 통해 선인의 삶을 좇는 것과 가난 사이의 완전한 통합을 이루어내는 것에서 갈등 해결을 시도하고 있다. 가난과 궁핍에 대한 비슷하면서도 매우 다른 문제 인식과 해결 방안의 경험이 여기서 가능해진다.

---

23) 손대현, 「누항사의 서술 양상과 의미」, 『어문학』 105, 한국어문학회, 2009, 230면; 이승남, 「누항사의 갈등 표출 현실묘사와 강호 인식」, 『한국문학연구』 25, 동국대 한국문화연구소, 2002, 231면.
24) 김광조, 「누항사에 나타난 탄궁의 의미」, 『고전과 해석』 2, 고전문학한문학연구학회, 2007, 31면.

<누항사>를 비롯한 재지사족의 작품군들이 경험교육에서 중요한 의미를 갖는 지점이 바로 여기이다. 안빈낙도 의미의 분화와 그에 따른 기능의 변화는 안빈낙도에 대한 새로운 이해와 접근을 요구하는 것으로, 안빈낙도의 세계가 획일적이거나 단선적인 것이 아니라 다양한 의미와 기능을 가질 수 있음을 일깨운다. 궁핍한 현실 극복의 방편으로서, 스스로에 대한 자기 위안의 기능으로서 안빈낙도가 가질 수 있는 새로운 기능과 의미를 보여주는 것으로, 이는 오늘날 수용자의 일상 경험과는 분명한 차이를 갖는다.

한편, 오늘날 수용자의 입장에서 본다면 적극적인 경제 활동을 통해 가난과 궁핍을 극복하는 행위로 나아가지 못함은 오히려 비판의 내용이 될수 있다. 가난과 궁핍의 상황에서 안빈낙도의 표명은 현재의 자본주의적 삶과는 분명 맞지 않는 부분이다. 그러나 이는 안빈낙도의 가치가 자신의 상황에 대한 상징적 표명, 혹은 자기 위안의 기능 이외에도 또 다른 중요한 기능과 의미를 갖는다는 점을 간과하고 있다.

그렇다면 현재와는 구별되는 이 같은 이질적인 문제 인식과 해결 방안의 모색이 어떠한 배경과 요인에 의해 가능하였는지에 대해 살펴볼 필요가 있다. 안빈낙도는 상징적인 교훈과 가치 차원의 이념으로 존재했던 것이 아니라, 평민과의 차별 의식 속에서 양반의 신분을 유지하고 그 정체성을 확보하는 중요한 표지로서의 기능과 역할을 담당하고 있었던 것이다. 다음 『맹자(孟子)』와 『논어(論語)』의 내용은 이 같은 인식의 근거를 제공하는 대표적인 것이다.

> 떳떳한 생업이 없으면서도 떳떳한 마음을 가지고 있는 자는 오직 선비만이 가능한 것이요, 백성으로 말하면 떳떳이 살 수 있는 생업이 없으면 인하여 떳떳한 마음이 없어지는 것이다.[25]

선비가 도(道)에 뜻을 두고서 나쁜 옷과 나쁜 음식을 부끄러워하는 자는
더불어 도를 의논할 수가 없다.26)

물질에 따라 마음이 변하지 않는 것에서 선비와 일반 평민의 차이를 두
고서, 나쁜 옷과 음식을 부끄러워해서는 안 된다는 점을 말하고 있다. 이
런 점에서 보건대 안빈낙도는 상층 신분을 규정짓는 공유된 의미와 가치
이면서, 일반 평민과 구별짓는 잣대로서의 기능을 수행한다. 즉 신분적 차
별성을 합리화하고 뒷받침하면서, 그 구성원을 결속시키는 기능을 담당하
는 삶의 방식이자 표상이었던 것이다. 따라서 이들 가치의 표명과 고수는
곧 사회 상층인으로서 자신들의 신분적 정체성을 확고히 하고 유지하는
일이 되었기에, 가난과 궁핍의 상황에 직면하게 되었더라도 이를 극복하
려는 의도와 목적으로 물질과 경제에 대한 기존의 태도와 입장을 섣불리
바꿀 수가 없었던 것이다.

이러한 해석은 양반의 지위를 확실하게 판별할 수 있는 객관적 기준이
존재하지 않고, 법적으로 상세하게 규정하기도 어렵다는 역사학적 사실을
통해 뒷받침된다. 다음과 같은 설명에서 양반의 기준에 대해 유추해보는
것이 가능한데, 여기서 안빈낙도의 기능과 의미를 짐작할 수 있다.

양반 지위를 법적으로 소상하게 규정하기는 매우 어려워서 엘리트 가운
데 누가 양반이라고 판단할 수 있는 확실한 기준은 없다. 그럼에도 다음의
기준은 양반 지위를 판단하는 데 필수적이라고 여겨진다. 그것은 계보상
으로 추적할 수 있으며 널리 이름이 알려진 '현조(顯祖)' ― 현조는 무엇보
다도 학문이 두드러진 선조를 의미한다 ― 그 같은 선조로부터 분명한 출
계, 이러한 지위를 일정 지역에서 인지하고 있는가 하는 것, 명망있는 가

---

25) 『孟子』, 「梁惠王章句上」 "無恒産而有恒心者 惟士爲能 若民則無恒産 因無恒心"
26) 『論語』 「里仁 第四」 "士志於道而恥惡衣惡食者 未足與議也"

문과의 긴밀한 통혼 관계, 각별한 생활 방식이 그것이다.[27]

"각별한 생활 방식"의 함의에서, 안빈낙도가 상층 신분의 표상과 기준
으로서 작용하고 있음을 유추할 수 있다. 오늘날의 관점에서 본다면 <누
항사> 등에서 표방하는 안빈낙도는 회피와 자기 합리화에 따른 소극적,
부정적 문제해결 방식으로 폄하될 수 있지만, 이 같은 맥락과 사유에서는
지금과는 근본적으로 다른 접근과 해결 방식을 보여주는 것으로 평가될
수도 있다. 자신이 추구하는 유학적 이념과 그 실천을 제약하는 현실 사
이에서 표출되는 갈등이면서, 동시에 그 길항의 결과이자 해결 방안이 바
로 안빈낙도였던 것이다. 가난과 궁핍의 문제가 자신이 목표로 하는 삶의
이상을 실천하는 데 장애물로 작용한다는 인식에서 벗어나, 이마저도 그
이상 속에 적극적으로 포함시키려는 인식의 전환이 안빈낙도를 표명하게
된 동력인 것이다.

이러한 인식과 태도는 유가적 신념과 궁핍한 현실이 충돌하는 상황에
서 어느 한쪽만을 선택하는 것으로 귀결되기 마련인 오늘날의 이분법적
인식과는 사뭇 다른 양상을 보여주는 것이라 할 수 있다. 가난과 궁핍한
삶에 대한 안빈낙도적 관념은 가난과 궁핍한 삶에 대하여 정신적 위안과
위무를 가져다주는 기능과 더불어, 모순된 당대 현실에 대한 비판 대신,
수용과 합리화를 가능케 하는 완충장치로서의 기능까지도 수행하였음을
짐작하게 한다.

이처럼 표면적으로 오늘날과 유사한 문제 사태를 두고서 지금과는 다
른 방식으로 접근하여 살펴봄으로써 또 다른 대응 방식의 모색과 그에 따
른 새로운 태도의 형성이 가능할 수 있다는 점, 이것이 '고전문학을 통해'

---

27) Martina Deuchler, *The Confucian transformation of Korea*, 이훈상 역, 『한국사회의 유교적
변환』, 아카넷, 2005, 26면.

우리가 경험해야 할 내용이면서, '고전문학을' 경험해야 하는 이유이기도 하다. 오늘날과 다른 이질적 세계의 경험으로서 고전문학이 갖는 교육적 가치이면서, 고전문학교육의 내용으로서 경험이 설계되어야 하는 이유를 여기서 찾을 수 있다.

(3) 안빈낙도 가치 표명에 대한 공감적 경험
: 비판 대상으로서의 안빈낙도

경험 질료로서 안빈낙도의 세계는 18세기 이후의 변화에서 더욱 확대 되는 모습을 보인다. 일반적으로 18세기 이후는 시장 체제, 임노동, 자본 의 축적, 선대제 수공업 등 상품화폐 경제의 활성화를 보여주는 지표의 측면에서 이전과 확연히 구별되는 차이가 나타나는 것으로 알려져 있다. 심지어 국가 경제의 활성화 차원에서 화폐의 유통 방식에 대한 제언[28] 등 이 제기되기도 하고, 유통 방법론에 대한 모색이 이루어지기도 하였다. 이 러한 사회 문화적 배경의 변화는 문학적 형상화에서도 큰 영향을 미치는 바, 예컨대 『초당문답가(草堂問答歌)』 중 <치산편(治産篇)>만 하더라도 건전 한 부의 축적에 대한 권고로 전체 내용이 구성되어 있다.

> 先貧賤 後富貴을 남의 불음 더욱 죠며
> 先富貴 後貧賤은 남의 우슴 더욱 슬타
> 밥 못 먹거 비곱푸고 옷 못입고 등 실리지 (…중략…)

---

28) 대표적인 것으로, 박지원, 「김우상(金右相) 이소(履素)에게 축하하는 편지」 '별지(別紙)', <연상각선본(煙湘閣選本)>, 『연암집』 2권 등을 들 수 있다. 참고로 이와 같은 화폐의 활 성화는 중세의 붕괴와 근대의 형성을 논하는 중요한 바로미터가 되기도 한다. 화폐가 중 세의 수직적 인간관계를 수평적인 인간관계로 바꿈으로써 신분과 관계없이 자본을 축적 한 자가 권력을 갖는 자본주의적 인간관계로 전환하는 매개로 작용한다는 설명(이도흠, 「18-19세기 가사에서 상품화폐경제에 대한 태도 유형 분석」, 『고전문학연구』 34, 한국고 전문학회, 2008, 68면)이 바로 그것이다.

有口則 必食ᄒ고 有身則 必衣ᄒ나니
禮節도 衣食이요 行世도 衣食이요
親戚도 衣食이요 친구도 衣食이요
功名도 衣食이요 事業도 衣食이요

— 작자 미상, <治産篇>

제목에서 드러나듯, <치산편>은 치산의 중요성을 일깨우는 내용으로 전편이 구성되어 있다.[29] 치산을 위한 실천적 지침을 구체적으로 나열함으로써 부와 재물의 축적을 강조하고 있는 것이다. 이 같은 상황은 빈천이 더 이상 관념의 세계 속에서 정신적 자긍심으로 기능하지 못함을 보여준다. 특히 결말 부분에서 개인의 공명 성취와 그것을 가능케 하는 교육의 수단으로서 부를 강조한다는 점에 유의할 필요가 있다. 인간다운 삶을 영위하기 위한 필수 수단으로서 부를 인식하는 사유의 전환이 이루어지고 있는 것이다. 안빈낙도가 현실 삶에서 유효한 가치로서 그 의미를 잃어가고 있음을 목격하게 된다.

가난과 안빈낙도의 지평을 조금 더 확장하여 정약용에 닿게 되면, 지금까지와는 사뭇 다른 양상마저 접할 수 있다.

안빈낙도 배우려 작정했으나   請事安貧語
가난 속에 처하니 편안치 않네   貧來却未安
한숨짓는 아내에 기풍 꺾이고   妻咨文采屈
굶주리는 자식에 교훈은 뒷전   兒餒敎規寬
꽃과 나무 도무지 쓸쓸하다면   花木渾蕭颯

---

29) 이 같은 인식의 변화가 개별 작품의 특수성을 넘어 당대 보편적인 것으로 유추할 수 있는 것은, 신재효의 <치산가> 역시 이 작품을 바탕으로 하고 있으며(박연호, 「신재효 <치산가>와 『초당문답가』의 관련 양상 및 그 의미」, 『국어국문학』 149, 국어국문학회, 2008 참조), <복선화음가> 등의 작품에서도 유사한 주제 의식을 찾아볼 수 있기 때문이다.

시서는 하나같이 너절한 따름　　　詩書摠汗漫
농가의 울타리 밑 저 보리 보소　　　陶莊籬下麥
차라리 농부된 게 낫지 않을까　　　好付野人看[30]

　가난과 궁핍의 현실은 더 이상 관념적 차원에서의 이념적 대응을 어렵게 만든다. 경제적 기반이 삶을 지배하는 결정적인 변수로 자리하게 되는 것이다. 극한의 궁핍과 가난으로 인해 안빈낙도의 가치를 내어 던지게 되고, 청빈과 같은 자기 윤리의 기반을 상실한 채 삶의 남루함 등에 대해 직접적으로 토로하기에 이른다.

　이러한 상황은 가사나 한시가 아닌 다른 장르로 시선을 옮길 경우 더욱 심화되어 전개된다. 예컨대 "사대부를 기반으로 남성 독자 사이에서 유통되다가 수용층을 확대해간 '야담'에서는 돈에 대한 욕망을 자유분방하게 표현"[31]하면서 돈의 소유를 절대적인 삶의 목표로 간주하는 이야기가 빈번하게 등장한다. 축재를 위해 전통적인 부부 관계나 형제 관계 등 기존의 삶의 방식을 포기하는 이야기들이 유통되기에 이르는 것이다. 예컨대 재물의 획득을 행운담과 성공담의 차원에서 다루고, 가난한 처지에서 부자가 된 인물을 이인담의 형식으로 이야기화하는 것이 대표적이다. 돈 벌기 경쟁에서 도태하게 된 인물들의 실패담[32] 역시 이러한 경향의 또 다른 모습이다. 특히 벼슬을 얻기 위한 목적으로 돈이 뇌물로 활용되는 장면에서는 돈이 권력과 결탁하는 과정을 통해 사회적인 힘을 발휘하는 현실이 그려지기도 한다. 여기서는 더 이상 경제와 소유에 대한 근본적인 비판과

---

30) 정약용, <가난을 한탄하며(歎貧)>, 『다산시문집』 22권.
31) 최기숙, 「돈의 윤리와 문화 가치」, 『현대문학의 연구』 Vol. 32, 한국문학연구학회, 2007, 199면.
32) 이들 이야기의 구체적인 사례는 최기숙, 「도시, 욕망, 환멸 : 18, 19세기 "서울"의 발견」, 『고전문학연구』 23, 한국고전문학회, 2003을 참조하기로 한다.

성찰을 찾아보기 어렵다. 재물과 출세에 대한 욕망이 청빈과 은일의 윤리를 압도하면서 그 자체가 물신화되는 현상을 보여주는 것이다. 이처럼 개인의 입신 양명이라는 목표와 그에 따른 금전이라는 비합법적인 수단의 사용은 분명 안빈낙도의 가치관과는 맞지 않는 것임에 분명하다. 명예와 금전에 대한 개인의 욕망이 서사를 전개하고 견인하는 주요 동력으로 작용하고 있는 점은 오늘날과 매우 흡사한 모습을 나타낸다고 하겠다.

이러한 세계는 분명 세상과의 단절을 통해 자기 수양과 청빈을 강조했던 조선 전기와는 다른 양상이다. 일찍이 사대부에게 돈은 소유와 같은 양적 측면이 아니라 오직 그것을 사용하는 도리의 차원에서만 제한적으로 다뤄질 수 있었고, 그 결과 축재에 대한 고민 대신 검약의 실천과 같은 논의 범위 속에서만 문학적 형상화가 이루어졌던 것과는 차이가 있다. 가난과 궁핍은 더 이상 초연히 감내해야 할 대상이라든가 혹은 도를 지키고 수신을 가능하게 하는 수양의 관문으로 간주되는 것이 아니라, 저항하고 극복해야 할 대상으로[33] 그 해결이 개인에게 중요한 과제가 되기에 이른다. 이처럼 안빈낙도 가치관의 한계를 인식하는 데에서 또 다른 차원의 경험, 즉 공감적 경험의 형성이 가능해진다.

4. 가치의 경험과 문학교육론

안빈낙도에 대한 관심과 조명이 이 글에서 처음 이루어진 것은 분명 아니다. 예컨대 도덕교육에서도 현대 한국 사회의 천민자본주의적 문제와 그 한계를 극복할 수 있는 대안으로 '유교 자본주의'가 제안되고 안빈낙도

---

33) 최기숙, 「돈의 윤리와 문화 가치」, 『현대문학의 연구』 32, 한국문학연구학회, 2007.

의 정신이 구체적인 방안이 될 수 있다는 탐색이 이루어지기도 하였다. 그러나 안빈낙도와 같은 가치의 문제에 대해서는 학습자의 주체적인 수용과 그에 따른 판단이 중요한 과제가 된다는 인식이 경험의 관점을 제안하게 된 직접적인 배경에 해당한다.

가치는 객관 세계에 실재하는 대상의 속성으로 보기도 하고 대상, 주체의 관심과 흥미, 그 둘의 관계 속에서 실현되는 것으로 설명하기도 한다.34) 이때 전자와 같은 가치실재론은 교육의 국면에서 자칫 정해진 가치를 일방적으로 주입하는 '가치관 교육'으로 귀결될 위험성을 내포하고 있다. 이데올로기의 주입과 같은 '가치의 일방적 전달과 전수'를 경계한다면, 학습자의 관심과 관점에 따른 '가치의 발견과 형성'이 교육의 중요한 과제가 된다. 이에 따라 학습자에 의한 가치의 구성과 형성을 위한 방법으로서 가치 판단의 과정과 절차에 대한 논의가 이루어졌고, 실제로 사회학 등에서 제안된 가치 판단의 과정과 원리가 이에 상응하는 교육 내용으로 다뤄지기도 했다.35) 다음과 같은 내용을 하나의 예로 제시할 수 있다.

첫째, 가치 판단을 지지하는 가능적 사실들이 참이거나 충분히 확인되어야 한다. 둘째, 사실들은 진정한 관련성이 있어야 한다. 셋째, 다른 고려 사항들이 동일하다면 판단하는데 고려되는 관련 사실들의 범위가 클수록 더욱 적합한 판단을 할 가능성이 있다. 넷째, 가치 판단에 함축되어 있는 가치원리는 그 판단을 내린 사람이 수용할 수 있는 것이어야 한다.36)

---

34) J. Hessen, *Lehrbuch der Philosophie*, Zweiter Band : Wertlehre, 진교훈 역, 『가치론』, 서광사, 1992. 가치는 크게 대상에 내재되어 있는 것으로 보는 것과 주체에 의해 발견되거나 구성되는 것으로 양분되는데, 이들은 각각 가치실재론, 가치주관론으로 구분된다. 이 글은 '가치주관론'의 입장을 견지한다.

35) 예컨대 사회과 교육과정 중 사회 문화의 목표로 "사회 문화 현상에 대한 여러 가지 자료를 수집, 분석, 종합, 평가하여 지식을 구성하는 능력과 사회·문화적 쟁점에 대한 가치 탐구 능력을 기른다."가 명시되어 있다. 교육과학기술부, 『사회과 교육과정』, 교육과학기술부 고시 2011-361호, 교육과학기술부, 2011, 122면.

뱅크스(Banks)에 따르면, 사회과의 주요 목표는 학생들이 합리적인 결정을 내리고 지적으로 행동하도록 돕는 것으로 설정된다.[37] 그러나 실제 사회과 교육을 통해 가르쳐야 하는 것을 "합리적 가치 판단의 과정"[38]으로 규정하는 것에서 보듯, 합리적 과정과 절차에 따른 의사결정을 강조하는 데 그치고 있다. 이런 점에서 본다면, 안빈낙도와 같은 가치의 교육은 사실적 정보나 합리적 절차 이외에 학습자가 스스로 가치에 대해 판단하고 수용할 수 있는 '내용' 문제를 다룬다는 점에서 이들과 차이가 있다.[39]

따라서 이 글에서는 학습자 주체의 가치 판단 행위를 이끌어내기 위한 내용과 방법의 차원으로 텍스트 세계의 경험을 제안한다. 주지하다시피 문학 작품은 언어를 매개로 가치를 발견, 탐구, 판단, 설득하는 고유의 방식을 갖고 있다.[40] 문학은 기존의 가치에 대한 문제 인식 속에서 새로운 가치를 탐색하고 제안하는 것을 주된 내용으로 한다는 점에서, 자칫 텍스트 세계 속 가치를 그대로 학습자에게 전달하거나 강요하는 방향으로 전개될 위험성을 내포하고 있다. 그러나 가치의 실현태로서 문학 작품은 학습 독자가 그 안에서, 혹은 그로부터 가치를 발견하거나 재구성해야 할 '경험'의 대상이 되어야 하는 것이다.[41] "소설, 시, 드라마는 독자가 그것

---

36) L. E. Metcalf(eds), *Value Education : Rationale, Strategies and Procedures*, 정선심 외 역, 『가치교육』, 철학과현실사, 1992, 39~40면.

37) J. A. Banks, *Teaching Strategies for the social studies : Inquiry, valuing and decision-making*, 최병모 외 역, 『사회과 교수법과 교재연구』, 교육과학사, 1987.

38) 권정이, 「가치판단능력 함양을 위한 기본권 교육 내용의 재구성」, 한국교원대 석사학위논문, 2008, 8면.

39) 가치 교육에서는 가치의 '내용'을 중시하는 입장과 가치를 다루는 정신적 '형식'을 강조하는 입장으로 나뉘는데(추정훈, 「가치교육의 단계적 접근」, 『사회와 교육』 26, 한국사회과교육학회, 1998), 여기서는 가치 판단의 과정과 절차만을 중시하는 후자를 주로 다루는 경향에 대해 비판하고 있는 것이다. 그렇다고 해서 과정과 절차가 중요하지 않다는 것은 아니며, '경험'은 그 과정과 절차의 원리, 관점을 제공하는 것이라 할 수 있다.

40) 황혜진, 앞의 글, 3~4면.

41) 황혜진, 앞의 글, 5면.

을 일련의 의미를 지닌 기호로 변형할 때까지는 단지 종이 위의 잉크 자국으로 남아 있다. 문학 작품은 독자와 텍스트 사이에 구축된 살아있는 회로 안에 존재한다"[42]는 로젠블랫(Rosenblatt)의 말 또한 이 같은 맥락에서 이해할 수 있다. 따라서 가치에 대한 경험교육은 텍스트에 내재하는 가치의 문제에 대해 그 유효성과 적절성을 학습자가 직접 판단하고 평가하는 참여 행위를 통해 내면화하는 것으로 실현될 수 있다.

　경험교육의 관점이 문학교육에 유효할 수 있음은 이처럼 학습 독자의 적극적인 판단과 평가 행위를 요청함으로써 궁극적으로 텍스트 세계에 대한 자기화된 감상을 이끌어낸다는 데에 있다. 문학 경험이라 함은 텍스트 이해의 차원을 넘어서서 텍스트가 제기한 물음에 대해 자신의 응답을 마련하는 일까지를 포괄하는 것이며, 특히 가치의 경험은 텍스트가 제안하는 가치에 대한 적극적인 판단과 평가를 통해 궁극적으로 자신의 삶에 변화를 가져오는 일을 의미한다. 이때 고전문학이 경험교육의 유효한 질료가 될 수 있음은, 앞서 여러 차례 밝힌 바와 같이 텍스트가 제안하는 가치가 보편성과 더불어 현재와는 다른 이질성과 차별성까지 갖는다는 데서 찾을 수 있다. 이는 합리적인 판단과 평가를 가능케 하는 다양한 폭의 경험을 제공하는 장점으로 작용한다. 안빈낙도의 사례에서 보듯, 문제 사태에 대한 다양한 입장과 그에 따른 대응 방식의 차이는 문제 사태를 폭넓게 바라보고 깊이 있게 생각하는 것을 견인하며, 이로써 인간다움에 대한 유의미한 경험이 가능해진다.

　이를 위해서는 어디까지나 문학을 예술적인 가치물과 실체이기보다는, 삶의 방식이 투영된 언어 구조물로서 개개의 구체적 사실에 대한 체험을 기반으로 삶을 경험하게 하는 것이라는 점이 전제될 필요가 있다. 문학은

---

42) L. M. Rosenblatt, 김혜리 외 역, 앞의 책, 25면.

인간의 인간다움의 문제에 대해 형상으로 나타내지만, 그 형상을 통해서 '가치있는 체험이란 무엇이며 어떠해야 인간다운가 하는 사상과 감정'을 제기하는 것이라 할 수 있다.[43] 문학에 대한 이 같은 관점과 전제를 마련하게 되면, 문학교육은 이제 삶의 경험으로서 문학을 통해 삶을 살아 보는 것이 되고, 이때의 삶이란 나를 둘러싼 세계가 나와 어떤 관계를 맺으면서 나를 규정하고 또 충동하며 압박하고 고무하는가를 경험하는 일이 될 것이다.[44]

이런 점에서 본다면, 문학교육과 가치, 그리고 경험과의 접점과 교직은 보다 분명해진다. "삶의 의미의 발견과 삶의 보람의 느낌은 우리가 가치를 추구하고 그것을 실현하는 데서 경험할 수 있"[45]으며, 가치는 인간의 선택과 결정의 판단 준거로 기능하는 것이다. 여기서 가치의 경험이 갖는 교육적 의미가 분명해진다. 특히 문학교육에서 가치는 "어떤 사람이 어떤 일정한 관점에서 작품을 평가하거나 그것을 통해 자신의 삶의 지향성을 얻는 데 필요한 출발점이나 그 결과"[46]라고 규정하는 것에서 보듯, 학습자의 관심이나 관점과 결부되어 형성되는 것으로 접근할 필요가 있다. 따라서 문학교육에서 가치 교육은 가치의 문제를 대상으로 한 텍스트의 세계를 경험함으로써 그 속에 내재된 가치를 이해, 분석, 평가하는 과정을 통해 자신의 삶으로 내면화하는 것으로 구성되어야 한다는 주장을 이끌게 된다. 경험의 관점은 기존의 가치관 전수나 주입과 구별되는, 학습자의 주체적인 판단과 의미 구성을 가능하게 하기 위한 구체적인 가치화 (valuation)의 방법론으로서 기능할 수 있다. 이는 "'가치의 발견과 실현'을

---

43) 김대행 외, 앞의 책, 45면.

44) 김대행, 『통일 이후의 문학교육』, 서울대 출판부, 2008, 88~95면; 김대행, 「사고력을 위한 문학교육의 설계」, 『국어교육연구』 5, 서울대 국어교육연구소, 1998, 14면.

45) 남궁달화, 『가치교육론』, 문음사, 1997, 10면.

46) 서울대 국어교육연구소 편, 『국어교육학사전』, 대교, 1999, 8면.

통해 인간다운 삶, 의미있는 삶, 보람된 삶, 행복한 삶을 살도록 도와주는 교육"47)이 바로 가치 교육이라는 정의에도 부합하는 것이라 할 수 있다.

이처럼 경험교육의 측면에서 문학교육을 설계한다면, 무엇보다도 다루고자 하는 문제사태의 다양한 스펙트럼을 폭넓은 텍스트 세계를 통해 제공하는 것에서 출발해야 한다. 이는 전기사적, 장르적 접근과는 구별되는 것으로, 경험해야 할 내용을 중심으로 텍스트를 구성하고 설계하는 것으로 구체화될 수 있다. 따라서 문학교육에서 경험의 문제가 다양한 입장과 관점을 포괄하는 텍스트 세계의 다기성을 전제로 한다면, 다양한 장르와 작품군을 넘나드는 텍스트의 구성과 선정은 필수적이다. 이 글에서 안빈낙도와 청빈의 가치관을 중요한 경험의 내용으로 설정하면서도 야담이나 한시에서 이와 상반되는 입장을 찾아 제시하는 것도, 경험 질료의 진폭을 고려했기 때문이다. 이런 측면에서 본다면, 안빈낙도의 가치관에 대한 경험은 판소리 작품, 보다 구체적으로 <흥보가>, <심청가> 등에서의 축재, 경제관에 대한 문제로 확장될 필요가 있다. 더군다나 당시 상품화폐 경제의 활성화에 따른 새로운 삶의 방식이 점차 보편성을 획득해가고 있으면서도, 이에 맞서 강호가사의 전통을 이어받은 작품들도 지속적으로 생산, 유포되면서 청빈과 안빈낙도의 가치를 강조하는 반작용 또한 강하게 나타났다는 사실에도 유의할 필요가 있다. 예컨대 18세기에 창작된 남도진의 <낙은별곡(樂隱別曲)> 등에서는 여전히 조선 전기 안빈낙도의 세계를 답습하고 있음이 확인된다. 이는 문제 사태의 다양성과 그에 따른 입장의 차이를 단적으로 보여주는 장면이 될 수 있다.48)

---

47) 남궁달화, 『가치탐구교육론』, 철학과현실사, 1994, 130면.

48) 18-19세기 가사를 대상으로 상품화폐경제에 대한 태도 분석을 시도한 연구가 있다. 이도흠, 앞의 글 참조. 이 논의에 따르면, <오륜가>, <덴동어미화전가>, <우부가>, <효부가> 등의 가사에서 드러나는 태도를 각각 비합리적 도덕주의자, 합리적 축재자, 비합리적 축재자, 합리적 도덕주의자 등의 네 유형으로 범주화하고 있다. 이 역시 문제 사태의 다양

그런데 이는 궁극적으로 문학의 역할과 기능에 대한 고찰로 이끈다. 문학이 현실을 재현하고 반영하는 것이면서 한편으로 현실을 반성하고 문제를 일깨우는 것이라고 할 때, 이들의 관점과 그 양태는 각각의 대척점을 보여주는 사례라 할 수 있다. 부와 경제에 대한 사실적 접근이 당대 세태를 재현하고 반영하는 것에 가깝다고 한다면, 안빈낙도의 표명은 현실 상황에 대한 성찰과 더불어 공동체가 나아가야 할 방향에 대한 모색에 해당한다고 할 수 있기 때문이다. 물론 여기에는 시가와 산문의 거리 즉 향유 형태 및 자기화의 양상 등에서 확인되는 장르의 차이 또한 고려되어야 할 것이다.49)

5. 문학교육과 가치, 그리고 경험의 접점

안빈낙도와 같은 가치의 문제, 특히 경제 관념의 문제는 문학론 혹은 문학교육론에서 다루기에 불편한 내용이 아닐 수 없다. 이들에 대한 인식과 반성 자체가 현실 생활과의 밀접한 관련성 속에서 이루어지는데, 이는 곧바로 문학과 현실의 상관 관계 문제를 제기하는 것으로 나아가게 되기 때문이다. 현실 생활과 경제 관념의 문제는 자칫 문학의 허구성이나 예술성과 만나면서 문학의 효용을 의심케 하는 근거가 되기도 하고, 이러한 편견과 오해의 누적이 오늘날 문학의 위기를 심화, 확산시키는 부정적 결

성과 그에 따른 입장의 차이를 보여준다.

49) 예컨대 가사 장르의 경우, 호오(好惡)를 분명히 가르는 마음의 문제를 근간하는 하는 시가 장르로 보고, 가창 또는 음영이라는 구어적 방법으로 연행되었다는 점에 주목하여 작품과 독자가 분리되지 않는 자기화의 성격을 갖는다는 점을 밝힌 연구가 있다. 김대행, 「가사 양식의 문화적 의미」, 『한국시가연구』 3, 한국시가학회, 1998; 김대행, 「가사와 태도의 시학」, 『고시가연구』 21, 한국고시가문학회, 2008 참조.

과를 초래하게 된다.

그럼에도 불구하고 고전문학을 통해 경제 관념의 문제를 제기하려 한 것은, 고전문학이 갖는 현대적 의의를 적극적으로 입증하려는 의도에 따른 것이다. 고전문학에 내재되어 있는 가치를 오늘날의 현실과 맞지 않다는 이유로 배척하는 것도, 그리고 무조건적으로 수용하고 숭배하는 것도 모두 옳지 않다는 반성과 성찰 속에서, 문학교육이 나아가야 할 방향성에 대한 적극적인 탐색을 도모하려는 것이다.

안빈낙도와 같은 가치가 역사적으로 다양하게 수용되었다는 사실은 인간 삶에 대한 관점과 태도가 얼마나 다양할 수 있는지를 일깨운다. 동시에 이는 수없이 많은 문학 작품이 생성, 향유될 수 있는 근본 요인에 해당하는 것이기도 하다. 문학교육에서 가치의 문제를 중요하게 다뤄야 하는 이유가 여기에 있다. 문학은 인간 삶에서 야기되는 문제에 대한 가치의 표명이자 판단이며, 개별 작품은 각각의 가치에 대한 하나의 입장을 실현한 것이라 할 수 있다. 그렇기 때문에 작품을 통해 인간 삶의 문제와 그에 대한 가치가 얼마나 다양한 양상과 범주를 가질 수 있는지를 경험할 수 있다.

그런데 가치 문제의 경우, '전달과 주입'이 아닌 '발견과 형성'이 중요한 교육적 과제가 된다. 가치 교육에 대한 부정적 시선이나 신중한 입장이 제기되는 것도, 가치 교육이 자칫 이데올로기의 전수로 귀결되지 않을까 하는 우려에서 비롯된다. 따라서 가치의 발견과 형성을 위해서는 학습자의 주체적 역할이 중요하게 요청되는데, 여기서 경험의 문제와 만나게 된다. 경험은 텍스트 세계와 수용자의 만남을 강조하면서, 수용자의 주체적 판단과 평가를 요구하는 만큼, 경험의 이러한 측면은 발견과 형성을 요구하는 가치의 본질적 속성과 맞아떨어지는 지점이라 할 수 있다. 경험 교육에서 가치의 문제가 중요한 까닭, 그리고 자세히 다루는 이유를 확인하게 된다.

가치에 대한 경험적 접근의 한 사례로 안빈낙도가 선택된 것은, 무엇보다 다양한 수용태를 갖고 있으면서, 현재의 가치와는 상충하는 모습마저 보인다는 데 있다. 경험교육과 가치의 문제에 대한 이 글의 입론이 설득력을 갖기 위해서는 안빈낙도 이외에 다양한 가치를 대상으로 보다 정치한 접근과 분석이 뒤따라야 할 것이다.

● 출처 : 「안빈낙도(安貧樂道)'의 경험 교육 내용 탐색–가치의 경험과 문학교육론」
(『한국언어문학』 80, 한국언어문학회, 2012)

目더 찾아읽기

● 가치 & 가치교육

길병휘, 『가치와 사실』, 서광사, 1996.

남궁달화, 『가치탐구교육론』, 철학과현실사, 1994.

남궁달화, 『가치교육론』, 문음사, 1997.

황혜진, 「가치경험을 위한 소설교육내용 연구」, 서울대 박사학위논문, 2006.

Hessen J., *Lehrbuch der Philosophie*, Zweiter Band : Wertlehre, 진교훈 역, 『가치론』, 서광사, 1992.

Metcalf L. E.(eds), *Value Education : Rationale, Strategies and Procedures*, 정선심 외 역, 『가치교육』, 철학과현실사, 1992.

Raths L. E. 외, *Values and Teaching Working with Values in the Classroom*, 조성민 외 역, 『가치를 어떻게 가르칠 것인가』, 철학과현실사, 1994.

● 작품론 및 장르론

김대행, 「가사 양식의 문화적 의미」, 『한국시가연구』 3, 한국시가학회, 1998, 397-419면.

김대행, 「가사와 태도의 시학」, 『고시가연구』 21, 한국고시가문학회, 2008, 27-56면.

김홍규, 「16, 17세기 강호시조의 변모와 전가시조의 형성」, 『욕망과 형식의 시학』, 태학사, 1999.

우응순, 「박인로의 안빈낙도 의식과 자연」, 신영명 외, 『조선중기 시가와 자연』, 태학사, 2002.

이동찬, 「누항사에 나타난 사족의 가난 체험과 의식의 변화」, 『한국민족문화』 14, 부산대학교 한국민족문화연구소, 1999, 59-79면.

조재억, 「안빈낙도의 문학화 양상」, 『국문학논집』 13, 단국대 국어국문학과, 1989, 71-93면.

최현재, 「재지사족으로서 박인로의 삶과 <누항사>」, 『국문학연구』 9, 국문학회, 2003, 181-218면.

최홍원, 「자기 조정과 위안으로서 <탄궁가>의 정서 읽기」, 『고전문학과 교육』 23, 한국고전문학교육학회, 2012, 5-36면.

제7장 관념적 표현의 경험과 고전문학교육론
— 역군은 의미 세계의 경험과 고전문학교육의 새로운 방향 모색

관념적 표현,

오늘날 관념적 표현이라 하면,

추상성과 이질성, 곧이어 획일성과 상투성을 자연스럽게 떠올리게 된다.

이러한 생각의 한 편에는 거부감과 불편함이 자리잡고 있다.

고전문학의 관념적 표현은 학습자에게 거부감, 불편함을 불러오는 주된 요인이 되면서,

고전문학교육의 수행과 실천에 장애물로까지 여겨지고 있는 상황이다.

고전문학교육의 불편함을 정면에 세워두고 극복의 방편을 모색하기로 한 만큼,

관념적 표현은 이러한 배경에 알맞은 대상이라 할 수 있다.

이 글은 앞 장의 안빈낙도 논의에 뒤따르는 속편인 셈이다.

다만 이 글에서는 문학교육 일반보다는 '고전문학교육'에 보다 초점을 맞추기로 한다.

미리 얘기하자면, 관념적 표현은 현대어로 일대일로 대응시키는 어석에 그칠 것이 아니라,

현재와 다른 타자의 세계를 경험하는 통로가 되어야 함을 말하고 싶었다.

이러한 결론도 어디까지나 경험의 관점과 시각에서 비롯되었음은 물론이다.

경험의 관점이 교육의 대상과 자료를 확대하고 인식을 전환하는 계기가 되었다.

1. 관념적 표현과 고전문학교육의 고민

고전문학에서 빈번하게 등장하는 관념적 표현은 학습자에게 그리 환영받지 못한다. 현재와 직접적인 관련성이 떨어지거나 사용되지 않는 표현일 경우 더욱 그러하다. 오히려 학습자가 텍스트 세계에 접근하는 데 장애로 작용하면서, 암기의 대상으로 전락하고 마는 것이 오늘날 교육의 현실이다. 학습자는 고전문학의 관념적 표현을 현대어로 단순 대응시킴으로써 피상적으로 그 의미를 해독하는 과정을 거치는데, 이는 고전문학의 세계를 하나의 박제된 지식으로 접근하는 전형적인 모습에 해당한다.

따라서 이 글은 고전문학 교육이 당면하고 있는 어려움과 현실을 정면에 두고 해결의 길을 모색하려는 작은 시도 차원에서 기획되었다. 관념적 표현은 이질성과 추상성, 획일성과 상투성을 내포하고 있는 만큼, 현대 학습자가 고전문학으로 진입하는 데 결정적인 장애로 작용하고 있다. 관념적 표현은 오늘날 고전문학 교육이 처한 어려움과 현실을 대표하는 지점이라 할 수 있다. 그런 만큼 관념적 표현을 대상으로 새로운 고전문학 교육의 방향과 가능성을 모색하는 데 이 글의 궁극적인 목적을 둔다.

이러한 배경에 따라 '역군은(亦君恩)'이라는 관념적 표현에 주목하였다. 주지하다시피 '역군은(亦君恩)'은 고전문학에 빈번하게 등장하는 관념적 표현으로 왕의 은혜를 표명한다는 점에서, 현재의 학습자들이 공감하기 어려운 문제를 담고 있다. 이로 인해 교육은 현대어로 단순 치환하여 텍스트 해석에 방해가 되는 장애물을 '친절하게 제거'하는 데 치중하는 방향으로 이뤄지고 있다. 따라서 이 글에서는 '역군은(亦君恩)'과 관련하여 다음과 같은 세 물음을 던지고, 그에 대한 해답을 찾아가는 과정을 전개해나가기로 한다.

첫째, '역군은(亦君恩)' 표현은 단순히 왕을 송축하는 아유(阿諛)적 표현에 불과한 것인가?

둘째, '역군은(亦君恩)' 표현이 담고 있는 세계는 무엇이며, 이를 통해 우리는 무엇을 경험할 수 있는가?

셋째, 문학교육에서 관념적 표현은 어떠한 가치와 위상을 갖는가?

이러한 탐색을 통해 '역군은(亦君恩)' 작품군이 천편일률적인 상투성을 갖는다는 기존의 인식, 평가를 수정하는 계기를 마련하고자 한다. 나아가 고전문학의 관념적 표현이 추상화된 대상을 통해 현재와는 다른, 과거라는 타자의 세계를 경험하는 통로가 된다는 사실을 밝히기로 한다. 하나의 표현은 의사소통의 도구로서 기능할 수 있지만, 사전적 의미를 넘어서서 표현이 담고 있는 세계를 우리 앞에 열어주고 펼쳐주는 기능 또한 수행한다는 점에 주목하려는 것이다. 이처럼 관념적 표현을 두고서 어석의 차원을 뛰어넘을 수 있게 만드는 것은 어디까지나 경험의 관점에 힘입은 바 크다. 경험의 관점을 통해 고전문학교육의 가치와 접근 태도에 대한 근본적인 성찰을 불러일으키고, 동시에 그 해답의 길을 모색할 수 있기를 기대한다.

2. '역군은(亦君恩)' 표현을 둘러싼 오해와 편견

'역군은(亦君恩)'은 강호지락(江湖之樂)을 노래한 고전문학에서, 충군과 연군의 정서를 직접적으로 드러내는 기능을 하는 관습적 표현이다.[1] 대체로

---

1) 역대 문집을 살펴보면 고려시대 이색으로부터 18세기 조태억에 이르기까지 '역군은(亦君恩)'이라는 용어가 빈번하게 사용되고 있음을 볼 수 있다. 박해남, 「신흠 시조 창작 배경과

자연이나 귀거래와 관련한 진술 뒤에 '역군은(亦君恩)'이라는 표현을 제시함으로써 이 모든 것이 왕의 은혜에서 비롯된 것임을 언명하는 것이다. <감군은(感君恩)>과 같은 악장, 혹은 <어부가> 등에서 "一竿明月이 亦君恩이샷다"의 형태로 나타나며, 가사 <면앙정가(俛仰亭歌)>에서도 아래와 같이 '역군은(亦君恩)'이라는 표현으로 작품 전체를 종결짓고 있다.

> 江山風月 거눌리고 내 百年을 다 누리면
> 岳陽樓 샹의 李太白이 사라오다
> 浩蕩 情懷야 이에서 더홀소냐
> 이 몸이 이렁 굼도 亦君恩이샷다
>
> — <俛仰亭歌>

'역군은(亦君恩)'의 표현은 특히 시조에서 두드러지게 나타나는 바, 맹사성의 <강호사시가(江湖四時歌)>가 대표적인 작품에 해당한다. 널리 알려진 바와 같이 <강호사시사> 4수는 유기적인 골격 속에서 전체 내용이 구성되어 있는데, "이 몸이 ~히옴도 亦君恩이샷다"의 반복적 구사는 이러한 통일성과 유기성을 부여하는 데 크게 기여하고 있다. 다음은 <강호사시사> 중 하사에 해당하는 작품이다.

> 江湖에 녀름이 드니 草堂에 일이 업다
> 有信혼 江波는 보내느니 브람이다
> 이 몸이 서눌히음도 亦君恩이샷다 (孟思誠, #166)[2]

작품 양상」, 『반교어문연구』 23, 반교어문학회, 2007, 94-96면 참조.

2) 시조 작품의 출처는 박을수 편, 『韓國時調大辭典』, 아세아문화사, 1992이며, 괄호 속 이름과 번호는 작자와 이 책에 제시된 순서를 뜻한다. 가령, (孟思誠, #166)은 맹사성(孟思誠)의 것으로, 이 책의 166번 시조 작품에 해당함을 나타낸다.

안분지족(安分知足)하는 은사(隱士)의 유유자적(悠悠自適)한 생활을 제시하고, 종장에서 '역군은(亦君恩)'이라는 표현을 통해 왕을 향한 충의의 정신과 연결짓고 있다. 이외에도 이현보의 <생일가(生日歌)>나 조존성의 <호아곡(呼兒曲)>, 신흠, 한유신 등의 작품에서도 '역군은(亦君恩)'의 표현을 쉽게 볼 수 있다.

문제는 이러한 '역군은(亦君恩)'의 표현을 단순히 왕에 대한 송축으로 일관된 상투적 표현으로 보는 시각에 있다. <감군은>의 경우 바다의 깊이, 태산의 높이, 바다의 넓이 등과 왕의 은덕을 비교·대조함으로써 과장적으로 찬미하는 모습이 두드러지게 나타나는 것도 사실이다. 다음은 <감군은>의 첫 번째 연이다.

> 四海바닷 기픠는 닫줄로 자히리어니와
> 님의 德澤기픠는 어늬 줄로 자히리잇고
> 享福無彊ᄒ샤 萬歲롤 누리쇼셔
> 享福無彊ᄒ샤 萬歲롤 누리쇼셔
> 一竿明月이 亦君恩이샷다
>
> — <感君恩>

각 연은 왕의 은덕을 극단적으로 찬양하는 진술로 이루어지며, 여기에 "享福無彊ᄒ샤 萬歲롤 누리쇼셔"와 "一竿明月이 亦君恩이샷다"가 후렴구로서 기능한다. 이처럼 전체 내용이 독창성을 찾기 어려울 만큼 정형적이면서 상투적이다. 실제로 <감군은>과 같은 작품에 대해 "군왕의 송덕(頌德)을 위주로 한 만큼 더러 사실(事實)이라 할지라도 아유적(阿諛的), 과장적인 찬사에 불과"[3]하다거나 "그 문학 정신은 비판 정신을 찾아볼 수 없는 아첨하는 태도가 농후하게 반영되어 있다"[4]는 평가가 이러한 사실을 뒷

---

3) 이병기·백철, 『國文學全史』, 신구문화사, 1957.

받침한다. 단순하고 상투적인 비유, 과장과 더불어 나타내고자 하는 의미를 직설적으로 제시하는 '역군은(亦君恩)'의 표현은 분명 문학적 긴장을 떨어뜨린다. 왕의 은혜를 직접적으로 언표화하는 진술방식은 문학의 함축 및 형상화와도 거리가 멀어 보인다. 오히려 외재적 목적을 위해 도구화된 문학의 모습을 전형적으로 보여주는 것으로 이해될 수 있다.

　강호의 아름다움을 다루는 텍스트 세계와 '역군은(亦君恩)'이 표방하는 세계 사이에 존재하는 이질성과 간격 또한 문제가 된다. 강호의 공간이 속세와의 단절을 전제로 한다면, 여기에 군주로 대표되는 정치 공간이 함께 얘기되는 것은 현재의 수용자에게 그리 자연스러운 연결로 생각되지 않는다. 다소 작위적이고 인위적인 설정이라는 부정적 평가까지 낳는다. '역군은(亦君恩)'이라는 시어 하나가 수십 개의 자연 표상 시어와 동일한 무게를 가질 뿐만 아니라, 자연의 공간 속에 갑자기 군은(君恩)이라는 극히 비자연적인 추상어를 삽입함으로써 전체적 주제와 분위기를 완전히 바꾸어 버리기 때문이다.5) 이러한 반응은 다음 시조의 경우와 비교할 때 더욱 분명해진다.

　　　江湖애 노쟈 ᄒ니 聖主를 ᄇ리례고
　　　聖主를 셤기쟈 ᄒ니 所樂애 어긔예라
　　　호온자 岐路애 셔서 갈 디 몰라 ᄒ노라. (權好文, #160)

　권호문(權好文)의 <한거십팔곡(閑居十八曲)> 제4수에서는 강호(江湖)와 군주(君主)가 상충하는 가치로 인식되고 있다. 강호의 즐거움과 충군의 정서가 상충하는 가운데 생긴 갈등과 고민을 노래하고 있는 것이다. 여기서

---

4) 정병욱, 『한국 고전시가론』, 신구문화사, 1977.

5) 김성언, 「感君恩 攷」, 백영정병욱선생10주기추모논문집간행위원회, 『한국고전시가작품론』
　2, 집문당, 1992, 441면 참조.

수기(修己)와 독선기신(獨善其身)을 삶의 행로로 삼으면서도 때때로 유자(儒者)의 현실적 소명과 자기 실현의 욕구로 인해 번민하는 모습을 보게 된다.[6] 이러한 작품 세계를 염두에 둔다면, 정치 현실에 벗어나 세상과 절연하는 은거의 즐거움을 노래하면서, 여기에 군은을 등장시키는 '역군은(亦君恩)'의 세계는 그 진실성마저 의심하게 만든다. 예컨대 <면앙정가>를 보더라도, 속세를 벗어나 대자연 속에서 누리는 풍류의 세계 속에 갑자기 등장하는 군은(君恩)의 이미지는 현재의 수용자에게 상당히 낯설게 느껴질 수 있다. 특정한 외재적 목적[阿諛]을 위해서 기계적으로 집어넣은 것이라는 인상까지 불러일으키는 것이다. 이러한 오해는 작품 전체의 유기성과 문학성에 대한 온전한 평가를 어렵게 만든다.

이상에서 보건대 '역군은(亦君恩)'이라는 표현은 나타내고자 하는 의미가 직접 노출되어 분명하게 현시된다는 점에서, 함축성과 다의성을 본질로 하는 문학과는 맞지 않아 보인다. 전언의 드러냄과 관련한 진술방식의 측면에서, 여타의 문학적 진술과는 성격을 달리하는 것이다. 또한, 속세와 대립되는 자연을 노래하는 가운데 군은(君恩)을 함께 등장시키는 것도 내용상 맞지 않아 보인다. 이처럼 진술방식과 내용상의 이질성과 부적절성에도 불구하고 '역군은(亦君恩)'이라는 표현을 사용하는 까닭에 대한 의문은 아마도 문학 외적인 목적의 개입이나 영향과 관련되어 있을 것이라는 추측을 낳는데, 이는 관념적 표현이 등장하는 고전시가 전체에 대한 부정적 평가로까지 이어질 수 있다. '역군은(亦君恩)' 표현을 둘러싼 이 같은 오해는 현재와는 다른 모습을 보이는 고전문학 전반에 대한 몰이해와 편견 등과 관련되며, 자칫 고전문학의 교육적 가치와 필요성을 부정하는 근거가 될 수도 있다.

---

6) 김흥규, 「16·17세기 강호시조의 변모와 전가시조의 형성」, 『욕망과 형식의 詩學』, 태학사, 1999, 178면.

3. '역군은(亦君恩)'의 의미 세계

'역군은(亦君恩)'에 대한 오늘날 수용자의 이해는 대체로 왕에 대한 송축을 담은 아유적, 상투적 표현으로 규정짓는 것이라 할 수 있다. 이 같은 인식의 밑바탕에는 '역군은(亦君恩)'과 해당 시가의 작품 세계 사이에 존재하는 거리와 그에 따른 부적절함이 자리잡고 있다. 그러나 '역군은(亦君恩)'의 표현을 단순히 문학 외적인 요소의 영향과 개입에 따라 왕의 은혜를 인위적으로 드러내려 한 것으로 보는 것은 피상적인 관찰에 불과하다. '역군은(亦君恩)'은 단순히 송축과 연군으로 치환할 수 없는 심층의 의미를 지니고 있으며, 획일화된 의미로 생각되는 '역군은(亦君恩)'의 표현들 사이에도 의미상에 큰 차이가 발견되기 때문이다. 여기서는 '역군은(亦君恩)' 표현이 갖는 의미 자장(磁場)을 살펴보고자 하는데, 이는 관념적 표현에 대한 새로운 접근을 제안하는 토대가 된다.

'역군은(亦君恩)'이라는 표현이 유사한 맥락에서 다수 등장한다는 사실은, 우선 이들이 일정한 의미소를 공유한다는 것을 뜻한다. '역군은(亦君恩)' 표현에 대한 이해는 일차적으로 '역군은(亦君恩)'에 내재된 공통의 의미소를 살펴봄으로써 그 의미를 규정하는 것에서 출발할 수 있다. 이를 위해 여러 작품에 등장하는 '역군은(亦君恩)'의 표현이 공통적으로 포함하는 의미소에 대해 살펴보기로 한다.

'역군은(亦君恩)'의 표현은 그 기호가 가리키는 바와 같이, 왕에 대한 송축을 직접적으로 드러내는 기능을 수행하는 경우가 있다. 앞서 살펴본 〈감군은〉의 경우가 대표적이며, 다음 시조에서도 충군의 정서를 직접적으로 드러내고 있다.

> 我東方 億萬 蒼生 우리 님금 은덕이여
> 父生母育과 어디 다혀 갑플소니
> 이 몸의 一日榮養도 坔호 君恩이샷다 (韓維信, #2583)

‘역군은(亦君恩)’이라는 표현이 “坔호 君恩이샷다”로 제시되는 형태상의 차이를 보이기는 하지만, 의미와 기능의 측면에서는 <감군은>에서의 ‘역군은(亦君恩)’과 큰 차이가 없다. 왕에 대한 송축을 직접적으로 표명한다는 점에서, 문학성에 높은 평가를 내리기도 어렵다.

그런데 이와는 달리, 강호(江湖), 자연(自然) 등의 공간에서 ‘역군은(亦君恩)’ 표현이 빈번하게 등장하기도 한다. 이때의 자연은 일회적인 유흥의 의미보다는, 속세와 절연한 가운데 선택된 귀거래 속에서 경험되는 공간이다. “一竿明月이 亦君恩이샷다”가 등장하는 <어부가>의 공간은 속세와는 구별되는 강호이며, <면앙정가>가 그리는 세계 또한 자연과 풍류를 표상하는 대표적인 공간에 해당한다. 다음은 <강호사시사>의 춘사로, 텍스트에 ‘강호(江湖)’라는 공간이 직접적으로 노출되어 있을 뿐만 아니라, ‘탁료계변(濁醪溪邊)’, ‘금린어(錦鱗魚)’ 등의 시어를 통해서도 이 같은 공간의 성격을 엿볼 수 있다.

> 江湖에 봄이 드니 미친 興이 절로 난다
> 濁醪溪邊에 錦鱗魚 安酒ㅣ로라
> 이 몸이 閒暇히옴도 亦君恩이샷다 (孟思誠, #171)

이처럼 자연과의 병치 속에서 ‘역군은(亦君恩)’ 표현이 등장하다보니, 자연이 가져다주는 풍류, 귀거래가 갖는 여유 등과 충군의 관념 사이에 거리 문제가 발생한다. 이 같은 간격이 ‘또한’, ‘역시’의 의미를 함의하는 ‘역(亦)’이라는 표현을 요구하는 것이다. 이는 외견상 왕의 직접적인 영향으로 보기 어려운 것들을 왕의 은혜와 연결하는 데서 비롯된 결과이다. 앞서 <어부가>, <면앙정가> 등에서 보듯, 강호 속 풍류의 생활 등이 모두 왕의 은혜로 여겨진다. 치인(治人)과 치국(治國)이 아닌 은거(隱居)와 귀향(歸鄕)까지도 왕과의 관련 속에서 이루어지는 것으로 보는 것이다. 이러한 경향은 다음 시조에서 더욱 두드러지게 나타난다.

> 功名이 그지 이실가 壽夭도 天定이라
> 金犀 씌 구븐 허리예 八十逢春 긔 몃히오
> 年年에 오늘 날이 亦君恩이샷다 (李賢輔, #354)

농암 이현보가 귀향한 지 10년만인 87세의 생일날을 노래한 것으로, 흔히 <생일가(生日歌)>로 불린다. 팔십 넘어 맞이하는 여러 해의 봄을 모두 왕의 은혜로 돌리고 있다. 초장에서 수명은 하늘이 정한 것("壽夭도 天定")이라 언표하고 있으면서도, 노년에 맞이하는 봄조차 모두 왕의 은혜에서 비롯된 것으로 여기는 것이다. 사실 장수(長壽)와 왕은 직접적 인과관계를 형성하지 않지만, 사대부의 의식 속에서 이들은 서로 긴밀한 관련성을 획득한다.

이 같은 공통의 의미소에 주목하면, 자연 속에서 풍류와 여유를 누릴 수 있는 근원에 왕의 은혜가 자리잡고 있다는 인식이 '역군은(亦君恩)'과 같은 공식적 언어 표현을 낳은 것으로 볼 수 있다. 여기에는 현실에 대한 긍정적, 낙관적 세계관이 반영되어 있다. 이러한 태도는 각각의 개별 표현들을 공통분모로 꿰어주는 것으로, '역군은(亦君恩)' 표현의 관습성과 보편성에 대한 설명을 제공해준다.

그런데 다음 시조는 이와는 다른 문제를 제기한다.

功名이 긔 무엇고 헌 신짝 버슨 이로다
田園에 도라 오니 麋鹿이 벗이로다
百年을 이리 지냄도 亦君恩이로다 (申欽, #356)

공명을 버리고 전원에 돌아왔다는 진술은 앞서 '역군은(亦君恩)' 작품들의 세계와 별반 차이를 보이지 않는다. 미록(麋鹿)과 같은 소재 또한 이곳 공간을 속세와 이항대립된 곳으로 구성하게 만든다. 자연 속의 풍류와 여유를 충군(忠君)과 연결짓는다는 점에서 앞서의 세계 인식과 유사한 모습을 보인다.

그런데 작자 신흠(申欽)과 이 작품의 생성 배경에 대한 이해가 덧붙여지면 이와는 전혀 다른 문제 사태가 펼쳐진다. 작자 신흠은 대북 일당의 핍박으로 김포로 방축되어 끊임없이 불안과 근심의 시절을 보내야 했고 결국 3년여 만에 춘천으로 유배가게 된 역사적 배경 속에서 이 시조가 창작되었다는 사실에 유의할 필요가 있다.7) 아래 「방옹시여서(放翁詩餘序)」의 기록은 이 시조의 창작 배경과 작자 의식을 보여준다.

내 이미 전원에 돌아오매 세상이 나를 버리고 나 또한 세상사에 고달픔을 느꼈다. 되돌아보면 지난날의 영화와 현달은 한갓 쭉정이나 두엄풀같이 쓰잘 데 없는 것이어서, 오직 물(物)을 만나면 노래로 읊었다.8)

귀거래, 자연을 속세와 이항대립적으로 인식하는 것은 당대 사대부의

---

7) 이러한 시각에 따르면, 신흠의 시조 30수는 1613년 계축옥사(癸丑獄事)로 인해 실각한 자신과 자신에게 시름을 안긴 현실에 대한 문학적 대응이 된다. 신흠의 시조에 대한 이 같은 접근은 성기옥, 「신흠 시조의 해석 기반」, 『진단학보』 81, 진단학회, 1996; 김석회, 「상촌 신흠 시조 연구」, 『국어교육』 109, 한국어교육학회, 2002; 박해남, 앞의 글 등의 논의에서 확인할 수 있다. 이 책 4장에서도 자세히 다뤄진 바 있다.

8) "余旣歸田間 世固棄我而我且倦於世故矣 顧平昔榮顯已懭枇 土苴 惟遇物詠風" 申欽, 「放翁詩餘序」, 『青丘永言珍本』

보편적인 세계관에 해당한다. 그런데 주목해야 할 점은 바로 귀거래의 계기이다. 세상이 버렸다는 진술은 단순한 겸사(謙辭)의 표현이 아니라, 계축옥사(癸丑獄事)라는 역사적 사실 속에서 신흠이 겪은 정치적 좌절과 그에 따른 울분, 통탄에서 비롯된 것이다. 당시 신흠이 처한 정치적 상황과 그에 따른 불만과 불안감의 정서를 고려한다면,9) "百年을 이리 지냄도 亦君恩이로다"는 것은 이해되기 어렵다. 신흠이 겪은 갈등과 고민을 염두에 둔다면, "백년을 이리 지내는 것"은 벗어나고 극복되어야 할 상황이지 결코 왕께 감사해야 할 내용이 되지 못하기 때문이다. 작자가 처한 상황과 '군은(君恩)'이라는 정서 사이에 충돌이 발생한다.

이런 까닭에 이 작품은 기존의 '역군은(亦君恩)' 작품군과 차이를 보인다. 앞서 '역군은(亦君恩)'이 대부분 긍정적인 상황과 세계관의 기반 속에서 작품이 전개되는 데 반해, 이 작품의 경우에는 타의에 의해 방축된 상황이라는 점부터 차이가 있다.10) 그 결과 표면적으로는 송축을 표현하는 수사이지만, 사실은 현실에 대한 냉소를 표현한 것으로 이해할 수도 있다. 실제로 연구자에 따라서는 이 시조에서 전쟁과 당쟁을 거쳐 오면서 변화된 17세기 인간의 한 단면을 읽어내기도 한다. 세계와의 강한 대립을 바탕으로, 황량하고 차가운 주체의 풍경이 드러난다고 보는 것이다. 이 같은 관점에서는 "功名이 그 무엇고 헌 신짝 버슨 이로다"의 표현에서도 현실에 대한 냉소와 조롱, 풍자적 태도를 발견한다.11)

문제는 '역군은' 표현이 불러일으키는 세계가 더욱 다양할 수 있다는

---

9) 신흠 시조 30수가 <방옹시여>라는 연시조의 가능성이 제기되면서, 신흠이 처한 정치적 상황과 반응에 대해 여러 차례 탐색되었다. 당시 신흠이 가진 울분, 불만, 불안감의 정서를 여러 정황을 통해 밝혔는데, 예컨대 '현옹(玄翁)' 대신 '방옹(放翁)'으로 개호(改號)한 것에서도 정치 현실에 대한 극한적 좌절감을 확인할 수 있다. 성기옥, 앞의 글, 230-231면 참조.

10) 박해남, 앞의 글, 95-96면.

11) 김창원, 「신흠 시조의 미적 특질」, 신영명 외, 『조선중기 시가와 자연』, 태학사, 2002, 29-30면 참조.

점이다. 비록 전원에 돌아온 것이 자의가 아닌 타의에 의한 것이지만, 지금 이같이 지내는 것 또한 왕의 은혜에서 비롯된다는 긍정적 인식으로 볼 수도 있기 때문이다. 이런 생각은 다음 신흠의 글을 참조할 때 설득력을 얻는다.

> 생각지도 못하게 변이 일어나 재앙이 못 속의 물고기에까지 미쳤다. 무망(无妄)의 재변이기는 하지만, 그 화는 나 스스로 저지른 죄보다 갑절도 넘는 결과를 빚어냈는데 다행히도 관대하게 은전을 베풀어 주신 덕택에 시골로 돌아가는 정도로 죄가 마감되었다. 아침 저녁으로 죽을 먹고 한 잔 술에 시 한 수씩 읊으며 지팡이 짚고 짚신 끌며 전원을 소요할 수 있는 것은 모두 성은(聖恩)이다.[12]

이러한 상황에서 '역군은(亦君恩)'의 의미를 하나로 규정하는 것은 더 이상 설득력을 갖지 못한다. 오히려 독자에 따라 다양한 해석과 의미 구성이 가능하다는 점에 주목해야 할 것이다. 이와 같은 맥락에서 다음 시조의 '역군은(亦君恩)' 또한 다양한 의미 세계를 가질 수 있다.

> 아희야 粥早飯 다고 南畝에 일 만해라
> 서투른 따부를 눌 마조 자부려뇨
> 두어라 聖世 躬耕도 亦君恩이시니라. (趙存性, #2639)

초장의 첫구가 '아희야'로 시작되기 때문에 <호아곡(呼兒曲)>으로 이름 붙여진 조존성(趙存性)의 작품이다. 텍스트 세계는 자연에 묻혀 사는 한가로운 생활을 다루고 있다. '남묘(南畝)', '따비' 등의 시어에서 보듯, 서툴기는 하지만 사대부로서 농사짓는 생활을 노래하고 있다. 따라서 종장의

---

12) "殃及池魚 災雖无妄 禍倍自作 幸賴寬典 罪止歸田 朝昏粥飯 一觴一詠 杖履林皐 皆聖恩也" 申欽, 「山中獨言」, 『象村稿』 卷 53.

'역군은(亦君恩)'은 이러한 전원에서의 삶이 군주의 은혜로 인해 가능하다는 인식으로 해석될 수 있다.[13] '성세궁경(聖世躬耕)'의 표현, 즉 태평한 시절에 몸소 밭갈이를 한다는 것은 이 같은 견해를 뒷받침하는 하나의 근거가 된다. 생업의 차원에서 농사일에 매달리는 농민들은 '궁경(躬耕)'이라는 표현을 사용하지 않기 때문이다.

그런데 텍스트가 생성된 배경에 주목한다면, 이때의 '역군은(亦君恩)' 또한 달리 해석될 수 있다. 17세기 당쟁 체험과 그에 따른 사대부 의식의 변화에 주목하는 것을 말한다. <호아곡>은 계축옥사(癸丑獄事) 직후 은거기에 지어진 것으로, 당시 대부분의 서인들은 은거의 길을 택할 수밖에 없었으며 조존성 역시 예외일 수 없었다.[14] 당시의 정치적 상황, 계축옥사(癸丑獄事)와 같이 인륜이 무너지는 사건이 발생하는 와중에 벼슬하는 것은 도리어 군신간의 도리를 어기는 것이라는 조존성의 표명[15]을 참조한다면, 이 시조의 '역군은(亦君恩)'이 표방하는 바가 왕의 은혜 그대로일 수 없다. 여기서 전가행(田家行)은 민(民)에 대한 통치 행위가 좌절되었을 때 대안적 삶으로 선택되는 것으로, 극도의 정치적 불안으로 인하여 사대부들이 자신의 역할을 제대로 수행할 수 없을 때를 가리키는 것이라는 설명을 참조할 필요가 있다. 이럴 경우 이 시조의 '역군은(亦君恩)'은 도리어 정쟁으로 얼룩진 현실에 대한 냉소적 표현에 가깝다.[16]

이로써 '역군은(亦君恩)'이라는 표현이 단순히 충군과 연군의 정서를 표명하는 수사라는 진리치는 깨어진다. '역군은(亦君恩)'의 의미 세계를 구명하고자 한 논의는 역설적으로 '역군은(亦君恩)'이라는 기호가 수많은 의미

---

13) 김용찬, 『조선의 영혼을 훔친 노래들』, 인물과사상사, 2008, 274-277면 참조.
14) 한명기, 「光海君代의 大北勢力과 政局의 動向」, 『한국사론』 20, 서울대 국사학과, 1998.
15) "不任還爲義 非耕則可漁" 趙存性, 「訪成石田重任西湖新庄不遇 二首」, 『龍湖遺集』
16) 권순회, 「당쟁기 불안한 "사"의 실존과 전가시조」, 신영명 외, 앞의 책, 37-45면.

를 가질 수 있다는 점을 보여준다. '역군은(亦君恩)'의 표현은 수없이 반복
적으로 사용되었지만, 그것이 함의하는 바에 차이가 존재할 수 있다는 가
능성이 열린다. '역군은(亦君恩)'이라는 표현을 어떻게 보아야하고, 이를 통
해 우리가 무엇을 접하게 되는가와 관련하여 새로운 물음을 던지게 된다.

4. '역군은(亦君恩)' 표현의 경험

(1) 고전문학의 표현과 경험의 문제

'역군은(亦君恩)'의 표현을 두고서 문면 그대로 이해할 경우, 그 의미는
충군, 연군, 송축에 대응된다. 표현의 관습성과 상투성을 확인할 수 있는
지점이다. 그러나 '역군은(亦君恩)'의 표현이 단순히 송축의 의미로만 규정
될 수 없으며, 이와는 정반대의 태도, 즉 현실에 대한 냉소 혹은 태평성대
의 희구 등의 의미를 구성할 수도 있음을 살펴보았다.

하나의 표현을 두고서 달리 해석하는 것은 문학이 갖는 다양성의 본질
에 따른 것으로, 무엇을 중심으로 접근했는가와 같은 문학이론의 차이로
설명될 수 있다. 이른바 작품의 텍스트성을 중시하는 텍스트 이론이나 창
작 당시의 의미를 재구하는 역사주의적 접근 등이 이를 대표한다. 여기서
는 '역군은' 표현을 단순히 충군이나 송축과 같은 획일화된 의미로 단순
규정하여 교수·학습하는 것이 적절치 못하다는 점에 주목하려 한다.

교육의 국면에서 고전문학의 낯선 의미는 보통 현재의 친숙한 어휘와
일대일 대응시키고 현재의 것으로 대체함으로써 텍스트 해독에 장애가
되는 것을 제거하는 데 역점이 놓인다. 그러나 이 같은 접근은 고전문학
에 대한 거부감을 불러일으킬 뿐만 아니라, 표현이 갖는 의미의 깊이와

넓이를 사장한다는 점에서 문제가 있다. 하나의 표현은 단순히 기존의 사물이나 관념에 붙여진 명찰일 수 없으며, 또 다른 사전적 의미나 동의어로 완벽하게 대체될 수 없다.[17] 예컨대 '청산'은 단순히 푸른 산이라는 의미로 대체될 수 있는 것이 아니라, 인간의 이상향과 피안지향성(彼岸指向性)이 하나의 구체적 대상 차원으로 형상화된 결과이다.[18] 이것은 당대 인간들이 삶을 어떻게 바라보고 세계를 어떻게 인식했는지를 집약적으로 담아내면서, 현재의 우리에게 전달해주는 통로가 된다.

이처럼 상당수 고전문학의 표현들은 표면적으로 구체적인 대상을 지칭하지만, 실상은 관념적이고 추상적인 의미를 담고 있다. 예컨대 '백로(白鷺)', '청산(靑山)', '산수(山水)', '강호(江湖)', '군은(君恩)' 등은 비록 어떤 구체적인 실재를 가리키는 어휘이지만, 고전문학 속에서 이들은 현실 속의 실상을 감각적으로 지각하는 것이 아니라 인간의 의식 속에 존재하는 보편적인 심상과 의식을 환기하는 기능을 한다.[19] 따라서 현실 세계의 구체적인 대상 차원에서 지각되고 이해될 것이 아니라, 당대의 세계관과 의식 측면에서 살펴볼 것이 요청된다. 이것은 고전문학의 관념적 표현에 대한 접근 방식과 교육적 위상과 관련하여 근본적인 문제를 제기한다.

고전문학의 낯선 어휘는 텍스트 해독의 장애가 아니라 그 자체가 심층의 의미 세계를 지니고 있는 것으로, '경험'되어야 할 요소인 것이다. 언어

---

17) William E. Nagy & Patricia A. Herman, Breadth and Depth of Vocabulary Knowledge : Implications for Acquisition and Instruction, Margaret G. McKeown 외, *The Nature of Vocabulary Acquisition*, Lawrence Erlbaum Associates, 1987, 28-32면 참조.

18) 김대행, 『韓國詩의 傳統 研究』, 개문사, 1980, 123-129면 참조.

19) 한 예로 '강호(江湖)'의 경우, 일차적으로 강, 호수, 바다 등 물이 있는 곳을 지칭하지만, 전이 확대된 2차적 의미는 '宮人的 삶의 공간 밖에 있는 세계'에 대한 범칭이다. 아래 연구에서는 실제 작품의 용례를 통해 '강호'의 의미를 구명하고 있다. 김흥규, 「江湖詩歌와 서구 牧歌詩의 유형론적 비교」, 『민족문화연구』 제43호, 고려대 민족문화연구소, 2005, 23-25면 참조

자체가 의미를 지니면서 동시에 세계에 대한 의미를 부여하는데, 이는 곧 언어를 통해 형성되는 경험의 문제를 제기한다. 언어는 자체 안에 인간의 자기 이해와 세계 이해를 간직하고 있는 의미의 담지자인 것이다.[20] 따라서 인간은 언어 표현을 통해 자기를 이해하고 자신을 둘러싼 세계를 통찰할 수 있다. 특히 관념화된 대상의 경우 텍스트 전체의 의미 구성을 위한 하나의 수단이기보다는, 그것 자체가 현재와는 다른 과거의 인식 지평을 담고 있다는 점에 주목할 필요가 있다.

이런 점에서 고전문학의 관념적 표현은 수용자에 의해 경험되어야 한다. 이때의 경험이란 텍스트 속에 재현된 대상, 타자, 세계를 만나고 이를 자기 자신과 조회하는 과정 속에서 형성된다. 문학교육에서 경험의 시각은 작품을 추상적인 개념이나 객관적인 실체로 바라보는 것을 지양하고, 학습자가 텍스트에 그려진 세계를 자신의 삶의 한 부분으로 바라봄으로써 세계와 자신에 대한 이해 지평의 확대를 도모하는 데 궁극적인 목표를 둔다. 이러한 목표에 따라 텍스트에서 수용자에게로 무게중심이 옮겨지는데, 이는 문학교육에서 학습자를 수동적인 피교육자가 아닌, 교육의 주체, 감상의 주체로 정립하게 한다는 점에서도 그 의의를 찾을 수 있다.

고전문학의 표현이 경험되어야 하는 또 다른 근거는, '역군은(亦君恩)' 표현에서 보듯 단순히 하나의 의미로 획일화될 수 없다는 점에 있다. '역군은(亦君恩)'과 같은 관념화된 표현의 경우, 대상을 가리키는 기호 그 자체의 의미를 넘어서서 수없이 다양한 문화적 의미를 담고 있기 때문이다. 이러한 접근에서는 '역군은(亦君恩)'의 본래 의미가 무엇인가는 그리 중요하지 않다. 수용자와 맥락에 따라 군주를 향한 송축일 수도 있고, 현실에 대한 냉소의 의미로 받아들여질 수도 있다. 나아가 자신이 겪는 고난의

---

20) 이기상, 『하이데거의 실존과 언어』, 문예출판사, 1992, 229면 참조.

현실에 대한 자기 합리화와 치유적 반응으로도 볼 수 있다. 이것은 '역군은(亦君恩)'의 표현이 수용자에 의해 경험될 때 맥락과 의미가 다양하게 재구성될 수 있음을 나타낸다.

(2) 세계에 대한 인식과 태도

관념화된 추상적 대상을 두고서 지식이 아닌 경험의 차원에서 다루고자 한다면, 이들이 학습자에게 어떤 경험의 내용을 제공할 수 있는지가 밝혀져야 한다. '역군은(亦君恩)'의 표현이 경험되어야 한다는 명제가 보다 설득력을 갖기 위해서는, '역군은(亦君恩)'을 통해 학습자가 어떤 의미있는 경험을 할 수 있는지가 구체적으로 논증될 필요가 있다.

'역군은(亦君恩)'은 세계를 바라보고 이해하는 하나의 틀을 우리에게 보여준다. 송축의 의미부터 현실에 대한 냉소에 이르기까지 다양한 의미의 스펙트럼을 가질 수 있는 것은, '역군은(亦君恩)'이라는 표현이 세계에 대한 인식과 가치 문제와 관련하여 특정한 관점과 입장을 담아내는 사실에 있다. 표면적으로 볼 때, '역군은(亦君恩)'이라는 표현은 군주와 상관없어 보이는 것을 군주의 은혜로 연결짓는 기능을 한다. 그런데 이때 '군은(君恩)'은 기호 그대로 왕의 은혜로 단순 대응시킬 수 없는 것임을 앞서 확인하였다. 그렇다면 무엇을 군은과 연결시키고 있는지를 통해 군은에 대한 여러 입장과 태도를 살펴볼 필요가 있다. 이는 곧 세계를 어떻게 바라보고 인식하고 있는지를 경험하는 것이라 할 수 있다.[21]

---

21) 작품마다 시대적 상황과 개인의 처지에 차이가 있는 만큼, 세계관과 심미성 또한 다양할 수밖에 없다. 표면적인 유사성에도 불구하고 조선 초기 집권층으로서 맹사성과 16세기 사림(士林)으로서 이현보가 현실 감각 및 정치적 전망의 측면에서 차이를 보이는 게 대표적이다. 김흥규, 「江湖自然과 정치현실」, 앞의 책, 135-160면 참조. 강호시가의 전개 양상을 정밀하게 구명하는 것은 이 글의 범위를 넘어서는 것으로, 여기서는 '역군은(亦君恩)' 표현이 세계에 대한 인식, 태도에서 다양한 경험을 가져다 준다는 점을 중점적으로 살피기로

<감군은>의 경우 극단적인 찬양의 표현으로 작품 전체가 구성되어 있으며, '역군은(亦君恩)'은 이러한 표현의 절정에 해당한다. 그런데 이를 두고서 단순히 아유적 표현으로 폄하할 것이 아니라, 당대 예악제정(禮樂制定)이라는 사회문화적 환경에 따른 상징 조작의 과정과 내용의 측면에서 접근할 필요가 있다.22) '사해(四海) 바다', '태산(泰山)', '단심(丹心)', '백골미분(白骨糜粉)' 등의 시어와 더불어 '군은(君恩)'은 찬미지사에서 빈번하게 사용되는 '조작된 상징'에 해당한다. 이것은 왕권에 대한 송축과 찬양의 장면에서 요구되는 관습적 표현으로, 당대 관료 및 사대부들이 갖추어야 하고 신념화해야 하는 표현의 세계인 것이다.

'역군은(亦君恩)'의 표현에서 이와는 다른 세계 인식을 접할 수도 있는 바, 이를 위해 <강호사시사>를 살펴보기로 한다.

> 江湖에 マ올이 드니 고기마다 술져 잇다.
> 小艇에 그물 시러 흘리 쯰여 더뎌 두고,
> 이 몸이 消日히옴도 亦君恩이샷다. (孟思誠, #161)

강호는 단순히 화자의 배경이나 생활공간으로서의 물리성을 넘어 풍성함·너그러움과 그 속에서 자족하는 주체가 갖게 되는 조화의 세계를 나타낸다. 이런 조화의 세계가 군은과 연결되는 것은, 일차적으로 강호에서 누리는 삶이 군주의 은혜로운 통치에 의해 가능하다는 인식에 있다. 여기서 우리는 '역(亦)'이라는 말이 함의하는 바와 같이, 왕으로 상징되는 다른 종류의 질서를 가진 세계, 즉 세속적 현실에서 이미 이루어진 삶과 자연이 '함께' 긍정·찬양되어야 한다는 의미를 경험할 수 있다.23) 이는 강호

한다.
22) 김성언, 앞의 글, 435면.
23) 김흥규, 앞의 책, 140-141면 참조.

의 세계와 정치 현실의 세계가 모두 군은(君恩)이라는 하나의 질서 안에 존재한다는 인식에 바탕을 두고 있다. 이 두 세계 사이에 어떠한 갈등도 존재하지 않는다는 사실이 이 같은 경험 형성을 가능하게 한다.[24]

<어부가>, <면앙정가>, <생일가>의 경우에도, 강호지락(江湖之樂)을 왕의 은혜와 관련짓는 것에서 현실의 모든 즐거움과 행복이 모두 왕에게 서 비롯된다는 사대부의 보편적 인식을 읽을 수 있다. "천하의 모든 땅이 왕토 아님이 없고, 모든 백성들이 왕의 신하가 아닌 이가 없다는 것(普天之下 莫非王土 率土之民 莫非王臣)"은 당대의 보편적 관념이다. 이처럼 군은에 대한 감사는 당대 사대부들이 갖는 보편의 가치이며, 강호지락과 충군의 정서를 연결짓는 것 또한 이들에게 요구되는 사회적 관습인 것이다. 삶과 세계에 대한 긍정적 인식과 태도가 충군의 이념과 맞물리면서 생성된 인식과 관념이 하나의 문화적 관습으로 자리잡게 된 것이다. 이로써 강호의 삶과 정치 현실의 삶이 서로 배타적이지 않고 연속 · 합일의 관계에 있다는 낙관적 세계관에 대한 경험이 가능해진다.

신흠이나 조존성의 시조에서도 귀거래와 농사일이 왕의 은혜로 간주되고 있다. 그러나 정치 현실에서 강제로 물러날 수밖에 없었던 당시의 정황을 살펴본다면, 귀거래와 농사는 스스로 '선택'한 것이기보다는 일정 부분 '강요'된 것에 가깝다. 비록 은혜라고 언표화하고는 있으나, 그 이면에는 왕의 탓이며 왕의 잘못에 따른 것이라는 인식도 자리잡고 있다. 이

---

24) 이러한 사실은 다음 시조와 비교할 때 더욱 분명해진다.
  長安을 도라보니 北闕이 千里로다 / 漁舟에 누어신들 니즌 스치 이시랴 / 두어라, 내 시름 아니라 濟世賢이 업스랴 (李賢輔, #3562)
  이 시조에서는 자연과 군은(君恩)의 관계가 중첩적으로 나타난다. 표면적으로 장안(혹은 북궐)과 자연은 대립적인 공간으로 인식되며, 이들 공간 사이의 심리적 거리는 천 리(千里)라는 수치로 표현된다. 그런데 어주(漁舟)에 누워있을 때조차도 잊지 못한다는 것에서, 사대부로서 충군의 정서에서 여전히 자유롭지 못한 모습을 볼 수 있다. 출사와 은거 사이의 갈등이 드러난다는 점에서 <강호사시사>의 '역군은(亦君恩)' 세계와는 분명 구별되는 인식을 보여준다.

는 현실에 대한 부정적 이해에 따른 것이다. 물론 수용자에 따라서는 성군을 만나 태평성대를 누리고 싶다는 바람을 포함하는 것으로 읽어낼 수도 있다. 이 모두는 17세기 이후의 역사적 상황과 맞물리면서 사족(士族)의 분화와 그에 따른 변화된 강호(江湖)의 의미와도 관련된다. 이른바 강호가도 및 은자(隱者)의 세계상과 전가(田家)의 세계상이 구별된다면,25) 세계를 바라보는 인식의 틀에 변화가 생겼음을 경험하는 것도 가능해진다.

나아가 잘못된 것을 분명하게 지적하지 못하고 은혜로 돌려 표현하는 것에서 표현과 사회 문화적 관습의 관련성을 경험할 수도 있다. 군주와 신하의 수직적 관계, 특히 군주에게 하늘[天]의 지위와 위상을 부여하는 사회 문화적 상황이 '역군은(亦君恩)'이라는 표현을 만들어내고 공유하게 만든 것임을 이해할 필요가 있다. 이른바 충신연주지사(忠臣戀主之詞)는 이같은 사회 문화적 배경의 기반 위에서 생성되고 향유되는 것으로, 사대부의 신분적 정체성을 형성하고 강화하는 데 기여한 문화적 관습인 것이다. 특히 당시의 사회 문화적 상황에서 군주의 잘못을 직접적으로 지적하는 것은 원천적으로 차단된다. 온유돈후(溫柔敦厚)가 강조된 조선의 사회 문화적 배경에서 비분강개(悲憤慷慨)의 표정과 언설을 함부로 노출하는 것은 정치적으로는 물론, 사대부들의 내면적 자기 규율과 검열에 비춰볼 때 허용되기 어려운 일이다.26) 버림을 받고서 귀양의 고난을 노래하는 다수의 유배가사에서조차도 왕에 대한 원망 대신 연군의 정서가 충만하게 나타나는 것 또한 이러한 맥락에서 이해할 수 있다.

이상에서 보듯 수용자가 '역군은(亦君恩)' 표현을 경험한다는 것은, 자신과의 조응 속에서 텍스트 세계의 맥락과 상황을 재구성함으로써 다양한

---

25) 전가(田家)에 대한 자세한 설명은 김흥규, 「16·17세기 강호시조의 변모와 전가시조의 형성」, 앞의 책의 연구로 미룬다.
26) 김흥규, 「江湖詩歌와 서구 牧歌詩의 유형론적 비교」, 『민족문화연구』 제43호, 고려대 민족문화연구소, 2005, 21-22면.

의미 세계를 형성하는 것이라 할 수 있다. 특히 '역군은(亦君恩)'은 현재 우리가 경험하기 어려운 군주와 신하의 관계를 담아내고 있는데, 이는 객관적 사실로서 전달될 것이 아니라 학습자의 조응을 통해 경험되어야 할 내용이다. 학습자가 주체가 되어 '역군은(亦君恩)' 표현의 세계로 뛰어들 때 '역군은(亦君恩)'은 다양한 의미의 결들을 드러내게 되고, 그 속에서 삶과 세계에 대한 다양한 태도와 입장을 접하는 것이 가능해진다. 이는 '역군은'을 충군으로 대응시키고, 하나의 어휘 차원에서 교수·학습하는 것과는 분명 차이가 있다.

(3) 자연과 인간의 관계 맺기

'역군은(亦君恩)'이라는 표현은 자연과 군은(君恩)이라는 각각의 개별 존재가 상호 관련을 맺는 특별한 세계를 우리에게 보여준다. 강호에서의 천석고황(泉石膏肓)과 정치세계의 군주라는 대조적인 두 개의 이미지를 연결시켜 등가물로 놓고 있다. 그런데 '역군은(亦君恩)'과 연결되는 자연 또한 순수한 자연이 아니라는 점은 경험의 또 다른 내용을 구성한다.

예컨대, <강호사시사>에서 자연은 봄의 금린어 안주, 여름의 강파와 바람, 가을의 살진 고기, 겨울의 자 깊이가 넘는 눈 등의 소재를 통해 구체적인 모습으로 그려진다. 그런데 매수의 초·중장에서 구체적으로 그려지는 자연의 모습이 종장에 이르러 자신의 삶에 대한 인식으로 집약되고 있다. 종장의 첫 구절에 등장하는 '이 몸이'라는 시어에서 보듯, 자연을 있는 그대로의 모습으로 그려내는 데 그치는 것이 아니라, 세계와 자신을 조화로운 일체로서 받아들이는 것이다. 이때의 자연은 순수한 자연이 아니라, '나'와 관련을 맺을 때 비로소 의미있는 존재가 된다는 점에서 '사람 중심의 자연'이라 할 수 있다.[27] 어부가류의 해석에서 등장하는 '가어옹(假

漁翁)'의 개념, 혹은 강호시가가 내보이는 삶의 모습이 생활이 아닌 심리적 안정의 도모라고 보는 관점 등28)도 모두 자연을 순수한 대상이 아니라 주체와의 관련 속에서 바라본 데 따른 것이다. 이처럼 나와 자연의 관계맺음은 곧바로 나와 연결된 군은의 세계와도 자연스럽게 묶여지면서 조화와 이상이 충만한 세계가 펼쳐지게 된다. 이런 점에서 본다면 '역군은'은 자연의 질서와 왕으로 대표되는 사회적 질서를 연결짓는 당대 사대부들의 사고가 하나의 표현으로 구현된 것으로, 이 속에는 인간과 자연의 유기적 조화가 투영되어 있다. 여기서 우리는 세계를 해석하고 의미를 부여하는 하나의 특징적인 모습을 보게 된다.

조존성의 시조에서 자연은 앞서 살펴본 바와 같이, 대안적 삶의 선택으로서 의미를 가질 수도 있다. 여기서 자연은 세계와 자아가 화해할 수 없는 상태에서 사대부가 선택할 수 있는 하나의 삶의 지향인 것이다. 이처럼, '역군은' 표현에는 당대 사대부들이 자연과 군은을 연결짓는 여러 양상의 관계적 사고가 담겨 있으며, 세계와 특별한 관계를 맺는 모습이 문화적 기억으로 보존되어 있다. 물론 이때의 기억은 분명 현재의 인식 체계와는 다르면서도 일정 부분 공유되는, 이른바 '연결되어 있는 타자'의 성격을 갖는다.

관념적 표현이 가져다주는 과거 세계의 특별한 경험—자연과 인간의 관계맺음—에 주목한다면, 관념적 표현의 교육이 의사소통과 그에 따른 해독의 차원에 머물러서는 안된다는 점이 더욱 분명해진다. 관념적 표현에는 현재와 다른 삶의 질서에 의해 세계와 특별한 관계맺음의 흔적이 누적되어 있기 때문이다. 이런 점에서 본다면, 표현의 '언어적 의미 자체'에 주

---

27) 신연우, 『사대부 시조와 유학적 일상성』, 이회문화사, 2000, 61면 참조.
28) 최진원, 『韓國古典詩歌의 形象性』, 성균관대 대동문화연구원, 1988, 98-123면; 조동일, 『한국문학통사 2』(제3판), 지식산업사, 1994, 340면 참조.

목하여 전달과 소통을 문제 삼을 것이 아니라, 오히려 그것이 담고 있는 '세계'로 초점을 이동할 것이 요청된다.[29] '역군은(亦君恩)' 표현이 보여주는 자연과 군은의 관계적 사고는 일찍이 수용자가 겪어보지 못하고 볼 수 없었던 세계를 조망하게 한다. 이런 점에서 본다면 관념적 표현의 낯설음은 현재의 인식 체계를 넘어서서 새로운 세계를 열어주고 경험하게 하는 가능성으로 접근할 필요가 있다. 이는 관념적 표현이 갖는 교육적 가치와 자질로서, 고전문학교육이 지향해야 할 방향성을 일깨운다.

(4) 타자에게 돌리는 문화적 관습

'역군은(亦君恩)' 표현이 세계에 대한 우리의 이해와 태도를 담아내고 있음은, 타자에게 돌리는 태도의 측면에서도 확인된다. 타자를 우월한 위치에 두고서 모든 일의 성과를 자기가 아닌 타자의 것으로 생각하는 관점을 말한다. 이는 철저하게 자기가 주체가 되어 대상을 장악하고 지배하려는 오늘날의 자기중심적 태도와는 차이가 있다.

자연 속에서 누리는 풍류는 상당 부분 자신의 선택과 능력에 의해 이루어졌으며, 이러한 삶의 향유에 대한 자부심은 작품 생성의 주요 동력으로 작용한다. 예컨대, <상춘곡>에서는 자연과 함께 하는 자신의 삶과 그 선택에 대한 자부심을 작품 서두에 제시하면서 논의를 전개해나가고 있다.

> 紅塵에 뭇친 분네 이내 生涯 엇더한고
> 넷 사람 風流랄 미찰가 맛 미찰가
> 天地間 男子 몸이 날만한 이 하건마난
> 山林에 뭇쳐 이셔 至樂을 마랄 것가
>
> — <賞春曲>

---

29) 권순정, 「고전시가의 어휘교육 연구」, 서울대 석사학위논문, 2006, 8면.

자신의 현재 삶과 옛 사람의 풍취를 비교하면서 표면적으로는 겸양을 드러내고 있지만, 작품 전체의 지배적 정서는 풍류의 삶에서 오는 자부심이다. 자연에 묻혀 사는 산림처사(山林處士)의 삶을 알지 못하는 속세의 사람들을 향해 안타까움을 표출하는 것도, 풍류의 삶이 가져다주는 자부심에서 비롯된다. 봄의 경치를 즐기며 안빈낙도하는 삶을 통해 은일(隱逸)의 가치를 직접적으로 드러내는 것이다.

다루는 세계와 표방하는 가치에 있어서 <상춘곡>과 <면앙정가>는 유사하다. 그러나 작품의 종결부에 이르러 차이를 보인다. 전자가 "아모타 百年行樂이 이만한들 엇지하리"라는 표현을 통해 자부심과 만족감을 마음껏 드러내고 있는데 반해, <면앙정가>에서는 "이 몸이 이렁 굼도 亦君恩이샷다"와 같이 이 모든 일의 성과를 자기가 아닌 왕으로 돌리는 태도의 차이가 나타난다. 여기서 우리는 삶과 세계에 대한 전통적인 태도와 인식의 한 유형을 접하게 된다. 이것은 자신이 우월한 위치에 서서 모든 것을 결정하고 주관하는 것과는 구별되는 것으로, 타자와의 관련성 속에서 사태를 바라보고 생각하는 태도를 말한다. 여기에는 모든 일이 한 개인에 의해 결정되고 이루어지는 것이 아니라, 세계 전체의 조화와 균형에서 비롯된다는 인식이 깔려있다.

이처럼 자연의 아름다움을 즐기는 것에서도 현상을 피상적으로 이해하는 데 그치지 않고 그 근원의 문제에 주목하는 태도를 볼 수 있다. 이것은 모든 일의 성과를 자기 자신이 아닌 주변에게 돌리는 것으로 대표된다. 자신의 성과를 인정받게 될 때, "모든 게 다 염려해주시고 보살펴주신 결과"라며 상대방에게로 미루는 표현도 이 같은 태도가 하나의 말하기 화법으로 구현된 것이라 할 수 있다. 다루는 과제나 성과를 분석해본다면 분명 상대방의 직접적인 관련성과 영향성은 찾기 어렵지만, 타자의 것으로 돌리는 태도가 하나의 문화적 관습으로 자리잡고 있음을 보여준다.

이 같은 태도가 항상 올바른 것은 아닌 까닭에, 때로는 책임 소재를 불분명하게 만들면서 변명과 무책임을 낳을 우려도 있다. 한 예로『잘돼도 못돼도 다 조상탓(2001)』[30]이라는 책의 표제는 이 같은 문제점을 단적으로 담아내고 있다. 오늘날에는 성과나 은공을 타자에게 돌리는 것이 아니라 책임과 잘못을 남에게 미룸으로써 '네 탓'을 문제 삼기도 한다. 자기의 잘못을 남의 탓으로 돌리는 태도나 사고방식을 가리키는 '네타티즘(Netatism='네탓'+'-ism')'이라는 신조어의 등장은 이 같은 태도와 사고를 보여주는 단적인 사례이기도 하다.[31] 도로가 막히는 것도, 혹은 비가 너무 많이 오는 것도 모두 누구의 잘못으로 미루어버리고 그를 탓하는 것은, 오늘날 일상에서 쉽게 볼 수 있는 모습이다. '네 덕분'이라는 인식이 '네 탓'으로 변하는 현상을 목격하게 되는데, '역군은(亦君恩)'의 표현은 이 같은 태도의 변천에 대한 인식과 성찰을 가져다 줄 수도 있다.

이처럼 타자에게 돌리는 문화적 관습이 문학교육의 내용으로 제안될 수 있는 것은, 문학을 경험의 시각에서 바라보는 데 힘입은 바가 크다. 문학을 작품과 실체로서 접근하는 것이 아니라, 스스로 겪어보고 체험해야 하는 대상으로 보는 관점에서는 텍스트 세계에서 나타나는 주체의 입장과 태도 또한 중요한 경험의 대상이 되기 때문이다. 이것은 문제 사태를 이해하는 것을 넘어서서 그것에 대한 수용자 자신의 판단과 결정을 요구하며, 이를 위해서 텍스트에 자신의 기존 경험과 현재 존재를 가져오는 과정을 거쳐야만 한다.[32] 이같이 '역군은(亦君恩)'의 표현을 통해서 타자에게 돌리는 문화적 관습에 대해 탐구하고 이에 대해 자신의 판단과 입장을

---

30) 이규태,『잘돼도 못돼도 다 조상탓』, 조선일보사, 2001.

31) 본래 이 어휘는 영어를 배울 때의 마음가짐을 나타내는 말로 모든 잘못을 '네 탓' 즉 상대방에게로 둘러대는 것을 지칭하는 신조어이다.

32) Louise M. Rosenblatt, *The Reader the Text the Poem*, 김혜리 외 역,『독자, 텍스트, 시』, 한국문화사, 2008, 21면.

정리할 수 있는 것도, 어디까지나 문학을 작품이라는 실체가 아닌 삶의 경험 차원에서 바라보는 것에서 가능할 수 있다. 교육이 학습자의 성장을 목표로 하는 행위라는 점에서, 문학교육이 학습자의 삶에 어떠한 의미를 가질 수 있고 문학을 통해 어떠한 성장을 가져올 수 있는가에 대한 탐색이 이 같은 교육 내용을 이끌어낸다.

5. 관념적 표현, 기호가 아닌 세계의 문제

이 글은 '역군은(亦君恩)'이라는 하나의 관습적 표현을 대상으로 의미의 세계를 살펴봄으로써 교육에서 고전문학의 관습적, 관념적 표현을 어떻게 바라보고 접근해야 하는가에 대한 근본적인 문제를 제기하였다. '역군은(亦君恩)'이라는 낯선 표현은 현재의 친숙한 어휘로 단순 대치할 수 있는 것이 아님을 논증하였고, 텍스트 전체의 해독에 있어서 장애물이 아니라 그 자체가 경험해야 할 심층의 의미를 담고 있음을 밝혔다. 텍스트의 전체 의미를 구성하기 위해 메워야 할 빈 구멍이 아니라, 그 자체가 현재와는 다른 과거의 인식 지평을 갖고 있는 경험의 대상이자 내용인 것이다.

이러한 접근은 기호 그 자체의 의미보다는, 그것이 담고 있는 세계의 문제에 주목할 것을 요청한다. 관념적 표현의 낯설음은 현재의 인식 체계를 뛰어넘는 새로운 세계를 열어주는 가능성으로 작용할 수 있다. 이는 표현의 문제가 의사전달의 측면을 넘어서서 이해와 인식 지평의 문제로 확장될 수 있다는 점에 주목하는 것이다. 이런 관점에서 본다면, '역군은(亦君恩)'의 세계에 대한 당대와 현재 사이의 인식 차이는 경험의 중요한 계기이면서 자질이 될 수 있다.

'역군은(亦君恩)'이라는 하나의 표현을 대상으로 교육과 경험이라는 큰 문제를 다루다보니, 논증이 치밀하지 못한 점과 성급한 일반화의 잘못이 곳곳에 발견된다. 무엇보다도 '역군은(亦君恩)'이 수용자와 상황에 따라 다양하게 이해될 수 있음에도 불구하고 이에 대한 실증이 충분하게 뒷받침이 되지 못한 탓에, 작품 속에서 생성할 수 있는 다양한 의미망을 폭넓게 제시하지 못한 한계가 있다. 이런 점에도 불구하고, '역군은(亦君恩)'이라는 하나의 표현을 대상으로 고전문학교육의 가치 및 방향과 같은 근본적인 문제를 제기하였고, 이에 대한 하나의 유효한 관점으로서 경험의 시각을 입증하였다는 데서 그 의의를 찾을 수 있다.

● 출처 : 「역군은(亦君恩) 표현과 경험의 세계」
(『고전문학과 교육』 16, 한국고전문학교육학회, 2008)

📋 더 찾아읽기

▶ 17세기 시조사

김흥규, 『욕망과 형식의 詩學』, 태학사, 1999.
신영명 외, 『조선중기 시가와 자연』, 태학사, 2002.

▶ 언어와 세계

이기상, 『하이데거의 실존과 언어』, 문예출판사, 1992.
Maruyama Keizaburō, 生命と過剰, 고동호 역, 『존재와 언어』, 민음사, 2002.

제IV부
고전문학 경험의 내용과 텍스트 세계

제8장 시간의 경험
―시간성과 활성적 기억의 경험, 〈남정가(南征歌)〉

고전문학과 경험의 내용,

지금부터는 고전문학 작품을 대상으로 경험할 내용을 탐색하는 기회를 갖고자 한다.
고전문학을 경험하기 위해서는 작자의 의도에 경도된 고전문학 텍스트의 의미를
오늘날의 수용자 시각으로 옮기는 영점 조정의 일이 필요하다.
고전문학을 대상으로 경험의 내용을 탐색하고 도출하는 작업이 이로써 시작된다.

보편성과 특수성의 고전문학 경험,

이제 어떤 경험을 탐색할 것인지가 문제가 된다.
고전문학의 본질이 보편성과 더불어 타자의 삶과 세계관이 주는 이질성과 특수성에 있다면,
살펴볼 경험 또한 이러한 조건을 충족시키는 것이어야 한다.
'시간', '공간', '늙음', '운명'은 바로 이러한 배경에서 선택된 경험 내용이다.
이들은 인간 존재 모두가 겪는 것이면서, 동시에 판단과 평가에 차이를 갖는 것이기도 하다.

시간과 〈남정가〉의 조합,

시간에 대한 다양한 논의는 그만큼 얼마나 중요한 과제였는지를 방증한다.
시간을 다룬 수많은 작품이 있음에도, 굳이 〈남정가〉를 살피는 까닭이 궁금할 수 있다.
〈남정가〉는 그리 높은 평가를 받지도 못했고, 연구자의 관심도 거의 찾아볼 수 없기 때문이다.
〈남정가〉를 살피는 까닭은, 전쟁이라는 역사적 사건이 주체의 기억과 경험,
그리고 현재의 인식에 어떻게 관여하는지를 볼 수 있는 기회를 제공하고 있기 때문이다.
이처럼 접근 시각을 달리하면, 국문학 연구에서 놓쳤던 지점을 포착하고
작품의 의미를 새롭게 이해하고 평가하는 일이 가능할 수 있다.

1. 작자의 시간 경험으로 〈남정가〉 들여다보기

지금까지 문학 혹은 문학교육의 의의와 가치를 주체의 경험에서 찾는 작업을 여러 차례 진행해왔다. 그런데 문학교육의 국면에서 논의하다보니, 이때의 주체가 수용자를 가리키고 그에 국한되어 왔음을 부정하기 어렵다. 주지하다시피 문학은 작자의 체험을 바탕으로 하는 만큼, 작자의 경험과 문학의 관계항 또한 경험을 논의하는 데 중요한 요소가 된다.

> 요즈음 관각(館閣)에서는 이산해를 으뜸으로 친다. 그는 어려서부터 당시를 배웠는데 만년에 평해에 귀양 가 비로소 극치에 이르렀다. 고제봉의 시도 또한 벼슬을 떠나 한가하게 있는 동안에 바야흐로 크게 발전되었음을 깨달았다. 따라서 문장은 부귀영화에 달려 있지 않고 험난함을 겪고 강산의 도움을 얻은 뒤에야 묘경(妙境)에 들 수 있을 것이니, 어찌 유독 두 사람만 그러하겠는가? 옛 사람들은 대개 그러하였으니, 자후(子厚)는 유주(柳州)에서 그러했고, 동파(東坡)는 영외(嶺外)에서 그러했던 예를 볼 수 있다.

허균(許筠)의 『성수시화』의 한 부분으로, 유배와 같이 험난한 경험을 하고 난 뒤에 문학이 묘경(妙境)에 든 여러 사례를 얘기하고 있다.[1] 절실한 작자의 경험이 문학 작품의 감동으로 이어짐을 보여준다. 여기서 작자의 경험이 문학 텍스트에 어떻게 담기고 텍스트를 어떻게 견인하는지와 같은 여러 의문들이 제기된다. 작자의 경험이 텍스트 구성의 질료가 된다는

---

1) 최상은, 「유배가사 작품구조의 전통과 변모」, 박노준 편, 『고전시가 엮어읽기(하)』, 태학사, 2003, 285-286면.

상식적 인식과 대답 차원에서 여전히 벗어나지 못하고 있는 것이다. 나아가 이를 어떻게 읽어내야 하는가의 물음도 남아있다.

실제로 경험과 문학은 수용자의 경험 이외에도 다양한 교직 양상과 접점을 만들어낸다. 그동안의 논의가 주로 문학교육의 측면에서 수용자의 경험에 맞춰져 왔다면, 여기서는 작자의 경험 문제를 전면에 내세우고 이를 작품 속에서 읽어내는 작업을 진행하기로 한다. 행위 주체로서 개인이 겪었던 사건, 그리고 그에 대한 기억이 경험으로 재구성되는 과정을 텍스트에서 구체적으로, 실제적으로 살펴보려는 것이다. 이는 경험으로서 문학 논의를 보다 입체적이고 다각적으로 살피고 조망하는 일이 될 수 있다. 시간, 기억과 경험의 문제는 그 구체적인 내용에 해당한다.

특히 시간, 기억과 경험의 문제는 작품 생성의 중요한 동기이자 계기이면서, 한편으로 문학을 통한 개인의 성장이라는 문학교육의 주요한 문제에도 부합한다. 시간과 기억이 인간 존재의 본질적인 경험 내용인 만큼, 가치있는 경험의 문제를 다룬다는 문학의 본질에도 맞아떨어지면서, 성장을 도모하는 교육의 과제와도 자연스럽게 공통분모를 형성한다.

이 같은 의도와 목적을 위한 연구 자료로 양사준(楊士俊)의 <남정가(南征歌)>를 채택한다. 일찍이 <남정가>는 김동욱에 의해 자료가 발굴되어 학계에 소개되었으나,[2] 그동안 학계의 특별한 관심을 받아 오지는 못한 작품이다.[3] 사실 '양사언(楊士彦)'과 '양사준'으로 대표되는 작자의 혼동과 재고찰 정도의 문제를 제외하고는 별다른 쟁점을 낳은 바도 없다.[4] <남정

---

2) 김동욱, 「楊士彦의 南征歌」, 『인문과학』 9, 연세대, 1964.

3) 가사 장르를 역사적으로 고찰한 논의(정재호, 「가사문학의 사적 고찰」, 『한국가사문학론』, 집문당, 1984)나 가사문학 연구의 현황과 전망을 살피는 논의(정재호 편, 『한국가사문학연구』, 태학사, 1995) 등에서 <남정가>가 누락되어 있음은 이 작품에 대한 그간의 관심이 어떠했는지를 단적으로 보여준다.

4) 처음 자료가 학계에 소개되었을 당시에는 '양사언(楊士彦)'으로 작자가 규정되었으나, 이후 이상보 등이 여러 문헌과 자료를 조사하면서 '양사준(楊士俊)'으로 수정하였다. 이는 『南判

가>를 수록하고 있는 『南判尹遺事(1699)』의 편찬자가 양사준의 후손임에도 불구하고, 후손조차 작자를 오해할 만큼 양사준은 널리 알려져 있지 않은 인물이다. 1545년 증광문과(增廣文科)에 급제한 후 평양서윤(平壤庶尹), 정랑(正郎) 등의 벼슬을 했다는 사실을 제외하고는 생몰 연대조차도 알 수 없고, 다른 문학 작품을 찾아보기 어렵다는 점에서 작자론의 관심에서도 비껴서 있다. 형제지간인 '양사언', '양사기'와 더불어 문명(文名)으로 이름을 떨쳐 중국의 '미산삼소(眉山三蘇)'에 비유되었다는 기록의 존재만이 그의 문학적 능력을 짐작케 할 뿐이다.

<남정가>의 문학사적 가치 또한 전쟁을 소재로 한 가사 작품 중에서 가장 오래되었다는[5] 역사성으로 평가되는 데 그치고 있다. 가사 장르의 발전사에서도, 다양한 주제를 다루게 되면서 가사의 작품 세계가 확장되었음을 뒷받침하는 사례로 작품명이 언급되는 데 머무르고 있다.[6] 박인로의 <태평사(太平詞)>, <선상탄(船上嘆)>과 함께 논의되는 경우를 간혹 접할 수 있는데, 여기에는 왜적을 상대로 전쟁에 참여하였다는 공통된 사실이 자리하고 있다. 내용과 수사의 유사성이나 왜적을 대상으로 참전한 공통된 경험 등을 근거로, <남정가>가 박인로에게 영향을 끼쳤을 것으로 가정하기도 한다.[7] 그러나 전쟁가사 자체가 별로 없다[8]는 지적에서 보듯, 이 작품을 '장부호기가사(丈夫豪氣歌辭)',[9] '기행가사(紀行歌辭)'[10] 등으로 달

尹遺事』 편찬자가 작자를 오해한 데서 연유한 결과이다. 작자를 재고찰한 과정은 이상보, 『李朝歌辭精選』, 정연사, 1965; 이상보, 「楊士俊 <南征歌> 新攷」, 『국어국문학』 62-63, 국어국문학회, 1973 등에서 살필 수 있다.

5) 최강현 편, 『가사 Ⅰ』, 고려대 민족문화연구소, 1993, 138면.

6) 윤덕진, 「가사의 정립과 발전」, 崔喆 편, 『韓國古典詩歌史』, 집문당, 1997, 456면.

7) 이상보, 앞의 글, 248면.

8) 서원섭, 『가사문학의 연구』, 형설출판사, 1978, 137면.

9) 류연석, 『韓國歌辭文學史』, 국학자료원, 1994, 118면.

10) 이상보, 앞의 글, 252면.

리 분류하기도 하고, '충군우국'의 내용[11]으로 묶기도 하는 등 하나의 독립적인 양태로서 인정받지 못하는 실정이다. 조선 전기 강호가도의 노래가 주류를 이루는 상황에서 전쟁을 노래하고 있다는 희소성이 주목받을 뿐, 작품 내적 특질의 규명을 시도한 연구는 찾아보기 어렵다.[12]

　그러나 기억과 경험의 문제에서 본다면 <남정가>는 특별한 의미와 특징적인 국면을 갖고 있는 작품이라 할 수 있다. 무엇보다 <남정가>에는 을묘왜변이라는 역사적 사건 속에서 왜구를 토벌한 작자 양사준의 직접적인 경험이 담겨 있다. <남정가>는 1555년(명종 10) 여름 을묘왜변이 발발하자 양사준이 전남 영암으로 가서 왜적을 격파한 광경을 노래한 작품으로 알려져 있다. <남정가>를 대상으로 기억과 경험의 문제를 살피고자 하는 데에는, 이 작품이 을묘왜변이라는 특별한 역사적 사건을 바탕으로 배태되었다는 점, 이는 개인 차원에 국한된 문제가 아니라 사회 공동체의 것으로 일상의 사소한 사건들과는 구별되는 공동의 특별한 경험이라는 점이 자리하고 있다. 인간은 타자와 세계로부터 수난과 고통을 받을 때 비로소 그것이 자신의 경험이 될 수 있으며, 인간이 경험을 했다는 것은 곧 그것을 고통스럽게 경험하지 않을 수 없음을 뜻한다.[13] 이 같은 사실은 전쟁이라는 역사적 사건이 주체의 기억과 경험, 그리고 현재의 인식에 어떻게 관여하는지를 살펴보기 위한 자료로 <남정가>가 효과적일 수 있음을 뒷받침한다.

　이처럼 기억과 경험의 문제는 <남정가>를 가사라는 하나의 예술 작품으로 보는 것에서 벗어나, 주체의 경험을 사건과 줄거리로 조직하면서 의

---

11) 성기옥 외, 『고전시가론』, 한국방송통신대학교 출판부, 2006, 396면.

12) <남정가>의 내적 특질을 분석한 연구로는 류해춘, 「<남정가>의 構造와 時間現象」, 『文學과 言語』 10, 문학과 언어연구회, 1989가 거의 유일하다고 볼 수 있다.

13) O. F. Bollnow, *Philosophie der Erkenntnis*, 백승균 역, 『인식의 해석학』, 서광사, 1993, 199~202면.

미의 세계를 만들어나가는 의미 만들기(meaning-making) 행위 차원에서 바라볼 것을 요청한다. 작자는 과거에 겪은 사건 중에서 특정한 부분을 선택하여 작품 속 경험으로 재구성해낸다. 파편화되어 존재하는 사건이 일정한 의미를 갖는 경험으로 구성되기 위해서는 주체의 일정한 인식과 이해가 수반되어야 하고, 이 같은 경험화의 과정 속에서 선택과 배제의 자기 검열을 거치게 됨은 물론이다.[14]

　기억과 경험에 주목하게 되면 주체의 자기 이해와 세계 인식의 문제를 살피는 것도 가능해진다. 주체의 경험은 과거에 겪은 사건을 질료로 이를 재구성하는 과정에서 만들어지는데, 이때 세계에 대한 일정한 이해와 해석이 동반됨은 물론이다. 따라서 전쟁이라는 특별한 역사적 사건이 한 개인의 경험에 어떻게 작용하고 있으며, 그 과정에서 주체와 세계에 대해 어떠한 인식과 해석이 이루어지고 있는지를 추적해보는 자리를 마련하고자 한다. 기억을 통해 특정한 사건과 대면하는 가운데 이루어지는 새로운 주체 형성과 세계 인식의 문제를 살피려는 것이다. 시간이라는 거울은 밖으로는 세계를 비춰보는 거울이 되면서, 안으로는 자기 자신의 주체성을 파악하는 거울이 되는 이중 기능을 지닌다는 점은 널리 알려져 있다. 심지어 시간에 대한 의식 없이는 자기 경험에 대한 주체적 파악이 불가능하고, 따라서 경험적 연계를 통한 자기 정체성에 이를 수 없다고 한다.[15]

　시간현상학은 개인의 경험과 기억이 시간, 주체와 맺는 관계를 해명하는 데 유용한 연구 방법론을 제공해준다. 이들은 시간이 인간의 "가장 특수한 경험 양식"이라는 점을 바탕으로, 특별한 사건의 회상이 인간의 생애를 재구성하여 경험적 시간을 재포착할 수 있게 한다는 데에 주목한

---

14) 이러한 과정에 대해 딜타이는 일상적 경험이 문학 텍스트로 재창조될 때 변형을 겪을 수밖에 없는 것으로 설명한다. Wihelm Dilthey, *Des Erlebnis und die Dichtung*, 김병욱 외 역, 『문학과 체험』, 우리문학사, 1991, 40~41면.
15) 우리사상연구소 편, 『우리말철학사전 2』, 지식산업사, 2002, 163면.

다.16) 이러한 설명에 따른다면, 주체가 겪은 사건과 그에 대한 기억은 지나간 시간 속에 묻혀있는 자기의 모습을 끄집어내어 작품으로 재구성함으로써, 자기를 돌이켜보고 현재에 위치지어진 자신의 인식을 새롭게 살피게 한다. 사건을 경험으로 재구성하는 과정과 방법에 대한 탐색이 해당 작품은 물론 인간 주체에 대한 이해를 확장시킬 수 있음을 기대하게 만드는 대목이다.

2. 역사적 사건의 활성적 기억화와 주체 경험의 관계항

시간이 과거화됨에 따라 지각의 결과는 기억으로 변화를 겪기 마련이고, 여기서 시간과 발생 사건의 분리는 필연적이다. 시간은 경과하면서 곧바로 사라져버리지만 지각의 결과는 기억의 형태를 통해 재생될 수 있는 바, 이처럼 기억은 과거와 현재를 맺어주는 연결고리의 기능을 수행한다. 일찍이 베르그송(Bergson)도 내면 세계의 순수 지속으로서 기억을 강조한 바 있다. 그에 따르면, 가장 먼 과거도 현재에 접목되어 있고 현재와 함께 변화의 계속성을 이루고 있다. 즉 과거는 현재와 한 몸을 이루면서 현재에 끊임없이 울림을 주는 것으로 설명된다.17)

그렇다고 해서 모든 기억이 다 현재에 영향을 끼치는 것은 아니다. 기억을 두고서 '활성적 기억'과 '비활성적 기억' 혹은 '기능기억'과 '저장기억'18) 등으로 구분하여 살피는 것도, 현재에 영향을 끼치는 기억의 조건

---

16) Hans Meyerhoff, *Time in literature*, 김준오 역, 『문학과 시간 현상학』, 삼영사, 1987; 이승훈, 『문학과 시간』, 이우출판사, 1983, 54~56면 참조.

17) 김형효, 『베르그송의 철학』, 민음사, 1991, 49~50면.

18) 이하 활성적 기억(기능기억)에 대한 설명은 Aleida Assmann, *Erinnerungsräume*, 변학수 외 역, 『기억의 공간』, 그린비, 2011, 179~192면의 내용을 바탕으로 한다.

과 특질에 주목하여 이를 구별해내기 위함이다. 일반적으로 활성적 기억 (기능기억)의 주요 특징으로 집단 관련성, 선택, 관련 가치, 목적 의식 등이 거론된다. 이는 과거에 겪은 사건이 현재의 어느 구조 속에 연결되어 활 성적으로 체험하게 될 때, 주체의 삶을 규정하고 행위의 방향성을 제시하 는 것으로 설명된다. 다음은 활성적 기억과 비활성적 기억의 차이를 표로 정리한 결과이다.[19)

[표 1] 활성적 기억과 비활성적 기억

활성적 기억	비활성적 기억
기억은 집단, 제도, 개인일 수 있는 보유자와 결부되어 있다.	특수한 보유자로부터 분리되어 있다.
과거, 현재, 그리고 미래를 연결하는 다리를 놓는다.	현재와 미래로부터 과거를 철저하게 분리한다.
이것은 기억하고 저것은 잊어버리면서 사건을 선별적으로 처리한다.	모든 것에 관심이 있고, 모든 것이 동등하게 중요하다.
가치들을 중개하는데, 그 가치에서 정체성의 특성, 행동규범이 생기게 된다.	진리를 찾아내고 동시에 가치와 규범을 멀리한다.

과거의 한 사건이 주체에게 활성적 기억으로 작용하기 위해서는 이를 활성화하는 특별한 계기와 의식적 태도가 뒤따라야 한다. 현재와 활성적 관계를 형성, 유지하려는 주체의 특별한 의식이 요청되는 바, 이 글에서는 <남정가>라는 가사의 생성과 향유가 곧 이러한 의식과 태도에 해당한다 는 데 주목한다. 을묘왜변은 이미 종료된 과거의 사건이지만, 경계와 교훈 으로서 현재와 미래에 무언가의 메시지를 기록하고 전달하려는 욕망이 더해짐으로써 과거의 사건이 활성화된 기억으로 견인되고 있는 것이다. 과거의 경험과 현재의 주체가 만나 새로운 세계를 열어가는 것을 해석학

---

19) Aleida Assmann, 변학수 외 역, 앞의 책, 180면.

에서는 이른바 '지평의 확장'이라 하는데, 활성적 기억은 과거의 사건과 현재의 주체가 만나 의미있는 경험을 형성함으로써 지평의 확장을 이끌어내는 역할을 수행한다. 비록 종료된 사건이지만 현재에 새로운 집단 의식을 불러일으키는 데 기여한다면, 이는 '기억된 과거'[20]이면서, 동시에 '현재화된 과거'라 할 수 있다. 이런 점에서 보건대, <남정가>는 활성적 기억을 통해 현재화된 과거를 노래하는 작품이다.

특히 <남정가>가 시가로서의 성격과 서사로서의 성격을 모두 담고 있다는 점은 활성적 기억과 주체 경험의 관계항을 살피는 데 효과적인 특질로 작용한다. 일반적으로 서사물의 경우 사건을 서술하는 서술자와 사건 속 행위자로서 인물, 그밖에도 작자, 독자 등의 여러 주체가 다층적으로 연결되어 있을 뿐만 아니라, 사건 서술과 현실의 관계 또한 중첩되어 나타나기 마련이다. 이에 비해 <남정가>의 경우 개인의 특별한 경험이 농축되어 있으면서도, 경험과 세계 인식의 내용을 단일한 목소리로 비교적 선명하게 표출하는 특징을 보인다. 이는 <남정가>가 시가의 형식임에도 불구하고, 자신이 겪은 사건을 보고하는 발화 양식으로 서사의 성격 또한 포함하고 있다는 것과 관련된다.

이런 점을 염두에 두고, 주체의 경험에 관여하는 역사적 사건과 활성적 기억의 문제를 살피기 위한 지점으로 시간성의 문제를 본격적으로 탐색하기로 한다.

---

20) Aleida Assmann, 변학수 외 역, 앞의 책, 81면.

3. 과거-현재-미래가 연계된 시간성

경험은 근본적으로 시간 구조를 지닌다. 특히 문학으로 형상화되는 과정 속에서 주체의 사건은 과거-현재-미래라는 시간상의 상관성을 바탕으로 일정한 의미를 지닌 경험으로 계열화되어 재구성된다. 시간성은 경험의 이 같은 계열화와 재구성을 보여주는 대표적인 지점으로 주의 깊게 살필 필요가 있다.

> "인간 경험에 공통된 특성-그것은 모든 형태의 이야기하는 행위에 의해 드러나고, 결합되고 명료해진다-은 그 시간적 특성이다. 이야기하는 모든 것은 시간 속에서 일어나며, 시간이 걸리고 시간적으로 전개된다. 그리고 시간 속에서 전개되는 모든 것은 이야기될 수 있다. 어쩌면 모든 시간적 과정은 그것은 어떤 식으로든 이야기될 수 있는 한에서만 시간적인 것으로 인식될 수 있을 것이다."[21]

위의 설명에 따른다면 시간은 이야기를 통해 비로소 드러나게 되고 이야기 또한 시간 속에서 전개될 수 있다. 시간 경험은 곧 세계 경험이며, 이야기는 세계 경험을 말하는 것으로 이해할 수 있다.

그런데 시간에 대한 인식은 '모든 사람들이 다 제 나름의 시간 체계를 가지고 다닌다'는 멘딜로우의 지적과 같이 다양하게 나타나기 마련이다. 시간성을 '물리적 시간(자연적 시간, time in nature)'과 '경험적 시간(time in experience)'으로 양분하면서, 특히 후자를 개인적, 주관적, 심리적 유동성을 내포한 시간으로서 인간 경험으로 포착되는 주관적 시간으로 구별해내는 것도 이러한 이해에 따른 것이다.[22] 인간에게 시간의 장단(長短)과 농담(濃

---

21) Paul Ricoeur, *Temps et récit*, 김한식 외 역, 『시간과 이야기2』, 문학과지성사, 2000, 9면.
22) Hans Meyerhoff, 김준오 역, 앞의 책, 11-16면.

淡)은 심리적으로 결정된다고 보면서, 주관적 체험 시간을 강조하는 것도 마찬가지이다. 실제 작품 속에서는 물리적 흐름의 시간과는 다르게 주체의 기억과 의식 속에서 존재하는 경험적 시간에 따라 사건이 재구성되어 진술된다는 점에서, 시간성은 문학에서 기억과 경험의 문제를 살피는 중요한 지점이 된다.

그런데 <남정가>의 시간성은 단순히 시제의 문제를 넘어서서 과거의 기억과 현재의 상황, 미래의 기대에 대한 작자의 특별한 의식이 외현화된 결과를 보여준다. 주체가 겪은 사건이 작품의 핵심 내용으로 서사화되는 양상 속에서, 참전의 과거 사건이 '활성적 기억'으로서 끊임없이 '현재', '미래'와 연계되어 나타남을 목격하게 되는 것이다. 아우구스티누스가 말한 시간의 본질은 <남정가>의 시간성에 대해 유용한 설명을 제공해준다.

> 엄밀한 의미에서는 과거, 현재, 미래라는 세 시간이 있는 게 아닙니다. 엄밀하게 세 개의 시간은 과거의 것에 대한 현재, 현재의 것에 대한 현재, 미래의 것에 대한 현재인 것입니다.[23]

위 설명에 따른다면 시간성의 세 양상은 단순히 과거, 현재, 미래로 구분되어 단절되는 것이 아니라, 과거의 현재, 현재의 현재, 미래의 현재인 것이다. 과거는 기억으로서의 현재이며, 미래 또한 기대로서의 현재라 할 수 있다.[24] 과거의 사실 자체는 이미 사라지고 소멸되었지만 주체의 의식 속에서 기억으로 현재화될 수 있으며, 미래 또한 지금은 존재하지 않으나 주체의 의식 속에서 기대의 형태로 현재화될 수 있음을 <남정가>가 보여주고 있다.

---

23) St. Augustinus, *The Confessions*, 김기찬 역, 『고백록』, 현대미학사, 2000, 320면 참조.
24) 소광희, 『시간의 철학적 성찰』, 문예출판사, 2001, 290면.

(1) 현재의 기억으로서 과거
  : 현재와 연속된 과거의 동시적(同時的) 진술

글쓰기의 과정에서 주체의 경험은 반성적 성찰을 거치게 되고, 그에 따라 회고적 성격과 과거형의 진술 형태를 갖는 것이 일반적이다. 반성 자체가 일정한 거리를 두고 바라보는 과정 속에서 이루어지는 탓에, 사건의 재구성과 거리두기의 형성은 기억과 회고의 형태로 나타나기 쉽다. 특히 서술 주체인 나는 기억을 통해 자신의 경험을 이야기하는 과정에서 자신과의 거리 확보가 자연스럽게 이루어진다.25) 사실 경험 자체는 본래 직접적인 현현에서는 결코 포착할 수 없고 지나간 현존으로서 반성적으로만 포착되는 성격을 갖고 있다.26) 그동안 자전적 소설이나 자기 고백의 기록과 같이 회고적 성격을 갖는 자료를 통해 경험의 문제를 살펴보려 한 것도, 이 같은 경험의 본질과 관련 깊다. 이러한 관점에 따른다면, 인간은 이러한 시간 속에 놓여 있기 때문에 과거에서 벗어날 수도, 전적으로 과거에 기댈 수도 없다고 한다.27)

그런데 경험과 반성 일반이 갖는 회고적 성격과는 달리, <남정가>에서는 전장에서의 인물 행위와 사건이 마치 눈앞에서 전개되고 있는 것처럼 현재화되어 펼쳐지는 특징이 있다. 분명 주체가 겪은 과거의 일로 회상 행위를 통해 들추어진 내용임에도 불구하고, 현재화되어 작품 전면에 동시적으로 묘사되고 있는 것이다.

---

25) 리쾨르에 따르면, 이야기하는 행위를 통해 고정된 실체인 '나'는 시간의 흐름 속에서 변화하는 '나'를 통해 진정한 자기 이해에 도달하게 된다고 설명한다. Paul Ricoeur, *Soi-même comme un autre*, 김웅권 역, 『타자로서 자기 자신』, 동문선, 2006 참조.
26) Max Van Manen, *Researching lived experience : human science for an action sensitive pedagogy*, 신경림 외 역, 『체험 연구 : 해석학적 현상학의 인간과학 연구방법론』, 동녘, 1994, 57면.
27) 우리사상연구소 편, 앞의 책, 141면.

長槍을 네브린다 大劍을 네쁠다 칼마자 사뎌냐 살마자 사뎌냐
天兵四羅ㅎ더 어딕갈다
春蒐夏苗와 秋獮冬狩를 龍眠妙手로 山行圖를 그려내다 이ᄀᄐ미 쉬오랴
金鼓爭擊ㅎ니 勝氣塡城이오 猛士飛揚ㅎ야 執訊獲醜로다
旌旗를 보와ㅎ니 둘니니 賊首ㅣ오 東城을 도라보니 ᄡᅡ히니 賊屍로다

　치열한 전투 장면을 사실적으로 묘사하고 있는 장면이다. 징과 북을 울리니 승리의 기운이 성을 억누르고, 용감한 군사가 적을 사로잡아 전멸시키니 마침내 적의 시체가 가득 쌓이게 되었음을 노래하고 있다. 전쟁의 절정 순간을 마치 눈앞에서 펼쳐지는 듯 진술하고 있다. 종료된 사건을 과거의 일로 서술하지 않고 생동감 있는 묘사를 통해 현재화함으로써 동시성을 강조하고 있는 것이다. 이것은 과거와 현재의 거리를 축소시키고 상황에 대한 몰입과 감정적 태도를 이끌어내는 효과를 가져다준다.

　그런데 인용된 내용에서 '용면(龍眠)'은 송나라 화가 이공린(李公麟)을 지칭하는 것으로, 현재 벌어지고 있는 전투 장면을 이공린이 그린 사냥 그림에 빗대고 있다. 긴박한 전쟁의 순간을 현재화된 시점으로 실감나게 재현하는 가운데, 유명한 수렵도를 불러들임으로써 사건의 전개가 일시적으로 멈춰짐을 확인케 된다. 이는 기억이 연상과 의식의 흐름을 통해 현재의 시점에서 재구성됨을 보여주는 대표적인 장면이다. 과거의 사건이 급박하게 동시적으로 전개되는 것에서 벗어나, 이와는 다른 차원의 현재 시점이 관여, 개입하고 있는 것이다. 이처럼 기억과 경험의 시각에서 접근하면, 이 장면을 두고서 관념에 의거한 표현[28]으로 설명하는 기존의 연구와는 다른 이해가 가능해진다.

---

28) 류연석, 앞의 책, 120면.

어제일 싱각거든 急遽도 홀셰이고
連戰 不利ᄒ니 下有 元帥 上有 聖主人씌 므어시라 술오려뇨
簾頗李牧이면 수이아나 홀가마는 馬援矍鑠을 어늬스쳑 발흘빌고

　　치열한 전쟁의 장면에 뒤이어 승전을 보고하는 부분이다. 앞서 현재화
하여 묘사했던 전쟁의 장면은 '어제일'이 되어 버리고, 다음날의 사건이
다시 현재화되어 동시적으로 전개되고 있다. 그런데 과거의 사건이 현재
의 시점으로 동시적으로 전개됨에도 불구하고, '염파이목(簾頗李牧)', '마원
확삭(馬援矍鑠)' 등의 인용을 통해 사건 전개가 잠시 멈춰지는 것 또한 앞
의 경우와 마찬가지이다. 작품 속 사건은 그 순간순간마다 현재와의 동시
성을 지향하면서 전개되는 가운데, 현재의 시점 또한 사건 전개에 지속적
으로 개입, 관여함을 보게 된다.

　　한편 경험화되는 대상은 주체의 특별한 관심과 의도에서 비롯된 것으
로, 이때의 대상은 주체로부터의 선택됨과 동시에 선택받지 못한 것의 배
제됨이 만들어낸 결과라 할 수 있다. 주체의 의미있는 경험 형성에 기여
할 수 있는 대상과 내용만이 활성화된 기억으로서 작용함은 물론이다. 앞
의 경우와 같이 특정 장면이 동시적으로 묘사되는 것도 이 같은 결과의
한 단면에 해당한다.

　　반면 정황의 요약적 전개와 과감한 생략은 현재와 연계된 과거의 사건
만이 선택된다는 사실을 역설적으로 보여주는 것이라 할 수 있다.

桓桓 老將과 一介 書生이 紫霞를 ᄀ득부어 北闕의 拜辭ᄒ니
우리집을 다닛과다
天作 高山ᄒ야 月出 是崇ᄒ니 靈岩 巨鎭애 사흘만의 오단말가
先王 創業ᄒ샤 丕基롤 두겨시니 軍政도 이시며 紀律도 업건마는
不敎ᄒ 軍卒과 齟齬ᄒ 器械로 大事롤 엇디려요

블티 밤티 가라재 山路ㅣ 嵯峨ᄒ고 草樹茂密ᄒᄒ더
업더디니 닐쓰고 굿보리 ᄃ라오니 淸風院 普賢院을 瞬息間의 오도고야
朱盾이 騰羅ᄒ고 白刃 交揮어놀 主將 三令ᄒ고 從事 五申ᄒ니
大軍 肅肅ᄒ고 士士駬馬 규규어놀 東城애 티ᄃ라 賊兵을 구버보니
已在 目中이로다

　병사를 이끌고 적병이 위치한 전라도 영암에 도착하여 마침내 적병과 마주하게 된 과정을 속도감있게 기술하고 있다. 왜적 토벌의 명령을 부여받아 임금에게 엄숙하게 절하고 하직하는 순간조차도 '桓桓 老將과 一介 書生이 紫霞를 ᄀ득부어 北闕의 拜辭ᄒ니'와 같이 대부분의 내용과 과정을 과감하게 생략한 채 간략하게 진술하는 데 그치고 있다. 영암까지의 노정에 대해서도 불과 사흘만에 왔다는 언급으로 자세한 내용을 대신하고 있다. 이처럼 정황의 요약적 전개는 적병이 위치한 청풍원(淸風院), 보현원(普賢院)에 도달하는 과정에서도 잘 나타나는데, '瞬息間의 오도고야'는 이를 드러내는 하나의 표지라 할 수 있다. 며칠에 불과한 짧은 격전의 순간이 현재화되어 장황하게 기술되는 것과 달리 상당히 긴 시간의 여정을 과감하게 생략하고 요약적으로 진술하는 것은, 승전의 기록과 보고에 초점 맞춰진 현재의 입장과 의도에서 비롯된 결과로 볼 수 있다.
　이상에서 보듯, 과거의 사건을 진술하는 데 있어 과감한 생략 혹은 과도한 확장은 현재 시점의 의도와 입장에 따라 경험이 재구성되는 특징적인 모습에 해당한다. 이 모두에는 현재와의 연계성이 중요한 판단 지점으로 작용하고 있음은 물론이다. 단순히 과거의 상황을 있는 그대로 반추하여 재현하는 것이 아니라, 현재에도 유효할 수 있고 유효해야 한다는 신념에 따라 경험이 일정한 방향으로 재구성되고 있음을 보여주는 것이다. 여기서 과거의 기억은 모두 현재의 의미있는 시간의 연속체 속에서 구성

될 수 있으며, 따라서 과거는 과거사에 대해 현재에 일어나고 있는 기억의 경험이라는 사실을 확인하게 된다.29) 이 세상에서 일어나고 있는 것은 모두 현재의 시점에서 일어나는 것이라는 오거스틴(Augustine)의 말30)은 현재와 연계된 과거의 이러한 본질을 적시하고 있다.

(2) 현재의 기대로서 미래
: 현재와 연속될 미래의 예견적(豫見的) 진술

<남정가>에서 주체가 겪은 사건은 지나간 과거로서 서술되는 것이 아니라 현재의 시점에서 묘사되는 바와 같이, 시간의 혼용이 나타나고 있음을 살폈다. 그런데 전쟁의 순간이 활성화된 기억으로서 중요한 위치를 차지하고 있으나, 전쟁 이후의 상황도 그에 못지않게 중요하게 다루어지고 있다는 점에 유의할 필요가 있다.

> 士女 百姓돌하 어딕어딕 가잇다가 모다곰 오ᄂᆞᆫ다
> 禾穀이 離離ᄒᆞ고 桑麻이 芃芃이로다 國富民安ᄒᆞ야 太平을 흐리로다

전쟁이 끝난 이후 평화를 되찾게 된 모습이 진술되고 있다. 전쟁으로 인해 피난 갔던 백성들이 돌아오면서 온갖 곡식과 풀이 무성하게 잘 자라나는 모습이다. 그런데 종전 이후 되찾게 된 평화만을 사실 차원에서 진술하는 데 그치지 않고, 전쟁의 경험을 바탕으로 한 직접적인 논평과 당부가 이루어지고 있다는 점이 인상적이다.

---

29) 정신재, 『한국문학의 담론-시간현상학과 웃음』, 국학자료원, 1999, 68면.
30) St. Augustinus, 김기찬 역, 앞의 책, 11권 참조.

安不 忘危로다 이긔과라 마로시고 膳甲兵 修器械 兵農을 兼理ᄒᆞ샤
軍政을 볼키샤디 禮義로 알외쇼셔 親其上 死其長이 긔아니 됴흐닛가
不敎 而戰이오 進之以殺이면 罔民이 아니닛가

여기서의 진술 내용과 태도는 어디까지나 미래를 지향하고 있는 것으로, 앞으로 왕이 명심해야 할 내용과 지방 장수와 수령이 가져야 할 자세를 당부하고 있다.[31] 자신이 겪은 과거의 경험을 통해 형성된 세계 이해와 상황 판단을 미래에 대한 기대와 전망 차원으로 진술하고 있는 것이다. 군마를 조련하고 병장기를 수선하며 병농을 겸리하여 군정(軍政)을 밝히고 예의를 아뢸 것을 당부하고 있다. 그럼으로써 자기의 상관을 가까이 섬기고 그 상관을 위해 목숨을 바칠 수 있는 태도도 가져야 함을 덧붙이고 있다. 특히 군사훈련도 제대로 하지 않은 채 백성을 전쟁에 내보내 죽게 하는 것은 곧 백성을 속이는 행위라는 점도 잊지 않고 있다. 이러한 사실들은 모두 이번 전쟁을 통해 얻게 된 중요한 교훈에 해당한다. 눈앞의 승리에 도취되지 말고 나아가야 할 정치의 방향을 계도하는 것은 현재의 기대 차원에서 미래에 대한 전망을 밝히는 것이라 할 수 있다. 현재와 연속될 미래에 대해 예견적(豫見的) 진술이 이루어지고 있는 것이다.

작품을 마무리하는 종결부에 이르게 되면, 비로소 작품 바깥에서 노래하는 시간성과 작품 속 사건의 시간성이 일치하게 된다. 종결부에 이르러 노래를 부르는 상황 자체가 작품 속 내용으로 또 다시 현재화되는 특징적인 모습이 발견된다.

夜歌가 激烈ᄒᆞ니 어릴셔 이몸이여 忠心애 憂國一念이야 니칠스치 업서이다

---

31) 류해춘, 앞의 글, 14면.

자신의 행위를 묘사하고 사건을 서술하는 데 그치지 않고, '충심(忠心)', '우국일념(憂國一念)'과 같이 국가의 미래를 염려하고 걱정하는 심정을 표출하는 것으로 마무리 짓고 있다. 진술 내용의 귀착점이 미래를 향하고 있다는 점에서, 전장에서의 시간 경험과는 다른 차원의 시간성을 엿볼 수 있다. 미래를 지향하는 태도 속에서 경험의 시간성이 무한히 확장되고 있음을 확인하게 된다. 이로써 이 작품에서 확인되는 미래성의 문제는 아우구스티누스가 말한 바와 같이, 아직 없는 미래 자체가 아니라 원인 내지 징후이며, 따라서 현재의 원인 또는 징후를 통해 미래를 예견하게 된다는 사실32)을 눈여겨 볼 필요가 있다.

이러한 시간성의 분석을 통해 참전과 승전의 기억이 단순히 과거를 돌이키는 데 있지 않고, 현재의 존재 조건을 깨닫게 하여 미래로의 지향성을 갖는다는 사실을 확인할 수 있었다. 이러한 미래성은 일반적으로 민족적 기억이 갖는 미래지향적 측면, 교훈적 측면에 대한 설명과도 맞아떨어진다. 현재에 힘, 근면, 욕망, 판단을 부여하기 위해 과거의 기념비적, 신화적 전범이 환기되어 이용되는 것과 마찬가지로, 현재의 애국 행위도 후세에 기억으로 남을 것이라는 교훈의 측면에서 그 의의와 효용이 확보된다는 설명이 그것이다.33)

이런 관점에서 <남정가>의 시간성은 특별한 의미를 갖는다. 활성화된 기억으로서 과거는 현재와 연속된 시간이고, 미래로 연속될 시간이다. 과거와 미래를 연결시켜 주는 현재 또한 과거를 있게 하는 현재이면서, 동시에 미래를 있게 하는 현재로서 기능한다. 현재는 스스로 있으면서 동시에 이미 사라져버린 과거와 아직 존재하지 않은 미래를 기억과 예견으로

---

32) St. Augustinus, 김기찬 역, 앞의 책, 11권 참조. 나의 현재조차도 직접적 미래에 대한 나의 태도이고, 절박한 나의 행동이라고 보는 베르그송의 견해 또한 마찬가지이다.
33) Aleida Assmann, 변학수 외 역, 앞의 책, 107면.

전환하여 서로 연결하고 있다.[34] 현재의 개념을 이행과 전이의 개념으로 대체하면서, 기억으로서 과거, 예견으로서 미래를 얘기하는 리쾨르(Ricoeur)의 설명도 이러한 이해와 맞닿아 있다. 과거-현재-미래의 물리적 시간 개념이 과거의 현재, 현재, 미래의 현재라는 존재론적 시간 개념으로 전환되는 것이다.[35] 이처럼 <남정가>는 기억으로서 과거와 예견으로서 미래로 대표되는 특별한 시간 의식을 구현하고 있는 작품이라 할 수 있다.

4. 개인 경험의 전경화를 통한 자기 인식과 구성원의 정체성 형성

(1) 개인 경험의 전경화에 따른 주체의 자기 인식

<남정가>는 을묘왜변 중에서도 주체가 직접 겪은 사건이 주요 내용을 차지하고 있다. 전쟁이라는 역사적 사건을 다루고 있음에도 불구하고 작자 개인의 참전 체험에 초점이 맞춰져 있는 탓에, 그것이 갖는 역사적 의미를 깊이있게 천착, 조망하는 데는 이르지 못하고 있다. 이는 이 작품의 역사적 가치와 의의를 떨어뜨리는 한계점으로 지적될 수 있다. 실제로 사건의 진실과 그 의미조차도 주체의 체험과 인식 범위 내에서만 이해되어 서술되고 있다. 물론 역사의 기억이라는 것도 어디까지나 역사적 사건 그 자체로 치환될 수 없고 개인의 기억이 그 사건을 대체하기까지 한다는 설명[36]에 따른다면, 주체의 이해 지평 속에서 역사적 사건이 수용되어 재구성됨은 어찌 보면 당연한 것이라 할 수 있다.

---

34) 과거, 미래와 연결된 현재의 의미에 대해서는 소광희, 앞의 책, 177-178면의 내용을 참조할 수 있다.

35) Paul Ricoeur, 김한식 외 역, 앞의 책, 32-44면.

36) Aleida Assmann, 변학수 외 역, 앞의 책, 105면.

그러나 <남정가>의 경우 주체가 겪은 사건이 앞세워지고 작품 전체가
그에 따른 내용으로 구성됨으로써, 역사적 의미에 대한 판단과 성찰은 관
심의 대상에서 밀려나 있는 인상을 주고 있다. 작자 개인이 겪은 사건으
로서의 경험이 전경화되면서, 경험하지 않은 사건이나 역사적 의미 등은
뒷편으로 물러서게 되는 것이다. 을묘왜변이 발생하게 된 계기나 원인을
다음과 같이 일반론적인 차원에서 진단하여 간략하게 서술하는 데 그치
는 까닭도 전경화된 개인 경험의 한계에서 찾을 수 있다.

> 나라히 무스하야 이빅년이 너머드니 文恬 武嬉ᄒ야 兵革을 니젓다가
> 時維 乙卯ㅣ오 歲屬 三夏애 島寇 雲翔ᄒ니 빗수를 뉘혜려요

가사 양식은 그 형식상의 구속이 다른 시가에 비해 헐거워 작자의 의도
에 따라 상세한 묘사나 서술을 용이하게 할 수 있다는 장르적 특질을 갖
고 있다.[37] <남정가>에서 전투 장면이 확장적으로 진술되는 것도 이러
한 가사의 장르적 특질에서 연유한 것이다. 그러나 전란의 원인과 배경에
대해서는 간명한 서술로 소략하게 처리되고 마는 데 주목할 필요가 있다.
여기에는 을묘왜변의 원인, 그간의 경과, 배경 등과 직접적으로 관련된 작
자의 체험이나 사건이 부재하는 사실이 자리하고 있다.

전쟁의 참혹함이나 그에 따른 인간 생명의 훼손이라는 비극적 현실 문
제를 들추어내지 못한 점도 눈여겨볼 필요가 있다. 사건의 선택과 진술이
참전 장수로서 자신의 위치와 시각에만 의존함으로써 왜적의 침입을 물
리치고 국토를 수호하였다는 피상적 인식과 이해에만 그치고 있다. 인간
존엄성에 상처를 가져다 준 전쟁이라는 폭력적 현실을 정면으로 다루지
못하고 있는 것이다. 극한의 체험으로서 전쟁은 인간에게 정신적 외상으

---

37) 한창훈, 『시가교육의 가치론』, 월인, 2001, 237면.

로 작용할 뿐만 아니라, 사회 전체를 대상으로 지속적인 영향을 끼치는 중요한 사건이라는 점에 비추어볼 때 이 같은 한계는 분명해진다.

특히 을묘왜변이라는 동일한 사건을 다루고 있는 백광훈(白光勳)의 장편시 <달량행(達梁行)>과 비교할 때 이 같은 성격의 차이는 더욱 분명해진다. <남정가>의 경우 승전의 기쁨을 보고하고 기록하는 성격이 두드러지는 반면, <달량행>은 왜군의 침입으로 인해 겪어야만 했던 고통과 비참한 광경을 사실적으로 그려내는 차이점이 있다. 을묘왜변의 격전지 영암군 달량을 찾아 무고하게 희생되고 고통을 당해야 했던 민중의 심정을 표출하기도 하고, 조기에 적절한 대처를 하지 못한 중앙 권력을 비판하면서 분노하기도 하며, 지배층으로서의 죄의식마저 내놓고 있다는 점은 여러 모로 대조가 된다.

이 모두는 <남정가>가 작자 양사준의 개인적 체험에 바탕을 두고 주체가 경험한 사건을 중심으로 서술되는 데서 그 원인을 찾을 수 있다. 전쟁으로 인한 타자의 상흔과 의미있는 문제 제기가 제대로 이루어지지 못한 데에는 일차적으로 작자 개인의 경험이 작품에 전경화됨으로써 주관적 시선에서 자유롭지 못하기 때문이다. 승리한 전쟁에 참전하였다는 의미망 속에서만 개별 사건들은 하나의 경험으로 통합되어 기능한다.

그런데 작자의 체험이 사건의 계열을 형성하고 있다는 사실은, 이 작품을 역사적 시각에서 고찰하기보다는 주체의 자기 이해 측면에서 살필 것을 요청한다. 자신이 겪은 과거의 일을 하나의 노래로 이야기한다는 것은, 기억 속 사건을 활성화하여 현재와 연계된 의미있는 내용을 만들어내는 행위이며, 그 과정에서 자신이 겪은 사건이 현재의 입장과 의도에 맞게 가치화, 의미화됨은 필연적이다. 한 인간이 자기 경험을 이야기한다는 것은 단지 과거에 겪은 일을 전달하는 차원에 머무르는 것이 아니라, 현재 '나'의 관점에서 과거의 '나'를 대화적, 반성적, 창조적으로 돌아보는 행위가 될 수 있다.

자기 이야기를 하는 것은 자아가 스스로를 이해하여 자신의 정체성을 찾는 사건으로서 의의를 갖는다. 이 같은 이야기 행위는 사건들을 '지금 이때'와 같은 경험적 시간 안에 위치시켜 그것의 의미를 성찰하게 함으로써, 궁극적으로 현존재의 의미를 지연하고 확장시키는 실존적 행위가 될 수 있다.38) 즉 자기를 표현하는 행위는 단순히 자신의 사고나 정서를 다른 사람에게 '전달'하는 것뿐만 아니라 바로 자기 자신을 '형성'하는 일로서 의미를 갖는다.39)

이런 점에서 본다면, <남정가>라는 작품은 주체가 겪은 과거의 한 사건을 통해 현재의 자신을 되돌아보는 행위로서 의미를 가지며, 여기서 우리는 주체의 자기 이해의 한 모습을 살필 수 있다. <남정가>에서 전쟁에 따른 충격과 그에 따른 자기 인식의 계기는 다양한 국면에서 다각도로 나타난다.

> 安不 忘危로다 이긔과라 마로시고 膳甲兵 修器械 兵農을 兼理호샤
> 軍政을 볼키샤디 禮義로 알외쇼셔 親其上 死其長이 긔아니 됴흐닛가
> 不敎 而戰이오 進之以殺이면 罔民이 아니닛가
> 夜歌가 激烈호니 어릴셔 이몸이여 忠心애 憂國一念이야 니칠스치 업서
> 이다

전쟁의 경험은 주체에게 이전과는 다른 인식과 세계 이해를 가져다주는바, 위와 같은 당부와 각성으로 마무리되는 것도 이로써 설명될 수 있

---

38) 임경순, 「경험의 서사화 방법과 그 문학교육적 의의」, 서울대 박사학위논문, 2003, 37면 –42면. 푸코(Foucault) 또한 인간은 자기를 대상으로 하는 글쓰기를 통해 자기 자신을 배려하고 성찰해왔음을 주장한 바 있다. M. Foucault, 이희원 역, 『자기의 테크놀로지』, 동문선, 1997, 52면 참조.

39) 이형빈, 「고백적 글쓰기의 표현 방식 연구」, 서울대 석사학위논문, 1999, 1면.

다. 참전이 작품의 주요 내용을 차지하고 전쟁의 경과가 내용 전개의 핵심적인 역할을 담당하고 있지만, 종전과 그에 따른 체험의 종료만으로 작품이 마무리되지는 않는다. '安不 忘危로다 이긔과라 마로시고 膳甲兵 修器械 兵農을 兼理ᄒᆞᆞ샤 軍政을 불키샤더 禮義로 알외쇼셔'와 같이, 전쟁을 통해 얻게 된 교훈을 경계와 당부로서 전달하고 있는 것이다. 전쟁의 고통 속에서 획득된 깨달음과 인식의 문제가 각성의 형태로 진술되고 있다. 여기서 전쟁을 겪으면서 획득하게 된 새로운 이해와 성찰을 보게 된다. 이는 전쟁의 원인과 맥락을 소략하게 다룬 도입부와는 분명한 차이를 보인다.

(2) 구성원을 대상으로 한 결속력 제고와 정체성 형성

참전 경험이 가져다 준 깨달음과 인식이 개인 차원에 머무르지 않고 대사회적 메시지의 성격을 지닌다는 점에도 유의할 필요가 있다. 앞서 살핀 바와 같이 '마로시고', '겸리ᄒᆞᆞ샤', '불키샤더', '알외쇼셔'에 공통적으로 담긴 높임과 권유의 목소리는, 전쟁을 통해 획득된 이해와 깨달음을 사회 전체로 확산시키고자 하는 의도를 보여주는 표지라 할 수 있다. 즉 <남정가>는 개인 차원에서 자기 이해를 새롭게 하면서, 동시에 구성원을 대상으로 결속력 제고와 정체성 형성의 기능을 수행하고 있는 것이다. 예컨대 적대적 대상에 대한 강한 배타성으로 대표되는 이 작품의 대상 인식도, 구성원의 결속 도모라는 특정한 의도와 효과 속에서 배태된 것으로 이해할 필요가 있다.

> 東城애 티ᄃᆞ라 賊兵을 구버보니 已在 目中이로다
> 閟彼 明宮이 先聖의 所享이오 學士의 攸墍어늘
> 爰居爰處ᄒᆞ야 汚穢庭廡ᄒᆞ니 劇賊의 無道가 庚午年도 이러턴가

'劇賊의 無道'의 표현과 같이 왜적에 대해서 부정적으로 진술하는 반면, 이에 맞서는 우리 군에 대해서는 최대한 긍정의 의미를 부여하는 이항대립적 이해가 작품 곳곳에 확인된다. 본래 전쟁의 상황 자체가 아군과 적군의 뚜렷한 구분 속에서 긴장과 적대감을 극대화시키지만, 특히 이 작품의 경우 적대적 관계 설정 속에서 갈등의 양상이 매우 선명하게 부각되는 특질을 보인다. 이 같은 인식은 우리 군 내부에도 그대로 적용되는 바, 예컨대 적병에게 항복하여 목숨을 구걸한 당시 전라도 병사 원적(元績)이나 전쟁에서 자신의 공을 알리는 데 급급한 인물들을 비판하는 것에서 찾아볼 수 있다.

> 혜염업손 녀병사야 네 딘을 어듸두고 達島로 드러간다
> 옷버서 乞降이 처엄뜻과 다롤셰고

『海東野言』등의 기록은 당시 전라도 병사였던 원적이 왜적이 침입하자 의관을 벗어 성밖으로 던져 항복을 구걸하였다는 사실을 전한다. 원적에 대한 비판의 내용이 삽입된 것 또한 무엇을 추구해야 하고 어떠한 삶을 살아야 하는가에 대해 사회적인 메시지를 분명하게 전달하는 차원과 맥락에서 해석할 수 있다. 이와 같이 대상을 선악으로 이원화하여 명료하게 평가하는 시각은, 사회를 향한 교훈의 전달과 동시에 경계를 통한 계도의 효과를 거두고 있다. 과거의 기억을 명료하게 전달하고 공유하는 것이 현재 구성원 집단에게 공동의 이해와 인식을 가능케 하면서 집단의 결속력과 정체성 형성에 기여한다는 사실을 일깨워주는 대목이다.

기억과 관련한 정체성의 의미를 "자신의 역사를 능동적으로 구성하는 것이자 동시에 그러한 자신의 역사를 담론적으로 중재한 정치적 해석"으로 규정한 테레사 로데라우레티스(Teresa de Lauretis)의 지적이나, 우리가 공

동으로 기억하고 망각하는 것을 통해 우리 자신이 정의된다고 본 알라이
다 아스만(Aleida Assmann)의 논의는 이러한 주장에 이론적 바탕을 제공한
다. 이들은 모두 정체성 형성에 과거 기억이 작용한다는 점을 짚어내면서,
공동의 기억이 곧 집단의 정체성 형성과 결속력 제고의 중요한 수단이 된
다는 점을 지적하고 있다. 이처럼 기억된 과거는 정체성 확보의 문제이자
현실의 해석이며, 가치의 정당화로 연결되는 의미를 가진다.[40] 이런 점에
서 본다면, <남정가>는 기억된 과거를 현재화함으로써 구성원의 정체성
형성과 확보를 도모한 것이면서, 당시 정치 현실과 상황에 대한 해석이기
도 하고, 우국(憂國)으로 대표되는 충(忠)의 가치를 정당화하는 행위로서의
의미도 갖는다. 개인의 소회 차원을 넘어서서 참전의 경험을 활성화시킴
으로써, 자신의 신념과 정치적 판단에 따른 사회적 메시지를 민족 공동체
를 대상으로 전달하는 것으로 설명할 수 있다.

　이처럼 사회 구성원의 측면에서 접근한다면, 이 작품은 정체성의 형성
과 공동체의 결속력 제고라는 당시의 시대적 요청에 대해 공동의 기억을
만들어내고 공유하는 것으로 응답하려 한 것이라 평가할 수 있다. 단순히
이 작품이 전쟁이 상황을 사실적으로 묘사하고 있다는 기존의 이해를 넘
어서서, 활성적 기억과 경험이 주체와 사회 구성원에게 갖는 의미와 기능
을 이같이 달리 설명할 수 있다.

5. 〈남정가〉의 경험, 실재의 반영과 새로운 세계의 창조

　베르그송이 지적한 바와 같이, 시간의 특성은 경과하는 데 있으며 심지

---

40) Aleida Assmann, 변학수 외 역, 앞의 책, 82면, 110면.

어 주체가 경험하고 있는 현재의 사건조차도 이미 나에게서 멀리 떨어져 나가 과거 속으로 들어가고 있다. 문학은 시간의 이 같은 순간성과 경과 성을 텍스트라는 형식 속에 기억으로 담아내는 까닭에, 시간과 특별한 관 계를 맺는다.[41] 특히 <남정가>는 과거의 사건을 두고서 현재와 연계된 기억으로 활성화시킴으로써 현재의 나와 민족 구성원에게 새로운 이해를 가져오는 모습을 보여주고 있다. 기억을 활성적 기억과 비활성적 기억으 로 나누어 구별하고자 한 것도, 시간성의 문제를 과거-현재-미래의 연 계성 속에서 살피고자 한 것도, 과거의 사건이 주체에게 의미있는 경험으 로 형성되는 과정을 설명하고 입증하기 위해 거쳐야 했던 과정이었다.

특히 <남정가>에서는 과거를 현재와 연속된 과거로 보고 있는 특질에 주목하였고 동시적 진술은 이 같은 인식이 외현화되어 나타난 것으로 살 폈다. 미래 또한 현재의 기대 차원에서 다뤄지고 있는데, 미래를 현재와 연속될 것으로 보고 당부와 경계의 내용을 담고 있는 것에서 예견적 성격 을 찾아볼 수 있었다. 이처럼 과거와 미래가 현재를 중심으로 결속되고 있음은 <남정가> 시간성의 중요한 특질이라 할 수 있다.

과거와 현재, 그리고 미래를 이와 같이 진단하고 설명한 것은 단순히 <남정가>라는 텍스트가 실재를 반영하여 실재의 이미지를 작품 속에 형 성, 구축하는 차원에 머무르는 것이 아니라, 역으로 텍스트가 현실 자체를 만들어낼 수 있음을 말하려 했기 때문이다. 개인 차원의 과거 경험을 담 아내고 있음에도 불구하고, 텍스트가 제시하는 세계상은 마치 현재와 미 래의 객관적 실재와 같은 효과를 거두고 있는 것이다. 이른바 보르리야르 의 '시물라크르' 용어가 설명하는 바와 같이, 텍스트는 실재 효과와 인식 효과를 지니고 있으며, <남정가>에서 두드러지는 미래성의 지향은 이 같

---

41) Picard Michel, *Lire le temps*, 조종권 역, 『문학속의 시간』, 부산대 출판부, 1998, 1면.

은 장치의 하나로 기능하고 있다.

한편, 전쟁은 사랑, 죽음과 더불어 문학과 예술의 영원한 중심 주제에 해당한다.[42] 그러나 이 작품은 작자의 참전을 내용의 주요 질료로 하지만, 단순히 전쟁 과정과 양상을 서술하고 전달하는 데 그치지 않는다. 오히려 참전의 경험 속에서 이루어지는 자기 이해와 공동체의 정체성 형성이 작품의 생성과 구성을 견인하는 중요한 추동력으로 기능하고 있다. 이러한 특질에 따라 전쟁문학에 대한 주제론적 관심에서 비껴서서 개인 차원에서의 자기 이해와 공동체 차원에서의 정체성 형성의 문제를 살피고자 하였고, 활성적 기억과 시간성의 문제는 이를 풀어내는 유용한 관점이자 도구가 되었다. 국가가 위기에 직면했을 때 설득과 감동의 효과를 겨냥하는 가사 작품이 다수 창작되고 향유된 까닭[43]에 대한 하나의 답도 이러한 관점과 시각 속에서 찾을 수 있지 않을까 한다.

이 글에서 제안한 활성적 기억, 시간성 등은 과거의 사건과 주체의 경험을 일대일로 대응시키는 것을 넘어서서 경험 형성의 한 과정과 특질을 구체적으로 설명하고 보여주는 지점들이다. 이를 통해 경험이 주체의 자기 이해와 공동체의 정체성 형성에 관여함을 살필 수 있었다. 이는 <남정가> 작품론과 관련해서 다음과 같은 의의를 갖는다. 전체 내용이 작자의 참전과 그에 따른 승리의 기록으로 구성되어 사실적 묘사 차원에서 그 가치를 제한적으로 인정하는 그간의 평가에서 벗어나, 시간성의 특별한 구조를 바탕으로 새로운 이해를 가져다준다는 데 있다. 나아가 문학교육론에서 본다면, 텍스트가 담고 있는 경험 내용의 한 양상과 이를 읽어내는 방법을 제공해준다. 텍스트에 대한 사실적 이해에서 벗어나 역사적 사건

---

42) 김동환, 「암호화된 전쟁 기억과 해호화로서의 문학교육」, 『문학교육학』 33, 한국문학교육학회, 2010, 10면.
43) 김대행, 『한국의 고전시가』, 이화여대 출판부, 2009, 110-111면.

의 활성적 기억화가 주체와 구성원에게 갖는 의미에 대한 탐색이 그 구체적인 내용에 해당한다. <남정가>의 특별한 시간성이 이 같은 의미와 기능을 위한 효과적인 전략으로 작용하고 있음은 물론이다.

이 연구가 시간 경험을 매개로 <남정가> 작품을 새롭게 살피고 평가하는 계기가 되기를 희망한다.

•출처 : 「활성적 기억으로서 <남정가>와 시간성의 경험」
(『문학교육학』 제41호, 한국문학교육학회, 2013)

📑더 찾아읽기

▶ 시간성

김형효, 『베르고송의 철학』, 민음사, 1991.

소광희, 『시간의 철학적 성찰』, 문예출판사, 2001.

Assmann Aleida, *Erinnerungsräume*, 변학수 외 역, 『기억의 공간』, 그린비, 2011.

Meyerhoff Hans, *Time in Literature*, 김준오 역, 『문학과 시간 현상학』, 삼영사, 1987.

Michel Picard, *Lire le temps*, 조종권 역, 『문학속의 시간』, 부산대 출판부, 1998.

Ricoeur Paul, *Temps et récit*, 김한식 외 역, 『시간과 이야기2』, 문학과지성사, 2000.

▶ 〈남정가〉 작품론

김동욱, 「楊士彦의 南征歌」, 『인문과학』 9, 연세대, 1964, 17-34면.

류해춘, 「<남정가>의 構造와 時間現象」, 『文學과 言語』 10, 문학과 언어연구회, 1989, 45-67면.

이상보, 『李朝歌辭精選』, 정연사, 1965.

이상보, 「楊士俊 <南征歌> 新攷」, 『국어국문학』 62-63, 국어국문학회, 1973, 241-256면.

제9장 공간의 경험
─ 공간 이동에 따른 인식 확장의 경험, 〈북찬가(北竄歌)〉

공간,

"공간은 시간보다는 덜 위험해 보인다. 우리는 어디서나 시계를 가진 사람들과 마주치지만,
콤파스를 들고 있는 사람은 아주 드물다. 우리는 언제나 시간을 알아야 한다. (…중략…)
하지만 어디에 있는지 묻지는 않는다. 우리는 그것을 알고 있다고 생각한다.
집에 있다, 사무실에 있다, 시내에 있다, 길거리에 있다. 이렇게 말이다." (Perec, 1990)

시간 경험에 이어 공간 경험을 탐색하고자 한다.

공간은 주어져 존재하는 자연적 공간과 인간 이해에 관여하는 사회적 공간의 두 개념역을
갖고 있다. 그런데 공간에 부가하는 의미와 가치는 인간 행동에 영향을 줄 뿐만 아니라,
사물과 세계를 파악하는 관점과 인식에도 변화를 가져다준다.
공간에 따라 대상을 달리 보는 일마저 발생한다.
이렇게 본다면, 공간은 단순히 인간이 점유하는 장소가 아니라,
세계와 관계 맺는 방식이자 실존의 근원적 중심이 될 수 있다.
인간 의식과 공간의 관계에 궁금증이 생길 수밖에 없다.

유배가사와 〈북찬가〉,

'유배가사' 하면 충신연주지사 혹은 정철의 양미인곡의 그림자를 지어내기가 쉽지 않다.
여성화자와 같은 관습적 표현 장치 속에서 연군을 담아내는 것으로 생각하게 된다.
〈북찬가〉는 이 같은 전통에서 멀리 떨어져 있다.
그렇다고 특별한 지점을 떠올리기도 어렵다.
그런데 공간의 측면에서 살핀다면, 은거지 강화-경화(서울)-유배지 갑산의 세 공간이
의식 변화를 이끌어내면서, 존재의 의미를 재구성하는 모습을 보게 된다.
공간을 통해 무엇을 경험해야 하는가의 물음에 대해
〈북찬가〉는 특별한 응답을 하고 있는 작품이라 할 수 있다.

1. 공간 : 유배가사에 접근하는 통로

<북찬가(北竄歌)>는 이광명(李匡明, 1701-1788)이 갑산에서의 유배 체험을 바탕으로 창작한 유배가사이다. 일반적으로 후기 유배가사의 경우, 천상계와 지상계의 이원적 공간 설정, 군신 관계의 우의적 형상화, 임에 대한 그리움과 연모의 정서로 대표되는 전기 유배가사의 핵심 내용소들이 약화되고, 그 자리를 험난한 유배 생활에 대한 핍진한 묘사, 원망과 울분의 정서 토로를 통해 개인적 차원에서 구체적인 생활을 강조하는 것으로 특징지어진다.[1] 실제로 유배가사는 조위(曹偉, 1454-1503)의 <만분가(萬憤歌)>로부터 채구연(蔡龜淵, 1839-1917)의 <채환재적가(蔡宧再謫歌)>에 이르기까지 4세기에 걸쳐 창작되었고, 긴 향유 기간만큼이나 작품 세계의 편차 또한 적지 않다. 이러한 사실은 정철의 양미인곡으로 대표되는 전기 유배가사에 편중된 연구 관심을 후기로 옮기면서, 이들과 구별되는 변별점을 마련하고 유배가사 작품군 전체의 시가사적 흐름과 특징을 규명하는 작업으로 이어지기도 했다. 이러한 후기 유배가사의 연구 흐름과 경향의 한 가운데에서 이광명의 <북찬가>를 만나게 된다.

유배가사의 일정한 연구 담론 속에서 <북찬가>는 왕에 대한 연군이나 충절보다는 정치적 색채를 되도록 배제하고 가문의 유지, 보존과 같은 사적 측면을 강조하고 있는 작품으로 알려져 있다. 유배의 고통스러운 현실, 가족 및 고향에 대한 그리움 등이 중심 내용을 차지하고 있는데, 이는 곧 후기 유배가사의 보편적 특질에 해당한다는 설명이다. "정치 현실이 뿜어

---

1) 최현재, 「조선시대 유배가사의 흐름과 경향성」, 『韓國 詩歌硏究』 33, 한국시가학회, 2012, 71-72면 참조.

내는 거센 소용돌이에서 자신의 가문을 지켜내려는 절박한 심경의 표출"[2]로 평가할 때도, 후기 유배가사의 보편적인 내용과 표현 특징을 도출·확인하는 것으로 수렴된다.

한편으로 신세 고단함을 한탄하며 노모를 그리워하는 정서가 나타나는 것을 <북찬가> 내용상의 특징으로 지적하기도 한다. 그러나 이 역시 이방익(李邦翊)의 <홍리가(鴻罹歌)>, 안조원(安肇源)의 <만언사(萬言詞)> 등 상당수 후기 유배가사 작품군에 보편적으로 발견되는 내용이라는 점에서 <북찬가>만의 고유한 특질로 보기 어렵다. 영·정조대의 치국강령인 효제논리와 효치사상을 통해 유배의 상황을 모면해보려는 공통의 전략으로 설명하는 것[3]에서 그 경향성과 보편성을 짐작해볼 수 있다.

이진유(李眞儒, 1669-1730) 일가의 유배가사 작품군에 대한 관심의 일환에서 이루어진 연구[4] 또한 작품의 개별적 특징을 도출해내기보다는, <속사미인곡(續思美人曲)>, <죽창곡(竹窓曲)>, <무인입춘축성가(戊寅立春祝聖歌)> 작품들과의 공통점에 주목하고 있다. 전기 유배가사와 구별되는 일정한 유형화를 목표로 한다는 점에서 앞서의 연구 경향과 크게 다르지 않다. 당쟁에서 밀려나 폐가한 가문의 고단하고 암울한 상황을 절절하게 묘사하여 조선 후기 당쟁하의 생활과 그로 인해 몰락한 양반가의 실상을 생생하게 파악할 수 있는 자료로 평가하는 것[5]도 이러한 연구 성과의 한 단면

---

2) 최현재, 앞의 글, 74면.

3) 조선 후기 유배가사에서 공통적으로 나타나는 효에 대해 영·정조의 효치사상(孝治思想), 효리치하(孝理治下)와 관련지어 설명하기도 한다. 김명준 「<북찬가>의 주제의식과 '효'의 의미」, 『Journal of Korean Culture』 22, 한국어문학국제학술포럼, 2013, 111-113면 참조.

4) 이진유 가계의 유배가사 작품으로 이진유의 <속사미인곡>, <이광명>의 <북찬가>, 이광사의 <무인입춘축성가>, 이긍익의 <죽창곡> 등이 전해지는데, 이들은 18세기 전체 유배가사 9편 중 4편에 해당할 만큼 존재만으로도 의미가 크다는 점이 지적되기도 하였다. 노경순, 「이진유 가계 유배가사 연구」, 『泮矯語文硏究』 31, 반교어문학회, 2011 참조.

5) 정흥모, 「영조조의 유배가사 연구」, 『국어문학』 45, 국어문학회, 2008, 108면.

을 보여준다.

이들 모두는 <북찬가>에 내재한 개별적인 인식과 정서를 충분히 읽어 내지 못함으로써, 도출된 작품의 특징이 유배가사 작품군의 공통요소로 재차 수렴되는 일반론을 반복하고 있다는 인상을 심어준다. 후기 유배가 사의 범주 속에서 작품의 전체적인 해석이 이루어지고, 동시에 <북찬가> 를 통해 후기 유배가사의 특징이 재확인, 검증되는 과정이 순환되고 있다. 이럴 경우 <북찬가>는 유배가사군의 흐름과 변모에 대한 설명을 제공해 주는 시가사적 자료로서만 그 가치를 제한적으로 인정받게 된다.

<북찬가>를 새롭게 읽어낼 독법이 요청되는 까닭이 여기에 있다. 그동 안 <북찬가> 연구는 후기 유배가사군의 공통된 특질을 재확인하는 일반 론에 그쳤거나, 혹은 이를 이진유 가계의 특별한 배경이나 '효'를 중심으 로 한 특정 시기의 공통 담론으로 설명하는 데 머무른 측면이 있다. 유배 가사라 하더라도 유배의 동기, 정치 상황 등에 따라 작품별로 내용의 편 차가 존재하는 바, 섬세하게 읽어낼 방법이 요청되는 것이다. 이를 위해서 는 유배가사가 험난한 경험 아래 창작한 작품군으로,[6] '유배의 경험이 개 인의 삶과 의식에 커다란 변화를 가져다주는 사건'[7]이라는 본질적인 면에 주목할 필요가 있다. 주지하다시피 유배가사는 유배의 사건과 유배지의 공간에서 이루어지는 주체의 특별한 체험을 내용으로 하는 작품군이다. 그렇다면 유배가사의 이해는 단순히 텍스트 속 세계를 추체험하는 데 만 족할 것이 아니라, 유배의 체험에서 나타나는 주체의 인식과 태도 변화를 읽어내는 것이 중요한 과제가 될 수 있다.

유배가사의 '공간'은 이러한 읽기를 가능케 하는 효과적인 통로가 될 수 있다. 유배는 자신의 고유한 생활 터전으로부터 벗어나 타 공간으로의

---

6) 최상은, 『조선 사대부가사의 미의식과 문학』, 보고사, 2004, 330면.
7) 윤재환, 「조선 후기 유배 경험의 시적 형상화」, 『漢文學報』 19, 우리한문학회, 2008, 324면.

이동을 강제로 요구받게 되는데, 이에 따른 공간의 변화는 주체의 인식과 태도 변화를 가져오는 중요한 동인이 되기 때문이다. 공간이 유배가사의 내용 생성과 구성에 결정적 요소로 작용한다는 데 주목할 필요가 있다.

일반적으로 유배가사의 경험 내용은 원지(遠地)로의 이동과 낯선 곳에서의 생활을 배경으로 하고 있으며, <북찬가>의 경우 이 같은 공간의 이동을 통해 주체의 인식, 정서상의 변화가 두드러지게 나타난다. 특별히 <북찬가>의 공간에 주목하는 까닭은, 작자 이광명의 유배형이 개인적 차원의 처벌이 아닌 백부(伯父)가에 미친 연좌율에서 비롯된 결과라는 점에서 여타의 유배와 구별되는 독특한 배경을 갖는 데 있다. 당쟁으로 인해 벼슬을 포기하고 은거의 삶을 선택했음에도 불구하고 유배를 가야했던 특별한 사정은, 은거지 강화에서와는 다른 현실 인식을 가져다주는 계기로 작용하였으리라 짐작할 수 있다. 이처럼 <북찬가>에서 공간은 주체의 현실 인식, 정서와 조응하는 만큼 그 변화를 살필 수 있는 중요한 표지가 되며, 따라서 공간의 의미를 중심으로 인식 변화의 궤적과 추이를 새롭게 탐색하는 것이 가능할 수 있다.

이러한 접근은 유배가사를 개인적 고민과 갈등을 형상화한 작품군으로 보고, 작자의 정치적·사회적 처지와 유배라는 형벌에 대응하는 방식 등을 고려하여 작품별로 '개별적인 맥락'에서 읽어낼 필요가 있다는 선행 연구의 지적[8])에도 부응하는 것이라 할 수 있다. <북찬가>에서 공간은 주체의 정치적·사회적 처지와 유배에 대응하는 방식에 끊임없이 관여하면서 이를 드러내는 의미있는 장면을 제공해준다. 여기에는 사회적 관계가 자연의 공간 안으로 기입된다는 점, 따라서 공간적 구조로부터 사회적

---

8) 유배가사 연구에서 작자의 개별적인 고민과 갈등을 놓치고 보편적 이념으로만 재단한다면 개별 작품의 특수성은 사장되고 공허한 관념만 남게 된다는 지적이다. 최상은, 앞의 글, 349면; 최현재, 앞의 글, 65면 참조

구조를 끄집어 읽어내는 것이 가능하다는 사회적 차원에서의 공간 담론9)
이 이론적 바탕을 제공해준다. 이러한 관점에 힘입어 공간에 대한 분석을
통해 인간의 심리와 정서, 삶의 모습에 대한 탐색이 가능해진다. 이에 따
라 이 글에서는 <북찬가>의 공간 의미와 그에 따른 주체의 의식을 파악
하기 위한 전과정으로, 먼저 공간의 의미역을 살피고 인식틀로서 공간의
사회적 성격부터 규명하기로 한다.

2. 공간의 의미역과 인식틀로서 공간의 사회적 성격

본래 공간(raum)이라는 말은 "자리를 만들어내다, 비워 자유로운 공간을
만들다, 떠나다, 치우다"10) 등의 의미를 갖는 것으로 설명된다. 이러한 의
미역을 자세히 살펴보면, 공간은 인간과 관계를 맺는 곳으로 이미 존재하
는 것이 아니라 인간의 활동을 통해서 비로소 생겨나는 것11)임을 알 수
있다. 원래 주어져서 존재하는 자연적 공간과는 달리, 인간에 의한 '구성
적'인 의미가 이미 공간의 개념 속에 자리하고 있는 것이다.

공간이 인간에 의해 구성되는 대상이라고 할 때, 주체와의 영향 관계와
작용 양상에 따라 다양한 의미역이 존재함을 짐작할 수 있다. 공간의 의
미를 살필 때 눈여겨 볼 지점은, 공간 개념이 머물러있는 장소처럼 지극
히 '구체적'인 것이면서도, 동시에 생활 공간(Lebensraum)과 같이 '추상적'
인 양면성을 동시에 갖고 있다는 점이다. 즉 전자가 체험 가능한 실제 장

---

9) Markus Schroer, *Räume, Orte, Grenzen*, 정인모 외 역, 『공간, 장소, 경계』, 에코리브르, 2010,
    102면.

10) Ludger Pries, 'Neue Migration im transnationalen Raum', Markus Schroer, 정인모 외 역,
    앞의 책, 29면 재인용.

11) Markus Schroer, 정인모 외 역, 앞의 책, 30면.

소로서의 물리적 공간에 가까운 반면, 후자는 표상과 의미의 차원에서 존재하는 추상적 공간으로 구별되는 성격이 병립하고 있다.[12)]

<북찬가>에서는 전기 유배가사와 달리 물리적 공간의 차원이 두드러지게 나타난다. 예컨대 유배지 생활의 고통을 실감나게 묘사하는 다음의 장면은 구체적인 장소가 만들어내는 물리적 공간의 의미와 작용을 보여준다.

> 봇덥고 흙닌 방에 두문(杜門)ᄒ고 홀노 이셔
> 승예(蠅蚋)는 폐창(蔽窓)ᄒ고 조갈(蚤蝎)은 만벽ᄒᆞᆫ디
> 안즌 곳의 희디우고 누은 자리 밤을 새와[13)]

유배지의 누추함을 파리, 모기, 벼룩, 구더기 등이 득실거리는 창과 벽으로 실감나게 묘사하고 있다. 여기서의 공간은 일차적으로 주체가 기거하는 물리적인 장소로서의 의미를 갖는다. 물리적 공간이 인간과 밀접한 관련을 맺으면서 경험하거나 경험할 수 있는 세계로서 인간의 활동을 뒷받침하는 환경으로 기능한다고 할 때, <북찬가>에서 이 같은 공간의 설정은 유배 생활의 고난함과 해배의 간절한 희구를 절실하게 드러내는 데 효과적으로 작용하고 있다. 이처럼 물리적 공간으로서 유배지는 열악한 삶의 환경으로 의미화되고, 이는 이진유 가계의 작품인 <속사미인곡>, <죽창곡> 등에서도 널리 확인되는 공통된 특질로 나타난다.[14)]

---

12) 인간과 맺는 공간의 특성에 따라 학자마다 다양한 구분을 하고 있는데, 예를 들어 에드워드 렐프(Edward Relph)는 '실용적 공간', '지각공간', '실존공간', '건축·계획 공간', '인식적 공간', '추상적 공간'으로 나눈 바 있고, 가와모토의 경우 '생태공간', '기하-운동 공간', '상징 공간' 등으로 구분하기도 했다. Hajime Maruta, '場所'論, 박화리 외 역, 『장소론』, 심산출판사, 2011, 75-79면.

13) 이 연구에서 <북찬가> 텍스트의 출처는 임기중 편저, 『한국가사문학주해연구』, 아세아문화사, 2005의 것으로 하고, <속사미인곡>, <죽창곡> 등의 텍스트 또한 이 책의 것을 따르기로 하여 이후 출처를 별도로 표시하지 않기로 한다.

슈의상(繡衣裳) 더뎌 두고 기하거(棄荷裾) 고쳐 닙고
금봉차(金鳳釵) 거더 내여 호믜연장 다 갓초아
츈산(春山)의 ᄂᆞ물키고 셕됴(夕朝)의 됴개 주어
아젹뫼 ᄌᆞᆺ초리라 듁옥(竹屋)으로 도라오니

— <죽창곡>

말만흔 좁은 방의 조슬도 만흘시고
팔쳑댱신이 구버들고 구버나며
다리랄 셔려누워 긴밤을 새와나니
쥬듕의 젹신의복 어늬불의 말뇌오며
일행이 긔갈한들 무어사로 구할손고
행탁을 떨어내니 수두미뿐이로다

— <속사미인곡>

물리적 공간으로서 유배지의 험난한 생활 환경에 대한 구체적 묘사는 후기 유배가사 작품군에서 발견되는 공통된 특질의 하나로 지적할 수 있다. 천상계, 지상계와 같은 허구적 설정으로 구성되는 전기 유배가사의 공간과는 구별되는 것으로, 유배가사군의 작품 세계를 변별짓는 하나의 지점이 될 수 있다.

그러나 공간은 그 자체로서 인간의 행동을 결정하는 것이 아니라, 특정 구조와 장소에 부가하는 의미와 가치들로 인해 그에 걸맞은 인간의 행동이 야기된다는 사실[15]에 주목할 필요가 있다. 여기서 공간이 인간에게 미치는 영향, 작용과 관련하여 물리적 공간과는 다른 차원을 살피게 되는데,

---

14) 이진유 가계 유배가사의 특징으로 사실적인 표현을 꼽기도 한다.(노경순, 앞의 글, 123면) 이처럼 실제 체험을 바탕으로 유배지의 생활 공간을 핍진하게 묘사하는 것은 공간에 대한 새로운 인식과 이해를 보여주는 대표적인 모습이라 할 수 있다.

15) Lenelis Kruse 외, *Sozialpsychologie des Raumes und der Bewegung*, 정인모 외 역, 앞의 책, 198-199면 재인용.

바로 표상과 인식으로 작용하는 사회적 공간으로서의 성격이다. 다른 대상과 관계없이 인식되는 절대적 공간과 달리, 공간 개념을 "인간 정신의 구성적, 창조적 힘에 뿌리내려 있는 현상(인식)의 이념적 질서 형식"[16]으로 파악하는 것을 말한다. 모든 위치 관계가 어디까지나 다른 '무엇과의 관계' 속에서 만들어짐을 전제할 때, 공간은 단순히 물리적 위치의 의미에서 벗어나 인간의 의식에 관여하는 관계적 질서로서의 의미를 획득하게 된다. 이로써 사회적 공간은 자연에 대한 인식에 의해 규정되는 실체로서의 물리적 공간과 구분되고, 비어있는 추상적 공간과도 변별될 수 있다.

사회적 공간은 일차적으로 주체가 점유한 장소에서 비롯되지만, 인간의 관념 속에서 사물과 세계를 파악하는 도구이자 인식틀로 작용한다. 공간은 "인식의 도구이면서 현상의 분류 체계"[17]로 작동한다는 설명이 이를 대표한다. 여기서 공간은 인간과 사회의 상호작용 속에서 만들어지는 관계적 성격을 갖는다. 이러한 접근은 공간이 인간 인식과 맺는 관련성에 주목한 칸트의 견해에서 출발한다. 일찍이 칸트는 공간을 인간이 외부 사물을 인식하기 위한 필요조건으로 규정하였다.[18] 공간이 단순히 주체의 바깥 세계에 존재하는 무엇이라고 보는 것과 달리, 사물을 파악하는 인식의 틀로 보면서 공간에 따라 대상을 달리 인식하게 된다는 설명이다.[19]

이런 점을 전제로 한다면, 공간은 인간이라는 존재가 세계와 관계 맺는 방식이자, 인간 실존의 근원적 중심이 된다.[20] 이러한 성격에 주목한 것이 바로 현상학적 장소론이다. 이에 따르면 인간의 실존은 곧 '거주한다'

16) Markus Schroer, 정인모 외 역, 앞의 책, 43면.
17) Lefebvre, Henri, *(La) production de l'espace*, 양영란 역, 『공간의 생산』, 에코리브로, 2011, 40면.
18) Gen Nakayama, *思考の用語辞典*, 박양순 역, 『사고의 용어 사전』, 한국출판마케팅연구소, 2009, 172면.
19) 장회익, 「공간」, 우리사상연구소편, 『우리말철학사전』 3, 지식산업사, 2003, 84면 참조.
20) Edward Relph, *Place and placelessness*, 김덕현 외 역, 『장소와 장소상실』, 논형, 2005 참조.

의 의미를 갖는 것으로, 한 장소에 뿌리를 내림으로써 그곳을 중심으로 세계를 바라보고 세계와 관계 맺게 된다. 객관적이고 독립적인 공간을 전제로 하는 기존의 지리학적 접근과는 달리, 현상학적 방법론에서는 그 장소를 경험하는 사람과의 관계를 중요하게 고려한다는 점에서 차이가 있다. 장소와 장소 경험의 주체인 인간의 상호작용을 통해 만들어지는 '장소의 정체성'에 대한 탐색은 이러한 전제 속에서 가능할 수 있다.

공간의 이러한 사회적, 인식적 성격에 주목한다면, <북찬가>는 공간에 따른 주체의 인식이 작품의 전체적인 내용을 구성하고 이끄는 작품으로 평가할 수 있다. <북찬가>에서 주요 공간은 크게 유배전 은거지였던 강화, 중앙 정치 무대인 경화(京華), 유배지인 함경도 갑산의 공간으로 삼분되는데, 이들은 독립적인 별개의 장소로 존재하는 것이 아니라 서로에 대한 대립항으로서 의미를 지닌다. 그리고 이들 공간의 변화는 작자의 현실 인식과 태도의 변화를 가져오는 주요 동인으로 작용한다. 각 개인의 사고, 지각, 의미의 조직화는 특정 장소들과 밀접하게 관련되어 있을 수밖에 없다.21) 따라서 이 글에서 공간은 물리적 공간으로서의 구체성에서 벗어나 작자의 인식과 이해에 관여하는 사회적 공간으로서의 성격에 초점을 맞추기로 한다. 이러한 접근을 통해 <북찬가>를 '사친(思親)'으로 대표되는 주제론적 차원에서 그 특징을 살피는 것에서 벗어나, 주체의 현실 인식과 정서상의 변화를 짚어내는 데 목표를 둔다.

---

21) Paul Shepard, *Man in the Landscape*, Ballantines Books, 1967, 32면.

3. 은거지 강화 : 은거의 이면, 사회성과 정치성의 거세

유배 이전 강화는 작자 이광명의 은거지였던 장소로, 경화와 구분되는 상반된 공간으로 설정되어 등장한다.

> 과환(科宦)도 굿치 번화지(繁華地)롤 전성시(全盛時)의 하딕(下直)ᄒ고
> 히곡(海曲)으로 깁히 들어 암혈(巖穴)에 굼최이니
> 경화긱(京華客) 못 맛나니 인간(人間) 시비 내 아던가
> 지원(至願)을 일우거나 복지(福地)가 여긔로다

<북찬가>에서 '해곡(海曲)'과 '암혈(巖穴)'의 표현은 '번화지(繁華地)', '경화(京華)'와 대립된 장소로서 특별한 의미를 부여받는다. '경화객'을 만나지 않기 위해 번화지를 '하직'하면서 선택된 공간인 것이다. 인간 세계의 욕망이나 경쟁의 긴장에서 이완된 곳인 만큼 인간 시비(是非)에서 자유로울 수 있고, 그에 따라 '지원(至願)'과 '복지(福地)'의 등장은 당연한 수순으로 보인다.

그런데 문제는 이러한 선택이 주체의 바람이나 희망에 의한 것이기보다는 소론의 실각에 따른 정치적 현실에서 비롯된 불가피한 것으로, 사대부의 이상인 치인(治人)의 좌절과 포기를 의미한다는 데 있다. 실제로 이광명의 가계는 영조의 등극 이후 18세기 당쟁 정국에서 철저히 패배한 삶을 살 수밖에 없었고, 관직으로 진출할 기회를 완전히 상실한 채 세속의 시비영욕을 피해 은거의 삶을 선택해야만 하는 처지에 놓여 있었다.[22] 이러한 상황에서 해곡은 정치적 현실과의 단절과 사회적 진출의 포기를 표상하는 공간에 해당한다. 입신양명(立身揚名)과 경국제민(經國濟民)으로 대표되

---

22) 이광명 가계의 정치적 상황과 그에 따른 유배형의 구체적인 내용에 대해서는 정흥모, 앞의 글; 노경순, 앞의 글 등에서 자세히 기술된 바 있어 이들 연구로 미루기로 한다.

는 사대부의 이상은 중앙 정치 무대에서 실현될 수 있는데, 여기로부터의 이탈과 단절은 곧 현실과 이상의 괴리를 초래하는 일이기도 하다.

이런 점에서 살핀다면, 번화지와의 단절은 정치적 몰락에 따른 사회적 진출, 즉 치인(治人)의 포기를 내포한다. 따라서 '지원(至願)'과 '복지(福地)'는 그 표면적 의미와 달리, 출사가 좌절된 상황으로 말미암아 정치성과 사회성이 거세된 채 가족과 가문의 생존을 위한 불가피한 선택에서 비롯된 대타적 공간인 셈이다. 이광명 일가의 정치적 상황과 처지를 고려한다면, 고립된 상황 속에서 '궁독(窮獨)'을 기술하는 작품 서두의 의미가 새롭게 읽혀진다.

> 가련(可憐)타 묘여일신(藐如一身) 턴지간(天地間)의 뉘 비홀고
> 십셰(十世)에 조고(早孤)ᄒ니 엄안(嚴顔)을 안다 홀가
> 일싱(一生)을 영폐(永廢)ᄒ니 군문(君門)조차 ᄇᆞ라볼가
> 친쳑(親戚)이 다 볼이니 붕우(朋友)야 니롤소냐
> 셰군(細君)조차 포병(抱病)ᄒ니 싱산(生産)도 머흘시고
> 현데(兄弟)는 본디 업고 계ᄌᆞ(繼子)도 궁독(窮獨)홀샤

이때의 '궁독'은 일차적으로 가족사에서 비롯된 것이라 할 수 있지만, 정치적 패배와 그에 따른 사회적 고립이라는 원인에서도 자유롭지 못하다. '일생을 영폐하니 군문(君門)조차 바라겠느냐'는 한탄과 자조가 이를 뒷받침한다. 가족사적 불행과 더불어 국가, 사회로부터의 소외와 배제가 더해진 데 따른 인식인 것이다.

이 같은 맥락으로 인해 강화에서는 사대부들이 지향하는 정치성, 사회성이 소거되고, 어느 정도 확보한 재지(在地)적 기반 위에서 가족과 가문의 문제가 주체의 주된 관심과 인식을 대체하게 된다. 특히 모친에 대한 효로 대표되는 가족의 윤리가 작품 전면에 자리하게 되는 배경으로 작용하

고 있다. 그에 따른 화자의 자족감은 다음과 같이 그려진다.

> 슉수(菽水)롤 못 니워도 슬하(膝下)의 댱시(長侍)ᄒ여
> ᄌ훈(慈訓)을 엄사(嚴師)삼아 삼쳔교(三遷敎)롤 ᄇ라보고
> 아들노릇 ᄯ롤노릇 유ᄋ희(乳兒戱)롤 일삼으며
> 친년(親年)이 졈고(漸高)ᄒ니 원유(遠遊)를 의ᄉ(意思)홀가
> 졀ᄉ(節祀)길도 못 ᄃ닐 제 지졍(至情)이 결연홀샤
> 양싱(養生)이며 ᄉ망(事亡)ᄒ매 졍녜(情禮)롤 거의 펼 듯
> 닙신(立身) 편양(便養) 못 ᄒ거니 힘대로나 밧들니라
> 후ᄉ(後嗣)도 쳐냥(凄凉)ᄒ니 내 몸신장 다ᄒ오려
> 쳔만(千萬) 근심 다 ᄇ리고 여싱(餘生)을 즐기려니

'해곡으로 깊이 들어 암혈에 감춘' 탓에 강화의 삶은 타 공간과의 단절 속에서 이루어진다. '원유'와 '절사길'마저 허용치 않는 이동성의 절대적, 자율적 포기는 가족의 범위에만 머무르게 만드는데, 이는 물리적 차원을 넘어 주체의 현실 인식 범위를 제한하고 규정짓는 결과를 낳는다. 단지 '아들노릇 딸노릇에 유아희를 일삼을 뿐'이며, 그것은 '천만 근심 다 버리고 여생을 즐기는' 것으로 선택된 삶이다. 이러한 가족 중심적인 공동체 삶 속에서 '지어앙(池魚殃)에 묵은 불'이 일어난 유배형은 감당하기 어려운 일이 아닐 수 없다.

> 남찬(南竄)ᄒ나 북격(謫北)ᄒ들 죄(罪)가 아냐 영광(榮光)일시
> 투져(投杼)ᄒ던 남은 경혼(驚魂) 의녀(倚閭)ᄒ고 감읍(感泣)ᄒ내
> 이 군은(君恩) 이 텬ᄒᆡᆼ(天幸)은 결초(結梢)ᄒ들 다 갑흘가

그런데 약 30년 전의 백부의 일로 인해 유배형이 내려진 상황에서 도리어 위와 같이 임금의 은혜에 감사하는 생소한 모습이 나타난다. 이는

앞서 가문의 유지와 생존을 위해 불가피하게 선택된 강화로의 은거를 '복지'라 언명하는 것처럼, 여기서도 최소한의 가문 유지가 허락된 데에 대한 반응과 대처를 보여주는 장면으로 해석할 수 있다.

이처럼 강화의 공간은 가족 중심적인 공동체 삶을 지향하게 함으로써 사회성과 정치성이 소거된 채 효의 가치를 구현하는 은거의 삶이 중심부를 차지하게 된다. 가족 공동체의 강조는 이후 가문 차원으로 내려진 유배형의 기간 동안 가문의 유지와 보존을 중요한 가치로 내세우는 결과를 가져온다. 이런 점에서 본다면 사회성과 정치성이 소거된 강화의 공간은 주체의 위치를 '신료(臣僚)'이기보다는 '자식'으로서의 정체성을 강화시킴으로써, 가족의 시각에서 현실을 인식하고 대응 태도를 만들어내는 것으로 설명할 수 있다. '사회성, 정치성의 거세'로 대표되는 강화 공간의 의미와 맥락 속에서 주체의 인식과 태도를 새롭게 살피게 된다.

4. 유배지로 가는 길 : 사회성과 정치성 회복의 여정

사실 <북찬가>는 유배지 갑산으로의 긴 거리에 비해 그 여정이 비교적 소략하게 다루어지고 있다. 다른 유배가사, 기행가사들이 여정의 체험을 확장시켜 서술하는 것과는 다른 모습이다.[23] 그러나 소략한 서술에도 불구하고, 유배지 갑산으로 향하는 여정을 통해 그동안 가족 공동체에만 함몰되었던 주체의 인식에 큰 변화가 나타난다는 사실은 유의깊게 살필 지점이다. 가족 범위 내에서 효의 실천만을 삶의 주된 가치로 여겨온 주

---

23) 예컨대 <북관곡(北關曲)>에서는 유배지로의 노정이 구체적인 지명을 통해 상세하게 그려지고 있는데, 이동의 어려움과 고초를 드러내고 있는 것으로 해석하기도 한다. 안혜진, 「<북관곡>의 서술태도와 소통기반」, 『우리어문연구』 31, 우리어문학회, 2008, 141-146면.

체의 인식과 태도가 가족과의 결별과 새로운 공간으로의 이동을 통해 점
차 사대부로서 국가, 사회 차원으로 확대되면서 변화하는 모습을 보이기
때문이다.

　강화에서 출발하여 송추에 이를 때만 해도 여전히 죽은 조상과 아이를
생각하는 것에서 보듯, 가족 중심의 인식 범위에서 벗어나질 못하고 있다.

> 챵능참(昌陵站) 수십니(數十里)의 송츄(松楸)롤 디나갈시
> 조훈(祖訓)을 둣 즙는 둣 ㅇ혼(兒魂)이 짜로는 둣
> 지원(至冤)훈 싸힌 회포(懷抱) 통곡(痛哭)훈둘 플닐소냐

　강화를 떠난 지 얼마되지 않은 시점, 주체의 인식 역시 가족과 가문의
범위에서 크게 벗어나지 못한 채 그 속에 머무르고 있다. 그런데 양주, 청
화에 이르러 드디어 가족이 아닌 타자와의 본격적인 만남이 이루어지고,
이는 기존의 인식과 이해를 뒤흔드는 경험으로 작용한다.

> 부용물 채쳐 몰아 십젼구돈(十顚九頓) 면홀소냐
> 양쥬(楊洲)라 노던 짜회 구안면(舊顔面)이 다 피(避)ᄒ고
> 청화현(淸化縣) 낫졔 들어 쥬인(主人)이 도타마는
> 힝식(行色)이 볼디 업셔 간 곳마다 곤욕(困辱)이라

　양주에서는 예전에 이미 알던 사람들이 자신을 피하는 것을 목격하게
되고, 청화에서는 유배객이라는 신분으로 인해 외면당하는 일마저 겪게
된다. 유배객으로서 초라한 행색과 지위는 다른 사람들로부터 무시와 곤
욕을 가져오는데, 이를 두고서 기존 연구에서는 세태의 무상함이나 신세
의 곤액(困厄)함을 한탄하는 것[24]으로 설명하기도 한다. 그러나 일찍이 강

---

24) 정흥모, 앞의 글, 120면.

화에서는 겪어보지 못한, 타자와의 관계에 대한 특별한 사건과 경험이라는 점을 눈여겨 볼 필요가 있다. 유배길은 시련에 처한 자신을 대하는 다른 사람들의 태도를 확인하는 여정의 의미도 갖기 때문이다.[25]

가족의 경계를 떠나 사회에 직면하게 되면서 비로소 사회의 각박한 인심을 접하게 되는데, 이 같은 경험은 공동체로부터 떨어져 나온 자신이 이방인이라는 사실을 각인시킨다. 이때의 '이방인'이란 짐멜(Simmel)이 말한 것으로, 공간적 의미에서는 가깝지만 사회적 의미에서는 멀리 떨어진 누군가와의 상호작용과 같이 모순된 경험을 설명하기 위한 개념이다. 모든 인간 관계란 본래 인접성과 원격성이 통합되어 있는 것인데, 이방인이란 현상은 물리적으로는 가까이 있지만 심리적으로는 멀리 떨어져 있는 모순된 거리로 인해 나타나는 것으로 설명된다.[26] 물리적인 근접성을 가졌음에도 불구하고 양주와 청화에서 만난 이들과 소원하고 심지어 이들로부터 외면당하기까지 하는 것은, 근본적으로 주체의 지향성이 개방된 사회적 공간을 향하기보다 여전히 폐쇄된 가족 공동체의 장막에 머무르고자 하는 데에서 그 원인을 찾을 수 있다. 이는 단순히 '어울리기(fitting)'의 실패가 아니라, 근본적으로 '속하기(belonging)'의 차이에서 비롯된 문제임을 보여준다. 강화로 대표되는 가족 공동체에 머무름으로 인해 이전에 알고 있던 이들, 혹은 청화현의 주인과 인격적 관계를 만드는 데 실패하게 되고, 이는 강화에서의 자족적 삶과는 확연히 다른 이질적인 경험을 가져다준다.

이 같은 이방성의 경험은 가족 중심의 공동 사회에서 벗어나 이해관계가 강조되는 이익 사회로 나아가는 과정에서의 시련과 그에 따른 사회적

---

25) 이승복, 「유배체험의 형상화와 그 교육적 의미」, 한국고전문학교육학회 편, 『중세 여행 체험과 문학교육』, 월인, 2012, 299면.

26) John Allen, 「게오르그 짐멜에 관해 : 근접성, 거리, 이동」, Mike Crang & Nigel Thrift, *Thinking Space*, 최병두 역, 『공간적 사유』, 에코리브로, 2013, 104면.

긴장을 보여준다. 세상 인심의 각박함은 그동안 가족에 함몰된 주체의 세계 인식에 적극적인 변화를 요청하는 것이라 할 수 있다. 이로써 거세된 사회성이 일깨워지는 계기가 마련된다. 이러한 인식의 변화는 고산령에서 삼일우(三日雨)를 만나고 경국(京國)을 굽어보면서 잃어버렸던 정치성을 회복하는 것으로 발전된다.

> 보리 비탈 삼일우(三日雨)에 정삼(征衫)을 다 적시고
> 고산녕(高山嶺) 계유 올나 경국(京國)을 굽어보니
> 부운(浮雲)이 폐식(閉塞)ᄒ야 남북(南北)을 못 굴힐다

'삼일우(三日雨)'는 <관동별곡(關東別曲)>에서 '풍운을 언제 어더 삼일우 롤 디련는다 음애예 이온 플을 다 살화 내여ᄉ라'와 같이 선정을 베풀겠다는 의지를 함의하는 모티프와 맞닿아 있다. 주체의 시선은 비로소 강화가 아닌 경국을 향하게 되고, 이를 가로막는 '부운(浮雲)'의 존재도 보게 된다. 부운을 간신의 의미로 읽는 것이 가능하다면, 간신으로 대표되는 부정적인 정치 현실에 대한 인식이 드러나는 장면이라 할 수 있다. 그동안의 인식이 철저하게 가족과 노모에 맞춰져 시선이 '강화'를 향하였다면, 유배지로의 노정을 통해 사회와 현실을 직접 목격하고 경험하는 과정 속에서 '경화'로 옮겨지고 있다는 사실에 주목할 필요가 있다. 아렌트(Arent)에 따르면, 정치적 조직체를 갖출 수 있는 인간의 능력은 가정과 가족이 중심인 자연적 결사체와는 다른 것으로, '자신의 것'과 '공동의 것' 사이에 예리한 구분에서 비롯된다고 설명한 바 있다.[27] 이 같은 설명에 비추어본다면, 고산령에 이르러 주체는 가족 범위를 넘어서서 사대부로서 경국제민(經國濟民)의 사회적 과제와 소명을 부여받고 그에 맞는 삶을 새롭게 각성

---

27) H. Arent, *The Human Condition*, 이진우 · 태정호 역, 『인간의 조건』, 한길사, 1996 참조.

하는 경험을 획득하게 된다. 여기서의 공간은 이제 사유의 소산이 아니라, 사대부의 선험적 관념론을 압박하는 객관적 실재[28]가 된다.

공간 변화에 따른 새로운 인식과 각성은 자신의 삶을 되돌아보고 앞으로의 삶을 전망하는 고민을 가져온다.

> 냥천ᄉ(梁泉寺) 츠자 들어 ᄉ싱(死生)을 묵도(默禱)ᄒ고
> 전정(前定)을 점검(點檢)ᄒ니 신셰(身世)도 곤익(困厄)ᄒ다
> 쳥운샹(靑雲上) 녯벗이야 ᄉ거(使車)로 ᄃ녀신둘
> 탈(頉) 업슨 초원긱(草原客)은 져ᄂᆞ 조차 도피(逃避)ᄒ니

양천사에 찾아들어 자신에 대해 성찰하고 전망하는 행위는 그동안 노친과 함께 하는 강화에서의 자족적인 은거와는 다른 정서와 태도를 드러낸다. 옛 벗들이 벼슬길로 나아가 관직을 수행하는 것과 달리, 유배객이 되어버린 자신의 처지를 한탄하고 있는 것이다. 옛 벗과 자신의 처지가 대립을 이루는데, 그 판단에는 표면적으로 '출사'와 '유배'가 자리하고 있지만 찬찬히 살펴보면 '출사'와 '은거'로 읽는 것도 가능하다. 이처럼 유배지로의 여정은 주체에게 시련과 고통을 내던지고 있으나, 이를 통해 그동안 거세되었던 정치성과 사회성이 회복되는 방향으로 인식이 전환되고 있음을 살필 수 있다.

---

28) 최원식, 「가사의 소설화 경향과 봉건주의의 해체」, 『민족문학의 논리』, 창작과 비평사, 1982.

5. 유배지 갑산 : 물리적 고립 · 단절과 사회성 · 정치성의 후퇴

공간의 체계는 주거지를 중심점으로 분류되기 마련이고, 새로운 주거지는 주변 경관을 비롯한 모든 것을 새로운 방식으로 재편하게 된다.[29] 유배지 갑산 또한 마찬가지로 기존의 인식 체계를 뒤흔들면서, 이곳을 기준으로 새로운 인식이 펼쳐진다.

우선 유배지 갑산의 공간은 주체를 절대적으로 지배하고 억압하는 환경적 요인으로 작용한다. 유배지의 참담한 생활 환경은 생존 자체를 위협하는 공간으로 다가온다.

> 삭풍(朔風)은 들어치고 스산(四山)은 욱인 골이
> 희묵은 얼음이오 조츄(早秋)의 눈이 오니
> 빅초(百草)가 션넝(先零)커든 만곡(萬穀)이 될 셰 업니
> 귀보리밥 못 니으며 니뿔이아 구경홀가
> 소치(蔬菜)도 주리거니 어육(魚肉)을 싱각홀가
> 가족옷 과하(過夏)후니 포피(布被)로 어한(禦寒) 엇지 (…중략…)
> 미친 실음 플쟉시면 분닉곤고(分內困苦) 헌스홀가
> 토산(土山)의 박박쥬(薄薄酒)도 그나마나 미매(賣買)업고
> 기악(妓樂)은 하것마는 어닉 경(景)에 금가(琴歌)홀가
> 댱평산(長平山) 헌쳔강(虛川江)에 유남(遊覽)에도 뜻이 업니

유배지의 형상은 사방이 산으로 둘러싸인 채 매서운 삭풍이 몰아치는 곳으로 묘사된다. 척박한 지리적 환경은 주체에게 의식주의 문제까지 가져오는 바, '귀보리밥', '소채'마저도 연명하기 쉽지 않은 열악한 상황을 야기한다. 이 같은 어려움은 술, 음악을 즐기지 못하게 하고, 여타의 유배객

---

29) Otto Friedrich Bollnow, *Mensch und Raum*, 이기숙 역, 『인간과 공간』, 에코리브르, 2011, 73면.

들처럼 '장평산', '허천강'과 같은 탐승을 통해 유배의 고난을 잊는 것조차 허용치 않는다.

환경적 요인이 제기하는 고난보다 더 중요하게 작용하는 것은, 공동체적 생활을 기반으로 한 근거지와의 격리, 단절이다. 그만큼 주체가 희구하는 것은 단순히 물리적 환경의 회복이나 보상 차원이 아니라 이전 삶의 공간으로의 완전한 복귀이고, 모친에 대한 효는 복귀 공간을 표상하는 중요한 가치라 할 수 있다. 해배(解配)의 근거와 목적을 모친에 대한 효에서 마련하고 있는 것이다. <북찬가>에서 정치 현실에 대한 비판적 인식과 연군적 정서가 사라지고 대신 노모를 그리워하는 개인의 사사로운 정서가 대부분을 차지하게 되는 것[30]도, 이러한 맥락에서 설명될 수 있다.

> 문노라 붉은 돌아 냥지(兩地)의 비최거뇨
> 쓰로고져 쓰는 구롬 남천(南天)으로 둣는고야
> 흐르는 내히 되어 집 압희 둘넛고져
> 느는 둣 새나 되어 창전(窓前)의 가 노닐고져
> 내 모음 혜여후니 노친정슨(老親情思) 닐너 무숨
> 여의(如意) 일흔 뇽(龍)이오 치(鵄) 업슨 비 아닌가
> 츄풍(秋風)의 낙엽(落葉)굿히 어드메 가 지박(止泊)홀고

이처럼 <북찬가>에서는 유배가사에서 흔히 등장하는 관습적인 자족적 태도도 찾아보기 어렵고, 매개물을 통한 위안과 자족의 정서도 잘 드러나지 않는다.[31] 오히려 공간 제약의 억압에 대한 반작용이 나타나면서 '구

---

30) 정홍모, 앞의 글, 124면.

31) 유배 체험의 내면화 양상과 관련하여, '고통을 내적으로 밀고 나가는 경우', '고통을 완화하는 경우', '고통을 다른 방법으로 변환하는 경우'로 구분하고 있는데(최재남, 『체험서정시의 내면화 양상 연구』, 보고사, 2012, 154-167면), <북찬가>에서는 매개물을 동원하여 위안을 삼거나 지적 반추를 통해 심리적 충격과 거리를 두는 모습을 찾아보기 어렵다.

름', '내', '새'와 같은 대상이 등장하기에 이른다. 이들은 유배지라는 제한된 장소에서 벗어나게 하는 것으로, 강화에서 스스로 이동성을 포기한 것과는 다른 모습을 나타낸다.

그런데 여기서의 이동이 어디까지나 '경화'가 아닌 '강화'를 목적지로 하고 있다는 점에서, 앞서 유배지로의 여정에서 드러나는 인식과는 다른 양상을 보이고 있다. 경화로 귀결되는 전기 유배가사와도 구별되는 특징적인 지점이다. 여타의 유배가사들의 경우 유배지의 폐쇄성, 고립성을 극복하는 차원에서 서울을 향하게 되고, 이로써 연군의 정서를 드러내면서 해배를 희구하는 바람을 이면에 숨기는 일정한 유형성을 갖는다. 이에 반해 <북찬가>에서는 지향하는 공간이 은거지 강화로 되돌아가면서 연군 의식마저 충분히 그려지지 않고 있다. 유배 과정에서 창작된 이진유 가계의 다른 가사 작품과 비교해보더라도, 연군 의식이 빈약하게 나타나는 것은 그 배경과 까닭에 대한 궁금증을 키운다. 예컨대 <죽창곡>의 경우만 하더라도 다음과 같은 연군 의식을 쉽게 찾아볼 수 있기 때문이다.

> 내 얼굴 고은 줄을 님이 엇디 알으시고
> 화공(畫工)의 붓긋흐로 그려 내어 울닐 손가 (…중략…)
> 아리짜온 님의 거동(擧動) 친(親) 혼젹 업건마는
> 불관(不關)혼 이 내 몸이 님을 조차 삼기오니
>
> —<죽창곡>

연군 의식의 약화와 노모로 대표되는 가족 공동체로의 환원은 여전히 정치적 현실과의 긴장에 적극적으로 맞서지 못함으로써 정치성, 사회성의 완전한 회복에 도달하지 못했음을 확인시켜 준다. 비록 강화에서의 삶과는 다른 사회 현실을 체험하고 이를 통해 일정 부분 정치성, 사회성 회복의 노정을 보여왔지만, 유배지에서의 절대적 폐쇄성과 고립성은 다시금

정치성, 사회성의 급격한 후퇴를 가져오는 계기로 작용하고 있다. 유배지
의 공간적 제약에 더해 현실적으로 해배 가능성에 대한 낮은 기대가 정치
적 서술을 스스로 무력화시키는 자기 검열 기제를 형성, 작동하게 만들었
으리라 짐작된다. 당쟁에 패한 가문의 후손이 보이는 소극성과 심리적 위
축을 읽게 되는 지점이다.

한 예로 이진유 가계의 일족인 이광찬(李匡贊, 1702-1766)은 유배 상황에
서 말과 행동에 대한 극도의 경계를 남긴 바 있는데, "죄인으로서 조정의
시비를 논하는 것은 불가하다"[32]는 진술이 대표적이다. 심지어 사택신,
토지신에 대한 통상적인 제사에 대해서도, "이것이 비록 오사에 늘 있는
일(五祀之常)이나 위태로운 처지에 있는 죄인이 이렇게 신에게 빌고 제사지
낼 수는 없네. 이후로는 절대 하지 말게"라는 내용마저 찾아볼 수 있다.[33]

실제로 이광명의 입장에서 본다면 정치 현실에 직접 참여해본 경험이
전무함에도 불구하고, 죽은 지 25년이나 지난 백부에게 역률을 추시하고
조카들까지 유배형이 내려지는 쟁화를 겪게 된 것이다.[34] 이처럼 유배의
원인에 직접적인 책임과 관여가 없는 상황에서, 더구나 대면한 적조차 없
는 왕을 상대로 연군가를 짓는다는 것은 현실적으로 기대하기 어렵다. 최
소한의 정치성, 사회성이 확보되지 못한 상태에서 가문에 내려진 유배형
은 극도의 심리적 위축을 가져왔으리라 생각된다. 이런 점에서 본다면, 유
배지 갑산에서 주체가 지향하는 세계가 다시금 노모로 대표되는 가족으
로 되돌아가는 것은 당연한 수순이라 할 수 있다.

---

32) "語固是矣 罪纍之人 不可論朝廷是非 刪之可矣(李匡贊,「評斗南執法說」,『評斗南』)"

33) "此雖五祀之常 然危殆畏約之人 不可作此禱祀 此後切勿更爲(李匡贊,「評斗南祭司宅土地神
文」,『評斗南』)" 박용만,「이광찬의 시문비평에 대한 고찰 :『평두남』을 중심으로」,『고전
문학연구』28, 한국고전문학회, 2005; 유정열,「이광찬의 비평 연구 :『평두남』을 중심으
로」, 서울대 석사학위논문, 2011 참조.

34) 실제로 이광명은 갑산에서 유배 생활로 24년을 보낸 끝에 그곳에서 비참한 생애를 마친
것으로 알려져 있다.

가묘 신알(家廟晨謁) 구폐(久廢)ᄒ고 구목 슈호(丘木守護) 홀 길 업닉

사시 가절(四時佳節) 다 보내고 상여긔신(喪餘忌辰) 도라올 제

분향 전작(焚香 奠酌) 모흐올 일 싱닉(生內)예 처음이라

텬애 고흔(天涯孤恨) 더져두고 친변 경상(親邊景像) 오죽홀가

마지말아 륜낙(倫落)거든 형뎨(兄弟)나 두도던가

형뎨(兄弟)가 죵션(終鮮)커든 ᄌ셩(子姓)이나 닉윗던가

독신(獨身)이 무후(無後)ᄒ여 시측(侍側)에 의탁(依託) 업시

무흔(無限)ᄒ 애만 쯰워 불효(不孝)도 막대(莫大)ᄒ다

노모와의 떨어짐과 그에 따른 불효가 전체적인 내용을 구성하고 있다. 유배지 갑산과 강화의 공간이 병치(竝置)적으로 인식되면서[35] '여기' 유배지에서 '저기' 강화의 공간을 끊임없이 바라보지만, 그곳으로 옮겨갈 수 없는 상황이 한탄과 자조의 정서를 더욱 심화시킨다. 이처럼 강화와 가족으로 향하는 내향성은 경화와 왕을 지향하는 전기 유배가사와 뚜렷하게 구별되는 지점이 된다. 후기 유배가사 작품에서 함축적 청자가 왕에서 집안사람들로 변모한 것을 두고서 작자의 의식이 개인적 차원에 머물러 있음을 말해주는 근거로 지적되는 것[36]도 이러한 맥락에 따른 것이다.

이처럼 유배지 공간의 폐쇄성은 유배지로의 여정을 통해 제한적이나마 회복된 세계 내 존재로서의 의식을 다시금 닫히게 만드는 결과를 초래한다. 다른 존재와 연결되고 확장되어 외부로 향했던 주체의 의식이 노모, 가족과 같은 내부 공동체로 회귀하는 인식 태도를 보이는 것이다. 단순히 세계의 한 부분을 차지한다는 공간 속 포함관계가 아니라, 세계 속 존재로서 비로소 사회를 향하여 열리기 시작한 의식이 유배지의 물리적 고립

---

35) 시간이 '과거'-'현재'-'미래'의 계기적인 질서로 연속성, 인과 관계를 갖는 데 반해, 공간은 '저기'와 '여기'의 병치(竝置)와 동시성으로 등가적 관계를 갖는 것으로 알려져 있다.

36) 안혜진, 앞의 글, 140면.

과 단절로 말미암아 다시금 폐쇄되고 수렴되는 모습을 확인시켜 준다.

그렇다고 주체의 의식이 유배 이전으로 완전하게 회귀하는 것은 아니다. 유배형은 경화를 '절대적 공간'[37)]에서 '체험된 공간'으로 전환시키는 경험을 가져주었다고 볼 수 있다. 볼노브에 따르면 체험된 공간이란 절대적 공간, 수학적 공간과 구분되는 것으로, 주체를 기준으로 체험이 가능한 공간으로서의 의미를 갖는다. 즉 유배 이전 경화는 주체와 상관없이 이미 주어진 곳, 미리 전제되는 절대적인 곳으로서 명시적으로 존재하는 독립된 공간이었다. 그러나 유배형은 자신에게 영향을 미치는 공간으로 경화를 인식하게 되면서 경화를 자신과 연관된 공간으로 경험케 하는 특별한 사건으로 작용한다. 이로써 주체에게 경화의 공간적 의미는 달라진다. 사실상 유배지 갑산이라는 물리적 공간은 유배 이전의 강화와 견주어볼 때 경화에서 더 멀리 떨어진 장소이다. 그러나 은거지 강화에서 경화는 단순히 멀리 떨어져야만 하는 격리된 공간인 데 반해, 유배지에서 경화는 유배형을 결정지은 곳이면서 동시에 해배의 통로이자 가능성으로 존재하는 특별한 의미를 갖는다. 경화의 일이 자신에게까지 미치기를 바라는 다음의 장면에서 공간의 성격 변화를 직접 확인할 수 있다.

아마도 우리 성군 효니하(孝理下)의 명츈(明春) 은경(恩慶) 미츠쇼셔

유배 경험 속에서 경화는 이제 주체의 활동에 의해 새롭게 구성되고 연계된 관계 속에서 논의될 수 있는 체험된 공간으로 전환된다. 주체의 인

---

37) '절대적 공간'이란 주체의 활동과 상관없이 미리 전제되는 공간을 일컫는 것으로, 공간이 비록 모든 물체적 대상에 영향을 미치지만 이 대상들은 공간에 어떤 반작용도 행사하지 못함을 특징으로 한다. 하용삼, 「사적·공적 공간의 분할과 통합 그리고 기능의 잠재태로서 공간」, 류지석 편, 『공간의 사유와 공간이론의 사회적 전유』, 소명출판, 2013, 79-80면, '절대적 공간'의 개념과 의미에 대해서는 이 책 78-83면을 참조할 수 있다.

식과 활동에 끊임없이 관여하고 개입할 뿐만 아니라, 상당 부분 주체의 실천적 인식을 통해 존재의 의미가 재구성될 수 있는 공간으로 변모한 것이다. 주체의 희망과 요구가 투사되는 곳으로 불러들여질 수 있는 것도 이러한 인식의 변화에서 비롯된다. 이러한 변화는 유배의 과정이 제한적이나마 경화의 공간과 관계를 맺게 만듦으로써 거리가 축소된 데 따른 것이다. 이처럼 강화와는 다른 인식 양상은 경화와의 사회적 거리 변화로 설명될 수 있고, 여기서 주체의 인식과 관련하여 유배형이 갖는 의미가 찾아진다.

6. 유배가사 공간 경험의 의미

작자가 경험한 물리적 공간이 텍스트 안에서 어떻게 구성, 가공되는지를 살펴보고 이렇게 구성된 공간을 독자가 경험하는 것은 문학 감상의 중요한 양상이 될 수 있다.[38] 이러한 생각은 문학 자체가 작자의 경험을 형상화한 것이며, 경험의 형상화를 통해 삶의 진실을 탐구해가는 것에서 문학의 존재 이유를 찾을 수 있다는 인식[39]과 만나게 되면 재론의 여지가 없어 보인다. 그러나 이러한 공간 경험이 어디까지나 특정한 타자에게 주어졌던 특수하고 제한된 공간에 대한 개별 체험에 지나지 않는다는 비판도 제기할 수 있다. 비록 문학 감상의 본질이 문학 작품 속에 형상화된 공간의 아우라를 체험하는 일이라 하더라도,[40] 그러한 공간의 체험이 어

---

38) 염은열, 「기행가사의 공간 체험이 지닌 교육적 의미」, 한국고전문학교육학회 편, 앞의 책, 『중세 여행 체험과 문학교육』, 월인, 2012, 91면.

39) 최상은, 「유배가사 작품구조의 전통과 변모」, 박노준 편, 『고전시가 엮어읽기(하)』, 태학사, 2003, 285면.

40) 염은열, 앞의 글, 91면.

떤 의미를 지니는지가 구체적으로 밝혀져야 하며, 이는 유배가사의 공간 경험의 가치와 의의가 무엇인지에 대한 근본적인 물음을 제기하는 것이라 할 수 있다.

물론 이러한 물음에 대해 장소 내지 공간에 대한 경험은 개인에게 삶의 환경에 직접적으로 참여하여 체험할 수 있는 주체적 능력을 길러줌과 동시에 자기로부터 분리된 외부 존재자인 환경을 관찰하고 행위할 수 있는 객관적 능력을 제공해준다는 설명[41]에서 답을 마련할 수도 있다. 여기서 공간은 모든 경험의 필수적인 토대가 된다.[42] 그러나 이때의 공간이 주체가 실제로 대면하고 공유하는 물리적인 실재로서의 장소를 전제한다는 점에서 '그때 거기'의 가공된 고전문학 텍스트 세계에다 그대로 대입하기에는 무리가 따른다.[43] 공간이 문학 이해, 감상의 중요한 대상이 된다는 주장은 공간이 유배가사의 세계를 이해하기 위한 효과적인 도구이자 통로가 된다는 데서 그 근거가 찾아져야 할 것이다.

이 글에서 공간의 문제에 주목하게 된 데에는, 유배가사의 감상이 단순히 유배형의 괴로움을 노래하고 있다는 사실 확인에 그쳐서는 안 된다는 문제의식이 자리하고 있다. 유배가사는 유배라는 특별한 사건의 실제 체험과 같은 구체적 삶의 연관을 갖지만, 이 같은 삶의 연관은 공간의 변화에 따른 주체의 인식 전환과 그에 따른 태도에서 실제로 발견, 확인될 수 있다. 렐프(Relph)에 따르면, 공간은 인간의 의식과 정서에 관여하는 중요한 요소가 된다는 것으로, 어디까지나 '인간을 위해 있는 곳'이며 '인간의

---

41) 류지석 편, 앞의 책, 3-4면.
42) Kern, Stephen, *The culture of time and space*, 박성관 역, 『시간과 공간의 문화사』, 휴머니스트, 2004, 21-26면.
43) 예컨대 문학에서의 공간을 '현실 세계에서 진행되는 것', '이론적 공간에서 진행되는 것', '실제 공간에서 진행되는 것'과 같이 구분하는 것도 문학 텍스트의 공간이 갖는 복잡성과 중층성을 단적으로 보여준다. Mike Crang & Nigel Thrift, 최병두 역, 앞의 책, 13면 참조.

경험을 반영하여 향상될 수 있는 환경'으로 작용한다.[44] 특히 유배가사의 경우에는 본거지에서 낯선 유배지로의 이동이 강요되면서 이에 따른 인식의 변화가 작품의 핵심적인 내용을 차지한다. 부르디외(Bourdieu)의 설명에서도 한 행위자에 의해 점거된 장소와 획득된 물리적 공간 속에서의 주체의 자리는 물리적 공간을 넘어 사회적 공간 속에서의 자신의 위치를 인식하고 결정짓는 중요한 요소가 됨을 확인할 수 있다.[45] 이런 점에서 보건대, 유배가사의 공간은 그곳을 점유하는 인간의 가치와 의미가 형성, 변화되고 한편으로 발견되는 지점을 제공해주는데, 유배가사 자체의 가치와 의의도 여기서 마련될 수 있다.

특히 <북찬가>에서 공간은 특정 장소에 머물러 있던 한 개인이 세계의 한 부분으로 존재함을 인식하면서 외부 세계를 새롭게 경험하게 되는 통로가 되고 있다. 덧붙여 강화, 경화, 갑산에서의 소통, 단절의 현상은 다양한 사회적 구조에 따른 영향이 주체에게 작용하고 접합하는 실제 모습을 제공해준다. 특히 하나의 의미 차원으로서의 공간, 예를 들어 인간의 인지를 규정하는 대상, 위치 구분을 멂과 가까움이라는 사회적 핵심 구분을 통해 설명하는 공간의 의미 차원[46]에서 본다면, 그동안 가려져 있던 주체의 인식과 정서를 새롭게 들추어내는 것도 가능할 수 있다.

이러한 점을 염두에 둔다면, <북찬가>에서 나타나는 고립과 단절을 유배지에서 표면적으로 확인하는 데 그치지 않고, 유배 이전 은거지였던 강화의 공간에서도 동시대를 살아가는 횡적인 인간, 사회 관계라는 공시성(共時性, synchronism)[47]의 측면에서 또 다른 차원의 사회적, 정치적 고립이

---

44) Edward Relph, 김덕현 외 역, 앞의 책 참조.

45) Pierre Bourdieu, "Physischer, sozialer und angeeigneter physischer Raum", Markus Schroer, 정인모 외 역, 앞의 책, 100면 재인용.

46) Markus Schroer, 정인모 외 역, 앞의 책, 174면.

47) Hajime Maruta, 박화리 외 역, 앞의 책, 22면.

존재하고 있었음을 읽어낼 수 있다. 지리적 측면에서 근기(近畿)의 인접성과 달리, 중앙 정치 무대로부터의 배제와 이탈은 사대부로서의 사회적 책무 수행을 포기하게 하면서 주체의 인식과 관심을 가족 공동체에 머무르게 만드는 결과를 초래한다. 강화의 공간에서 사회적 존재로서의 신료 대신 가족 구성원으로서의 정체성이 주체의 주된 인식과 태도를 차지하는 까닭도 이러한 배경에서 비롯된 것이다.

반면, 유배지로의 여정은 거세된 사회성과 정치성을 회복하는 계기로 작용한다. 가족 공동체를 떠나 비우호적인 타자와의 만남을 통해 이방인으로서 낯선 경험도 하게 되고, 고산령에 이르러서는 비로소 중앙 정치무대인 서울로 시선이 이동하고 전환되기도 하였다. 자신의 삶에 대한 성찰과 전망이 뒤따르는 것도 이 같은 인식의 전환 속에서 설명할 수 있다.

그런데 유배지에서의 고립과 단절은 낮은 해배 가능성과 맞물리면서 주체의 인식을 극도로 위축시키게 되고, 이로써 일부 회복되었던 사회성, 정치성은 소거되고 시선은 다시금 강화로 옮기게 된다. 해배의 목적과 근거조차 가족적 가치인 효에서 찾게 되면서, 유배 이전의 모습으로 되돌아가는 모습이다. 본래 유배가 문명세계인 서울에서 멀리 떨어져 있는 하향(遐鄕)으로 내쳐서 고통을 겪게 하는 것인데,[48] <북찬가>에서는 서울과의 거리 문제 이상으로 강화와의 심리적 거리가 극복하기 어려운 고통으로 작용하고 있는 것이다.

그러나 유배형의 결정 자체가 중앙 정치 무대에서 비롯된 일인만큼, 경화는 더 이상 주체와 상관없이 주어진 곳, 전제되는 곳의 의미에서 벗어나 체험 가능한 공간으로 변모하게 된다. 유배와 해배의 결정 모두 경화에서 이루어지는 만큼, 주체에게 경화의 공간은 이제 유배 이전 강화에서

---

48) 김종철, 「중세 여행 체험과 문학교육의 시각」, 한국고전문학교육학회 편, 『중세 여행 체험과 문학교육』, 월인, 2012, 22면.

와는 다른 위상과 가치를 갖게 됨을 물론이다. 유배 이전 은거지였던 강화가 물리적으로는 경화에 근접하지만 사회적, 관계적 거리에서 소원할 수밖에 없었다는 사실과 견주어볼 때, 유배지 갑산에서 경화는 이제 주체의 체험 범위 속에 놓인 공간으로 변모되어 이전과는 다른 공간적 관계를 형성하고 있음을 읽게 된다.

이처럼 공간을 중심으로 접근하게 되면, 유배에 대한 주체의 인식과 정서를 살피게 된다는 점에서 <북찬가> 이해의 중요한 통로를 마련할 수 있다. 유배가사에서 공간은 인식의 전환과 새로운 각성을 불러오면서 주체의 의식과 정서를 이끄는 중요한 동인으로 작용하기 때문이다. 유배가사의 작품 세계 연구가 작품군의 공통 분모를 도출하고 확인하는 데서 벗어나 텍스트가 제기하는 문제사태와 그 의미를 제대로 읽어내기 위해서는 개별 주체의 인식과 정서를 꼼꼼히 살피는 것이 요청되는 바, 공간 읽기는 이를 위한 효과적인 방법론을 제공해 주리라 생각된다.

이 글의 결과가 현재 가사 연구의 가장 난점으로 제기된 방법론의 부재 문제[49])에 대해 새로운 방향성을 제안하고 그 가능성을 살피는 데 조금이나마 기여하기를 희망한다.

● 출처 : 「공간을 중심으로 한 <북찬가(北竄歌)>의 새로운 이해와 접근」
(『국어국문학』 제167호, 국어국문학회, 2014)

---

49) 최상은, 『조선 사대부가사의 미의식과 문학성』, 보고사, 2004, 349면.

📋더 찾아읽기

▶ 공간

Bollnow, Otto Friedrich, *Mensch und Raum*, 이기숙 역, 『인간과 공간』, 에코리브르, 2011.

Crang, Mike & Thrift Nigel, *Thinking Space*, 최병두 역, 『공간적 사유』, 에코리브로, 2013.

Lefebvre, Henri, *(La) production de l'espace*, 양영란 역, 『공간의 생산』, 에코리브로, 2011.

Maruta, Hajime, '場所'論, 박화리 외 역, 『장소론』, 심산출판사, 2011.

Relph, Edward, *Place and Placelessness*, 김덕현 외 역, 『장소와 장소상실』, 논형, 2005.

Schroer, Markus, *Räume, Orte, Grenzen*, 정인모 외 역, 『공간, 장소, 경계』, 에코리브르, 2010.

Shepard, Paul, *Man in the Landscape*, Ballantines Books, 1967.

Stephen, Kern, *The Culture of Time and Space*, 박성광 역, 『시간과 공간의 문화사』, 휴머니스트, 2004.

Tuan, Yi-fu, *Space and Place : the Perspective of Experience*, 구동회 역, 『공간과 장소』, 대윤, 2005.

▶ 유배가사와 공간 체험

김종철, 「중세 여행 체험과 문학교육의 시각」, 한국고전문학교육학회 편, 『중세 여행 체험과 문학교육』, 월인, 2012, 11-35면.

염은열, 「기행가사의 공간 체험이 지닌 교육적 의미」, 한국고전문학교육학회 편, 『중세 여행 체험과 문학교육』, 월인, 2012, 89-116면.

최상은, 『조선 사대부가사의 미의식과 문학』, 보고사, 2004.

최재남, 『체험서정시의 내면화 양상 연구』, 보고사, 2012.

최홍원, 「정치적 행위로서의 글쓰기, <죽창곡>과 감군의 정서」, 『어문학』 124, 한국어문학회, 2014, 231-257면.

제10장 운명의 경험
—상부와 궁핍, 그리고 개인의 성장 경험, 〈덴동어미화전가〉

보편과 특수의 중첩,

고전문학의 경험은 보편성과 특수성의 두 특질을 동시에 갖고 있으며,
〈덴동어미화전가〉는 이러한 보편과 특수의 양면적 특질을 전형적으로 보여주는 작품이다.
덴동어미가 겪은 경제적 궁핍과 몰락, 그리고 4차례의 상부(喪夫)는
당대 하층민이 겪어야 했던 보편적 경험이면서, 또한 덴동어미의 특수한 경험에 해당한다.
이 작품에는 이러한 보편과 특수의 경험이 중첩되어 있고 이를 고려할 때
〈덴동어미화전가〉의 작품 세계와 그 의미가 비로소 선명하게 드러날 수 있다.

〈덴동어미화전가〉와 경험의 교집합, 인간의 성장,

교육의 국면에서 경험은 개인의 성장을 목적으로 하는데,
작품 속 덴동어미의 깨달음과 성장은 경험의 내용 측면에서 주목할 지점이다.
현실적인 해결을 떠나 기존의 인식과 대응을 폐기하고 문제 자체를 달리 봄으로써
마침내 도달하게 되는 달관과 여유는 인간 성장에 대한 또 다른 깨달음을 제공해준다.
이러한 접근에서 상부, 경제적 고통, 개가, 수절 등의 표면적인 의미를 거둬내고,
인간 성장의 경험으로서 작품 세계를 새롭게 살피는 것이 가능해진다.
〈덴동어미화전가〉는 한 인간의 성장을 보여주는 노래인 것이다.

❀

1. 〈덴동어미화전가〉를 둘러싼 상반된 인식과 평가

　〈덴동어미화전가〉는 주인공 덴동어미의 파란만장한 인생 역정을 사실적으로 그려내고 있는 가사 작품이다. 본래 〈화전가(花煎歌)〉라는 작품명을 갖고 있음에도 불구하고 작품 속 등장인물의 이름을 덧붙여서 여타의 〈화전가〉 작품들과 구별하는 것도, 이 같은 내용상의 독특함에서 비롯된다. 등장인물에서 유래한 특별한 제목이 암시하듯, 이 작품은 통상적인 〈화전가〉에서는 볼 수 없는 매우 특질적인 내용들을 이야기로 담고 있으며, 특히 세 차례에 걸친 개가 과정으로 대표되는 하층 여성 삶을 서사적인 흐름 속에서 구체적으로 펼쳐 내고 있는 것으로 평가되고 있다.[1] 인물과 사건의 특수성을 서사적인 전개로 이야기하듯 늘어놓고 있는 데서 이 작품의 특질을 찾을 수 있다.

　〈덴동어미화전가〉를 둘러싼 기존 연구는 이처럼 인물과 사건이라는 서사적 요소를 중심에 두면서도 주목하는 바에 따라 다음과 같은 차이점을 나타내고 있다. 먼저, 서사가사 논의의 전체적 틀 속에서 서사구조와 화자, 시점 등 여타 가사와 구별되는 지점에 대한 탐색은 연구사의 초창기 성과에 해당한다.[2] 둘째, 삽입된 경험적 서사로서 덴동어미의 인생 역

1) 이 작품은 화전가로서의 유형성과 더불어 서사적인 사건 내용의 독자성 양면을 모두 갖고 있는 것으로 평가된다. 김대행, 「〈덴동어미 화전가〉와 팔자의 원형」, 박노준 편, 『고전시가 엮어읽기 (하)』, 태학사, 2003, 325면.
2) 김문기, 『서민가사 연구』, 형설출판사, 1983; 신태수, 「조선 후기 개가긍정문학의 대두와 〈화전가〉」, 『韓民族語文學』 16, 韓民族語文學會, 1989; 유해춘, 「화전가(경북대본)의 구조와 의미」, 『어문학』 51, 한국어문학회, 1990; 김유경, 「서사가사 연구」, 연세대 석사학위논문, 1988; 장정수, 「서사가사 특성 연구」, 고려대 석사학위논문, 1989; 서영숙, 『여성가사연구』, 집문당, 1996.

정을 운명이나 팔자로 풀어내거나[3] 혹은 하층민으로서의 삶의 경험으로 설명하려 한 것[4]은 작품론의 다양한 양상을 가져다주었다. 주제적 측면을 다룬 이 같은 작품론이 주로 계층적 의식이나 사실주의적 관점에 초점을 맞추었다면, 여성 등장인물과 개가라는 문제사태 자체에 주목하여 여성문학의 시각이 도입, 적용되기도 하였다.[5] 작품의 주제 의식뿐만 아니라, 여성 작가, 여성 화자, 여성 향유자 등 문학 활동을 둘러싼 여러 주체를 여성의 관점에서 설명하고 그 의미를 탐구하는 일련의 연구가 이루어진 것이다. 이처럼 작품의 서사적 특질에 주목하는 공통항을 가지면서도, 사건과 갈등의 원인, 인물의 태도를 규명하는 시각과 관점 등 방법론적 측면에서의 차이점 또한 갖고 있다.

그런데 동일한 서사구조를 대상으로 하면서도 이를 둘러싼 인식과 평가에 상당한 차이와 거리가 발견된다는 점이 흥미롭다. 무엇보다 작품 전체의 주제를 두고서도 하층민으로서의 삶의 비극성으로 보는가 하면,[6] 넘치는 신명이나 달관 등의 초월적 태도와 같이 상반된 해석마저 존재하고 있다.[7] 이 작품에서 드러나는 세계관과 태도를 두고서 개인의 팔자로 귀결되는 세계관의 한계, 의식의 후퇴 등으로 해석하는가 하면, '운명', '달관' 등과 같은 긍정적 평가도 찾아볼 수 있다. 이 같은 상반성은 여성 의식의 측면에서도 마찬가지이다. 사회적 모순으로 인해 굴절된 삶을 살아

---

3) 김종철, 「운명의 얼굴과 신명-<된동어미화전가>」, 백영정병욱선생10주기추모논문집간행위원회, 『한국고전시가작품론2』, 집문당, 1992.

4) 정흥모, 「<덴동어미화전가>의 세계인식과 조선후기 몰락하층민의 한 양상」, 『어문논집』 30, 고려대 국어국문학연구회, 1991; 김용철, 「<덴동어미화전가> 연구(1)-서사구조와 비극성을 중심으로」, 『19세기 시가문학의 탐구』, 집문당, 1995.

5) 박혜숙, 「여성문학의 시각에서 본 <덴동어미화전가>」, 『인제논총』 8, 인제대, 1992; 박경주, 「<된동어미화전가>에 나타난 여성의식의 변화 양상 고찰」, 『국어교육』 99, 한국국어교육연구회, 1999.

6) 정흥모, 앞의 글; 김용철, 앞의 글.

7) 김종철, 앞의 글; 박혜숙, 앞의 글.

갈 수밖에 없는 '수동적 여성상'으로 덴동어미를 바라보는 시각이 있는가 하면, 이와 반대로 삶을 개척해 나가는 '적극적 여성상'을 읽어내기도 한다.[8] 작품 속 개가 선택에 대한 덴동어미의 태도와 관련해서도 수동성과 타율성으로 규정하기도 하고,[9] 연구자에 따라서는 주체성과 적극성으로 달리 평가하기도 한다.[10] 개가에 대한 입장에서도, 개가에 대해 세세히 피력하고 있다는 점에 주목하여 개가 긍정과 개가 불허가 치열한 논쟁을 펼치는 자리로 해석하는가 하면,[11] '시집귀신이 되는 것이 가장 떳떳한 일'이라는 확신을 심어주는 작품[12]으로 평가하기도 한다. 심지어 사대부 규방가사와의 관련 속에서 이 작품을 규방가사적 규범에 대한 서민들의 반발을 담은 것으로 평가하는 관점마저 찾아볼 수 있다.[13] 이 모두는 덴동어미가 겪은 삶의 역정의 의미를 특정한 관점에 기반하여 일괄적으로 해석하는 데서 비롯되었다고 볼 수 있다. 이상에서 보듯 이 작품은 인물의 행위와 태도에 대한 해석에서부터 작품 전체의 평가에 이르기까지 수많은 이견과 쟁점을 내재하고 있다.

<덴동어미화전가>에 대한 새로운 독법과 이해가 요청되는 까닭이 여기에 있다. 무엇보다 이 작품의 개성적 특질이 덴동어미의 경험담으로 대표되는 서사 요소에 있음에도, 전체적인 서사 구조 속에서 인물의 갈등과 사건의 전개에 대한 천착이 충분히 이루어졌다고는 보기 어렵다. 덴동어미가 겪는 상부(喪夫)의 특이성이나 '개가담론(改嫁談論)'의 성격에만 함몰된

---

8) 박경주, 앞의 글.

9) 김유정, 「소백산대관록 소재 <화전가 연구>」, 『동국어문론집』 8, 동국대 국어국문학과, 1999, 483-485면.

10) 박혜숙, 앞의 글; 박경주, 앞의 글.

11) 신태수, 앞의 글, 392면.

12) 김석회, 「주제적 관심을 통해 본 규방가사의 세계」, 『조선후기 향촌사회와 시가문학』, 월인, 2009, 118면.

13) 조동일, 『한국문학통사』 3권, 지식산업사, 2005, 392면.

결과, 고난과 문제사태의 성격을 평면적으로 분석하는 데 그치고 있다. 상
부(喪夫)와 개가의 과정을 통해 덴동어미의 인식과 태도에 변화가 생겼다
면 어떠한 요인이 변화를 가져오는 동인이 되었는지, 그 결과 어떠한 변
화와 성장이 이루어졌는지를 자세히 규명할 필요가 있다. 이를 위해서는
이 작품의 주된 특질이 서사 요소에 있는 만큼, 덴동어미를 중심에 두고
갈등과 문제사태, 그리고 문제해결이 갖는 성격에 대한 정치한 탐색이 뒤
따라야 할 것이다.

　무엇보다 이 작품에는 사별과 같은 인간의 존재론적 기반에서 야기되
는 갈등과 더불어 궁핍과 같이 사회 경제적 구조에서 발생하는 갈등이 서
로 뒤섞여 있다. 이는 기존의 연구에서 여성주의적 관점, 리얼리즘적 관점
등이 서로 다르게 주목하고 상반된 입장으로 읽어냈던 지점들이다. 그런
데 전자가 덴동어미 개별적인 차원에서 매우 특이한 것이라면, 후자는 당
대 하층 집단의 차원에서 보편적이고 전형적인 경험으로 구별될 수 있다.
따라서 이 작품에 드러나는 세계관과 주제의식을 살피기 위해서는 덴동
어미의 고난을 야기하는 갈등의 성격부터 천착할 것이 요청되며, '개별적
차원에서의 상부(喪夫)'와 '보편적 차원에서의 궁핍(窮乏)'으로 구분하여 살
피는 것은 이 같은 문제인식에 따른 이 글의 출발점이다. 중첩되어 나타
나는 상부(喪夫)와 궁핍의 접점에 덴동어미의 삶이 자리하고 있으며, 중층
적인 양상 속에서 세계관과 주제의식의 변화를 새롭게 읽어낼 필요가 있
다. 이 과정에서 개가가 갖는 이중성이 보다 분명하게 드러날 수 있고, 그
에 대한 적절한 평가도 이루어질 수 있다.

　이런 점에서 이 글에서는 덴동어미의 성장, 변화의 동인과 그 의미를
탐색하는 데 목표를 두고, 작품 세계가 갖는 여러 중층성을 정치하게 밝
히기로 한다. 달관, 초월 등으로 설명되는, 덴동어미가 도달하는 새로운
인식 태도와 세계관을 이전의 연구와는 달리 갈등과 문제사태의 중층성

속에서 통과의례적 관점으로 새롭게 풀어내고자 한다. 나아가 이 같은 수용 태도를 일반화하고 정당화하는 기제를 노래의 존재와 그 연행에서 찾기로 한다. 이는 상부(喪夫)로 인한 갈등과 개가를 통한 문제해결이라는 단선적인 시각에서 벗어나 문제사태와 해결방식의 중층성, 그리고 인식의 전환에 초점을 맞춤으로써 이전과는 다른 의미 분석을 시도하는 일이다. 이러한 과정 속에서 주제의식과 태도에 대한 적절한 평가와 판단이 가능하리라 기대한다.

2. 갈등과 문제사태의 중층성
: 개인 차원의 특수성과 하층민 집단 차원의 보편성

(1) 덴동어미 개인 차원의 특수성
: 우연적 재앙에 따른 상부(喪夫)의 반복

① 인간 대 인간의 갈등 부재

갈등과 문제사태의 측면에서, 이 작품은 덴동어미 개인 차원의 특수성과 하층민 집단 차원의 보편성이 혼효되어 나타나는 중층성을 갖고 있다. 4차례의 상부(喪夫)라는 매우 독특한 경험이 공감을 얻을 수 있는 것도, 경제적 궁핍이라는 하층민 집단 차원의 보편적 문제에 바탕을 두고 전개되는 데에 있다. 이에 따라 먼저 덴동어미 개인 차원의 갈등과 문제사태를 살피면 다음과 같은 특질이 발견된다.

무엇보다 <덴동어미화전가>에서는 일반적인 규방가사와는 달리 인간 대 인간의 갈등이 존재하지 않는 특질이 있다. 대부분의 규방가사들이 여성들의 일상생활 공간이었던 시집과 친정, 그 주변에서 발생하는 일상사와 일상적 관심을 작품 세계로 구성하고14) 이를 탄식의 목소리로 표출하는 것과는 차이를 나타낸다. 당대 여성문학에서 전형적으로 등장하는 시집살이의 고통, 친정 가족에 대한 그리움, 남편의 외도 등의 문제가 거의 부각되지 않고 있다. 오히려 작품 속에 등장하는 인물들은 대체로 덴동어미에 대해 긍정적이고 우호적인 시선을 갖고 있다. 이는 일반적인 규방가사, 혹은 탄식가류와 구별짓는 주요 표지가 된다.15)

우선 작품의 주요 인물로 4명의 남편이 등장하는데, 예천읍 장이방 아들, 상주읍 이승발, 울산읍 황도령, 엿장사 조첨지가 바로 그들이다. 이들은 하나같이 덴동어미와 우호적인 관계를 지속적으로 유지하는 일관성을 보인다. 근면 성실할 뿐만 아니라 덴동어미를 아끼는 모습도 볼 수 있다. "셔방임을 잠간보니 쥰슈비범 풍후ㅎ고 구고임게 현알ㅎ니 사랑ㅎ맘 거록"(장이방 아들)하게 되고, "낭군도 츌둉"(이승발)한 것으로 묘사되는 것에서도 이 같은 관계를 살필 수 있다. 비록 황도령이나 조첨지의 경우 이전과는 다른 하층 신분의 인물이지만, 덴동어미와의 관계 면에서는 큰 차이를 나타내지 않는다. 예컨대 황도령의 경우 첫 대면에서 자신의 기구한 인생을 늘어놓고 있는데, 이는 덴동어미의 불행하고 고난에 찬 삶을 위로하는 기능을 의도하고 있다. 이 장면에서 하층민의 '연대'16)를 읽어내는 것도, 단순히 남녀의 문제 혹은 청혼과 구애의 의도 차원을 넘어서서 이들의 관계가 서로의 삶을 위안하는 데 바탕을 두고 있는 것과 관련된다. 조첨지가 "나은 비록 마느나마 늬상이 든든 슌휴"한 것과 같이 긍정적이

14) 김석회, 앞의 글, 103면. 시집살이의 문제가 규방가사의 가장 근원적인 주제적 관심이었음을 여러 작품들에서 쉽게 찾아볼 수 있다.
15) 예컨대 가정내 노동의 고달픔, 가족에 대한 그리움, 주거와 여행 제한에 대한 한탄, 배움의 기회 박탈에 대한 원망, 시집살이에서 요구되는 조심성과 소외감 등이 규방가사에서 탄식의 주된 내용인 것(신경숙, 「규방가사, 그 탄식 시편을 읽는 방법」, 『국제어문』 25, 국제어문학회, 2002, 93면)과는 차이를 보인다.
16) 박혜숙, 앞의 글.

고 우호적인 인물로 그려지는 것도 마찬가지이다.

이러한 남편의 존재는 당대 가부장제 사회 제도와 남녀 유별의 관습에 바탕을 둔 수직적인 남녀 관계와는 다른 양상을 나타내는 주된 요인이 된다. 예컨대 남편과의 협의 과정을 주도하는 적극적인 태도도 이러한 맥락에서 이해할 수 있다. 이포를 갚느라 가세가 몰락하여 경주에서 군뢰집 사환으로 일하게 되었을 때, "우리도 이러히셔 버러가지고 고향가면 이방을 못하며 호장을 못흐오 부러울게 무어시오"라며 강태공과 한신의 고사를 인용하면서까지 남편을 적극적으로 설득하는 것이 대표적인 장면이다.

이 같은 남편의 존재로 인해 <덴동어미화전가>는 규방가사 일반의 사건과는 사뭇 다른 양상으로 전개된다. 규방가사에서 갈등의 주된 원인이 남편과의 관계에서 비롯되는 데 반해, <덴동어미화전가>의 경우 이 같은 갈등이 전혀 나타나지 않고 있다. 오히려 우호적이고 긍정적인 남편이 갑작스럽게 죽는 사건이 갈등의 원천으로 작용하며, 이로써 빚어지는 갈등은 인간의 힘으로 어쩔 수 없는 절대적이며 불가항력적인 성격을 지닌다.

한편 이 작품을 액자 구조로 살핀다면,17) 액자 외부에 화전놀이를 즐기는 여러 여인들과 젊은 과부의 존재, 그리고 액자 내부에 친부모와 시부모를 비롯한 여러 주변 여인들의 존재를 확인할 수 있다. 이들은 덴동어미에 대해 모두 우호적인 입장을 견지하는 인물로, 이들로 인한 갈등을 찾아볼 수 없다는 점도 특징적이다. 시부모의 경우만 하더라도 덴동어미에 대해 우호적이었으며, 심지어 남편이 죽었을 때조차도 수절을 강요하지 않고 친정으로 돌려보내기까지 한다. 이러한 태도는 이후 덴동어미의 개가 가능성을 열어두면서 수절 포기에 대한 덴동어미의 부담을 덜어주

---

17) 덴동어미의 일생담 부분이 작품 전체의 대부분을 차지하면서 덴동어미 자신이 화자로 설정되어 있는 것을 두고서 일종의 액자 형식으로 파악하기도 한다. 김용철, 앞의 글 참조. 이 연구에 따르면 액자 구조에 따른 인식의 상승이 이 작품의 기저로 작용하고 있다고 보고 있다.

는 결과를 가져온다.

손군노의 마누라, 산 밑 주막 주인댁네, 이웃집 댁네, 고향의 6촌 형님 등으로 대표되는 주변 여인들[18]의 경우, 자신의 목소리로 자신의 생각과 체험을 생생하게 들려주는 형식[19]을 통해 덴동어미가 시련을 겪는 장면에서 직접적으로 도와주는 조력자의 역할을 수행하고 있다. 덴동어미가 실의에 빠졌을 때 삶의 의욕을 북돋아주거나 개가를 직접적으로 권유하는 모습을 나타낸다. 갈 곳 없이 구걸하는 덴동어미 내외를 거둬줌으로써 새로운 삶의 의욕을 불어넣어주거나 화재 사건 이후 남편이 죽고 자식이 화상을 입은 사건을 겪었을 때 "자니혼번 죽어지면 살기라도 아니죽나 자니죽고 아죽으면 조첩지는 아조죽니"라며 설득하고 권유하는 장면이 대표적이다.

이상의 경우에서 보듯, 덴동어미를 둘러싼 주변 여인들은 모두 덴동어미가 고난에 빠졌을 때 정신적, 경제적으로 도움을 주는 역할을 수행한다. 이들을 두고서 치유하고 살려내는 모성을 상징하는 것으로 해석하는 설명도 이러한 역할과 기능에 주목한 것이다.[20] 인간적인 유대와 상호 부조를 읽어내는 것도 마찬가지이다. 이러한 인물군의 등장과 제시는 <시집살이요>와 같이 당대 여성들의 삶을 노래한 시가들이 대체로 시집식구나 주변 인물과의 관계에서 비롯되는 갈등을 다루는 것과는 상반된 모습이다. 이처럼 <덴동어미화전가>는 갈등의 측면에서 인간 대 인간의 갈등이 부재하는 매우 독특한 특징을 갖고 있다. 인간과의 갈등이 비워져 있다면,

---

18) 덴동어미가 절망과 체념으로 자포자기의 상황에 빠졌을 때마다 구원해주는 여인들의 존재에 주목하기도 하였다. 정무룡, 「<덴동어미 화전가>의 형상화 방식과 함의」, 『韓民族語文學』 52, 한민족어문학회, 2008, 276~277면.

19) 수많은 대화의 존재에서 다른 가사와는 구별되는 특징을 찾기도 한다. 박혜숙, 앞의 글 참조. 이 같은 대화는 하층민의 여러 목소리를 포괄하면서 그들의 체험을 폭넓게 수용하는 기능을 하고 있다.

20) 고정희, 「<뒨동어미화전가>의 미적 특징과 아이러니」, 『국어교육』 111, 2003, 334면.

그 자리를 무엇이 대신하고 있는지가 궁금해진다.

② 인간 대 운명의 갈등과 불가항력적 성격

덴동어미에게 시련과 고통은 주변 인물들과의 갈등에서 비롯되는 것이 아니라 그녀를 둘러싼 세계에서 기인하며, 그에 따라 상당 부분 운명론적인 성격을 갖고 있다. 당사자의 의지나 책임과는 무관한 채 고난이 외부에서 일방적으로 던져짐으로써 야기되는, 피할 수 없음의 불가항력적인 성격이 자리하고 있는 것이다. 특히 덴동어미의 경우에는 3차례의 개가(改嫁)와 4차례의 상부(喪夫)를 경험하는 역정을 보인다. 단순히 남편과의 사별 문제가 아니라 이 같은 경험이 여러 차례나 반복, 누적되는 특이한 인생 역정이 <청년자탄가>, <청년과부가>, <과부청산가>, <과부가> 등의 탄식류 가사들과 구별짓게 만든다. 덴동어미는 네 차례에 걸친 상부(喪夫)의 직접적인 원인에 대해 다음과 같이 진술한 바 있다.

> 첫지낭군은 츄천의죽고 둘지낭군은 괴질의 죽고 셋지낭군은 물의죽고
>   넷지낭균은 불의죽어

추천, 괴질, 물, 불은 모두 개연성이 부족한 것들로, 우연적 성격이 강하다는 공통점을 갖고 있다. 인간 세계의 보편적 경험으로 보기 어려운 것들이다. 물론 이를 두고서 첫 번째 상부(喪夫)가 지극히 우연적이고 개인적인 사고에서 비롯된 것인데 반해, 갈수록 사회적, 현실적 관련성을 강화해가는 양상을 보여준다고 보면서 현실의 논리와 작용에 의해 규정되는 것으로 설명하기도 한다.[21] 특히 병술년에 둘째 남편을 괴질로 잃게 되었

---

21) 박혜숙, 앞의 글.

다고 하는데, 실제로 병술년(1866)에 콜레라가 만연했다는 역사적 기록[22]에서 이 사건의 역사성과 개연성을 찾기도 한다. 엿을 만들다가 발생한 화재 사건을 두고서도 어느 정도의 사실성을 확보하고 있는 것으로 해석하기도 한다.[23]

그러나 추천, 괴질, 물, 불 등은 모두 덴동어미 자신의 의지나 책임과는 무관한 채 어느 순간 일방적으로 내던져지는 '사건'들로, 외부의 요건에 의해 결정되고 발생하는 공통된 성격을 갖고 있다. 필연적인 인과관계 없이 자연적이고 우연적인 발생이면서, 자신의 의지나 책임과는 무관한 채 '주어지는' 운명으로서의 성격을 대표한다. 이는 사회적 관계를 기반으로 인과성 속에서 배태되는 인간 대 인간의 갈등과는 차원을 달리하는 것이다. 덴동어미의 고난이 다분히 '기구한 팔자'라는 낭만적인 장치로 그려지고 있다는 시각도 이러한 측면에 주목한 결과이다. 덴동어미에게 닥친 우연한 불행의 연속을 독자들이 개연성있는 사건으로 받아들이기 어렵다는 점에서, '아이러니'의 개념을 도입하여 설명하려는 것[24] 또한 이러한 성격과 관련된다.

게다가 이 같은 우연적 사건은 상부(喪夫)를 초래하는데, 이로 인해 덴동어미는 모든 것을 잃게 되는 참혹한 결과가 야기된다. 남편에게 의존하여 삶을 살아가야 했던 당시 가부장적 사회구조 속에서, 남편의 죽음은 모든 것의 상실을 가져오는 결정적 요인으로 작용한 것이다. 자신의 의지나 책임과는 상관없이 모든 것이 한순간 무너지는 사건에 직면하게 되고, 이 같은 사건이 여러 차례 반복되는 구조로 나타난다.

---

22) 김종철, 앞의 글.
23) 상부(喪夫)의 원인과는 무관하지만, 두 번째 남편이었던 이 이방 집안의 몰락을 1860년대 농민 항쟁이나 조선 후기 향리층의 자기도태 과정과 같이 역사적으로 고찰하는 것도 이 같은 관점에 해당한다. 정흥모, 앞의 글, 85-86면 참조.
24) 고정희, 앞의 글.

그런데 상부(喪夫)의 원인이 되는 네 가지 사건 자체가 개연성과 보편성을 지니기 어려운 특수한 경험인 만큼, 덴동어미라는 한 인물에 국한된 운명 차원의 것에 가깝다. 덧붙여 우연적 재앙으로 인한 상부(喪夫)는 개인 차원에서 피할 수 없는 것이면서, 모든 것을 앗아가는 절대성마저 갖고 있다. 여기서 덴동어미의 파란만장한 인생유전(人生流轉)이 형성됨은 물론이다. 그런데 한 개인의 차원에 국한된 경험임에도 불구하고 수용자의 공감을 얻고 호소력을 담보할 수 있었던 까닭은, 이 같은 일이 하층민 집단 차원의 보편적 갈등에 기반하여 전개되는 데서 찾아야 할 것이다.

(2) 하층민 집단 차원의 보편성 : 경제적 궁핍의 순환과 증폭

기존의 연구는 덴동어미의 기구하고 특별한 운명, 즉 상부(喪夫)와 개가에만 주목한 나머지 경제적 고통과 극복의 문제에 대해서는 깊이있게 고찰하지 못한 면이 있다. 덴동어미가 겪는 갈등과 고난의 상당 부분은 상부(喪夫)뿐만 아니라 상품화폐경제에 정착하지 못한 채 부유하고 표류하는 데서도 연유하고 있으며, 특히 개가 여부를 결정하는 데에 주된 요인으로 작용한다는 점을 유의깊게 살필 필요가 있다. 이런 점에서 본다면, 이 작품은 조선 후기 토지에서 유리된 하층민 삶의 귀결점을 응축하여 보여주는 것이라 할 수 있다. 이는 작품 속 개가를 두고서 여성의식을 읽어낼 때도 중요하게 고려되어야 할 부분이다.

이처럼 덴동어미는 상부(喪夫)라는 개인적 차원의 특수한 경험 이외에 경제적 고난과 같은 당대 하층민의 보편적 경험을 갖고 있다. 세 차례의 개가와 네 차례의 상부(喪夫)가 어디까지나 덴동어미 개인 차원에서의 특징적인 경험이라면, 경제적 궁핍은 당대 하층 집단이 가졌던 보편적이고 전형적인 경험이라는 점에서 구별될 수 있다. 상부(喪夫)와 개가의 반복이라는 매우 특이한 덴동어미의 삶이 설득력과 호소력을 획득할 수 있었던 데에는, 이 같은 경험이 경제적 어려움과 그에 대한 적극적인 극복 노력, 그리고 극복의 실패가 순환, 회귀되면서 증폭, 강화되는 구조 속에 놓여 있었던 것과 관련이 깊다.

우선 덴동어미가 처음부터 하층민이 아니었고 몇 차례의 개가 과정을 거치면서 하층민으로 편입되는 과정을 거치는 전개 과정 자체가, 고난의 비애와 심각성을 더욱 부각시키는 효과를 낳고 있다. 최소한의 경제적 여건을 갖춘 중인이라는 출발점은 이후 덴동어미가 겪게 될 경제적 고난의 심각성과 대비되는 결과를 가져온다. 덴동어미의 집안은 경제적으로 큰 어려움이 없었던 것으로 보이며, 특히 조선 후기 아전들간에는 지체에 따른 신분혼(身分婚)이 일반화되어 있었던 만큼 향리층간의 계급내혼제도(階級內婚制度) 속에서 이루어진 두 차례 혼인에서는 경제적 여유도 어느 정도 확보되었던 것으로 판단된다. 그런데 이 같은 인물이 하층민으로 몰락해 가는 과정을 겪음으로써 당대 하층 수용자들의 광범위한 공감과 수용을 이끌어낼 수 있었던 것으로 보인다. 예컨대 구걸을 하면서 겪게 되는 여러 고통과 치욕이 핍진하게 서술되는 다음의 장면이 대표적이다.

> 하로이틀 굼고보니 슝목슘쥭기가 어려워라 이집의가 밥乙빌고 져집의가
> 장乙비러 증한솔혈도 읍시 그리져리 지너가니 일가친쳑은 날가ㅎ고 한번
> 가고 두번가고 셰번가니 두번지는 눈치가 다르고 셰번지는 말乙ㅎ니 우리
> 덕의 사든사롬 그친구乙 차자가니 그리여러번 온왓건만 안면박디 바로ㅎ
> 니 무심신셔乙 마니져서 그젹게오고 쏘오는가 우리셔방임 울젹ㅎ여 이역
> 스럽乙 못이겨서 그방안의 궁글면서 가삼乙치며 토곡ㅎ니

경제적 몰락의 과정 속에서도 덴동어미가 극복 의지 속에서 수많은 노력과 실천을 행했다는 사실은 눈여겨볼 지점이다. 이는 여타의 규방가사

들이 자신의 신세를 한탄하고 토로하는 데 그치는 것과 구별되고, 이 작품의 결말에서 인생과 삶에 대해 달관과 초월적 태도를 보이는 모습과도 뚜렷히 구별된다. 과거 자신의 삶을 되찾고자 하는 열망에서 "굴노놈의 무지욕셜 꿀과가치 달게듯고 슈화즁乙 가리잔코 일호라도 안어긔니 일정지심 먹은 마음 흐번사라 보즛더니" 하며 악착같이 달려드는 모습이나, "도부장사 흐십연흐니 장바군니의 털이웁고 모가지지 자리목되고 발가락이 무지러젼니"와 같은 묘사에서 그 노력의 정도를 살필 수 있다.

그런데 이 같은 노력이 실패로 귀결되면서 더 큰 좌절과 비애를 낳는다. 고난과 노력, 그리고 좌절의 반복 구조 속에서 덴동어미의 삶은 그녀의 의지에 따라 개척되거나 변하는 것이기보다는 이미 주어진 것, 결정되어 있는 것이라는 인식에 이른다.[25] 이처럼 경제적 고난도 상부(喪夫)와 마찬가지로 개인의 노력과 의지에 의해 극복될 수 없다는 생각을 가져다주는 결정적 요인이 된다. 이 역시 인물의 세계관과 인식 태도의 변화를 이끌어내는 중요한 문제사태에 해당한다.

이처럼 경제적 측면에서의 고난은 덴동어미에 국한된 것이 아니며, 당대 하층민 모두가 공감할 수 있는 문제사태라는 점에서 의미가 있다. 예컨대 작품 속 등장인물 역시 이 같은 문제에서 자유롭지 못한 존재들이다. 세 번째 남편인 황도령의 경우에도 남의 집 머슴살이를 통해 겨우 마련한 장사밑천을 배가 난파당하는 바람에 한순간에 모두 잃고서 빈털터리가 되고 만다. 개인 차원의 노력이 경제적 고난의 극복으로 이어지지 못한 채 우연적 사건으로 말미암아 실패와 좌절로 귀결되는 모습은 덴동

---

25) 고통 자체가 사실상 인간이 능동적으로 선택하는 것이라기보다 수동적으로 당하는 측면이 강하다. 독일어의 '고통(Liden)'은 '당하다(leiden)'는 것과 같고 영어의 '수동적(passive)'라는 것도 '고통(passion)'과 그 어원이 같다는 사실에서, 고통은 인간이 '당하는 것'이라는 본질을 찾기도 한다. 강영안, 「고통」, 우리사상연구소 편, 『우리말철학사전』 5, 지식산업사, 2007, 62면.

어미의 경우와 구조적 상동성마저 보인다. 이처럼 당대 하층민이 겪어야
했던 파란만장한 인생 역정을 사실적으로 핍진하게 그려내는 것에서 이
작품의 특징을 찾을 수 있다. 뎐동어미의 고난과 갈등이 한 개인의 차원
을 넘어서서 하층민 집단의 것으로 일반화되어 수용될 수 있는 동인이 이
로써 설명된다.

3. 문제해결의 중층성과 불완전성 : 개가의 이중성과 한계

이상에서 보듯 갈등의 중심축은 상부(喪夫)라는 '개별적 차원'과 경제적
궁핍이라는 '보편적 차원'의 중첩으로 구성되어 있다. 중첩된 문제사태의
해결을 모색하는 과정에서 자연스럽게 개가와 수절의 선택 문제가 제기
되는데, 3차례의 개가는 상부(喪夫)와 경제적 궁핍이라는 문제사태에 대해
직접적인 해결을 시도한 결과라 볼 수 있다.

주지하다시피 개가와 수절의 문제는 당시 여성의 삶을 결정짓는 중요
한 선택으로 작용한다. 그런데 개가의 상징적 의미만을 염두에 둘 경우,
<뎐동어미화전가> 속 개가를 곧바로 여성의식의 소산으로 결론지을 우
려가 있다. 이러한 일반적 인식과 달리 작품 속에는 개가 과정의 소극성
과 타율성 또한 내재되어 있다. 이처럼 개가와 수절의 행위를 두고서 상
반된 해석이 존재하는 것은, 앞서 살핀 바대로 두 가지 층위의 서로 다른
고민과 문제가 중첩되어 있는 데서 연유한다. 개가는 상부(喪夫)에 대한 개
인적·인간적 욕망뿐만 아니라 궁핍의 극복이라는 경제적 욕망에서 비롯
된 선택인 만큼, 그 이중성과 불완전성에 대해 보다 자세히 살필 필요가
있다.

개인의 욕망 추구를 염두에 둔다면, 개가는 분명 자신의 인생에 대한

주체적 선택과 의지의 결과로 해석될 수 있다. 특히 개가를 금지하고 수절을 강요한 당대 사회의 이데올로기를 고려한다면 저항성의 의미까지도 더할 수 있다. 그러나 당시의 경제적 상황에서 개가는 최소한의 삶을 영위하기 위한 불가피한 선택, 절박한 요구로서의 의미 또한 갖는다는 데 유의할 필요가 있다. "대지주의 여성이 아니라 경제적 일상 생활을 직접 수행해야 하는 평민 이하의 여성들에게 개가는 단순히 자기청백성의 문제만이 아니었"26)다는 점, 다시 말해 과부가 처하게 되는 경제적 어려움으로 인한 타율성의 성격 또한 내포하고 있다. 이런 점에서 본다면, 당시의 개가는 부부로서의 삶을 가능하게 하는 인간적 욕망과 더불어, 최소한의 경제적 생활을 보장·확보하려는 경제적 욕망을 결정의 배경으로 갖고 있다. 이는 곧 덴동어미 개인 차원에서 상부(喪夫)라는 운명과의 갈등을 극복하는 방법이면서, 동시에 하층 여성 집단의 차원에서 경제적 궁핍을 해소하는 보편적·일반적 방법이었음을 의미한다.

따라서 개가를 인생에 대한 주체적인 선택으로 일대일 대응시키는 것은 피상적인 인식에 불과하며, 개가와 수절이 갖는 중층적인 의미 속에서 주체의 태도를 자세히 살펴볼 것이 요청된다. 개가를 여성 의식의 발전, 수절을 여성 의식의 퇴보로 보는 단선적·도식적 인식을 거둬내고, 운명과 궁핍이라는 중첩된 갈등의 국면에서 개가가 갖는 중층적 의미에 천착할 필요가 있다. 이때의 의미는 각각 인간적 욕망과 경제적 욕망에 대응될 수 있다.

먼저 인간적 욕망의 추구로서 개가가 선택될 때는 수절이라는 사회문화적 관습에 저항한다는 점에서 여성 의식의 발현을 엿볼 수 있다. 단순히 여성이라는 이유만으로 개가가 금지되고 수절이 강요되는 사회에 맞

---

26) 김용철, 앞의 글, 270면.

서는 선택이라는 점에서 진일보한 의식을 읽을 수도 있다. 자신의 운명에 맞서 팔자를 '고치려는' 적극적인 의지가 이끌어낸 결과로 해석되는 것이다. 그런데 이 같은 인간적 욕망의 차원에서 혼인이 이루어진 것은 첫 번째, 두 번째 결혼에 제한된다는 사실에 유의할 필요가 있다. 덧붙여 이때의 혼인조차도 부모의 뜻에 의해 이루어졌고, 그만큼 덴동어미의 선택과 역할에는 제한성이 뒤따르고 있다. 첫 번째 개가의 경우에도, 시집가고 나서야 남편의 인물됨을 보게 되는 데서 개가의 결정과 배우자의 선택 문제에 여전히 소극적으로 임했음을 짐작할 수 있다. 여기서의 개가는 상부(喪夫)와 마찬가지로 어느 정도 '주어진' 것이었으며, 선택과 진행 과정에서 당사자가 배제되는 수동적인 모습을 보게 된다. 이처럼 개가의 선택 배경에 인간적 욕망의 추구라는 주체적, 적극적 의지가 자리하고 있음에도 불구하고, 실제 진행 과정에서는 상당히 수동적인 양면성이 존재한다.

반면, 생활의 어려움이 증대되는 상황에서 개가는 이를 해결하기 위한 경제적 욕망의 실현으로서 의미를 갖는다. 실제로 두 번째 개가부터 배우자의 선택 배경과 맥락과 관련하여 이전과는 다른 차이와 변화가 확인된다. 이때의 개가에는 경제적 측면에 따른 불가피한 선택으로서의 의미가 내포되어 있음을 보게 된다.[27] 즉 하층민으로서 생계를 유지하기 힘든 상황과 남성 위주의 경제 구조라는 사회적 환경 속에서 최소한의 삶을 영위하기 위해 어쩔 수 없이 선택한 결과인 것이다. 개가의 반대항에 위치하는 수절은 경제적 어려움에서 벗어나 있는 상층 계층에서나 실현 가능한 것으로, 생존조차 위협받는 하층민이 수절을 한다는 것은 이념적으로나 가능한 비현실적인 일이기 때문이다.

---

27) 하층의 신분에서 이루어진 두 차례의 개가는 앞선 개가와 달리 한 여성으로서 정상적인 가정을 꾸려보겠다는 욕구보다는, 생계 해결을 위한 결정이 강하다고 보는 견해가 이를 뒷받침한다. 박경주, 앞의 글, 172면.

이 같은 점을 고려한다면 개가의 선택에는 경제적 측면에서 남성 의존적인 태도가 상당 부분 개입, 관여한다는 점에서 여성의식의 발현으로만 보기 어려운 근본적인 한계가 있다. 인물이 처한 경제적 압박을 스스로 해결하기보다는 남성과의 혼인을 통해 대응하려는 소극적 태도가 발견되기 때문이다.

그런데 개가 결정 배경에서의 이 같은 '비주체성'에도 불구하고, 오히려 진행 과정에서 '적극성'이 나타나는 상반된 모습은 흥미로운 지점이다. 황도령, 조첨지와의 혼인에 이르러서는 이전에 보였던 수동성이 상당 부분 극복되고, 배우자를 직접 선택하고 결정하는 적극적인 모습마저 보이고 있다. 개가에 대한 진지한 고민도 수반되며, 앞의 경우와 달리 혼인을 결정하기 전에 미리 당사자를 만나보는 과정이 이루어지기도 한다. 황도령을 만나서는 "겨총각의 말드르니 육디독자 나려오다가 죽을 목숨 사라시니 고진감니 홀가부다"와 같은 판단을 스스로 내리기도 한다. 또한 조첨지와의 혼인에서도 "그집으로 드리달나 우션영감乙 자세보니 나은 비록 마느나마 긔상이든든 슌휴ᄒ다"에서 보듯, 상대방에 대해 평가하는 과정을 거치기도 한다. 이러한 적극성은 경제적 차원에서 개가가 선택된 배경을 통해 설명될 수 있다. 이들은 앞선 남편들과 다른 신분적, 경제적 여건을 갖고 있다는 점, 따라서 경제적 상황으로 인해 선택하게 된 만큼 상대방의 경제력을 확인하고 점검하는 일은 매우 중요한 과제가 될 수밖에 없다는 설명이다.

이와 같이, 덴동어미의 개가는 결정의 배경에서, 그리고 그에 따른 성격면에서 상반된 속성을 갖고 있으며, 개가 과정에서 이 같은 속성이 교차되어 발현됨으로써 의의 또한 중층적인 모습을 지니게 된다. 인간적 욕망을 배경으로 할 경우, 수절을 강요하는 사회 문화적 관습에 맞서 자신의 삶을 선택한다는 점에서 상당 부분 진보적, 주체적 성격을 갖는다. 그러나 이 같은 성향과 방향성과는 달리 배우자 선정과 같은 진행 과정에서는 오히려 소극적인 태도를 나타내고 있다. 그런데 이후의 개가에서 보듯 경제적 욕망이 결정의 중요한 요인으로 작용한 경우, 개가의 선택은 본래의 의미와 달리 남성 의존성을 그 이면에 담고 있다. 당대 가부장적 경제구조에 의한 어쩔 수 없는 선택으로 인해, 자신의 삶을 스스로 개척하지 못하고 남성 의존적인 결과를 나타낸다는 점에서 그러하다. 그러나 배우자의 선택 과정에서 보다 적극적인 모습을 보인다는 점에서는 앞의 경우와 다른 의의를 찾는 것도 가능하다.

이 글에서는 개가를 여성의식의 발현으로만 바라보는 단선적 시각을 경계하고, 문제사태와 그 선택 배경을 입체적으로 고려하여 그 중층성을 읽어내고자 하였다. 개가가 갖는 상반된 성격을 고려한다면, 작품 결말에 나타나는 개가 부정과 수절 긍정의 태도를 두고서 단순히 여성의식의 퇴보로 비판하는 것 또한 적절치 않다는 판단에 이르게 된다. 개가가 순수하게 인간적 욕망의 추구 차원에서 진행된 것이 아니었다는 점, 그 이면에 경제적 고통 또한 자리하고 있다는 사실을 중요하게 고려할 필요가 있다. 이 같은 사정을 염두에 둔다면, 개가의 이면에 담긴 남성의존성을 인식하고 이를 거둬낼 때 비로소 인식의 전환과 초극에 다다를 수 있다. 이처럼 갈등과 문제사태가 이미 중층성을 지니고 있고 해결방식으로서 개가가 이러한 중층적 문제를 해결하는 데 근본적인 한계를 갖고 있었던 만큼, 작품 결말에 보이는 덴동어미의 태도는 개가의 선택 배경에서 이미 예정되었던 결과였음을 확인하게 된다.

4. 문제인식의 전환과 확장
: 통과의례로서의 의미와 노래를 통한 자기 위안

(1) 통과의례로서의 의미와 고양된 자아로의 성장

지금까지 상부(喪夫)와 경제적 궁핍이라는 문제사태의 중층성으로 인해 개가라는 해결 방법이 한계를 지닐 수밖에 없음을 살폈다. 작품 후반부에 등장하는 팔자의 언급은 이 같은 문제사태와 문제해결의 과정을 거치면서 필연적으로 도달하게 되는 도착점이라 할 수 있다. 운명적 차원에서 야기된 상부(喪夫), 사회구조 속에서 배태된 경제적 고통에 대해 여전히 남성의존성에 바탕을 둔 개가를 통해 극복하려 했다는 점에서, 한계와 제한을 가질 수밖에 없는 해결 과정이었던 것이다. 여러 차례의 개가를 통해서도 극복될 수 없었던 탓에, 마침내 운명은 고칠 수 없다는 생각에서 "청춘과부 갈나하면 양식싸고 말일나니 고싱팔자 타고나면 열변가도 고싱일니"하여 인생에 대한 패배의식마저 드러내 보이기도 한다.

> 엉송이 밤송이 다 쪄보고 세상의 별고싱 다히보니 살기도 억지로 못ㅎ 짓고 ㅈ물도 엇지로 못ㅎ짓더 고약ㅎ 신명도 못곤치고 고싱홀 팔자는 못 곤칠니 고약ㅎ 신명은 고약ㅎ고 고싱홀 팔자는 고싱ㅎ지

그러나 개가와 수절 선택에 대한 가치평가나 판단에 그칠 것이 아니라, 인생의 본질에 새롭게 마주하게 된다는 사실을 눈여겨볼 필요가 있다. 고난을 운명으로 받아들이면서 인생이 단순히 패배만도 승리만도 아닌 고난으로 점철된 불합리한 것이며 그것 자체가 본질이라는 사실을 깨닫게 된 것이다.[28] 이로써 고통, 시련의 반복적 회귀와 증폭의 구조 속에서 개

---

28) 김용철, 앞의 글, 278면.

가를 통한 해결이라는 기존의 인식과 대응 태도를 폐기하고, 문제 자체를
달리 보는 달관과 여유에 이르게 된다.

> 고싱팔자 고싱이리 슈지장단 상관읍지 죽乙고싱 ᄒ는사람 칠팔십도 사
> 라잇고 부귀호강 ᄒ난사람 이팔쳥츈 요사ᄒ니 고싱사람 들사잔코 호강사
> 람 더사잔녀 고싱이라도 흔이잇고 호강이라도 흔이잇셔 호강사리 졔팔자
> 요 고싱사리 졔팔자라 남의고싱 쥐다ᄒ나 혼탄흔덜 무엇홀고 느필자가 사
> 는더로 너고싱이 닷난더로 죠흔일도 그뿐이요 그른일도 그뿐이라 (…중
> 략…) 사람의눈이 이상ᄒ여 졔더로보면 관계찬고 고은곳도 싁여보면 눈이
> 캄캄 안보이고 귀도쏘흔 별일이지 그더 드르면 관찬은걸 싀소리도 곳쳐듯
> 고 실푸마암 졀노나니 맘심자가 졔일이라 단단ᄒ게 맘자부면 못쳔졀노 피
> 는거요 싀난여사 우는거요 달은 매양 발근거요 바람은 일상 부는거라 마
> 음만 여사 퇴평ᄒ면 여사로보고 여사로듯지 보고듯고 여사하면 고싱될일
> 별노읍소

개가의 선택 이면에 자리잡고 있는 남성의존적인 태도를 극복하고 독
립된 인격체로서의 의식의 자각[29]이 드러나는 장면이다. 비로소 주체적인
자립의 경지로 나아갈 수 있게 된 것이다. 단순히 눈앞에 존재하는 고생
과 팔자의 문제를 해결하기 위한 삶이 아니라, 독립된 한 인간으로서의
진정한 자각에 이르게 된 것이다. 개가가 부정적인 것으로 귀결되는 것은
어디까지나 가부장적 제도의 틀 속에서 강요된 선택 배경과 관련되며, 그
로 인해 소극적이면서 남성 의존적인 성격에서 벗어나지 못한다는 데에
그 이유를 찾을 수 있다.

이런 점에서 본다면 상부(喪夫)와 개가는 여성의식의 계기와 소산이기보
다는, 덴동어미가 진정한 의미의 깨달음과 성장에 도달하기 위해 거쳐야

---

29) 박경주, 앞의 글, 176면.

했던 통과의례의 장치로서 상징적 의미를 갖는다. 이때의 '통과의례(通過儀禮)'는 인간 성장에 대한 상징적 표현으로, 기존의 자신을 극복하고 새로운 자아로 거듭나는 인간 성장에 대한 원형적 구조를 가리킨다.

일반적으로 통과의례는 사회와 분리되는 '분리(sépartion)', 일상을 초월하는 '전이(marge)', 사회로 환원하는 '통합(agrégation)'의 단계로 구성된다.30) 이들 각각은 자신이 속했던 기존의 질서로부터 벗어남, 격리된 공간에서의 시련, 시련의 극복을 통한 새로운 지위의 획득이라는 의미를 갖는다. 이에 비추어 본다면, 상부(喪夫)는 기존의 질서에서 벗어난다는 점에서 분리의 계기를 제공하는 일에 대응된다. 그 속에서 겪게 되는 끊임없는 경제적 고통과 거듭된 개가는 새로운 자아로 다시 태어나기 위한 전이와 시련의 기능에 해당한다. 이러한 과정을 통해 눈앞의 갈등에서 벗어나고 고난을 이겨내는 것이 아니라, 오히려 이를 삶의 본질로 받아들이는 인식의 전환과 새로운 깨달음을 갖게 된다.

갈등을 해소하기 위해서는 문제가 되는 원인을 찾아 그것을 해결하는 것이 최선의 방안이 될 수 있다. 그러나 이러한 해결이 현실적으로 쉽지 않을 경우, 문제를 바라보는 태도의 전환 속에서 해결을 모색할 수도 있다.31) 덴동어미가 도달한 깨달음과 새로운 인식 태도는 이러한 전환의 한 모습에 해당한다. 여기서 우리는 인간 존재의 새로운 국면, 즉 현실에 주어진 사물의 세계에 불만을 갖게 되면서 이를 대신하는 새로운 세계를 꿈꾸는 존재로서의 모습과 그 실현으로서의 초월욕, 그리고 초월적 관계 맺음32)을 보게 된다. 기존의 세계에서 경험하는 불안과 고통을 대신할 수

---

30) Arnold van Gennep, *Les Rites de Passage*, 전경수 역, 『통과의례』, 을유문화사, 1992.

31) 예컨대 야스퍼스(K. Jaspers)의 경우에도 인간을 절대적인 한계 상황의 운명 속에 놓인 존재로 보면서 이를 뚫고 나올 수 있는 유일한 방법은 인간 자신의 의식 변화에 의해서 가능할 수 있다고 본 것도, 이 같은 인식 전환에 대한 하나의 설명을 제공해준다.

32) 최봉영, 「인간이란 무엇인가」, 우리사상연구소 편, 『우리말 철학사전 1』, 지식산업사,

있는 자유로운 관계 맺음을 지향하면서, 문제를 직접적으로 해결하기보다는 문제에 대한 인식 자체의 전환을 시도하는 것이다.

이로써 이전의 상태와는 다른 한층 고양된 자아로의 성장이 가능해진다. 통과의례를 거친 이후 신참자는 이전과는 전혀 다른 존재, 즉 '다른 사람'으로의 존재론적 전환을 거치게 되는데,[33] 결말부의 덴동어미 역시 그러한 존재론적 변화를 보여주고 있다. 통과의례가 자기 부정과 새로운 자아 실현의 과정으로 요약된다면,[34] 덴동어미가 보이는 달관의 태도는 이러한 새로운 자아의 모습을 보여주는 표지라 할 수 있다. 덴동어미의 신명과 달관을 두고서 "운명의 얼굴을 이미 보아 알고 있는 자의 달관의 여유"[35]로 보는 것도, 통과의례의 과정을 통해 획득한 새로운 자아 인식의 결과를 설명해준다. 갈등을 '극복하는 것'이 아니라 자신의 운명과 팔자로 받아들임으로써 '화해'에 도달하는 모습을 보여주는 것이다.

이처럼 통과의례 시각의 도입은 상부(喪夫), 경제적 고통, 개가, 수절 등이 갖는 표면적인 의미와 기능에서 벗어나 인간 성장의 경험으로서 작품 세계에 대한 새로운 탐색을 가능케 한다. 통과의례의 의미와 기능을 문화와 관습의 재생산과 사회화, 이를 위한 개인의 성장에서 찾는 일련의 연구들은 <덴동어미화전가>를 새롭게 읽어내는 방법론을 뒷받침한다.

(2) 노래를 통한 정당화와 자기 위안

<덴동어미화전가>는 화전놀이에서 연행된 노래이면서, 한편으로 노래 속에 노래를 담고 있다는 점에서 또 다른 중층성을 갖고 있다. 이러한 중

2001.

33) Simone Vierne, *Rite, roman, initiation*, 이재실 역, 『통과제의와 문학』, 문학동네, 1996, 12면.

34) 이훈, 「자세히 읽기의 한 시도」, 『새국어교육』 제65호, 한국국어교육학회, 2003, 382면.

35) 김종철, 앞의 글.

첩은 노래가 개인의 성장과 새로운 자아의 각성을 이끌어내는 심리적 위무의 기능을 담당하는 한편, 그 결과를 타자에게 확장하고 전이하는 매체로서의 또 다른 기능을 짐작하게 만든다.

먼저 새로운 인식의 정당화와 자기 위안으로서 노래가 어떤 기능을 담당하는지를 살펴보기로 하자. 앞서 이 작품의 갈등이 운명에서 비롯되는 개인 차원의 것과 경제적 궁핍으로 대표되는 하층 집단의 것으로 이원화된다는 점을 밝혔다. 팔자를 통한 수용과 달관은 이 같은 갈등에 대한 직접적인 해결 방식이기보다는, 문제를 바라보고 수용하는 인식과 태도의 전환 속에서 배태된 것이라 할 수 있다. 운명에서 비롯되는 갈등과 고난의 경우 현실적인 해소가 어려운 불가항력적 성격을 갖는다는 점에서 이러한 전환은 더욱 의미를 가질 수 있다. 이처럼 직접적인 해결 방법을 찾기 어려운 현실 상황에서, 노래는 자신의 불안정한 심리 상태를 응시하면서 자기 내면의 다짐을 견고히 하는 과정을 통해 심리적 위안을 가져다주는 기능을 수행한다.

한편, 상부(喪夫)와 궁핍이라는 문제를 개인의 차원에서 수용하고 달관의 태도에 도달하는 데 성공하였다면, 이제 이를 타자에게 확장하고 적용하는 일이 과제로 제기된다. 여기서 노래는 이 같은 인식 태도에 대한 합리화와 정당화의 과정이면서, 한편으로 전달과 확장의 매체로서의 기능 또한 담당한다. 이 작품에서 덴동어미뿐만 아니라 청상과부를 비롯한 모든 부녀자들이 노래를 통해 '궂은 맘'과 '걱정 근심'을 잊고서 신나게 노는 것으로 마무리되는데, 이처럼 노래는 덴동어미가 도달한 새로운 인식을 타자에게 확장하여 일반화하는 기능을 담당한다.

무엇보다 덴동어미가 도달한 새로운 인식과 깨달음은 사회적 합의에 도달하기 어려운 쟁점의 성격을 갖고 있다. 이때 자신이 생각하고 선택한 내용에 대해 정확하게 전달하여 설득하거나, 혹은 논쟁을 통해 쟁점을 해소하는 것만이 올바른 접근이라 할 수 없다. 이는 노래가 개인 차원에서 자기 내면의 다짐을 견고히 하는 일 못지않게, 상대방과의 소통을 통해 공감을 형성하는 장치로도 요청됨을 설명해준다. 하층 여성으로서 겪어야 했던 상부(喪夫)와 경제적 고난은 청상과부를 비롯하여 삶의 기반을 공유하는 여성들 모두가 공감할 수 있는 문제로, 이를 소통하고 교류하는 가운데 일체감과 동류의식이 형성될 수 있다. 이는 개인적 불안과 슬픔의 나눔을 통해 여성들을 안정되고 성숙하게 변화시킴으로써 집단 전체가 '의식의 계몽(consciousness rising)'을 체험하게 된다는 설명36)과도 맞아떨어지는 지점이다. 나에게만 국한된 특별한 문제가 아니라, 인간 삶이 그러할 수밖에 없다는 인식이 노래를 통해 깨달음으로 체화되는 것이다. 이러한 사실에서 보건대 청춘과부가 덴동어미의 충고를 통해 자신의 상황을 새롭게 인식하고 깨달음을 얻게 된 것도, 그 자리를 함께 한 다른 여성들에게 파급효과가 미칠 수 있었던 것도, 모두 노래가 가진 소통의 힘으로 설명될 수 있다.37) 물론 그 바탕에는 덴동어미가 통과의례의 과정을 거침으로써 기존의 지위에서 또 다른 지위의 획득, 새로운 존재로의 전환이 자리하고 있다.

　이 모든 것이 가능한 것은, 화전놀이 자체가 여성들만의 독자적인 모임으로서 여성들의 존재 방식과 의미에 대해 무한한 공감이 형성되는 공간인 것과도 깊은 관련이 있다. 화전놀이라는 일탈된 공간에서 유희적 놀이

---

36) 백순철, 「규방가사의 문화적 의미와 교육적 가치 I」, 『국어교육학연구』 14, 국어교육학회, 2002, 201면.

37) 청춘과부가 덴동어미의 말을 듣고 깨달음에 도달한 것이나, 화전놀이에 참여한 다른 여성들이 모두 신명나는 놀이판을 이루어내는 것을 '치료적 효과'나 '체험적 창작과 감상의 공유를 통한 자기치료' 등으로 설명하는 것(박경주, 「화전가의 의사소통 방식에 나타난 문학치료적 의미」, 『고전문학과 교육』 10, 한국고전문학교육학회, 2005; 박경주, 「규방가사 창작에 담긴 문학치료적 기능」, 『한국고전여성문학연구』 16, 한국고전여성문학회, 2008)도 사실상 노래가 불러일으키는 일체감, 동류의식에 기반을 두고 있다.

의 차원으로 노래가 연행되는 상황은, 현실의 문제에 빠져들기보다는 이를 벗어나 잊게끔 만드는 힘을 갖고 있다. 현실을 타개하고 개조하는 의식적인 행사가 아니라 그들 가슴에 묵은 회포를 풀어내는 놀이로서의 성격이 강조되는 것이다.[38] 화전가 부르기부터가 화전놀이에서 오락과 불만 해소의 기회를 최대한 제공할 수 있는 놀이 방식으로 채택된 것이다.[39] 이처럼 연행 상황 자체가 갈등과 치열하게 대결하고 그 속에서 문제해결의 방안을 적극적으로 모색하기보다는 갈등을 봉합하고 운명과 화해하기 위한 특별한 도구와 장치를 요청하는데, 노래가 바로 이 같은 기능을 수행하고 있음을 볼 수 있다.

5. 한 개인의 성장 노래로서 〈덴동어미화전가〉, 그리고 경험

일반적으로 규방가사 중 탄식가류는 삶에 대한 성찰이 일관되게 나타나지 않는 것으로 알려져 있다.[40] 탄식의 이면에 자긍이, 슬픔 뒤에는 기쁨이, 수동적인 모습 뒤에는 능동적인 모습이 함께 뒤섞여 있는 것으로 평가된다.[41] 〈덴동어미화전가〉의 경우, 이 같은 뒤섞임에다 등장인물의 경험담이 갖는 특이성이 더해지면서 작품 세계의 파악이 어려워지고 다양한 견해와 해석이 제기되고 있다.

이 글에서는 작품 세계의 중층성에 주목하였고, 갈등과 문제사태의 측면, 문제해결 과정으로서 개가의 의미 등을 구체적으로 읽어내고자 하였

---

38) 김유정, 앞의 글, 477면.
39) 백순철, 앞의 글, 189면.
40) 신경숙, 앞의 글, 98면.
41) 백순철, 「규방가사의 작품 세계와 사회적 성격」, 고려대 박사학위논문, 2000.

다. 텍스트 세계를 정치하게 탐색함으로써 그것이 갖는 다양한 함의를 규명하려는 의도에서 출발한 것이다. 여성성이나 하층 평민의 삶으로 수렴, 일반화하는 데에서 벗어나 한 개인의 성장 과정으로서의 의미를 읽어내려 한 것은 이 같은 중층성의 탐색을 통해 도달한 작은 결론이라 할 수 있다. 통과의례의 방법론이나 문제인식의 전환과 같은 구조 역시 이 같은 문제제기와 연구 수행의 과정을 통해 이끌어낸 성과에 해당한다.

여타의 규방가사가 '생불여사(生不如死)'로 대표되는 탄식에 그치는 것과 달리 <덴동어미화전가>가 개인의 변화와 성장을 도모하고 있다면, 이 같은 변화의 동력과 의미에 대한 깊이있는 탐색이 더해져야 할 것이다. 특히 '무언가를 넘어선다'는 것은 필연적으로 넘어서는 '대상', 넘어서는 '행위', 그리고 이르게 되는 '도달점'의 3가지 의미항에 대한 물음을 제기하는데, 그에 대한 답을 보다 명확하게 마련해야 할 것이다. <덴동어미화전가>에서 대상은 기존의 수동적, 불완전한 존재로서의 인식과 태도가 되고, '넘어서는 행위'는 문제인식의 전환을 통한 수용에 대응된다. 달관과 초월의 태도는 덴동어미가 이르게 되는 도달점으로 요약할 수 있다.

이러한 구조는 고전문학에서 우리가 경험해야 할 내용이 무엇인지를 보여준다. 고전문학을 경험한다는 것은 한 개인의 변화와 성장을 관찰하고 목격하는 것을 넘어서서, 이를 가져다주는 동인 속에 자신을 위치짓는 일을 포함한다. 나아가 인물의 인식과 태도에 대한 비판적 평가까지 요구한다. 이런 점에서 본다면, <덴동어미화전가>는 넘어서는 '대상', 넘어서는 '행위', 그리고 이르게 되는 '도달점'의 3가지 의미항으로 대표되는 지점들에 대해 수용자의 자기평가를 불러일으킨다. <덴동어미화전가>의 갈등과 문제사태, 문제해결, 문제인식의 전환이 우리로 하여금 공감과 거리두기, 자기평가를 끊임없이 요구하고 있음은 물론이다. 이들의 중층성은 곧 인간 삶의 다양한 국면을 보여주면서 한편으로 이에 대한 자기 성찰을 필요로 하는 만큼, 고전문학을 경험하는 효과적인 통로가 될 수 있다.

●출처 :「〈덴동어미화전가〉 작품 세계의 중층성과 통과의례를 통한 개인의 성장」
(『先淸語文』 40, 서울대 국어교육과, 2013)

📑 더 찾아읽기

▶ 통과의례

Gennep Arnold van, *Les Rites de Passage*, 전경수 역, 『통과의례』, 을유문화사, 1992.

Vierne Simone, *Rite, Roman, Initiation*, 이재실 역, 『통과제의와 문학』, 문학동네, 1996.

▶ 〈덴동어미화전가〉 작품론

고정희, 「〈된동어미화전가〉의 미적 특징과 아이러니」, 『국어교육』 111, 한국어교육학회, 2003, 313-341면.

김대행, 「〈덴동어미 화전가〉와 팔자의 원형」, 박노준 편, 『고전시가 엮어읽기 (하)』, 태학사, 2003.

김용철, 「〈덴동어미화전가〉 연구(1)-서사구조와 비극성을 중심으로」, 『19세기 시가문학의 탐구』, 집문당, 1995.

김유정, 「소백산대관록 소재 〈화전가〉 연구」, 『동국어문론집』 8, 동국대 국어국문학과, 1999, 472-492면.

김종철, 「운명의 얼굴과 신명-〈된동어미화전가〉」, 백영정병욱선생10주기추모논문집 간행위원회, 『한국고전시가작품론2』, 집문당, 1992.

박경주, 「〈된동어미화전가〉에 나타난 여성의식의 변화 양상 고찰」, 『국어교육』 99, 한국국어교육연구회, 1999, 167-186면.

박혜숙, 「여성문학의 시각에서 본 〈덴동어미화전가〉」, 『인제논총』 8, 인제대, 1992, 383-400면.

정무룡, 「〈덴동어미 화전가〉의 형상화 방식과 함의」, 『韓民族語文學』 52, 한민족어문학회, 2008, 259-304면.

정흥모, 「〈덴동어미화전가〉의 세계인식과 조선후기 몰락하층민의 한 양상」, 『어문논집』 30, 고려대 국어국문학연구회, 1991, 81-99면.

경험적 시각의 확장,

이 책의 경험은 교육적 경험을 향하며, 문학교육의 새로운 방향성 차원에서 제안된다.

학습자가 문면에 등장하지 않는 경우에도

상당 부분 학습독자가 전제되면서 그들의 '성장'에 초점을 맞추고 있다.

그러나 다음 글은 입론의 출발부터가 이러한 전제와 차이를 갖고 있다.

탄로가라는 이름의 작품이 다수 존재하지만, 주제상의 공통점에만 파묻힘으로써

오히려 개별 작품 세계의 차이와 특질을 제대로 규명하지 못했다는 점에서 시작하고 있다.

경험의 시각과는 분명 차이가 있다.

그런데 이 글에서 논의하고 있는 늙음의 문제에 대한 진술방식과 태도의 차이는

고전문학 텍스트의 유용한 경험 세계를 제공해준다.

늙음이라는 보편적인 문제사태에 대해 다양한 시선과 입장이 존재하며,

그에 따라 의미있는 태도의 차이 또한 살피게 한다.

인간의 본질적 문제를 대상으로 다양한 문제해결 방식과 태도를 경험하게 한다는 점에서,

덧붙여 이에 대한 수용자의 가치판단을 불러온다는 점에서 유용한 경험적 질료가 된다.

이런 점에서 본다면, 경험의 논의는 문학교육의 제한된 국면을 넘어서서

오늘날 그 효용성이 의심받는 고전문학 연구에 새로운 관심을 불러올 수 있다.

고전문학 연구의 새로운 연구 방법론이 되기를 희망한다.

✿

1. 같으면서도 다른 탄로가의 세계

다음은 시가사에서 '탄로가'로 불리는 시조 작품이다. 이들을 살피는 것으로 논의를 시작하기로 하자.

> 春山에 눈 노긴 ᄇ람 건듯 불고 간 디 업다
> 져근듯 비러다가 불리고쟈 마리 우희
> 귀 밋터 히 무근 서리를 노겨 볼가 ᄒ노라
>
> ― 禹倬, 『樂學拾零』

> 죽기와 늙는 일이 그 므어시 더 셜우니
> 病 드러 죽기는 셜운 줄 모로려니와
> 알고셔 못 禁ᄒ는 白髮을 그야 셜워 ᄒ노라
>
> ― 鄭勳, 『水南放翁遺稿』

'탄로가'라는 명칭의 존재에서 보듯, 이들 작품은 '늙음'이라는 공통 제재를 다루고 있는 하나의 시조 주제군으로 묶여지는 게 일반적이다. '귀 밋터 히 무근 서리', '白髮'과 같은 환유적 표현은 늙음의 문제를 다루는 탄로가의 관습적, 보편적 장치에 해당하는바, 이러한 이해를 뒷받침한다. 늙음을 한탄하는 일련의 작품이 시조 초창기부터 지속적으로 생성, 향유되어 왔고, 그에 따라 탄로가는 시조 주제군의 대표적 유형으로 자리잡고 있다.

그런데 위 두 작품에서 '노겨 볼가 ᄒ노라'와 '셜워 ᄒ노라'는 종장의 태도 차이에 주목할 필요가 있다. 첫 번째 작품의 경우 '노겨 볼가 ᄒ노라'는 태도가 드러내듯 늙음의 문제에 대해 "한탄하기보다는 오히려 담담히 받아들이고 있"으며, 그만큼 "단순한 탄로가의 범주에 묶어두기에는 작품의 의미가 녹록치 않은"[1] 모습마저 보이고 있다. '서럽다'라는 말을 반복하며 한탄의 정서를 토로하고 있는 두 번째 작품과 비교할 때 이러한 태도는 보다 선명해진다. 두 번째 시조에서는 극단적으로 늙음의 문제를 '죽다'와 비교하기도 하고, '서럽다'는 말을 매 장마다 거듭 등장시키면서까지 늙음이 초래하는 비애를 내뱉고 있기 때문이다. 이 글에서 주목하려는 지점이 바로 이러한 차이이다. 탄로가라는 공통된 유형에도 불구하고 늙음의 문제에 대한 입장에는 차이가 존재하며, 이는 단순히 말하기 방식의 차이를 넘어서 세계에 대한 인식과 태도의 문제로 이어진다.

그동안 탄로가에 대해 늙음이라는 제재상의 공통점에만 주목한 나머지, 작품군의 유형성과 특징, 그리고 개별 작품간의 거리와 차이를 섬세하게 읽어내지는 못한 게 사실이다. 그 결과 위의 경우처럼 작자 우탁(禹倬, 1262-1342)과 정훈(鄭勳, 1563-1640)이 놓인 시간적 거리에도 불구하고, 탄로라는 주제에 함몰됨으로써 개별 작품의 특징을 읽어내는 데는 이르지 못하고 있다. 늙음이 환기하는 소회와 태도가 다양한 층위에서 다채롭게 진술됨에도 불구하고, 작품으로의 실현 양상에 대해 깊이 있는 분석이 이루어지지 못한 것이다.

게다가 탄로가의 이해는 우탁의 작품으로 대표되는 일부 특정 작품으로 국한되었고, 그마저도 작품 자체에 대한 꼼꼼한 분석을 찾아보기는 어렵다. 우탁 작품의 경우 작자의 진위 문제가 시조 갈래의 기원, 발생 문제와 맞물리면서 작자의 고증 차원에서 자세히 탐색되었을 뿐,[2] 텍스트의

---

1) 김진영 외, 『한국시조감상』, 보고사, 2011, 25면.
2) 이능우, 『이조시조사』, 以文堂, 1956; 김수업, 「시조의 발생 시기에 대하여」, 조규설, 박철희 편, 『시조론』, 일조각, 1978 등을 대표적인 연구로 들 수 있다. 참고로 작자 문제와 관련해서는 여러 시조집에서 '우탁'으로 표기하거나 작자를 아예 표시하지 않은 경우만 존재할

자세한 분석과 그 의미에 대한 충분한 고찰로는 이어지지 못했다. 초·중·종장의 병렬, 대립의 의미 관계를 통해 자아와 세계의 긴장과 그 태도를 읽어낸 결과를 찾아볼 수 있을 따름이다.3)

탄로가에 대한 이 글의 관심은 자칫 특정 주제에 대한 개인의 호기심으로 오해될 우려를 갖는다. 그러나 시조에서 늙음으로 인한 후회와 번민의 문제는 "임을 그리워하며 우는 것보다 더 처절하게 나타나 있"4)는 것으로 논의되기도 하였다. 시조에서 늙음의 주제가 중요한 관심사이었음은 작품 수에서도 확인된다. 한 예로 『(교본)역대시조전서(校本 歷代時調全書)』 3,335수 가운데 130여 수가 늙음의 문제를 다루고 있음5)은 탄로에 대한 시조의 높은 관심을 방증한다. 이러한 사실은 탄로가에 대한 이해가 특정 작품에 국한된 읽기를 넘어서서 시조의 내용과 표현, 그리고 유형성과 전통에 대한 새로운 탐색을 이끌어내는 시도가 될 수 있음을 뜻한다.

2. 분석의 방법론
: '주제'에서 인식, 대응, 정서의 '진술방식'으로의 전환

탄로가가 어디까지나 늙음이라는 공통된 주제에서 비롯된 유형인만큼,

뿐 다른 사람을 작자로 기록한 경우를 찾을 수 없다는 점에서 우탁의 작품으로 인정하는 것이 일반적이다. '후대의 누구가 이런 노래를 우탁에다 가탁해서 지어야 할 이유가 없다'(조동일, 『한국문학통사』 2, 지식산업사, 1987, 193면)고 보는 것이다. 우탁의 전기사적 맥락에서 남달리 장수를 누린 삶에 주목하여 늙지 않고 살았으면 하는 바람을 노래했으리라는 판단도 가능하다.
3) 박수천, 「우탁의 탄로가 분석」, 백영정병욱선생10주기추모논문집간행위원회, 『한국고전시가작품론』, 집문당, 1992.
4) 이어령, 『노래여 천년의 노래여』, 문학사상사, 2003, 89면.
5) 심재완, 『(校本) 歷代時調全書』, 세종문화사, 1972; 윤영옥, 「시조에 나타난 老人의 모습」, 『韓民族語文學』 39, 韓民族語文學會, 2001, 19면.

그동안 주제론적 관심에 초점이 맞춰져 왔던 게 사실이다. 일찍이『청구영언 진본(靑丘永言 珍本)』에서 무명씨의 작품을 52항으로 내용 분류를 하면서 '탄로(歎老)'가 그 중 하나로 설정된 이래, 시조 주제군의 대표적인 항목의 하나로 인식되어 왔다.『고금가곡(古今歌曲)』,『근화악부(槿花樂府)』, 그리고 최남선(崔南善)의『시조유취(時調類聚, 1928)』에 이르기까지 전통적인 악곡별 분류 대신 내용에 초점을 맞춘 주제별 분류가 이어졌는데,6) 여기서도 탄로는 중요한 분류 항목의 하나로 빠짐없이 자리잡고 있다.

시조 연구 담론에서도 주제별로 작품의 분류를 시도하면서 탄로의 항목을 설정하는 모습을 손쉽게 찾아보게 된다.『(교본)역대시조전서(校本 歷代時調全書)』에 수록된 평시조 2,759수 중에서 '백발차탄(白髮嗟歎)' 항목으로 75수를 분류하거나,7) 주제별 분류를 정리하면서 '세속생활에서의 즐거움과 슬픔' 항목의 하나로 '백발차탄'을 설정하는 경우를 대표적인 예로 들 수 있다.8) 특히 시조에 대한 계량적 분석을 시도하여 색인어 빈도수를 통계화한 연구에 따르면, '탄로'는 평시조 4,411수 가운데 183의 빈도수(백분율 4.1%)를 나타낸다. 이는 '이별'(176), '전원'(176), '충절'(156), '군신'(130) 등과 비교하더라도 높은 수치에 해당함을 알 수 있다.9)

이같이 탄로라는 주제의 높은 출현 빈도수는 탄로가 유형의 전통성과 보편성을 확인시켜주면서, 동시에 이에 대한 꼼꼼한 분석과 탐색을 요청한다. 그러나 그동안의 관심은 공통 주제에 경도된 나머지 관습적 주제의

---

6) 주제별 분류 형식을 지닌 가집에 대한 연구로 다음을 참조할 수 있다. 김용철,「『진청』「무씨명」의 분류체계와 시조사적 의의」,『고전문학연구』16, 한국고전문학회, 1999; 허영진,「『동가선』의 주제어 분포와 주제의식」,『한국언어문화』23, 한국언어문화학회, 2003; 권순회,「『고금가곡』의 원본발굴과 전사경로」,『우리어문연구』34, 우리어문학회, 2009 등
7) 서원섭,『시조문학연구』, 형설출판사, 1981, 111면.
8) 성호경,『시조문학』, 서강대 출판부, 2014, 110-111면.
9) 김흥규·권순회,『고시조 데이터베이스의 계량적 분석과 시조사의 지형도』, 고려대 민족문화연구원, 2002, 144면.

하나로 이해되는 데 그친 것이 사실이다. 주제상의 공통성이 작품 이해의 강한 구심력으로 작용한 결과, 늙음을 한탄하는 일련의 작품군 정도로 이해하는 데 만족하고 있는 것이다. 따라서 탄로가 개별 작품의 세계를 구별짓고 그 특질을 탐색하기 위해서는 '무엇'을 노래하고 있는가와 같은 주제뿐만 아니라, 이를 '어떻게' 노래하고 있는가와 같은 진술방식에 대해서도 관심을 기울일 필요가 있다.10) 탄로가가 늙음과 인생에 대한 태도를 노래하는 것이라면, 그 드러냄의 방식이 어떠한 유형성과 특징을 갖는지에 대한 고찰이 요청되는 것이다. 특히 드러냄의 방식은 '내용을 표현하는' 외현화의 차원을 넘어서서 표현의 '내용을 이끌어내는' 동인으로 작용한다는 점에서, 작품 세계에 대한 새로운 이해를 가져다주는 계기가 될 수 있다.

예컨대 아래 시조들은 모두 탄로가의 자장 속에 놓여 있는 작품이지만, 종장의 태도에는 적지 않은 차이점이 존재한다.

> 혼 손에 가시를 들고 쏘 혼 손에 막더 들고
> 늙는 길 가시로 막고 오는 白髮 막더로 치랴트니
> 白髮이 제 몬져 알고 즈럼길로 오더라
>
>   — 禹倬, 『樂學拾零』

> 靑春은 언제 가고 白髮은 언제 온고
> 오고 가는 길을 아돗던들 막을낫다
> 알고도 못 막을 길히니 그를 슬허ᄒ노라
>
>   —『樂學拾零』

---

10) 가사의 시적 담화에 대한 연구를 통해 '무엇을 노래하고 있는가'에서 '어떻게 노래하고 있는가'의 문제로 관심을 옮겨야 한다는 주장이 제기된 바 있는데(조세형, 「가사의 시적 담화 양식」, 김학성·권두환 편, 『고전시가론』, 새문사, 2002), 진술방식에 대한 관심을 불러일으킨다는 점에서 참고할 만하다.

니 靑春 누을 쥬고 뉘 白髮 가져온고
오고 가는 길 아드썬들 막을 거슬
말고도 못 막을 길리니 그을 슬허ᄒ노라

　　　　　　　　　　　　　　　　　—『靑丘永言(六堂本)』

이들 작품 역시 늙음을 한탄하는 일련의 탄로가 작품군으로 설명되는
게 일반적이다. 활유법이나 제유법과 같은 수사적 장치를 통해 늙음을 맞
이하는 화자의 심경이 실감나게 표현되고 있다는 해설을 덧붙일 수 있을
따름이다.[11] 그런데 늙음의 문제에 대해 백발, 청춘이 오고 가는 것으로
표현하는 공통된 내용에도 불구하고, 종장의 '즈럼길로 오더라'와 '그를
(을) 슬허ᄒ노라'의 태도 사이에 차이가 있음을 눈여겨볼 필요가 있다. 이
러한 태도의 차이가 어디에서 비롯되는지에 대한 물음을 제기하게 되는
데, 진술방식은 이를 해명할 방법론적 도구가 된다.

일반적으로 진술방식은 문체와 담론 층위를 포괄하는 용어로,[12] 연구
자에 따라 '언술방식'과 혼효되어 사용되기도 한다. '진술양식'이나 '담화
양식'과 구별하여 텍스트의 표현 층위를 분석하기 위한 도구로 활용되는
경우가 일반적이다.[13] 그런데 표면적인 텍스트 분석에만 치중할 경우, 진

---

11) 이러한 표현을 두고서 사물이나 사람의 한 특징이 그 전체를 포섭한다는 데 초점을 맞춰
환유나 혹은 제유와 같은 수사적 장치로 설명하기도 한다. 사물이나 사람의 한 특징이 사
물이나 사람에 포섭되는 원리를 보여주고 있는 만큼, 이른바 제유(提喩)의 '확대지칭 원리'
의 대표적인 경우라 할 수 있다. 일반적으로 제유는 인간의 신체와 관련된 것이 많은데(김
욱동, 『은유와 환유』, 민음사, 1999, 247면), 탄로가는 이러한 제유가 두드러지게 나타나
는 작품군이라 할 수 있다.
12) 고정희, 「사설시조에 나타난 우화적 내면 표현」, 『한국 고전시가의 서정시적 탐구』, 월인,
2009, 107면.
13) '진술양식'이 문장보다 높은 차원의 언어적 표현으로 작품을 이루는 문장이 연계적으로
짜여 나가는 규칙을 일컫는 것이라면, '진술방식'은 부분의 진술로 진술 양식의 구성요소
로 작용한다고 보는 설명을 참조할 수 있다. 성무경, 『가사의 시학과 장르 실현』, 보고사,
2000, 44~66면 참조.

술방식의 논의는 자칫 수사적 장치나 표현상의 특징을 도출하는 데 그칠 우려가 있다. 이 글에서 진술방식에 주목하는 까닭은, 표현의 국면을 넘어서서 궁극적으로 작자의 세계에 대한 이해와 태도를 파악하려는 데에 있다. 앞서 언급한 바와 같이 진술방식은 문체와 담론 층위를 포괄하는 것으로, 이에 따르면 표현의 문제뿐만 아니라 내용의 문제, 나아가 작자의 세계관을 탐색하는 매개의 기능을 기대할 수 있다.

따라서 탄로가의 진술방식은 늙음이라는 피할 수 없는 문제에 대한 문학적 해결 방식과 그에 따른 태도를 규명하기 위한 방법론적 통로가 된다. 탄로가는 인간 존재로서 어쩔 수 없는 상황을 타개하기 위한 언어적 해결을 주된 과제로 하고 있으며, 각각의 작품들은 이를 문학의 양식으로 실현한 결과에 해당한다. 여기서 늙음이라는 피할 수 없는 문제를 어떻게 형상화하고 있느냐는 늙음에 대한 '인식'과 늙음에 대한 '대응', 그리고 늙음이 가져오는 '정서'와 맞물려 있다. 예컨대 우탁의 작품은 늙음에 대한 가상적 대응을 통해 문학적 극복을 시도하는 하나의 진술방식을 보여준다. 이와 달리 '그를 슬퍼하노라'의 표출에서 보듯 늙음에 대한 인식이나 가상적 대응은 약화되고 정서의 표출에 주력하는 진술방식도 찾아볼 수 있다. 이처럼 탄로가가 늙음의 문제에 대한 인식, 대응, 정서를 담고 있는 작품군이라면, 이러한 국면에서 개성화된 실현을 탐색하는 것은 탄로가를 꼼꼼히 읽어내기 위한 효과적인 방법이 될 수 있다. 이러한 접근은 단순히 수사학적 특징, 개성적인 목소리의 실현 등에 주목하여 표현상의 특질이나 형상화 방식에 초점을 맞추는 것과는 연구 목적에서부터 근본적인 차이를 갖고 있다. 따라서 이후의 장에서는 인식, 대응, 정서에 초점을 맞춰 탄로가의 진술방식을 분석하고, 시가사의 전개에서 어떠한 의미를 지니는지에 대해 탐구의 과정을 진행하기로 한다.

3. 탄로가의 인식, 대응, 정서의 진술방식

텍스트가 삶에 대한 태도를 드러내는 표지를 갖는다면, 진술방식은 그 태도를 규명하는 통로가 될 수 있다는 전제에서 이 글은 출발한다. 그리고 탄로가에서 그 통로는 인식, 대응, 정서의 국면으로 상세화될 수 있다. 늙음이라는 공통의 문제를 노래하면서도 작품 세계가 다채로울 수 있는 까닭에 대해 인식, 대응, 정서를 초점화한 탄로가의 진술방식에서 그 설명을 마련하려는 것이다. 개별 작품들은 내용상으로 탄로의 자장 속에 존재하지만, 특징적인 인식, 대응, 정서의 진술방식을 통해 작품의 개성을 획득하고 있다고 볼 수 있다.

특히 늙음의 문제가 시간의 경과에서 비롯되는 만큼 시간의 문제는 탄로가의 중요한 화제가 된다. 시간의 경과에 대해 인식과 대응, 그리고 정서에서 차이가 존재하고, 이러한 차이가 곧 탄로가 작품을 구별짓는 요소로 작용함을 예상할 수 있다. 따라서 탄로가의 작품 세계를 탐색하기 위해서 시간의 경과에 대해 어떻게 '인식'하고 어떻게 '대응'하고 있으며, 어떠한 '정서'를 드러내는지를 자세히 살펴보고자 한다. 인식, 대응, 정서로 초점화되는 탄로가의 진술방식은 작품을 살피는 주요 틀이자 방법론적 도구가 된다.

(1) 인식 : 순환적 질서와의 대비에 따른 반성적 인식

늙음은 분명 일상성을 위협하는 요소이지만, 삶을 영위하며 안존하는 일상에 '갑작스러운' 폭력으로 작용하는 것은 아니다. 시간의 경과에 따라 점진적으로 죽음의 가능성이 높아지고 신체적, 물리적 약화가 초래되는 것일 뿐, 당장의 급박한 위협에 해당하는 것은 아니다. 게다가 인간 존

재에 예외없이 모두 적용되는 보편적 진리라는 사실은 늙음의 문제를 인
지하기 위해서 특별한 계기가 필요함을 일깨운다. 시간 자체가 이미 우리
의 의식 속에서만 인식 가능할 수 있음은 물론이다.

탄로가에서는 이러한 계기가 신체 변화에 따른 자각이 아닌 외부 세계
의 변화에서 마련되는 경우를 흔히 보게 되는데, 여기서 탄로가 작품의
세계 인식과 태도의 한 양상을 살피게 된다.

> 天山에 눈이 오니 산빗치 玉이로다
> 저 뫼 프른 빗츤 봄비의나 나려니와
> 희고셔 검기지 못홀 손 白髮인가 흐노라
>
> ―『古今歌曲』

> 靑山에 눈이 오니 峯마다 玉이로다
> 져 山 푸르기는 봄비에 잇거니와
> 엇디타 우리의 白髮은 검겨 볼 줄 이시랴
>
> ―『歌曲源流(國樂院本)』

이들 작품은 모두 자연의 모습 변화를 기술하는 것으로 시작한다. '天
山', '靑山'은 자연 일반의 대상이면서 시간의 경과에 따라 그 모습을 달
리하는 가변적인 속성을 갖고 있다. 그런데 이들에서 주목할 점은 시간의
흐름과 관련하여 '경과'와 더불어 '순환'의 측면을 동시에 갖고 있다는 사
실이다. 자연의 경우 시간의 '경과'뿐만 아니라 그 모습이 '반복', '순환'
되는 원리를 갖는데, 이는 늙음의 일방향으로만 전개되는 인간 존재의 그
것과는 상반된 현상이다. 탄로가에서 늙음의 문제는 이처럼 자연의 변화
가 순환되는 양상으로 나타나는 데 반해, 인간은 그러하지 못하다는 반성
적 인식에서 비롯된다.

초장이 자연의 변화에서 출발한다면, 중장에서는 시간의 경과에 따라 다시 본래의 모습으로 되돌아가는 사실에 초점이 맞춰지고 있다. 겨울에 눈이 오면서 옥빛이 되더라도 봄비를 맞으면 다시 푸른빛을 되찾게 된다는 점을 기술하고 있다. 이처럼 자연과 인간 사이에는 '되돌아감'과 '되돌아갈 수 없음'의 차이가 놓이고, 이러한 사실의 깨달음 속에서 늘음에 대한 인식이 이루어지는 것으로 마무리된다. 자연과 인간의 이 같은 차이가 작품 세계를 이끄는 주요 동인으로 작용하고 있는 것이다. 다음의 시조 또한 마찬가지이다.

> 東風이 건듯 부러 積雪을 다 노기니
> 四面 靑山이 녜 얼골 나노매라
> 귀 밋테 힌 무근 서리는 녹을 줄을 모른다
>
> — 金光煜, 『樂學拾零』

> 어우화 날 소겨고 秋月 春風이 날 소겨고
> 節節이 도라 오매 有信히 너겻더니
> 白髮란 날 다 맛지고 少年 좃ᄎ 니거다
>
> —『樂學拾零』

계절의 변화로 '적설(積雪)'은 녹게 되고 그에 따라 '청산(靑山)'은 옛 모습을 되찾지만, 나의 '힌 무근 서리'는 녹지 않고 변화지 않음을 노래하고 있다. 여기서도 자연 이치와의 비교 대조를 통해 늘음을 인식하는 모습을 찾아 볼 수 있다. 두 번째 시조에서도 '추월춘풍(秋月春風)'이 반복, 회귀하는 것과 달리 자신에게는 백발만 맡겨지는 것을 대비, 대조하는 구조로 이루어져 있다. 이 역시 되돌아감과 되돌아갈 수 없음의 차이 속에서 늘음을 인식하는 동일한 구조를 만나볼 수 있다.

전통적인 인식에 따르면 천지만물은 서로 감응관계에 있고, 태극와 음양으로 설명되는 세계는 만물이 한 몸임을 그리고 개체와 부분은 나름대로 동일하고도 정연한 질서 위에 존재하는 것으로 설명된다. 이때 만물에 작용하는 도는 곧 만물의 법칙이며, 인간에게는 행위준칙에 해당한다. 그런데 모든 사물의 변화와 운동을 이끄는 도의 기본 법칙은 원래의 상태로 되돌아가는 것으로 이해된다.[14] 이러한 되돌아감이 자연의 경우 시간의 경과에 따른 지속적인 순환으로 나타나는 데 반해, 인간에게는 죽음을 통해 자연으로 되돌아가는 것으로 실현되는 것이다. 이러한 과정에서 인간이 필연적으로 직면하게 되는 것이 바로 늙음에 대한 인식이다.

그런데 자연 질서와의 대조, 대비 속에서 늙음 문제를 인지하게 되는 구조를 특히 눈여겨 살필 필요가 있다. 인간의 자기 이해가 대상을 통해 이루어지고 대상이 매개가 되어 자기 감정과 정서를 질서화하게 된다는 '성찰적 사고'는 이 같은 인식 과정에 대한 설명을 제공해준다. 특히 탄로가에서 나타나는 순환적 질서와의 대비에 따른 반성적 인식은 자연물과 인간 주체의 상관성을 바탕으로 세계와 자아의 대립과 그에 따른 순응적 삶의 태도라는 결과로 이어진다는 '감물연정(感物緣情)' 사고에 맞닿아 있다.[15] 나는 나와 연결되어 있는 수많은 타자를 통해서 규정될 수 있고, 나라는 존재, 타자, 세계, 그리고 나의 인식과 행위, 관계맺음 등 모든 것이 다 이러한 관계의 그물 속에서 이루어진다는 것도 자연을 통한 반성적 인식을 뒷받침한다.[16]

이처럼 탄로가에서는 순환의 섭리에 따라 영원히 지속되는 자연 공간과 한 번 죽으면 돌아올 수 없는 유한한 인간 삶의 대칭이 주체의 인식을

---

14) 이기상, 「생명」, 우리사상연구소 편, 『우리말철학사전 2』, 지식산업사, 2002, 118-119면.
15) 졸저, 『성찰적 사고와 문학교육론』, 지식산업사, 2012, 218-230면 참조.
16) 이기상, 앞의 글, 123면.

견인하는 구조로 작용한다. 실제 작품 세계를 들여다보면 초, 중장에서 변하는 듯하면서도 순환하는 질서로서 자연의 시간과, 종장에서 유한성으로서의 인간의 시간이 선명한 대비를 이루고 있음을 확인할 수 있다. 자연의 세계가 순환으로 대표되는 긍정적인 이치의 적용을 받는 것과 달리, 인간은 늙음으로 대표되는 비가역적인 이치의 적용을 받는다는 상반된 구조 속에서 작품 세계가 펼쳐지고 있는 것이다. 이러한 유형에서 중심을 차지하는 것은, 자연 이치와의 비교 대조를 통한 늙음의 인식이라 할 수 있다. 이는 기본적으로 세계와 나의 관계 속에서 늙음의 문제를 인지하고 받아들이게 된다는 데 초점이 맞춰진다.

한국 서정시의 전통성을 살핀 연구에 따르면, 일반적으로 대상의 긍정적 측면에 대해서는 자신을 이질적인 것으로, 대상의 부정적 측면에 대해서는 자신을 동질적인 것으로 인식하는 전통을 발견할 수 있다고 한다.[17] 탄로가는 이러한 대상 인식의 대표적인 작품군에 해당한다. 자연에 순환이라는 긍정적인 가치가 주어지는 데 반해, 자신은 이러한 가치에서 배제되어 있다는 이질적인 면이 부각되고 있다. 여기서의 주된 진술방식은 대상과의 이질성 속에서 늙음이 인식되는 반성적 구조라 할 수 있다.

(2) 대응 : 시간 경과에 대한 가상적 대응, 장면화와 간접화

시간의 경과 문제는 인간이 통어할 수 있는 범위를 넘어서는 일이며, 따라서 현실적 해결을 도모하기 어려운 근본적인 제약을 갖고 있다. 그런데 이러한 현실적 한계가 오히려 문학적 상상력을 자극하는 자질로 작용하면서, 시간 경과에 대해 특징적인 대응을 낳는다는 데 주목할 필요가 있다.

---

17) 김대행, 『한국시의 전통 연구』, 개문사, 1980, 175-182면.

혼 손에 가시를 들고 또 혼 손에 막디 들고
늙는 길 가시로 막고 오는 白髮 막디로 치랴튼니
白髮이 제 몬져 알고 즈럼길로 오더라

— 禹倬, 『樂學拾零』

綠楊 春三月을 자바 니야 둘거시면
셴머리 쏩아 니여 츤츤 동혀 두련마는
올 희도 그리 못호고 그져 노화 보니거다

— 金三賢, 『樂學拾零』

이들은 시간의 경과를 거부하는 가상의 상황을 설정하여 이를 하나의
장면으로 표현함으로써 순응과 여유의 태도에 도달하는 공통된 모습을
보이고 있다. 첫 번째 작품의 경우 늙음이 오는 것을 가시나 막대로 막겠
다는 대응을 통해 "흥미로우면서도 속되지 않고, 꾸미지 않은 가운데 기
발"[18]한 효과를 거두고 있다. 두 번째 작품 또한 마찬가지이다. 불가능한
줄 알면서도 가능한 것처럼 가상해 놓고는 그것을 결코 실험해보려 하지
않은 채, 보류된 가능성에서 슬픔을 달랠 수 있는 힘을 마련하고 있다.[19]
이처럼 이들 작품에서는 시간의 흐름에 대한 거부와 차단이 신체화되어
그려지고 있다. 시간의 경과가 늙음을 가져오는 직접적 원인이라는 판단
에 따라 이 같은 진리치가 자신에게 적용되는 것을 거부하는 가상의 모습
이 초, 중장의 장면으로 구성되고 있다. 아래 시조는 시간의 경과를 수레
에, 나이는 고갯길의 위치에 빗대면서 시간의 경과에 대한 가상적 대응의
한 모습을 보여주는 작품이다.

---

18) 조동일, 『한국문학통사 2』, 지식산업사, 2005, 189면.
19) 이어령, 앞의 글, 88면.

人生 시른 수레 가거눌 보고 온다
七十 고개 너머 八十 드르흐로 진동한동 건너가거눌 보고 왓노라다
가기눈 ᄀ득라마눈 少年行樂을 못내 닐러 ᄒ더라
                                        ―『靑丘永言(珍本)』

시간과 나이에 대한 수사적 장치는 늙음에 대한 관조적 거리를 가져옴
으로써 "방관자적 관점에서 주관적 정감의 토로를 억제하"[20]는 효과를
거둔다. 수사적 장치가 뒷받침된 가상의 상황 설정으로 인해 늙음에 대한
한탄과 비애의 정서가 차단되는 것이다. 이와는 다른 차원의 진술방식이
일련의 작품군을 형성하고 있는 모습도 찾아볼 수 있다.

半나마 늘거시니 다시 졈든 못ᄒ여도
이 後나 늙지말고 미양 이만 ᄒ엿고져
白髮아 네나 짐작ᄒ여 드듸 늙게 ᄒ여라
                                        ― 李明漢,『樂學拾零』

스롭이 늙거도 白髮이 안니 나면
져마다 늘기을 셔위홀가
白髮라 네 안니나면 나도 늙근 체 안니 ᄒ리라
                                        ― 金堉,『靑丘永言(啓明大本)』

靑春에 보던 거울 白髮에 곳쳐 보니
靑春은 간 듸 업고 白髮만 뵈는고나
白髮아 靑春이 제 갓시랴 네 쫏츤가 ᄒ노라
                                        ― 李廷藎,『歌曲源流(國樂院本)』

---

20) 서대석,「시조에 나타난 시간의식」,『백영정병욱선생환갑기념논총』, 신구문화사, 1982,
    475면.

시간의 불회귀성을 인지하면서 늙지 않고 싶다는 소망을 표출한다는 점에서는 탄로가의 일반적인 모습을 공유하고 있다. 늙음의 문제를 '백발(白髮)'과 같은 외양으로 형상화하는 보편적인 표현 관습도 찾아볼 수 있다. 그런데 백발을 의인화하여 자신의 욕망과 소망을 드러내는 공통된 진술방식을 보인다는 데 주목할 필요가 있다. 의인화된 대상을 향한 발화의 형식으로 구현함으로써 화자의 일방적 한탄과는 달리 여유와 관조의 거리 확보가 가능해지는 것이다. 백발과 같이 의인화하여 대화하는 가상의 설정을 통해 시간의 경과에 대응하는 하나의 특징적인 모습을 보여주고 있다. 여기서 말을 내뱉지 않고 건네는 방식의 발화 형태를 보인다는 점을 눈여겨볼 필요가 있다. 이는 아이(들)을 등장시키는 다음의 시조군에서 보다 자세히 살필 수 있다.

> 이바 아희둘아 새 히 온다 즐겨 마라
> 헌서훈 歲月이 少年 아사 가ᄂ니라
> 우리도 새 히 즐겨ᄒ다가 이 白髮이 되얏노라
>
> — 辛啓榮, 『仙石遺稿』

> 아희 제 늘그니 보고 白髮을 비웃더니
> 그 더뎌 아희둘이 날 우술 쥴 어이 알리
> 아희야 하 웃지 마라 나도 웃던 아희로다
>
> — 辛啓榮, 『仙石遺稿』

무엇보다 공통적으로 '아이'가 등장하는 사실에 눈길이 간다. 그런데 '아희둘아', '아희야'라는 호격의 사용에도 불구하고, 이들 작품이 실제 아이들을 대상으로 한 발화라고 여겨지지는 않는다. 아이의 존재는 늙음의 반대항으로서의 의미를 가지며, 젊음과의 대조를 통해 시간 경과의 문제를 선명하게 드러내는 구조를 만들어내고 있다.

시조에 등장하는 아이를 두고서 구체적인 대상을 가리키는 것이 아니라 관습적으로 누군가를 불러들여 말을 건네는 간접화의 어법으로 설명하기도 하는데, 여기서 이 같은 진술방식의 효과를 살필 수 있다. 이러한 설명에 따르면, 자신에게 하는 혼잣말에 아이를 불러들이는 것으로, 사람들 모두에게 하고자 하는 말을 굳이 아이에게 함으로써 '간접화'한 것이라 할 수 있다.[21] 이 같은 간접화의 구조 또한 늙음이 가져다주는 비애와 한탄의 토로에서 벗어나게 하는 장치가 될 수 있다. 아이와의 가상 대응 속에서 늙음의 문제가 설명해야 할 내용으로 전환되고, 그만큼 늙음의 문제를 객관화하여 진술하는 것이 가능해진다. 신계영(辛啓榮)의 탄로가를 두고서 "여유를 가졌다"[22]고 평가하는 근거도 이러한 사실에서 찾을 수 있다.

지금까지 살핀 작품에서 종장에 드러나는 늙음에 대한 언명을 주의 깊게 되돌아볼 필요가 있다. 이들의 공통된 태도는 탄로가에서 흔히 접하게 되는 비애나 한탄과는 거리가 있다. 자아의 내면에서 분출되는 늙음의 비애를 일방적으로 토로하기보다는, 문학적 장치를 통해 심리적으로나마 해결하려 했던 시도가 특징적인 진술방식을 낳은 것으로 볼 수 있다. 형용하기 어려운 시간의 경과마저도 시각적으로 형상화하는 등의 수사적 과장이 나타나는 것도 이러한 맥락에서 설명될 수 있다. 현실적 해결이 불가능한 상황에서 시간의 경과를 거부하는 가상적 대응을 통해 심적인 위안을 획득하려는 독특한 진술방식인 것이다. 스스로 다짐하고 위안하는 계기를 마련함으로써 늙음의 문제를 해소하고 질서화하는 하나의 양상이 되고 있다. 이러한 방식은 경험한 그대로의 경험으로서 늙음을 사실적으

---

21) 김대행, 『시가시학연구』, 이화여대 출판부, 1991, 56~57면.
22) 조동일, 『한국문학통사 3』, 지식산업사, 2005, 289면.

로 전달하려 하는 것과는 분명 차이점을 갖는다.

이처럼 가상의 상황 설정과 생동감 넘치는 형상의 창출은 늙음에 대해 비애와 한탄의 정서에서 벗어나 관조와 여유의 태도를 획득하는 동인이 된다. 물론 이러한 장면이 상호 유기적인 연계 관계나 인과 관계를 갖는 다고 보기는 어렵다. 늙음에 대한 가상적 대응의 한 순간을 개별적이면서 독립적인 장면으로 구성한 탓에 논리적인 인과성을 찾을 수는 없다. 그러 나 늙음을 한탄하기보다는 당연한 자연의 순리로서 받아들일 수 있게 하 는 장치로서의 기능을 수행하고 있음은 분명하다. 앞서 우탁의 작품을 두 고서 "야단스럽지 않은 가운데 격조 높은 표현을 얻었다"[23]든가, "높은 문학성을 드러내고 있다",[24] "지루함이나 한탄 같은 것이 느껴지지 않 는"[25]다는 평가 등도 시간의 경과에 대한 가상적 대응을 생동감 넘치는 장면으로 형상화하는 특질로 설명될 수 있다.

특히 구체성에 대한 수사학의 이론은 이 같은 장면 구성이 갖는 효과를 보다 자세히 설명해준다. 구체성은 무엇인가를 눈앞에 세우는 것으로, 수 용자의 머릿속에 강렬한 상상의 그림이 그려지는 결과를 노리고 있다. 텍 스트가 "어떻게 하는지를 보시오"라는 구체식을 이용해서 수용자를 내면 극에 초대함으로써, 수용자는 극의 가상적 목격자(Lausberg)의 위치에 서게 된다. 이러한 과정에서 구체성과 현실성을 획득하면서 수용자의 감정을 움직이는 데 효과적으로 관여하게 된다는 설명이다.[26]

---

23) 조동일, 『한국문학통사 2』, 지식산업사, 2005, 189면.

24) 김진영 외, 앞의 책, 27면.

25) 이상보, 『한국의 옛시조』, 범우사, 2004, 16면.

26) Heinrich F. Plett, *Einfuhrung in die rhetorische textanalyse*, 양태종 역, 『수사학과 텍스트 분 석』, 동인, 2002, 66-67면.

(3) 정서 : 외양 변화에 따른 대비적 진술과 비애의 정서 표출

앞서 살핀 순환적 질서와의 대비 혹은 가상적 대응, 장면화와 간접화 등은 시간의 경과에 대한 탄로가의 특별한 인식과 대응에 해당한다. 그런데 이러한 특별한 인식과 대응이 약화된 채 늙음에서 비롯되는 외양 변화와 그에 따른 정서를 표출하는 데 주력하는 일련의 작품을 만날 수 있다.

> 사롬이 늘근 후의 거우리 원쉬로다
> 므 옴이 져머시니 네 얼굴만 녀겻더니
> 셴 머리 삥건 양즈 보니 다 주거만 ᄒ야라
>
> ── 辛啓榮,『仙石遺稿』

> 늙고 병이 드니 白髮을 어이 ᄒ리
> 少年 行樂이 어제론 듯하다마는
> 어디가 이 얼굴 가지고 녯 내로다 ᄒ리오
>
> ── 辛啓榮,『仙石遺稿』

> 늙은이 보고 嘲弄ᄒ는 아히 넌들 미양 절머실가
> 逆旅 乾坤에 스롬마다 다 한가지라
> 나도 少年時節이 어제런 듯 ᄒ여라
>
> ──『靑丘永言(啓明大本)』

늙음은 외양의 변화를 수반하는 만큼 시각적 형상화가 중요한 과제로 제기된다. 위 작품들은 늙음의 문제에 대해 '소년 행락(少年 行樂)', '소년시절(少年時節)' 등과 같은 젊은 시절과의 대비를 통해 선명하게 그려냄으로써 늙음에 따른 비애와 한탄의 정서를 표출하고 있다. 젊은 시절 외양과의 대비적 기술은 늙음이 가져다주는 비애를 추동하는 근본적인 요인이면서, 작품 속에서 한탄의 정서를 내뱉게 되는 계기가 된다. 예컨대 첫 번째 작품에서는 자신의 모습에 대한 마음속의 상과 실제 늙음의 상이 일치하지 않는 데서 비롯되는 비애감을 노래하고 있다. 흰 머리 찡그린 모습을 보니 다 죽어만 간다는 한탄의 표출로 작품이 마무리되고 있다. 이처럼 '거울', '소년행락', '소년시절' 등의 시어는 모두 늙음에 따른 외양 변화를 선명하게 드러냄으로써 비애를 극대화하는 장치가 되고 있다.

탄로가에서는 이와 같이 늙음이 야기하는 비애의 정서를 일방적으로 토로하는 모습을 만나볼 수 있다. 이러한 작품으로는 이정보(李鼎輔)의 시조가 대표적이며, 특히 '슬허(어) ᄒᆞ노라'는 정서의 토로를 보여주는 관습적 표지에 해당한다.

> 사람이 늙은 후에 쏘 언지 져머 볼고
> 빠진 니 다시 나며 셴 마리 거물소냐
> 世上에 不老草 업스니 그를 슬허 ᄒᆞ노라
>
> ― 李鼎輔, 『樂學拾零』

> 늘글 줄 므르더니 아희들리 ᄌᆞ라쏘야
> 이 아히 늘그면 나는 어디 가려니고
> 두어라 갈 곳 잇시니 그을 슬허 ᄒᆞ노라
>
> ― 李鼎輔, 『詩餘(金氏本)』

> 樽酒相逢 十載前에 君爲丈夫 我少年이
> 樽酒相逢 十載後에 我爲丈夫 君白髮이라
> 我丈夫 君白髮이니 그를 슬허 ᄒᆞ노라
>
> ― 李鼎輔, 『詩歌(朴氏本)』

> 銀漢은 놉하지고 기력이 운일 쩍의
> ᄒᆞ롯밤 서리김에 두 귀 밋치 다 셰거다
> 鏡裡에 白髮衰容을 혼ᄌ 슬허 ᄒᆞ노라
>
> ― 李鼎輔, 『海東歌謠(周氏本)』

이들 작품은 초, 중장의 내용 차이에도 불구하고, 종장에서 모두 '슬허(어) 흐노라'는 공통된 표현 방식을 갖고 있다. 진술된 초, 중장의 내용에는 차이가 있지만, 늙음이 초래한 변화가 부정할 수 없는 사실이 되면서 이를 받아들일 수밖에 없는 공통된 상황이 설정되고 있다. 첫 번째 작품에서 한 번 늙게 되면 빠진 이나 센 머리는 다시 되돌아올 수 없고, 두 번째 작품에서도 아이가 늙는 만큼 나는 죽을 수밖에 없다는 사실이 진술되고 있다. 이들은 종장에서 '슬퍼하노라'의 정서가 토로되는 직접적인 원인으로 작용한다. 원인, 근거를 나타내는 연결어미 '-니'의 공통된 사용은 이러한 해석을 뒷받침하는 표지가 될 수 있다. 세 번째 시조에서도 시간의 경과에 따라 소년에서 장부가 된 나[我], 그리고 장부에서 백발이 된 그대[君]의 존재를 통해서 늙음의 문제를 지금 눈앞에 당면한 문제로 불러오고 있다. 여기서도 늙음이 초래한 변화가 직설적으로 제시되는 데 그칠 뿐, 이에 대한 특별한 인식이나 대응을 찾아보기는 어렵다. 네 번째 시조에서도 늙음이 초래한 변화를 거울 속 '백발쇠용(白髮衰容)'한 모습으로 확인하면서 그 비애를 토로하는 데 그치고 있다. 이들은 모두 늙음을 당연한 사실 차원으로 진술되면서 늙음이 가져다주는 정서의 표출에 초점을 맞추고 있다.

정서의 표출이 앞세워진 결과 이들 작품에서 주목할 만한 문학적 장치나 표현상의 특질을 찾아보기는 어렵다. 이로 인해 첫 번째 시조를 두고서 "너무나 직설적인 표현으로 시취가 평판화되고 있"으며, "이러한 표현은 솔직하기는 하되 여운이 없다는 점에서 필부의 한탄에 불과하다"[27]고 평가하는 것도, 정서의 표출에만 치중한 이 같은 진술방식에서 비롯된다고 할 수 있다. 특히 늙음의 문제에 대해 인간이 할 수 있는 일이 없다는

---

27) 서대석, 앞의 글, 474면.

생각에 이르면, 비애와 한탄의 정서를 토로하는 태도는 이후 인생 무상을 불러오면서 풍류나 유흥으로 귀결되는 모습의 단초가 된다.

사실상 늙음의 문제는 모든 인간 존재에게 해당하는 일반적 이치라는 점에서 한 개인에게 국한된 특별한 체험일 수 없고, 따라서 단편적인 기술만으로도 공감을 획득할 수 있는 전형성이 이미 내재되어 있다. 늙음을 깨닫게 되는 인식 구조나 불안감을 해소하는 특별한 대응 장치가 약화된 채 늙음이 초래하는 정서의 표출만이 강조되면서도 그나마 공감을 불러일으킬 수 있는 것은, 인간 존재의 보편적 욕망과 존재 조건에서 그 까닭을 찾을 수 있다.

4. 탄로가 진술방식과 태도 변주의 시가사적 의미

(1) 풍류의 태도와 탄로가 세계의 균열

우탁의 작품에서 출발한 탄로가의 역사는 작품 세계에서 끊임없는 변화를 겪게 되는데, 특히 17세기 이후에 주목할 만한 변화가 나타난다. 17세기 시조사의 특징으로 탄로와 취락을 주제로 하는 작품군이 대거 등장하고 있는데, 탄로는 "17세기 시조를 관통하는 주제로 매우 문제적"[28]인 현상으로 지적된 바 있다. 자연을 노래하는 연시조에서조차 탄로의 문제가 등장하면서 17세기 문화적 현상으로까지 대두되는 사실은, 개별 작품의 분석적 접근을 넘어서 역사적 변화 추이에 대한 종적 연구를 요청하는 것이라 할 수 있다.

---

28) 길진숙, 「17세기 시가문학의 연행 환경과 창작, 향유의 경향」, 『시학과 언어학』 22, 시학과 언어학회, 2012, 30면.

이러한 문제의식은 먼저 김득연(金得硏, 1555-1637)의 작품을 불러오게 만든다. 주지하다시피 김득연은 16세기 중반에 태어나 17세기 초반까지 활동한 인물로 약 70여 수에 이르는 다수의 시조 작품을 남기고 있으며, 특히 탄로의 주제와 관련해서 이전과는 다른 태도를 드러내는 작품을 여러 편 창작한 바 있다.29)

> 내 양지롤 내 몯 보니 내 그더도록 븕셔 늘건ᄂᆞ냐
> 엊그제 少年이어든 그리 수이 늘글소냐
> 아ᄆᆞ려 늘다 늘다 ᄒᆞ야도 나ᄂᆞ 몰라 ᄒᆞ노라
>
> — 金得硏, 『葛奉先生遺墨』

> 내 ᄒᆞ마 늘건ᄂᆞ냐 늘ᄂᆞ 주룰 내 몰래라
> ᄆᆞ음은 져머 이셔 벗돌과 놀려 ᄒᆞ니
> 엇다 엇다 져믄 벗들은 나롤 놀다 ᄒᆞᄂᆞ다
>
> — 金得硏, 『葛奉先生遺墨』

늙음에 대한 태도의 측면에서 보건대, 앞선 작품 세계와는 다른 모습을 나타낸다. 늙음을 인정하지 않고 어떻게든 외면하는 모습을 볼 수 있다. 시간의 경과에 따른 늙음의 인식이나 대응의 측면을 찾아보기도 어렵고, 외양 변화에 주목하면서 비애의 정서를 토로하는 것과도 분명 차이가 있다. 늙음이 초래하는 부정적 정서를 극복하기 위한 특별한 문학적 장치가 두드러지지도 않고, 오히려 '나ᄂᆞ 몰라 ᄒᆞ노라'나 '늘ᄂᆞ 주룰 내 몰래라'와 같이 늙음에 대한 부정만이 강화되어 나타나고 있다. 이러한 특질은 이전

---

29) 현재 김득연의 시조 작품은 『葛奉先生遺墨』에 75수가 전해지나, 여기에는 마모로 인해 해독되지 않거나 중복된 것도 포함되어 있다. 김득연의 국문 시가 작품들은 대부분 60세가 넘어 창작된 것으로 알려져 있고, 특히 2수의 시조에서는 각각 62세, 78세에 지은 것임을 문면에 직접 드러내고 있다. 이처럼 노년기에 시조를 창작한 사실에서, 늙음의 문제가 중요하게 다뤄진 이유를 찾기도 한다.

시기 강호가도 세계의 시간관과는 달리 단선적이고 유한한 것으로 바라보는 시간관이 관여한 결과로, 변모된 시대상의 표지로 해석되기도 한다.[30]

또한 김득연의 작품에서 주목할 지점은 늙음에 대한 한탄을 넘어서서 인생을 즐기려는 풍류적 태도가 두드러지게 나타난다는 점이다.

> 늘그면 죽귀 쉽고 죽그면 벗 업느니
> 늘거도 사나는 제 벋과 노미 긔 올흐리
> 우리는 그런 줄 아라 벋과 미일 놀리라
>
> ― 金得硏, 『葛奉先生遺墨』

> 네 오던 벗님네롤 손곱펴 혜여보니
> 數十年 來에 바니나마 업느괴야
> 우리는 사라인는 제 미일 이리 노르리라
>
> ― 金得硏, 『葛奉先生遺墨』

> 애고 늘기 셜온졔가 늘지 말고 사랏고자
> 셰월이 하 쉬 가니 아믜타 다 늘글노다
> 비로기 늘글지라도 오래 사라 노올리라
>
> ― 金得硏, 『葛奉先生遺墨』

이들 작품은 앞선 작품과 달리, 늙고 싶지 않지만 세월이 빨리가는 만큼 늙게 된다는 점을 인정하는 태도를 드러낸다. 첫 번째 작품에서는 늘으면 죽기 쉽고 죽으면 벗 또한 없게 된다는 점에서 출발한다. 두 번째 작품에서도 시간이 가면서 벗들이 죽게 되는 사실을 얘기하고 있다. 모두 늙음이 불러오는 안타까운 장면들이다. 그러나 이러한 안타까움이 종장에

---

30) 이상원, 「16세기말-17세기초 사회동향과 김득연의 시조」, 『어문논집』 31, 안암어문학회, 1992, 159면.

까지 이어지는 것은 아니다. '놀겠다'는 풍류의 의지가 이를 극복하게 만들고 있다. 김득연 시조의 이 같은 태도를 두고서 삶의 무상감과 유한함을 자극하는 시간 앞에서 술과 노래로 시름을 달래려 했다고 보기도 하고, 자신에게 주어진 삶을 충실하게 채워나가는 일종의 성실성과 결부되어 있는 것으로 적극적으로 이해하기도 한다.[31] 적어도 늙음의 문제에 대해 이전과는 다른 차원의 해결을 시도하려 한다는 점만은 분명하다.

특히 앞서 늙음에 대한 부정의 태도를 떠올린다면, 이러한 수용의 태도는 충돌하는 상반된 반응으로 여겨질 수 있다. 실제로 이러한 차이는 각각 종장에서의 '나'와 '우리'라는 시어의 구별에서 확인하기도 한다.[32] 그러나 늙음에 대한 부정과 수용이 병립할 수 있는 것은, 늙음이 단순히 '무력함'으로 의미화되는 것을 '부정'하면서, 여전히 즐기며 놀 수 있다는 '수용'으로 재개념화되는 데 있다. 늙음이 긍정적으로 수용될 수 있는 것은 어디까지나 풍류와 만나는 가운데 즐길 수 있는 여유 속에서 가능해진다.

> 늘그니 늘그니를 만나니 반가고 즐겁고야
> 반가고 즐거오니 늘근 줄을 모롤로다
> 진실노 늘근 줄 모르거니 미일 만나 즐기리라
>
> — 金得研, 『葛奉先生遺墨』

> 七十年을 다 디낸 후에 쏘 八年에 다드니
> 한가훈 이 모미 壽域中에 늘거 간다
> 오늘날 쏘 봄을 만나 擊攘歌을 흐노라
>
> — 金得研, 『葛奉先生遺墨』

31) 김창원, 「김득연의 국문시가의 역사적 위상」, 신영명 외, 『조선중기 시가와 자연』, 태학사, 2002, 123~146면.
32) 육민수, 「김득연 문학작품의 특성」, 『泮橋語文硏究』 17, 반교어문학회, 2004, 25면.

어릴 제는 즈라고 졌더니 즈라니는 늘기 셜짜
늘글 줄 아던돌 즈라다나 마롤거슬
아마도 몬 졀믈 인생이 아니 놀고 엇데리

— 金得研, 『葛奉先生遺墨』

늙음이 불러오는 부정적 감정조차도 "지나칠 정도로 낙천적으로 이를 받아들"[33]이는 태도를 보게 된다. '민일 만나 즐기리라', '격양가을 ᄒ노라', '아니 놀고 엇데리', '늘글속록 더 놀리라' 등와 같이 '노는 것'에 대한 지향이 강하게 나타나는 점을 김득연 시조의 특징으로 꼽기도 한다.[34] 그렇다면 늙음에 대한 태도 면에서 3장에서 살핀 작품 세계와 차이가 나타나는 까닭이 무엇인지 궁금해진다. 여기에는 출사로 나아가지 않고 재지사족으로 지내면서도 넉넉한 경제적 기반을 갖추고 있었으며, 이를 바탕으로 자연 속에서 장수를 누리는 삶이 늙음을 여유있게 받아들이게 만든 배경이 되었으리라 짐작된다. 나이 든 상황을 대하는 자세가 비관적이지만은 않았고, 특히 벗과의 만남을 통해 현재를 즐기려 했던 것도 이러한 해석을 뒷받침한다.[35] 한 예로 "원하는 바에 뜻을 두며 노년을 마치는 것 또한 '마칠 만하다'(終老志願 亦云畢矣, 「龍洞精舍記」)"라고 일컬을 수 있는 것도 이러한 배경에서 가능했으리라 짐작된다. 비록 치국택민(治國澤民)의 정치적 현달을 이루지는 못했으나 강호생활 속 산림은거(山林隱居)의 흥취와 풍류가 이러한 태도를 이끌어낸 것으로 볼 수 있다. 강호가도의 흐름에서 본다면, 자연이 심성수양이 아닌 풍류의 공간으로 변모하기 시작하는 모습을 나타내지만, 탄로가에서는 늙음에 풍류가 더해지면서 취락의 태도로 나아가는 출발점을 가리킨다.

---

33) 이상원, 앞의 글, 160면.
34) 육민수, 앞의 글, 19면.
35) 육민수, 앞의 글, 25면.

늙음의 문제를 탄로가의 형식으로 풀어내는 진술방식에서 보건대, 김득연의 탄로가 작품에서 우리는 이전의 인식, 대응, 정서에 초점을 맞춘 것과는 구별되는 풍류와 홍취의 모습을 보게 된다. 앞선 시기 탄로가가 인식, 대응, 정서에 초점을 맞춘 진술방식을 보여왔다면, 탄로의 문제에 대해 풍류가 개입되어 새로운 국면으로 접어드는 모습을 보게 되는 것이다. 김득연의 탄로가는 이러한 변화를 보여주는 중요한 지점이 된다.

(2) 유홍과의 만남과 탄로가 세계의 변모

김득연의 작품은 탄로가의 세계에 풍류가 개입되는 모습을 보여준다. 일찍이 술을 마시고 자연을 즐기는 풍류의 태도가 16세기말-17세기 초에 나타나기 시작함을 여러 연구사가 밝혀낸 바 있다. 김득연의 경우 자연 경물을 완상하는 가운데 촉발되는 감홍이 홍취와 풍류의 태도로 개입한 결과, 이전과는 다른 탄로가의 세계를 보여주고 있다. 그런데 다음 시기의 탄로가에 이르면, 이러한 풍류가 더욱 강화되면서 유홍의 방향으로 변모하는 모습을 목격하게 된다.

> ᄆᆞ음아 너는 어이 每樣에 졈엇ᄂᆞ니
> 닉 늙을 제면 녠들 아니 늙을소냐
> 아마도 너 좃녀 ᄃᆞ니다가 남 우일까 ᄒᆞ노라
>
> — 徐敬德, 『歌曲源流(國樂院本)』

> ᄆᆞ음아 너는 어이 늙글 줄 모로ᄂᆞᆫ다
> 네 늙지 아니커든 이 얼골을 졈게 ᄒᆞ렴
> 아마도 못 졈ᄂᆞᆫ 人生이 안니 놀고 엇절리
>
> — 金尙得, 『詩餘(金氏本)』

첫 번째 작품은 '마음'을 나에게서 떼어놓고는 나와의 대조를 통해 늙음의 문제를 다루고 있는 서경덕의 시조이다. 몸이 마음의 젊음을 따라가지 못하는 문제에 주목하면서 의인화된 마음에게 묻는 것으로 내용이 전개되고 있다. '남 우일까 하노라'는 태도가 드러내듯, 늙음에 대한 한탄이나 비애의 정서를 찾아보기는 어렵다. "늙어버린 몸을 한탄하고 있지도 않"고 "젊은 마음만을 따라 다니려고 하지 않"은 채 그저 "자신만의 갈길을 즉 중용의 길을 찾으려"36)는 것으로 종장이 마무리되고 있다.

반면, 두 번째 작품의 태도는 이와 사뭇 다르다. '안니 놀고 엇졀리'는 표현이 함의하듯, 풍류와 유흥으로 귀결되고 있다. 궁극적으로 지향하는 바에서 자신만의 갈길을 가려는 것과 아니 놀고 어떻게 하겠느냐의 태도 차이는 적지 않다. 조선 후기 탄로가 작품 세계의 변화를 단적으로 보여주는 장면이라 할 수 있다. 이러한 풍류와 유흥의 강조는 다음 작품의 종장에서 확인되는 특징적인 표현 관습에서도 확인된다.

> 늙어 됴흔 일이 百에셔 흔 일도 업닉
> 쏘던 활 못 쏘고 먹던 술도 못 먹패라
> 각씨네 유미흔 것도 쓴 외 보 듯 ᄒ여라
>
> ― 李廷蓋, 『歌曲源流(國樂院本)』

> 늙기 셔른 거시 白髮만 너겨쩌니
> 귀 먹고 니 쌘지니 白髮은 餘事ㅣ로다
> 그 밧긔 半夜 佳人도 쓴 외 본 듯ᄒ여라
>
> ― 朴道淳, 『樂學拾零』

앞의 두 작품은 각각 이정신(李廷蓋), 박도순(朴道淳)의 것으로, 모두 늙음

---

36) 김진영 외, 앞의 책, 122–123면.

이 좋은 일이 아님을 명시하고 있다. 중장에서는 그에 대한 구체적인 내용을 근거의 차원에서 상세화하여 제시하고 있다. 먹던 술, 쏘던 활을 더 이상 하지 못하게 된다거나 귀먹고 이가 빠지게 된다는 점이 바로 그것이다. 그러나 이들이 말하고자 하는 바가 곧 '늙음은 나쁘다'라는 기존 인식의 재확인에 그치는 것은 아니다. 종장에서 아름다운 여성을 '쓴 외 보듯' 하게 된다고 표현한 점을 눈여겨 볼 필요가 있다. 여기서 가장 큰 서러움은 '각씨(혹은 반야가인)'가 마치 쓴 외 보는 일로 여겨지는 데 있다. 결코 웃을 수 없는 늙음의 문제를 여유로 넘기는 모습을 보게 된다. 이처럼 이 시기에 이르면 탄로의 문제는 흥취와 풍류의 문제를 넘어서서 유흥의 차원과 만나게 된다.

> 사룸이 한 번 늘근 後에 다시 져머 보는 것가
> 更少年 ᄒ닷 말이 千萬古에 업슨 말이
> 우리는 그런 줄 알므로 미양 醉코 노노라
>
> — 金天澤, 『靑丘永言(珍本)』

> 죽기 셜웨란들 늙기도곤 더 셜우랴
> 무거운 팔춤이요 숨 졀은 노러로다
> 갓득에 酒色지 못ᄒ니 그를 슬허ᄒ노라
>
> — 李廷藎, 『歌曲源流(國樂院本)』

　이들 시조에서는 다시 젊어질 수 없음을 확인하거나, 늙음이 죽기보다 더 서러운 일임을 표명하는 것으로 시작한다. 삶의 일회성이라는 진리로 인해 종장에서의 태도는 결국 '취(醉)'와 '주색(酒色)'의 문제를 불러오는 것으로 귀결되고 만다. 표면적으로 '취하는 것'과 '주색을 못하는 것'이 대립적으로 진술되고 있으나, 모두 풍류와 유흥의 성격을 대표하는 것이라

는 점에서는 차이가 없다. 탄로가에서 풍류와 유흥의 성격을 엿보게 되는
지점이다.

이처럼 17세기 탄로가는 백발에 대한 예찬이나 늙음을 관조적으로 바
라보는 시선 등을 찾아보기 어려운 변화를 보이고 있다.[37] 소년 시절과
이항대립하는 부정적 표상으로만 인식될 뿐, 이전 시기에 보였던 늙음의
문제에 대한 비평적 거리는 쉽게 찾아지지 않는다. 이는 진술방식의 측면
에서 본다면, 인식과 대응에 초점을 맞춘 진술방식이 약화되고 정서의 표
출이 강화되는 진술방식으로 설명될 수 있다. 다음의 시조는 가집에 따라
종장의 내용과 표현에서 큰 차이가 발견되는 바, 탄로가 세계의 변모를
살필 수 있는 자료가 된다.

> 바람아 부지 마라 휘여진 亭子나무 입이 다 떠러진다
> 歲月아 가지 마라 玉鬢紅顔 空老로다
> 우리도 글언 줄 아오매 더듸 늙네
>
> —『校合歌集』

여러 가집에 수록되어 전하는 작자 미상의 작품이다. 초장에서 '정자나
무'로 표기되는 부분이 일부 가집에서 '나무닙', '창전도화(또는 滿庭桃花)',
'만산홍엽(滿山紅葉)' 등으로 교체되어 나타나기도 한다. 중장에서도 '옥빈
홍안(玉鬢紅顔)' 이외에 '영웅호걸(英雄豪傑)', '장안 호걸', '영웅', '녹빈홍안
(綠鬢紅顔)', '백빈홍안' 등의 표현이 등장하는 경우를 볼 수 있다. 그런데
종장에서는 이러한 표현상의 교체를 넘어서서 진술방식과 태도면에서 적
지 않은 차이가 나타난다. 대부분의 가집에서 '우리도 글언줄 아오매 더
듸 늙네'로 표기되어 있지만, 가집에 따라 다양한 변이를 보인다. 다음은

---

37) 길진숙, 앞의 글, 30면.

종장의 대표적인 경우를 나열한 결과이다.

- 우리도 글언줄 아오매(아오미) 더듸(더지/더듸) 늙네
- 白髮이 네 짐작ᄒ여 더듸 늙게 ᄒ여라 (『永言(奎章閣本)』, 『樂府(서울大本)』)
- 인싱부득항손년(人生이 不得恒少年)인니 안이(아니) 노든(놀든) (『詩調(高大本)』, 『金聲玉振』, 『時調集(平州本)』)
- 이 죠흔 太平烟月에 無盡토록 놀리라 (『海東歌謠(一石本)』)
- 인생이 일장춘몽이니 안이 놀든 (『時調(關西本)』)
- 인생이 부즉갱소년이라 아니 놀가 (『金聲玉振』, 『律譜』, 『時調國文歌詞』, 『平時調(權純會本)』)
- 우리도 언제나 이별 읍시 百年同樂 (『時調(河氏本)』)

　첫 번째와 두 번째의 경우 모든 대상이 늙을 수밖에 없음을 말하면서 자신만은 천천히 늙기를 희망하는 내용으로 진술되고 있다. 이는 이전에 살펴본 탄로가의 세계와 그리 다르지 않은 경우라 할 수 있다. 그런데 이후의 표현을 살펴보면, 초, 중장의 진술방식에 큰 차이가 없음에도 불구하고, 종장에서의 태도에는 상당한 차이가 발견된다. 하나같이 '아니 놀 수 없다'는 식의 진술로 마무리되고 있는 것이다.

　앞서 인식의 측면에서 자연의 순환적 질서와 상반된 인간의 유한성이 강조되면서 늙음을 깨닫게 되는 구조를 살핀 바 있다. 반면 이 시조에서는 자연 또한 유한성을 갖는 것으로 그려지는데, 이러한 유한성은 상반된 두 가지 태도를 이끌어내고 있다. 먼저 늙음은 부정할 수 없는 것인 만큼 늦게 오기를 희망하는 보편적 욕망을 드러내는 것으로 귀결되는 경우를 볼 수 있다. 이와 달리 이후의 종장들에서는 놀 수밖에 없다는 식으로 유흥과 취락의 성격이 관여하고 개입하는 모습도 찾아볼 수 있다. 탄로가가 유흥, 취락의 성격으로 변모하는 모습을 단적으로 보여주는 지점이다. 이

처럼 늙음의 문제에 대한 비평적 거리의 상실은 유흥과의 결합을 가져오
면서 현재의 이 순간을 즐길 것으로 변화하는 모습을 나타낸다.

5. 늙음이라는 불가항력적 문제에 대한 언어적 해결

시간은 공간과 달리 인간이 어찌할 수 없는 것으로서 인간의 삶을 결정
하는 요소가 된다.[38] 그런데 시간의 경과는 늙음이라는 문제를 초래하고
이는 인간에게 불가항력적인 속성을 지니고 있는 만큼, 현실적인 해결책
을 마련하는 게 사실상 불가능하다. 따라서 이를 해소할 수 있는 문학적
장치의 마련이 요구되고, 탄로가는 이러한 욕망과 요청에 의해 생성, 향유
된 작품군이라 할 수 있다. 늙음의 문제는 인간의 무력함을 넘어서 죽음
이라는 문제와 맞닿아 있기 때문에 늙음을 인정하는 것 자체가 부담이 될
수밖에 없는 경험이며, 따라서 이러한 부담과 불안감을 해소할 수 있는
특별한 장치가 요구되었던 것이다.

탄로가 작품군 자체가 인간 존재로서 어쩔 수 없는 상황을 타개하기 위
한 언어적 해결을 담고 있다면 이를 위한 특별한 문학적 장치를 가정하게
되는데, 인식, 대응, 정서의 진술방식이 바로 그것이다. 이 글에서 진술방
식을 탄로가 분석의 방법론적 도구로 설정하는 근거가 여기에 있다. 늙음
에 대한 인식, 대응, 정서의 특별한 진술방식은 늙음이라는 현상에 대한
문학적 대응 양상이면서, 언어적 해결을 시도한 결과라 할 수 있다.

자연의 순환적 질서와의 대비와 그에 따른 반성적 인식은 늙음을 깨닫
는 특별한 구조를 확인시켜 준다. 인간의 자기 이해가 자연 대상과 견주

---

38) 서대석, 앞의 글, 467면.

는 과정을 통해서 이루어짐을 보여주고 있다. 개별 주체의 늙음을 세계와의 관계 속에서 인지하고 받아들이는 과정으로 구현된 것이다. 이와 달리 시간의 경과를 거부하는 가상적 대응의 모습도 찾아볼 수 있다. 시간의 흐름에 대한 거부와 차단이 신체화되어 그려지기도 하고 의인화된 대상을 향한 발화의 형식으로 구현되기도 하며 간접화 어법의 흔적마저 보이는 것은, 모두 대응의 구체적 양상에 해당하는 것이다. 이들은 주관적 정감의 토로를 억제하고 관조와 여유의 태도를 획득하는 동인으로 작용한다. 반면, 외양의 변화에 따른 대비적 진술로 인해 늙음이 가져다주는 비애의 정서가 토로되는 모습도 볼 수 있다. 늙음을 깨닫게 되는 인식 구조나 거부하는 대응 장치가 약화된 채 정서의 표출이 강조되는 또 다른 진술방식을 확인할 수 있다. 이는 인생무상으로 연결되면서 이후 유흥, 취락과 결합하게 되는 단초가 된다.

탄로가의 진술방식은 17세기 이후 풍류, 유흥, 취락과 결합하는 변화를 겪게 된다. 늙음의 불가항력적인 속성에다 부정적인 면이 강조되면서, 현재를 즐기려는 풍류, 유흥, 취락의 태도로 경도되는 변화를 겪게 되는 것이다. 인식, 대응, 정서의 진술방식을 통해 확보되었던 늙음에 대한 비평적 거리가 약화되면서 현재의 순간을 즐길 것으로 귀결되고 마는 모습으로 변모되는 것이다.

이 글이 탄로가에 대해 늙음을 한탄하는 노래 정도의 이해를 넘어서서, 늙음이라는 불가항력적 문제에 대해 문학 차원에서 적극적인 대응과 해결을 시도한 것이었음을 깨닫는 계기가 되길 희망한다. 이러한 대응과 해결이 곧 문학의 존재 가치이며 의의에 해당함은 물론이다.

•출처 : 「탄로가의 진술방식과 태도의 변주」
(『문학교육학』 47, 한국문학교육학회, 2015)

🗐더 찾아읽기

▶ 시조에서의 주체, 시간의 문제

김대행, 『한국시의 전통 연구』, 개문사, 1980.
서대석, 「시조에 나타난 시간의식」, 『백영정병욱선생환갑기념논총』, 신구문화사, 1982,
    467-478면.

▶ 시조 작품 비평

김진영 외, 『한국시조감상』, 보고사, 2011.
이상보, 『한국의 옛시조』, 범우사, 2004.
이어령, 『노래여 천년의 노래여』, 문학사상사, 2003.

참고문헌

1. 국내 논저

강명혜, 『고려속요 사설시조의 새로운 이해』, 북스힐, 2002.

강영안, 「고통」, 우리사상연구소 편, 『우리말철학사전』 5, 지식산업사, 2007.

고광수, 「문학 감상의 경험 교육적 성격에 대한 예비적 고찰」, 『문학교육학』 제16호, 한국문학교육학회, 2005, 83-106면.

고미숙, 「체험교육의 의미」, 『아시아교육연구』 제7권 1호, 서울대 교육연구소, 2006, 133-162면.

고정희, 「<된동어미화전가>의 미적 특징과 아이러니」, 『국어교육』 111, 한국어교육학회, 2003, 313-341면.

고정희, 『한국 고전시가의 서정시적 탐구』, 월인, 2009.

곽광수, 『가스통 바슐라르』, 민음사, 1995.

권순회, 「『고금가곡』의 원본발굴과 전사경로」, 『우리어문연구』 34, 우리어문학회, 2009, 129-159.

권정이, 「가치판단능력 함양을 위한 기본권 교육 내용의 재구성」, 한국교원대 석사학위논문, 2008.

권태을, 「閨房歌詞를 통해 본 死別認識考」, 『韓民族語文學』 13, 한민족어문학회, 1986, 205-224면.

길병휘, 『가치와 사실』, 서광사, 1996.

길진숙, 「17세기 시가문학의 연행 환경과 창작, 향유의 경향」, 『시학과 언어학』 22, 시학과 언어학회, 2012, 7-44면.

김광조, 「<누항사>에 나타난 탄궁의 의미」, 『고전과 해석』 2, 고전문학한문학연구학회, 2007, 31-55면.

김광해, 『어휘연구의 실제와 응용』, 집문당, 1995.

김쾌덕, 「<청산별곡>의 상징성과 현실인식」, 『고려속가의 연구』, 국학자료원, 2006.

김남희, 「현대시의 서정적 체험 교육 연구」, 서울대 박사학위논문, 2007.

김대행, 『한국시의 전통 연구』, 개문사, 1980.

김대행, 『시조유형론』, 이화여대 출판부, 1986.

김대행, 『詩歌詩學硏究』, 이화여대 출판부, 1991.

김대행, 『국어교과학의 지평』, 서울대 출판부, 1995.

김대행, 「시교육의 내용」, 김은전 외, 『현대시교육론』, 시와시학사, 1996.

김대행, 「가사 양식의 문화적 의미」, 『한국시가연구』 3, 한국시가학회, 1998, 397-419면.

김대행, 『시와 문학의 탐구』, 역락, 1999.

김대행, 「<청산별곡>과 국어교과학」, 『고전문학과 교육』 7, 한국고전문학교육학회, 2002, 5-35면.

김대행, 「내용론을 위하여」, 『국어교육연구』 10, 서울대 국어교육연구소, 2002, 7-37면.

김대행, 「<덴동어미 화전가>와 팔자의 원형」, 박노준 편, 『고전시가 엮어읽기 (하)』, 태학사, 2003.

김대행, 「수행적 이론의 연구를 위하여」, 『국어교육학연구』 22, 국어교육학회, 2005, 5-29면.

김대행, 「가사와 태도의 시학」, 『고시가연구』 21, 한국고시가문학회, 2008, 27-56면.

김대행, 『통일 이후의 문학교육』, 서울대 출판부, 2008.

김대행, 『한국의 고전시가』, 이화여대 출판부, 2009.

김대행 외, 『문학교육원론』, 서울대 출판부, 2000.

김도남, 「문학 독서에서의 가치 교육 방법」, 『독서연구』 12, 한국독서학회, 2004, 1-30면.

김동욱, 「楊士彦의 南征歌」, 『인문과학』 9, 연세대, 1964, 17-34면.

김동환, 「암호화된 전쟁 기억과 해호화로서의 문학교육」, 『문학교육학』 33, 한국문학교육학회, 2010, 9-40면.

김명준, 「<북찬가>의 주제의식과 '효'의 의미」, 『Journal of Korean Culture』 22, 한국어문학국제학술포럼, 2013, 93-118면.

김문기, 『서민가사 연구』, 형설출판사, 1983.

김미혜, 「비판적 읽기 교육의 내용 연구」, 서울대 석사학위논문, 2000.

김병길, 송도선, 「J. Dewey의 경험 개념」, 『교육철학』 13, 한국교육철학회, 1995, 31-49면.

김복희, 「<청산별곡>의 신화적 의미」, 김대행 편, 『고려시가의 정서』, 개문사, 1986.

김상봉, 『나르시스의 꿈 : 서양 정신의 극복을 위한 연습』, 한길사, 2002.

김상욱, 『문학교육의 길찾기』, 나라말, 2003.

김석회, 「고전시가 연구와 국어교육」, 『국어교육』 107, 한국국어교육연구회, 2002, 13-30면.

김석회, 「주제적 관심을 통해 본 규방가사의 세계」, 『조선후기 향촌사회와 시가문학』, 월인, 2009.

김선희, 「문학적 정서 함양을 위한 시조 교육 연구」, 한국교원대 박사학위논문, 2007.

김선희, 「학습자의 문학 체험과 문학능력, 문학 교육」, 『문학교육학』 28, 한국문학교육학회, 2009, 121-156면.

김수업, 「시조의 발생 시기에 대하여」, 조규설, 박철희 편, 『시조론』, 일조각, 1978.

김승찬, 「<청산별곡>론」, 『한국문학사상론』, 제일문화사, 1983.

김영희, 『비평의 객관성과 실천적 지평 : F. R. 리비스와 레이먼드 윌리엄즈 연구』, 창작과비평사, 1993.

김완진, 「<청산별곡>에 대하여」, 김열규 외, 『고전문학을 찾아서』, 문학과지성사, 1976.

김완진, 『문학과 언어』, 탑출판사, 1979.

김용찬, 「청구영언 진본의 성격과 편찬의식」, 『조선후기 시가문학의 지형도』, 보고사, 2002.

김용철, 「<덴동어미화전가> 연구(1)-서사구조와 비극성을 중심으로」, 『19세기 시가문학의 탐구』, 집문당, 1995.

김용철, 「『진청』「무씨명」의 분류체계와 시조사적 의의」, 『고전문학연구』 16, 한국고전문학회, 1999, 109-144면.

김욱동, 『은유와 환유』, 민음사, 1999.

김원중, 『중국 문학 이론의 세계』, 을유문화사, 2000.

김유정, 「소백산대관록 소재 <화전가> 연구」, 『동국어문론집』 8, 동국대 국어국문학과, 1999, 472-492면.

김정우, 「시교육과 언어 능력의 향상」, 김은전 외, 『현대시 교육의 쟁점과 전망』, 월인, 2001.

김종량, 『교육공학-수업 공학의 이론과 실제』, 문음사, 1995.

김종철, 「운명의 얼굴과 신명-<된동어미화전가>」, 백영정병욱선생10주기추모논문집간행위원회, 『한국고전시가작품론2』, 집문당, 1992.

김종철, 「중세 여행 체험과 문학교육의 시각」, 한국고전문학교육학회 편, 『중세 여행 체험과 문학교육』, 월인, 2012, 11-35면.

김준오, 『시론』, 삼지원, 2002.

김중신, 「서사 텍스트의 심미적 체험의 구조와 유형에 관한 연구」, 서울대 박사학위논문, 1994.

김중신, 『소설감상방법론 연구』, 서울대 출판부, 1995.

김중신, 『문학교육의 이해』, 태학사, 1997.

김진영 외, 『한국시조감상』, 보고사, 2011.

김창원, 「김득연의 국문시가의 역사적 위상」, 신영명 외, 『조선중기 시가와 자연』, 태학사, 2002, 123-146면

김창원, 「시 연구와 시교육 사이의 거리」, 『국어교육』 114, 한국국어교육연구회, 2004, 359-378면.

김태오, 『민족심리학』, 동방문화사, 1950.

김학성, 『한국고전시가의 연구』, 원광대 출판부, 1980.

김현정, 『공간 중심의 강호시조 이해 교육 연구』, 서울대 박사학위논문, 2012.

김흥규, 『한국문학의 이해』, 민음사, 1998.

김흥규, 「16, 17세기 강호시조의 변모와 전가시조의 형성」, 『욕망과 형식의 시학』, 태학사, 1999.

김흥규, 「고전문학교육과 역사적 이해의 원근법」, 『한국고전문학과 비평의 성찰』, 고려
    대 출판부, 2002.

김흥규, 「江湖詩歌와 서구 牧歌詩의 유형론적 비교」, 『민족문화연구』 43, 고려대 민족문
    화연구소, 2005, 1-45면.

김흥규·권순회, 『고시조 데이터베이스의 계량적 분석과 시조사의 지형도』, 고려대 민족
    문화연구원, 2002.

남궁달화, 『가치탐구교육론』, 철학과현실사, 1994.

남궁달화, 『가치교육론』, 문음사, 1997.

노경순, 「이진유 가계 유배가사 연구」, 『泮橋語文研究』 31, 반교어문학회, 2011, 101-127면.

류수열, 「문학교육과정의 경험 범주 내용 구성을 위한 시론」, 『문학교육학』 19, 한국문
    학교육학회, 2006, 129-152면.

류수열, 「고전시가의 교육적 구도와 성층」, 『고전시가 교육의 구도』, 역락, 2008.

류연석, 『韓國歌辭文學史』, 국학자료원, 1994.

류해춘, 「<남정가>의 構造와 時間現象」, 『文學과 言語』 10, 문학과 언어연구회, 1989,
    45-67면.

문성학, 『현대인의 삶과 윤리』, 형설출판사, 1998.

문학과문학교육연구소, 『문학의 이해』, 삼지원, 1998.

민재원, 「시 읽기 교육에서 정서 체험의 구조와 작용 연구」, 서울대 박사학위논문, 2013.

박경주, 「<된동어미화전가>에 나타난 여성의식의 변화 양상 고찰」, 『국어교육』 99, 한
    국국어교육연구회, 1999, 167-186면.

박경주, 「고전문학 교육의 연구 현황과 전망」, 『고전문학과 교육』 1, 청관고전문학회,
    1999, 25-45면.

박경주, 「화전가의 의사소통 방식에 나타난 문학치료적 의미」, 『고전문학과 교육』 10,
    한국고전문학교육학회, 2005, 27-51면.

박경주, 「규방가사 창작에 담긴 문학치료적 기능」, 『한국고전여성문학연구』 16, 한국고
    전여성문학회, 2008, 111-144면.

박노준, 『고려가요의 연구』, 새문사, 1990.

박미정, 「서사 텍스트에서의 감정이입을 통한 자아형성 연구」, 경인교대 석사학위논문, 2001.

박성희, 『공감과 친사회행동』, 문음사, 1997.

박소영, 「문학 교육과 정서적 체험」, 『국어교과교육연구』 21, 국어교과교육학회, 2012,
    151-168면.

박수천, 「우탁의 탄로가 분석」, 백영정병욱선생10주기추모논문집간행위원회, 『한국고전
    시가작품론』, 집문당, 1992, 461-470면.

박수현, 「시 텍스트 정서 체험 교육 연구」, 이화여대 석사학위논문, 2014.

박연호, 「신재효 <치산가>와 『초당문답가』의 관련 양상 및 그 의미」, 『국어국문학』 149, 국어국문학회, 2008, 185-199면.

박용만, 「이광찬의 시문비평에 대한 고찰 : 『평두남』을 중심으로」, 『고전문학연구』 28, 한국고전문학회, 2005, 411-440면.

박을수, 「신흠론」, 한국시조학회 편, 『고시조 작가론』, 백산출판사, 1986.

박을수 편, 『韓國時調大辭典』, 아세아문화사, 1992.

박이문, 『예술 철학』, 문학과지성사, 2006.

박인기, 「문학 독서 방법의 上位的 이해」, 『국어교육연구』 1, 서울대 국어교육연구소, 1994, 247-263면.

박인기, 『(개정판) 문학교육과정의 구조와 이론』, 서울대 출판부, 2001.

박철홍, 「듀이의 '하나의 경험'에 비추어 본 교육적 경험의 성격」, 『교육철학』 13, 한국교육철학회, 1995, 81-109면.

박해남, 「신흠의 시조 창작 배경과 작품 양상」, 『泮橋語文研究』 23, 반교어문학회, 2007, 75-105면.

박현숙, 「박인로의 <누항사> 연구」, 『국어국문학』 157, 국어국문학회, 2011, 87-114면.

박혜숙, 「여성문학의 시각에서 본 <덴동어미화전가>」, 『인제논총』 8, 인제대, 1992, 383-400면.

박희병, 「申欽의 學問과 그 思想史的 위치」, 『민족문화』 20, 민족문화추진위원회, 1997, 3-50면.

백기수, 『미의 사색』, 서울대 출판부, 1981.

백순철, 「규방가사의 작품 세계와 사회적 성격」, 고려대 박사학위논문, 2000.

백순철, 「규방가사의 문화적 의미와 교육적 가치 I」, 『국어교육학연구』 14, 국어교육학회, 2002, 185-210면.

변광배, 『장 폴 사르트르 시선과 타자』, 살림, 2004 참조.

서대석, 「시조에 나타난 시간의식」, 『백영정병욱선생환갑기념논총』, 신구문화사, 1982, 467-478면.

서민정, 「가치 수용적 심미 체험을 위한 문학 교육 연구」, 한국교원대 박사학위논문, 2011.

서영숙, 『여성가사연구』, 집문당, 1996.

서울대 국어교육연구소 편, 『국어교육학사전』, 대교, 1999.

서원섭, 『가사문학의 연구』, 형설출판사, 1978.

서원섭, 『시조문학연구』, 형설출판사, 1981.

서철원, 「<청산별곡>의 구성 방식과 향가와 속요의 전통」, 『비평문학』 38, 한국비평문학회, 2010, 6-24면.

성균관대 인문과학연구소 편, 『고려가요 연구의 현황과 전망』, 집문당, 1996.

성기옥, 「신흠 시조의 해석 기반」, 『진단학보』 81, 진단학회, 1996, 215-245면.

성기옥, 「한국시의 미학적 패러다임과 시학적 전통」, 『한국시의 미학적 패러다임과 시학적 전통』, 소명출판, 2004.

성기옥 외, 『고전시가론』, 방송통신대학교 출판부, 2006.

성무경, 『가사의 시학과 장르 실현』, 보고사, 2000.

성호경, 『고려시대 시가 연구』, 태학사, 2006.

성호경, 『시조문학』, 서강대 출판부, 2014.

손대현, 「<누항사>의 서술 양상과 의미」, 『어문학』 105, 한국어문학회, 2009.

손봉호, 『고통받는 인간』, 서울대 출판부, 1995.

신경숙, 「규방가사, 그 탄식 시편을 읽는 방법」, 『국제어문』 25, 국제어문학회, 2002, 89-112면.

신동욱, 「<청산별곡>과 평민적 삶의식」, 『고려시대의 가요와 문학』, 새문사, 1982.

신연우, 『사대부 시조와 유학적 일상성』, 이회문화사, 2000.

신영명 외, 『조선중기 시가와 자연』, 태학사, 2002.

신태수, 「조선 후기 개가긍정문학의 대두와 <화전가>」, 『韓民族語文學』 16, 韓民族語文學會, 1989, 389-408면.

심재완, 『(校本) 歷代時調全書』, 세종문화사, 1972.

심재완, 『시조의 문헌적 연구』, 세종문화사, 1972.

안혜진, 「<북관곡>의 서술태도와 소통기반」, 『우리어문연구』 31, 우리어문학회, 2008, 121-159면.

양주동, 『여요전주』, 을유문화사, 1948.

엄태동, 『교육적 인식론 탐구 : 인식론의 딜레마와 교육』, 교육과학사, 1998.

엄태동 편저, 『존 듀이의 경험과 교육』, 원미사, 2001.

염은열, 「고전시가 연구 및 고전시가 교육 연구에 대한 비판적 고찰」, 『고전문학과 교육』 18, 한국고전문학교육학회, 2009, 5-40면.

염은열, 「기행가사의 공간 체험이 지닌 교육적 의미」, 한국고전문학교육학회 편, 『중세 여행 체험과 문학교육』, 월인, 2012, 89-116면.

염은열, 『공감의 미학 고려속요를 말하다』, 역락, 2013.

염창권, 「초등학생 문학 수업의 문화기술적 연구」, 『문학교육학』 9, 한국문학교육학회, 2002, 115-144면.

우리사상연구소 편, 『우리말철학사전』 1, 지식산업사, 2001.

우리사상연구소 편, 『우리말철학사전』 2, 지식산업사, 2002.

우리사상연구소 편, 『우리말철학사전』 3, 지식산업사, 2003.

우응순, 「박인로의 안빈낙도 의식과 자연」, 신영명 외, 『조선중기 시가와 자연』, 태학사,

2002.

우한용, 『문학교육과 문화론』, 서울대 출판부, 1997.

유정열, 「이광찬의 비평 연구 : 『평두남』을 중심으로」, 서울대 석사학위논문, 2011.

유종호, 『시 읽기의 방법』, 삶과 꿈, 2005.

육민수, 「김득연 문학작품의 특성」, 『泮矯語文硏究』 17, 반교어문학회, 2004, 5-32면.

윤덕진, 「가사의 정립과 발전」, 崔喆 편, 『韓國古典詩歌史』, 집문당, 1997.

윤성우, 『폴 리쾨르의 철학』, 철학과현실사, 2004.

윤영옥, 「시조에 나타난 老人의 모습」, 『韓民族語文學』 39, 韓民族語文學會, 2001, 155-174면.

윤재환, 「조선 후기 유배 경험의 시적 형상화」, 『漢文學報』 19, 우리한문학회, 2008, 321-349면.

이기상, 『하이데거의 실존과 언어』, 문예출판사, 1992.

이기상, 「생명」, 우리사상연구소 편, 『우리말철학사전』 2, 지식산업사, 2002.

이능우, 『이조시조사』, 以文堂, 1956.

이도흠, 「18-19세기 가사에서 상품화폐경제에 대한 태도 유형 분석」, 『고전문학연구』 34, 한국고전문학회, 2008, 61-106면.

이돈희, 『존 듀이』, 서울대 출판부, 1992.

이돈희, 『교육적 경험의 이해』, 교육과학사, 1993.

이동찬, 「<陋巷詞>에 나타난 사족의 가난 체험과 의식의 변화」, 『한국민족문화』 14, 부산대학교 한국민족문화연구소, 1999, 59-79면.

이명선, 『조선문학사』, 조선문학사, 1948.

이상보, 『李朝歌辭精選』, 정연사, 1965.

이상보, 「楊士俊 <南征歌> 新攷」, 『국어국문학』 62-63, 국어국문학회, 1973, 241-256면.

이상보, 『한국의 옛시조』, 범우사, 2004.

이상원, 「16세기말-17세기초 사회동향과 김득연의 시조」, 『어문논집』 31, 안암어문학회, 1992, 143-170면.

이성영, 「국어 표현 방식 연구」, 『선청어문』 27, 서울대 국어교육과, 1999, 799-830면.

이승남, 「<누항사>의 갈등 표출 현실묘사와 강호 인식」, 『한국문학연구』 25, 동국대 한국문화연구소, 2002, 229-252면.

이승복, 「유배체험의 형상화와 그 교육적 의미」, 한국고전문학교육학회 편, 『중세 여행체험과 문학교육』, 월인, 2012, 293-326면.

이승훈, 『문학과 시간』, 이우출판사, 1983.

이어령, 『노래여 천년의 노래여』, 문학사상사, 2003.

이정선, 「<청산별곡>의 공간과 구조를 통해 본 현실인식」, 『한국언어문화』 48, 한국언어문화학회, 2004, 309-335면.

이정우, 『개념-뿌리들』, 철학 아카데미, 2004.

이진경, 『철학의 외부』, 그린비, 2002.

이형빈, 「고백적 글쓰기의 표현 방식 연구」, 서울대 석사학위논문, 1999.

이혜순 외, 『한국 고전 여성작가 연구』, 태학사, 1999.

이홍우, 『지식의 구조와 교과』, 교육과학사, 1989.

이홍우, 『교육의 개념』, 문음사, 1991.

이홍우, 『(增補) 교육과정 탐구』, 박영사, 1996.

임경순, 「경험의 서사화 방법과 그 문학교육적 의의」, 서울대 박사학위논문, 2003.

임기중 편저, 『한국가사문학주해연구』, 아세아문화사, 2005.

임주탁, 「<청산별곡>의 독법과 해석」, 『한국시가연구』 13, 한국시가학회, 2003, 75-109면.

장덕순 외, 『韓國文學史의 爭點』, 집문당, 1986.

장상호, 『학문과 교육』(하), 서울대 출판부, 2000.

장윤희, 「국어사 지식과 고전문학교육의 상관성」, 『국어교육』 108, 한국어교육학회, 2002, 381-407면.

장지영, 「옛 노래 읽기(<청산별곡>)」, 『한글』 108, 한글학회, 1955.

정래필, 「기억 재형상화 원리 중심의 소설 읽기 연구」, 서울대 박사학위논문, 2013.

정무룡, 「<덴동어미 화전가>의 형상화 방식과 함의」, 『韓民族語文學』 52, 한민족어문학회, 2008, 259-304면.

정병욱, 「韓國詩歌文學史」, 『韓國文化史大系』 Ⅴ, 고려대 민족문화연구소, 1967.

정병욱, 『한국고전시가론』, 신구문화사, 1977.

정병헌, 『한국고전문학의 교육적 성찰』, 숙명여대 출판국, 2003.

정소연, 「申欽 시조의 連作性 考究」, 『한국시가연구』 17, 한국시가학회, 2005, 279-314면.

정신재, 『한국문학의 담론-시간현상학과 웃음』, 국학자료원, 1999.

정재림, 「문학교과서에 나오는 문학 이론 및 개념의 문제점과 개선방안(2)」, 『한국학연구』 40, 고려대 한국학연구소, 2012, 253-274면.

정재찬, 『문학교육의 현상과 인식』, 역락, 2004.

정재호, 「<청산별곡>에 대한 새로운 이해 모색」, 『국어국문학』 139, 국어국문학회, 2005, 149-188면.

정흥모, 「<덴동어미화전가>의 세계인식과 조선후기 몰락하층민의 한 양상」, 『어문논집』 30, 고려대 국어국문학연구회, 1991, 81-99면.

정흥모, 「영조조의 유배가사 연구」, 『국어문학』 45, 국어문학회, 2008, 107-128면.

조동일, 『문학연구방법』, 지식산업사, 1980.

조동일, 『한국시가의 역사의식』, 문예출판사, 1993.

조동일, 『한국문학통사』 2, 지식산업사, 2005.

조동일, 『한국문학통사』 3, 지식산업사, 2005.

조세형, 「가사의 시적 담화 양식」, 김학성·권두환 편, 『고전시가론』, 새문사, 2002.

조윤제, 『조선시가사강』, 동광당서점, 1937.

조재억, 「안빈낙도의 문학화 양상」, 『국문학논집』 13, 단국대 국어국문학과, 1989, 71–93면.

조하연, 「시조에 나타난 청자지향적 표현의 문화적 의미 연구」, 서울대 석사학위논문, 2000.

조하연, 「문학 감상 교육 연구」, 서울대 박사학위논문, 2010.

조해숙, 「시조에 나타난 시간 의식과 시적 자아의 관련 양상 연구–<청구영언>과 <가곡원류>의 비교 검토를 중심으로」, 서울대 박사학위논문, 1999.

조희정, 「고전시가의 서정적 체험 연구」, 『국어교육』 126, 한국어교육학회, 2008, 445–475면.

진선희, 『문학체험 연구』, 박이정, 2006.

차봉희 편, 『수용미학』, 문학과지성사, 1985

차봉희 편, 『독자반응비평』, 고려원, 1993.

최강현 편, 『가사 Ⅰ』, 고려대학교 민족문화연구소, 1993.

최기숙, 「도시, 욕망, 환멸 : 18,19세기 '서울'의 발견」, 『고전문학연구』 23, 한국고전문학회, 2003, 421–453면.

최기숙, 「돈의 윤리와 문화 가치」, 『현대문학의 연구』 32, 한국문학연구학회, 2007, 181–218면.

최미숙, 「공감적 시 읽기와 비판적 시 읽기」, 김은전 외, 『현대시 교육의 쟁점과 전망』, 월인, 2001, 231–246면.

최미정, 『고려속요의 전승 연구』, 계명대 출판부, 1999.

최상은, 「유배가사 작품구조의 전통과 변모」, 박노준 편, 『고전시가 엮어읽기(하)』, 태학사, 2003, 285–305면.

최상은, 『조선 사대부가사의 미의식과 문학』, 보고사, 2004.

최원식, 「가사의 소설화 경향과 봉건주의의 해체」, 『민족문학의 논리』, 창작과 비평사, 1982.

최인자, 「작중 인물의 의미화를 통한 소설교육 연구」, 서울대 석사학위논문, 1993.

최재남, 『체험서정시의 내면화 양상 연구』, 보고사, 2012.

최지현, 「한국 근대시 성서 체험의 텍스트 조건 연구」, 서울대 박사학위논문, 1997.

최지현, 「이중 청자와 감상의 논리」, 『국어교육연구』 6, 서울대 국어교육연구소, 1998, 323–355면.

최지현, 『문학교육과정론』, 역락, 2006.

최지현, 『문학교육심리학』, 역락, 2014.

최진원, 『韓國古典詩歌의 形象性』, 성균관대 대동문화연구원, 1988.

최현재, 「재지사족으로서 박인로의 삶과 <누항사>」, 『국문학연구』 9, 국문학회, 2003, 181-218면.

최현재, 「조선시대 유배가사의 흐름과 경향성」, 『韓國 詩歌研究』 33, 한국시가학회, 2012, 63-93면.

최홍원, 「성찰적 사고의 문학교육적 구도」, 『문학교육학』 21, 한국문학교육학회, 2006, 385-423면.

최홍원, 「고전시가 연구와 국어교육의 과제」, 『제9회 한국어교육 국제학술회의 발표문』, 서울대 국어교육연구소, 2007.

최홍원, 「고전시가 모호성의 교육적 이해」, 『국어교육연구』 44, 국어교육학회, 2009, 249-280면.

최홍원, 「문제 해결적 사고에 대한 문학교육적 탐색」, 『국어교육연구』 26, 서울대 국어교육연구소, 2010, 237-267면.

최홍원, 「해석과 수용의 거리와 접점」, 『개신어문학』 35, 개신어문학회, 2012, 137-170면.

최홍원, 『성찰적 사고와 문학교육론』, 지식산업사, 2012.

최홍원, 「자기 조정과 위안으로서 <탄궁가>의 정서 읽기」, 『고전문학과 교육』, 23, 한국고전문학교육학회, 2012, 5-36면.

최홍원, 「정치적 행위로서의 글쓰기, <죽창곡>과 감군의 정서」, 『어문학』 124, 한국어문학회, 2014, 231-257면.

추정훈, 「가치교육의 단계적 접근」, 『사회와 교육』 26, 한국사회과교육학회, 1998, 227-246면.

하용삼, 「사적·공적 공간의 분할과 통합 그리고 기능의 잠재태로서 공간」, 류지석 편, 『공간의 사유와 공간이론의 사회적 전유』, 소명출판, 2013, 78-110면.

한명기, 「光海君代의 大北勢力과 政局의 動向」, 『한국사론』 20, 서울대 국사학과, 1998, 269-342면.

한명희, 『교육의 미학적 탐구』, 집문당, 2002.

한창훈, 『시가교육의 가치론』, 월인, 2001.

함재봉, 『유교 자본주의 민주주의』, 전통과 현대, 2000.

허남춘, 「<청산별곡>의 당대성과 현재성」, 『한국언어문화』 28, 한국언어문화학회, 2005, 495-521면.

허영진, 「『동가선』의 주제어 분포와 주제의식」, 『한국언어문화』 23, 한국언어문화학회, 2003, 163-188면.

허영진, 「가집을 통해 살펴본 시조의 문학적 해석」, 『국어문학』 41, 국어문학회, 2006, 195-220면.

玄相允, 이형성 교주, 「朝鮮儒學의 朝鮮思想史에 及한 영향」, 『朝鮮思想史』, 심산, 2010.

황혜진, 「가치 경험을 위한 소설교육내용 연구」, 서울대 박사학위논문, 2006.

2. 국외 논저

Feng, Youlan, 中國哲學史, 박성규 역, 『중국철학사』 하, 까치, 1999.

Maruyama Keizaburō, 生命と過剰, 고동호 역, 『존재와 언어』, 민음사, 2002.

Nakamura, Yūjirō, 共通感覺論, 양일모・고동호 역, 『공통감각론』, 민음사, 2003.

Nakayama, Gen, 思考の用語辭典, 박양순 역, 『사고의 용어 사전』, 한국출판마케팅연구소, 2009.

Arent, H., *The Human Condition*, 이진우・태정호 역, 『인간의 조건』, 한길사, 1996.

Banks J. A., *Teaching Strategies for the Social Studies : Inquiry, Valuing and Decision-making*, 최병모 외 역, 『사회과 교수법과 교재연구』, 교육과학사, 1987.

Bollnow O. F., *Philosophie der Erkenntnis*, 백승균 역, 『인식의 해석학』, 서광사, 1993.

Bollnow, O., *Mensch und Raum*, 이기숙 역, 『인간과 공간』, 에코리브르, 2011.

Clement Elisabeth, *Pratique de la philosophie de a á z*, 이정우 역, 『철학사전 : 인물들과 개념들』, 동녘, 1996.

Coplan Amy, & Goldie Peter ed, *Empathy*, Oxford Uni., 2012.

Crang, Mike & Thrift Nigel, *Thinking Space*, 최병두 역, 『공간적 사유』, 에코리브로, 2013.

Culler Jonathan D., *Literary Theory*, 이은경 외 역, 『문학이론』, 동문선, 1999.

David Couzens Hoy, *The Critical Circle*, 이경순 역, 『해석학과 문학비평』, 문학과지성사, 1988.

Deuchler Martina, *The Confucian Transformation of Korea*, 이훈상 역, 『한국사회의 유교적 변환』, 아카넷, 2005.

Dewey John, *Art as Experience*, 이재언 역, 『경험으로서의 예술』, 책세상, 2003.

Dewey John, *Democracy and Education*, 이홍우 역, 『민주주의와 교육』, 교육과학사, 1987.

Dewey John, *Experience and Education*, 엄태동 편역, 『존 듀이의 경험과 교육』, 원미사, 2001.

Dewey John, *Experience and Nature*, 신득렬 역, 『경험과 자연』, 계명대 출판부, 1982.

Dilthey Wihelm, *Des Erlebnis und die Dichtung*, 김병욱 외 역, 『문학과 체험』, 우리문학사, 1991.

Dilthey Wilhelm, *Der Aufbau der geschichtlichen Welt in den Geisteswissenschaften*, 이한우 역, 『체험・표현・이해』, 책세상, 2002.

Eisner Elliot W., *The Educational Imagination*, 이혜명 역, 『교육적 상상력』, 단국대 출판부, 1991.

Freund, Elizabeth, *The Return of the Reader*, 신명아 역, 『독자로 돌아가기 : 신비평에서 포스트모던 비평까지』, 인간사랑, 2005.

Gadamer Hans Georg, *Erziehung ist sich erziehen*, 손승남 역, 『교육은 자기 교육이다』, 동문선, 2000.

Gadamer Hans Georg, *Truth and Method(2th)*, Continuum, 1999.

Gadamer Hans Georg, *Wahrheit und Methode*, 임홍배 역, 『진리와 방법 2 : 철학적 해석학의 기본 특징들』, 문학동네, 2012.

Gennep Arnold van, *Les Rites de Passage*, 전경수 역, 『통과의례』, 을유문화사, 1992.

Georgia Warnke, *Hans-Georg Gadamer*, 이한우 역, 『가다머』, 민음사, 1999.

Gribble James, *Literary Education*, 나병철 역, 『문학교육론』, 문예출판사, 1993.

Hamlyn D. W., *Experience and the Growth of Understanding*, 이홍우 외 역, 『경험과 이해의 성장』, 교육과학사, 1990.

Hamlyn D. W., *The Theory of Knowledge*, Macmillan, 1993.

Hamm Cornel M., *Philosophical Issues in Education*; 김기수 외 역, 『교육철학탐구』, 교육과학사, 1996.

Harvey Stephanie, Goudvis Anne, *Strategies That Work*, Stenhouse Publishers, 2000.

Hessen J., *Lehrbuch der Philosophie, Zweiter Band : Wertlehre*, 진교훈 역, 『가치론』, 서광사, 1992.

Hosek, Chaviva & Parker, Patricia A., *Lyric Poetry : Beyond New Criticism*, 윤호병 역, 『서정시의 이론과 비평 : 신비평을 넘어서』, 현대미학사, 2003.

Kendall L. Walton, *Minesis as Make Believe : On Foundation of the Representational Arts*, Harvard university press, 1993.

Kneller George F, *Movements of Thought in Modern Education*, John Wiley & Sons, 1984.

Lefebvre, Henri, *(La) production de l'espace*, 양영란 역, 『공간의 생산』, 에코리브로, 2011.

Luc Ferry, *Homo Aestheticus*, 방미경 역, 『미학적 인간』, 고려원, 1994.

Manen, Max Van, *Researching lived Experience*, 신경림 외 역, 『체험 연구 : 해석학적 현상학의 인간과학 연구방법론』, 동녘, 1994.

Martin Buber, *Ich und Du*, 표재명 역, 『나와 너』, 문예출판사, 1990.

Maruta, Hajime, '場所'論, 박화리 외 역, 『장소론』, 심산출판사, 2011.

Metcalf L. E.(eds), *Value Education : Rationale, Strategies and Procedures*, 정선심 외 역, 『가치교육』, 철학과현실사, 1992.

Meyerhoff Hans, *Time in Literature*, 김준오 역, 『문학과 시간 현상학』, 삼영사, 1987.

Michel Picard, *Lire le temps*, 조종권 역, 『문학속의 시간』, 부산대 출판부, 1998.

Moore, Burness E. & Fine, Bernard D., *Psychoanalytic Terms and Concepts*, 이재훈 외 역, 『정신분석 용어사전』, 한국심리치료연구소, 2002.

Nagy William E. & Herman Patricia A., *Breadth and Depth of Vocabulary Knowledge : Implications for Acquisition and Instruction*, Margaret G. McKeown 외, *The Nature of Vocabulary Acquisition*, Lawrence Erlbaum Associates, 1987.

NCTE(National Council of Teachers of English), *The Dartmouth Seminar Papers*, University of Illinois Archives, 1966-1968.

Outsen Nicole, Yulga Stephanie, *Teaching Comprehension Strategies All Readers Need*, Scholastic Professional Books, 2002.

Palmer Richard E, *Hermeneutics*, 이한우 역, 『해석학이란 무엇인가』, 문예출판사, 2001.

Peters R. S., *John Dewey Reconsidered*, 박영환 역, 『존 듀이의 재고찰』, 성원사, 1986.

Planalp Sally, *Communicating Emotion : Social, Moral, and Cultural Process*, Cambridge Uni Press, 1999.

Plett Heinrich F., *Einfuhrung in die rhetorische textanalyse*, 양태종 역, 『수사학과 텍스트 분석』, 동인, 2002.

Preminger Alex & Brogan T. V. R. ed., *The New Princeton Encyclopedia of Poetics*, Princeton Uni. Press, 1992.

Raths L. E. 외, *Values and Teaching Working with Values in the Classroom*, 조성민 외 역, 『가치를 어떻게 가르칠 것인가』, 철학과현실사, 1994.

Relph, Edward, *Place and Placelessness*, 김덕현 외 역, 『장소와 장소상실』, 논형, 2005.

Richard E. Palmer, *Hermeneutics*, 이한우 역, 『해석학이란 무엇인가』, 문예출판사, 1988.

Ricoeur Paul, *Interpretation Theory*, 김윤성, 조현범 역, 『해석이론』, 서광사, 1998.

Ricoeur Paul, *Temps et récit*, 김한식 외 역, 『시간과 이야기2』, 문학과지성사, 2000.

Ricoeur Paul, *Du texte à l'action*, 박병수, 남기영 편역, 『텍스트에서 행동으로』, 아카넷, 2002.

Ricoeur Paul, *Soi-même comme un autre*, 김웅권 역, 『타자로서 자기 자신』, 동문선, 2006.

Rifkin Jeremy, *The empathic civilization*, 이경남 역, 『공감의 시대』, 민음사, 2010.

Rodrigues Raymond J, Badaczewski Dennis, *A Guidebook for Teaching Literature*, 박인기 외 역, 『문학작품을 어떻게 가르칠 것인가』, 박이정, 2001.

Rosenblatt L. M., *Literature as Exploration*, 김혜리 외 역, 『탐구로서의 문학』, 한국문화사, 2006.

Rosenblatt L. M., *The Reader, the Text, the Poem*, 엄해영 외 역, 『독자, 텍스트, 시 : 문학 작품의 상호교통 이론』, 2008.

Satre Jean Paul, *L' Existentialisme est un humanisme*, 방곤 역, 『실존주의는 휴머니즘이다』, 문예출판사, 1993.

Scheler Max, *Wesen und formen der sympathie*, 조정옥 역, 『동감의 본질과 형태들』, 아카넷, 2006.

Schroer, Markus, *Räume, Orte, Grenzen*, 정인모 외 역, 『공간, 장소, 경계』, 에코리브르, 2010.

Shepard, Paul, *Man in the Landscape*, Ballantines Books, 1967.

St. Augustinus, *The Confessions*, 김기찬 역, 『고백록』, 현대미학사, 2000.

Stephen, Kern, *The Culture of Time and Space*, 박성광 역, 『시간과 공간의 문화사』, 휴머니스트, 2004.

Tuan, Yi-fu, *Space and Place : the Perspective of Experience*, 구동회 역, 『공간과 장소』, 대윤, 2005.

Van Manen Max, *Researching Lived Experience : Human Science for an Action Sensitive Pedagogy*, 신경림 외 역, 『체험 연구 : 해석학적 현상학의 인간과학 연구방법론』, 동녘, 1994.

Vierne Simone, *Rite, Roman, Initiation*, 이재실 역, 『통과제의와 문학』, 문학동네, 1996.

Warnke Georgia, *Gadamer : Hermeneutics, Tradition and Reason*, 이한우 역, 『가다머 : 해석학, 전통 그리고 이성』, 민음사, 1999.

Whitehead Alfred North, *Symbolism, its Meaning and Effect*, 문창옥 역, 『상징 활동 그 의미와 효과』, 동과서, 2003.

Wolfgang Kristin Noelle, *102 Reading Response Lessons*, Corwin Press, 2006.

찾아보기